云南古代物产大系

江燕　毕先弟　编著

（上）

中国文联出版社

图书在版编目（CIP）数据

云南古代物产大系（上 中 下）/江燕,毕先弟主编.

北京：中国文联出版社,2011.5

ISBN 978 - 7 - 5059 - 7094 - 6

Ⅰ.①云… Ⅱ.①江… ②毕… Ⅲ.①云南省 - 研究 - 古代 - 文集 Ⅳ.①K297.4 - 53

中国版本图书馆 CIP 数据核字（2011）第 077213 号

书 名	云南古代物产大系（上 中 下）	
主 编	江 燕 毕先弟	
出 版	中国文联出版社	
发 行	中国文联出版社 发行部（010 - 65389150）	
地 址	北京农展馆南里 10 号（100125）	
经 销	全国新华书店	
责任编辑	顾 苹	
印 刷	北京毅峰迅捷印刷有限公司	
开 本	787 × 1092 1/16	
印 张	97	
插 页	4 页	
版 次	2013 年 1 月第 1 版第 1 次印刷	
书 号	ISBN 978 - 7 - 5059 - 7094 - 6	
总 定 价	280.00 元	

您若想详细了解我社的出版物

请登录我们出版社的网站 http://www.cflacp.com

内容简介

《云南古代物产大系》，江燕、毕先弟编著，100余万字。2005年云南省社会科学院院级课题。本课题先后历时六年之久，查阅书籍300余种。史料上迄三代，下止清末民初，凡涉及有关云南物产的书籍，诸如二十四史、四库全书及存目、汉晋唐宋地方史、明清云南府州县志，及宦滇、旅滇、寓滇名人文集等，均为辑录范围。有关各征引书目、作者、版本等相关资料，见"附录"征引书目。

目录以二十五属内容依次编排，各属下分类，则按汉语拼音音序排列。

体例上，在沿袭明代云南本土白族学者李元阳万历《云南通志》"物产"划分法，以"稻之属、糯之属、黍稷之属、荞稗之属、来麰之属、菽之属、菜茹之属、瓜之属、薯蓣之属、药之属、果之属、蓏之属、菌之属、香之属、竹之属、木之属、花之属、草之属、兽之属、禽之属、鳞介之属、虫之属、饮馔之属、金石之属、物货之属"等二十五属为分类标准，但因各"属"内容不一，繁简有异，故编者在各属下分类，并首以"综述"；对难入各属的综合性史料，归入最后"综录"部分。故查阅时，须关注相关点，以求全面。

本书旨在通过对不同时期、不同类别云南物产史料的辑录整理，从纵向找寻其史源，突出史料的真实性、沿袭性。同时，从横向依托不同史书对同一物产的记述，找寻其消长变化，对当时社会经济的影响、作用，外来物种与之的碰撞融合，云南对外经济文化交流等相关点，为今天云南抓好生态文明建设，打造地方品牌优势，发展支柱产业，提供一份真实可信的史料文集。

总　序

纳　麒

  云南省社会科学院是云南省哲学社会科学的"省队"，云南省少级综合性哲学社会科学研究机构，在推动云南哲社会科学的发展中发挥着重要的作用，担负着义不容辞的任务。2001年，在认真分析形势和找准问题的基础上，院党和院行政班子确立了把社科院建设成为云南省马列主义、毛泽东思想、邓小平理论、"三个代表"重要思想以及党的路线、方针、政策研究和宣传的重要基地；建设成为云南省级党委、政府以及社会各界决策咨询的重要基地；建设成云南省哲学社会科学理论创新、知识创新的重要基地；建成为云南省人文社会科学加强国际合作与交流的重要基地奋斗目标。

  云南省社会科学院历来重视基础研究和学科建设，逐步形成了社科院的特色学科、重点学科及学术优势，民族和宗教问题研究、东南亚南亚研究、云南历史文化研究、社会发展研究、区域经济和农村发展研究，以及邓小平理论、"三个代表"重要思想等学科和学科方向的研究在全省、全国都有重大的影响和较高的学术水平，某些方面（东南亚、民族文化、农村发展等）在世界上也占有一席之地。

在邓小平理论、"三个代表"重要思想研究和宣传方面，云南省社会科学院取得了一系列重大成果，出版了《江泽民"三个代表"重要思想概论》、《邓小平理论与云南发展》、《邓小平经济思想研究》、《当代中国的马克思主义——邓小平理论研究》、《邓小平社会主义论》、《邓小平社会发展论》、《邓小平改革开放论》、《邓小平经济发展论》、《邓小平统一战线论》等著作，系统研究、阐述邓小平理论和"三个代表"重要思想的科学体系和时代特征，受到省委省政府的肯定和学术界、理论界的广泛好评，这些理论成果标志了云南研究邓小平理论和"三个代表"重要思想学科体系的形成和完善。在民族研究方面，参与完成了国家民族问题五种丛书的编写工作，集中就云南各民族的基本情况进行了全面系统的总结，使自古以来无人说得清的云南基本省情——云南民族情况清晰地展示在人们面前；先后完成了基诺族的识别研究和崩龙族名称更改问题的研究，为解决民族识别遗留问题作出了重大贡献；完成的云南省 16 个少数民族 16 部民族文学史，填补了国内学术研究空白；国家基金重点项目成果《论当代中国民族问题》，系统全面地论述了现阶段的民族问题，总结了我们党解决民族问题的成功经验，对促进国家统一和民族团结具有重要意义。在东南亚、南亚研究方面，取得了"开拓东南亚市场研究"、"澜沧江湄公河次区域经济技术合作研究"、"印度独立后农业发展道路研究"、

"东盟的发展与我国我省的对外开放"、"走向二十一世纪的东南亚与中国"、"东方多瑙河—澜沧江—湄公河流域开发探究"、"当代印度"等一批重要成果。《忽必烈平大理是否引起泰族大量南迁》、《南诏王室泰族说的由来与破产》、《泰族起源与南诏王室族属问题》等成果中关于泰族起源问题的研究，纠正了国际上流行的错误观点，受到了国际学术界的广泛关注，泰国正式接受了"南诏不是泰族建立的政权"的结论，并改写了中小学教材中的有关内容。在历史、文化和人类思维研究方面，《云南近代史》首次全面记述了1840—1949年云南各族人民受国主义斗争的历史，系统反映了云南近代历史上的社会变迁和发展情况，填补了云南地方史研究的空白；《法言注》被著名思想史专家任继愈认为"这是部值得向出版界推荐的好书"；民族学界专家认为《中国神话的思维结构》在神话学研究中具有开创性意义，在学术观点和研究方法上有新的探索和突破；《哲理逻辑探要》、《东西方矛盾观的形式演算》、《辩证思维方式论》、《原始思维》、《思维活动论》等系列著作，使云南省思维科学、逻辑学的研究达到国内先进水平，在学术界产生了良好影响。

为了认真总结云南省社会科学院几十年来基础研究方面取得的重大会成绩，进一步整合基础研究力量，营造良好的学术氛围，提高学术品位，提升基础研究学术水平，打造学术品牌，培养名家，发挥哲学社会科学认识世界、传承文明、创新理论、咨政育人、服务社会的作用，同时，让社会各界特别是学术界比较全面系统地了解云南省社会科学院，从2003年开始，我们特别推出《云南省社会科学院文库》，希望社会科学界关注、支持、指导和交流，共同繁荣和发展云南哲学社会科学。

前　言

　　《左传·昭公九年》："事有其物，物有其容。"物，类也。容，貌也。物土不同，风俗各异。云南是一个有着悠久历史文化、民族众多的边疆大省，独特的气候条件及地理位置优势，亘古至今，物产盛出，品种多样，许多物种尤为他处所厥，可谓种植与野生并存，饲养与天然共存，原生与外来互补。透过散见于文献中的史料记载，可以形象生动地反映出古滇人生产生活面貌，同时，为研究当时云南区域经济、政治制度、赋役制度、民风民俗、逸闻趣事等提供史料依据。但因时间流失，辗转传抄，有关物产史料散见于诸志，加之辑者观点迥异，笔随心意，所记详略不一，各有侧重，有随地域而述的，有承袭前志的，有专篇专论的，有亲历所见的，有转述他说的。从整体看，呈现"小"、"窄"、"偏"、"少"之不足，内容也有不连贯性。有关云南物产，迄今为止，尚未形成系统性的文献整理与研究，致使今天对云南物产背景研究缺乏第一手的史料依据。

　　基于以上原因，本书从现存云南古代志书入手，史料上迄三代，下止清末民初，凡涉及有关云南物产的书籍，诸如二十四史（中华书局本）、四库全书（影印文渊阁本）、《四库存目》、汉晋唐宋地方史、明清云南府州县志，及宦滇、旅滇、寓滇名人文集、游记等，辑录成《云南古代物产大系》一书，旨在通过对不同时期、不同类别云南物产史料的辑录整理，从纵向找寻其史源，突出史料的真实性、沿袭性。同时，从横向依托不同史书对同一物产的记述变化，全方位、多角度反映云南物产在不同历史时期的发展过程和特点价值，探寻一些稀有物种的消长变化，以及外来物种对本土经济发展的影响力，从而对云南物产阶段性发展和特殊地域性分布，有更为清晰的综合性立体认识。如果说"有色金属王国"、"动植物王国"是上天赐予红土高原的王冠，那么，物产就是镶嵌在这个王冠上的颗颗闪亮宝石，它使"藏在深山人不识"的云南物产文献重新焕发出时代价值，为今天开发利用云南特色经济，提供真实有据的史料基础，同时在实践中，真正体现史学大师陈垣先生"勿信人之言，人实诳汝"的史源学态度。

"一山有四季，十里不同天"的独特气候类型和神奇自然景观，为云南物种多样性创造了有益条件，无论是远古时代的采集农业，还是文明时代的耕作农业，都深受其影响和制约，形成云南物种丰富多样，生态环境各异，自然景观独特等特征。所以，本课题除选取传统意义上的地志史料外，还选择性的辑录涉及云南物产的文章诗歌，使枯燥乏味的记述，透过作者所见所闻，寄物喻志，让藏于故字堆中的呆板史料文献，凭添几分文采意趣，使之更具鲜活力和感染力。同时，透过当地一些优良物种的消长变化，反思本土物产对当地经济社会的影响，尤其是环境生态等方面的影响制约，如历史上滇铜、滇银开采在全国占有重要的不可替代作用，但因过度砍伐林木作薪材，致使今天滇东、滇东北许多地区生态环境恶化，地区经济发展缓慢。与之相反，云南许多少数民族与大自然和谐相处，共生互惠，傣族水稻文化、红河哈尼族梯田文化、布朗族茶文化等，值得现代学者作进一步的探讨。

一、主要内容

"班孟坚之志地理也，兼及所产之物，后世志乘，遂列土产为一门，良以人生日用之需，所关甚钜，此郡所产与彼郡不同，故谈物产者，惟问道地，盖以封域为限者也。"① 由此可知，"物产"是历代志书修撰中不可或缺的重要部分，是一个地区物质文化和精神文化的载体，是一定历史时期社会生产力发展水平和经济开发程度等方面的综合反映，是地方经济史研究的重要组成部分。云南省志虽始纂于明代，但云南物产记载，早已散见于先秦诸史、《史记》、《汉书》、《后汉书》、新旧《唐书》、《华阳国志》、《元史》等书，内容又主要集中在"赋役"、"食货"、"土产"、"地理"、"艺文"、"种夷"等条目。有的沿袭通志体例，通产、异产、常产，依次记述，取舍有致，更多内容散见于私人文集、游记中。

唐樊绰《云南志》卷七专列"管内物产"，元李京《云南志略》记云南物产 10 余条。明代云南现存四部省志：景泰《云南图经志书》、正德《云南志》、万历《云南通志》、天启《滇志》均列"物产"条，《滇略》卷三"产略"，记云南物产 97 条，多具云南地方特色。《明实录》以云南各地贡赋、贡献时间、名称、数量史料为多。《明史》"食货志"、"地理志"亦有记载。

明代有关云南物产，个人著述甚丰，如兰茂《滇南本草》。因母多病，兰茂自幼酷爱本草，又遍访乡人，采集标本、绘制图形，致数十年之功，于正统元年（1436 年）编成《滇南本草》，比李时珍《本草纲目》早 142 年。它是一部记述西南高原地区药物，包括民族药物在内的珍贵著作，对我国中医药学的完善做出很大的贡献，尤其对云南本土医药研究具有宝贵价值，民间称兰茂为"布衣科学家"。对本土药材的记载，如"滇连，一名云连，……功效胜川黄连百倍"。"云连"因此得名。此外，还有烟草治病的记载："野烟，又名烟草，性温，味辛麻，有大毒，治疗毒疗疮、一切热毒疮，或吃牛马驴骡死肉，中此恶毒，唯用此物可救。"这种"野烟"也许就是云南的原生烟，对研究云南烟草业发展提供了历史依据。当地特产杨林肥酒，也是参照此书研制而成。此书距今 500 余

---

① 光绪《腾越厅志稿》卷三《地舆志十·土产》，第 1 页。

年，道光《云南通志稿》称其为"二百年来，滇中奉为至宝，不可遗也。"清吴其浚《植物名实图考》、《图考长编》，以及道光《云南通志稿》、光绪《云南通志》等书多引用，它已成为我国现存较完整的地方性本草。此书后世多有增补，所载药物多寡不等，明嘉靖范洪增补"范本"收274种，1914年云南丛书刻三卷收280种，1975年云南科技出版社"整理本"则达544种，此次辑录，以于乃义、于兰馥整理本为底本。

著名地理学家徐宏祖《徐霞客游记》一书，因其游滇时间最长，所记云南物产多为作者亲眼所见，包括果木、花卉、药材、动物、矿物、盐井、温泉、果品、饮食、米价、银价等，共240余条。徐霞客不仅对各地特有植物的地理分布、特征、用途、植物与环境的关系等作了比较研究，还详细介绍了玛瑙、大理石、翠生石、鸡葼等奇珍异物。进入丽江境内，木土司在解脱林以最隆重的礼节，用"大肴八十品"为他接风洗尘，宴馈以白葡萄、龙眼、荔枝、酥饼、油线、发糖、柔猪、牦牛舌诸珍品，又赠以黑香、白锃、银杯、绿绉纱、古磁杯、薄铜鼎、铁皮褥、黄金、红毡、丽锁诸宝物。宴请之盛、品种之多，可谓徐霞客旅游生涯中最丰盛的一次大餐。它从一个侧面反映出丽江物产之盛，生活水平足与中原相媲美。同时不难看出"鸡葼"、"香米"二物，为徐霞客最爱。对所过各地米价的记述，反映出作者关注民生的自觉意识，为研究明末云南地方经济提供了第一手资料。

清代一秉前志，物产史料更为丰富繁杂，涉及农业、畜牧、贡赋、贸易、文化、军事、民俗诸领域，在总志、通志、方志、文集、诗集、专著、游记诸书中均有反映，可谓内容繁杂，体例不一，涉及面广，如康熙《云南通志》、雍正《云南通志》、《滇黔纪游》、《鸡足山志》、《南中杂说》、《滇南新语》、《滇海虞衡志》、《滇游续笔》、《滇系》、《植物名实图考》、道光《云南通志稿》、光绪《云南通志》，以及各府州县志书。考其史源，康、雍两《志》多出天启《滇志》，各府州县志又多从省志。

　　全国地理总志顾炎武《肇域志》、顾祖禹《读史方舆纪要》亦保存许多云南物产史料，引述生动，读来别有一番情趣，如"曲靖军民府，负金山，在府南一十五里，山皆青黑石，可琢为砚。又有石穴，状若马蹄，水深尺余，谓为砚池。郡中童子初学书，必投贝其中，然后汲以研墨。"①

　　高奣映《鸡足山志》卷九"物产"记述鸡足山及附近地区所产。详考据，别形状，描写细微，有的附有图志，如"花草"一名，多异字、异音，每名下又细分各品种花色。该书所记物产，许多与佛释有关，反映出大理佛教兴盛，民众信佛的痕迹。

　　檀萃《滇海虞衡志》，"自序"称其为"土训"之书，即地方土地所宜及其生产物品的记载。十三志（岩洞、金石、香、酒、器、禽、兽、虫鱼、花、果、草木、杂志、蛮）中有十志从不同角度记述云南自然资源、物产种类、矿产开发、手工商业及边疆民族概况，为了解和研究清代中叶以前的云南经济和物产分布，提供了很大的方便。

　　师范《滇系》"赋产"记载大量云南物产史料，惜"多不注出处，令人难索解。"考其史源，多从《滇略》、雍正《云南通志》、《滇海虞衡志》诸书。

　　吴其浚《植物名实图考》，是作者宦游之余，毕生研究植物之杰作，开我国现代植物志之先河。书成于道光二十八年（1848年），有关"黔、滇有之"一语，最足以补文献之遗漏，为日、美、德等国学者推重。

　　道光《云南通志稿》"物产"四卷（卷67～70），记述全省通产及各府州县异产、特产。首言："《周官·大司徒》以土宜辨十有二土之名物，以阜人民，以蕃鸟兽，以毓草木。辨十有二壤之物，以教稼穑，树艺后世，志书宗之。自班固《地理志》而下，必详载物产，非仅示博洽也。今谨遵成例，详考而备载之，庶后之守土者，即此可以知树生之道矣。云南通省谨案旧《志》，以通省同产者列于前，各府州县专产者列于后，其理颇通，今仍其例，云南二十一府厅州，土宜大略相同，故统产较他省为特多云。"考其

────────────

　　① 《肇域志》，册四，第2367页。

史料，多出《滇南本草》、《本草纲目》、康、雍两《志》、《滇海虞衡志》等书，仅文字偶有出入，及个别条目附后来纂者识语。

民国物产史料，以《新纂云南通志》"物产考"八卷（卷58～65）为集大成者，按近代科学分类法入类，古文献沿引较少，点校本已由云南人民出版社 2007 年出版，此次不再辑录。

罗养儒《纪我所知集》（云南民族出版社 1996 年出版，改名《云南掌故》）是一部内容丰富、题材广泛的掌故性记叙文集，谈及滇南景物五卷 80 余篇，其中《滇中出产物品之丰富》、《谈谈云南之茶花》、《昆明之花木》、《昆明之蔬菜》、《昆明之药材铺》、《定远之力石酒》、《武定之骟母鸡》、《邓川之油鱼》、《思普方面之茶花鸡》、《蒙化之特殊品物》、《往昔昆明的好吃食》、《昆明之洒弥人及所制食品》、《昆明地区盛产蚕豆》、《昆明的菌》、《昆明的草药》、《云南铜器》、《昆明之饮食》、《永昌围棋子》等文，记述生动形象，见解独到，尤重视富有云南地方特色和民族特色的史料记述，如卷十六《往昔昆明的好吃食》："从前昆明地方，有几种好吃食，真正好极。一是松花糕，系取松枝尖上的黄粉末，杂以他种质料而做成，一吃进口，即觉其清香、清甜、清凉极。一种呼为油炸麻叶，系用面做成而炸得极好，入于口，脆极、酥极、香极、甜极，以较所谓之兰花糖犹强。一种是茯苓烘片，其香美处，大不易于言说，惟有口舌能辨。有松子糕，真是用松子瓤和以糯米粉及糖捣融而做成。更有用面精做成之洒其码（萨其马），尤爽口极。此具属于小吃食上之美味，而且为他省所无，以无此一些材料也。"

综上所述，不难看出许多文人学者，大都关注地方经济发展，注重民生大计，倡导人与自然和谐相处。如加以综合比较研究，定为治滇之良方。但也有学者反其道行之，重政治军事，轻农业物产，如清冯甦《滇考》一书，叙事自远古传说，至明永历殉国止，其编纂原则"凡一切山川、人物、物产，皆削而不载。"但细考该书，物产史料仍有3条。

二、特点价值

　　元代实行行省制，发展到明代，云南作为中央政权的一个行政区，其地理位置优势和经济适用价值，日益突出，修纂《通志》提上日程，作为其主要组成部分，从一个侧面反映当时区域政治经济文化、风土人情的物产，亦趋于丰富多样，可谓"补前志之不足，开后书之先河"。大体呈现内容丰富，繁杂有序，体例相因，互有侧重的特点。反映出一定历史时期云南社会政治制度、赋税制度、区域经济、军事消长、民风民俗、轶闻逸事等状况，现举例说明，但窥云南物产之一斑。

政治制度

　　彰显盛世明君，太平盛世。史料中有大量"瑞禾"记载，如"康熙四十七年，产嘉禾，二茎三四稔不等。"① 该志仅卷四《艺文志》就收录有关诗作七首。"却鹦鹉"、"采宝石"则彰显朝廷体恤民生的良好愿望："兴平元年，益州蛮彝献鹦鹉三。诏曰：往者益州献鹦鹉三枚，夜食三升麻子，今谷价腾贵，此鸟无益有损，可付安西将军杨定国，令归本土。"② 又"瑟瑟，宝石也。唐贞元二年，虢州卢氏山冶出瑟瑟，时李泌为陕虢观察使，奏请充献，禁民开采。诏曰：瑟瑟之宝，中土所无，今产于近郊，实为灵异，朕不饰器玩，不迩珍奇，常思返朴之风，用鸣躬俭之节，其出瑟瑟之处，听百姓求采不禁。"③

---

① 康熙《路南州志》卷三《灾祥》，第74页。
② 康熙《云南通志》卷三十《补遗》，第874页。
③ 康熙《云南通志》卷三十《补遗》，第876页。

反映等级尊贵。"盐,《唐书·南蛮传》:览睑井产盐,最鲜白,惟王得食,取足辄灭灶。樊绰《蛮书》:览睒城内郎井盐,洁白味美,惟南诏一家所食,取足外辄移灶,缄闭其井。"①

凸显社会性别视角。"白井盐甚白,名人头盐,团盐也,经女手始成。"②

赋税制度

反映边夷之向背。贡纳土产,事虽微细,意颇谆诚。雍正八年四月二十日,云贵广西总督鄂尔泰在《陈孟连银厂及怒夷输诚折③》中奏称:地处极边的孟连一隅,因太平盛世,仰羡皇恩,愿自雍正七年为始,每年主动向中央朝廷交纳厂课银六百两,以充兵饷。同时,当地土著居民"怒子",还相率以麂皮二十张、山驴皮十张、麻布三十粉、黄蜡八十斤等土产作赋,永远隶属圣朝。为示朝廷圣恩,令其每年交纳之时,准赏给盐三百斤,以为犒劳。

反映云南地方经济特点。元代诸省酒课税中,河南、陕西、四川、甘肃、江浙、江西、湖广诸行省,均以锭银上缴中央,唯云南以贝子代银钱,如天下每岁总入酒课数:"云南行省,贝二十万一千一百一十七索。"④ 同样,有关惠民药局的事业费,亦以贝行钱:"云南行省,真贝一万一千五百索。"⑤顾炎武《肇域志》对"贝"作了形象生动的描述:"贝,俗名吧,本南海甲虫,滇人皆用之以代银。其数以一颗为一妆,四妆为一手,四手为一苗,五苗为一索,九索折银一钱。凡市井

---

① 道光《云南通志稿》卷六十九《食货志·楚雄府》,第23页。

② 《滇海虞衡志·志金石》,第65页。

③ 《永昌府文征·文录·清一》卷十,第2383页。

④ 《元史》卷九十四《食货志》,第2396页。

⑤ 《元史》卷九十六《食货志》,第2468页。

贸易皆用之，甚便。《续录》云：夷以为饰，故曰妆。夷屈大拇指数之，故曰手。总以穿之，故曰索。积卖海贝者，谓之收荒。以二十索为一结，每结除去若干手，谓之数钱。白金以五两为一锭，每锭除去三钱，谓之街市。"①

历史上云南不但以贝代银上缴赋税，许多土产品，亦是贡赋之首选。如"莎罗布"，章潢《图书编》："马龙他郎甸长官司出，以棉花为之，阔仅八寸，岁输于官。"②"通海锻，出通海县，予上滇犹得衣之，今无矣，不堪命，故也。古称滇善蚕，出丝绵，后绝迹，殆即通海锻原有忽无之故乎？"③ 通海县旧出名缎，但为官府所征索，人民难以供应，以致不愿生产，故通海缎绝迹。如当朝者"不贵异物贱用物"，需用有度，诚地方之大幸。

区域经济

种植与野生并存。"蔬属：薑、花椒、秦椒、茴香、韭、葱、蒜、薤、蒭荽。^{以上辛辜}蔓青、同蒿、白菜、青菜、滑菜、芥、菠菜、豌豆菜、苋、油菜、生菜、雍菜。^{以上园蔬}蕨、荠、春头菜、麦兰菜、勺菜。^{以上野蔬}芹海菜、茭瓜、香菜。^{以上水蔬}山药、芋头、萝蔔、莴苣、胡萝蔔^{有红黄二种}。^{以上食根}菜瓜、黄瓜、南瓜、丝瓜、冬瓜、苦瓜、金瓜、壶盧、瓠子、茄子。^{以上食实}"④

生长环境不同，称谓各异。"宁洱有盐，红而甘甜，殆饴盐也。生于戎地，即戎盐也。故崖盐生于山崖，戎盐生于土中，伞子盐生于井，石盐生于石，木盐生于树，蓬盐生于草。

---

① 《肇域志》册四，第 2420 页。
② 道光《云南通志稿》卷七十《食货志·元江直隶州》，第 54 页。
③ 《滇海虞衡志·志器》，第 113 页。
④ 光绪《永昌府志》卷二十二《食货志·物产》，第 2 页。

今出口外行数千里，有古长城，非秦筑之长城也。城壁生盐如水晶，甚甘，即水晶盐也。皆石气之所散见，古人入盐于石部，以此。"①

名称之下，细述种类。"花部：碧桃、海棠^三、兰、山茶^四、桂、素馨、杜鹃、蔷薇、粉团^三、白木香、芙蓉、月月红、蝶戏珠、芍药、牡丹、丁香、菊花^十。"②

因盛产而得地名、江名。"而藤则细者可为绳，大者为杖，凡百器皿皆可以为，而腾越所独名州，则以此焉。"③ "鸂鶒，亦鸡类，农部至以名其河，则以出之多也。"④

据史可知其始作者。"滇南之有绍兴酒，自孙潜村始。绍兴酒，古箬下酒也。取若邪溪水酿之，以箬封坛口而泥之。虑其远行，或难久贮，炒石灰半盏入之，故绍酒有灰而他酒无灰。今医书古方制药，辄曰用无灰酒，是知绍兴已遍行天下，故方书以其有灰，戒之曰用无灰酒也。坛面酒其佳，饮之辄破腹，由灰气浮于面耳。孙潜村居五华，知滇之吴井水似若邪，因以绍兴之酿法为之，真绍兴酒也。以饷大吏及交好，每售辄数十坛，获大利，余则日与其徒乐饮酒。至今六七十年。云南省绍兴酒，由孙先生创之也。先生居滇南，开出文章、理学大风气，而豪饮之风，亦由以开，且留酒法于滇南，使小子后生时奉先生之遗瓮，其即鲁国夫子瓮乎？往时官场为豪举，酒之自绍兴来者，每坛十斤，值四、五、六金。近来滇作渐佳，可敌绍作，故绍来渐少，值亦渐低，则先生之余爱也。"⑤

反映地方商品经济发展水平。"烟叶"，兰茂《滇南本草》记为野生植物，以供药用。至清初列入"食货"，⑥ 说明此期

---

① 《滇海虞衡志·志金石》，第65页。
② 康熙《通海县志》卷四《赋役志·物产》，第22页。
③ 乾隆《腾越州志》卷三《山水》，第58页。
④ 《滇海虞衡志·志禽》，第132页。
⑤ 《滇海虞衡志·志酒》，第86页。
⑥ 康熙《云南通志》卷十二《物产·通省》，第5页。

云南烟叶栽培生产已具备一定规模，才会形成物货流通。

另外，还有以味命名的"云南十八怪"之一"苦菜"（青菜叫苦菜），以人命名的"诸葛菜"，以居住民命名的"猺人谷"①，以产地命名的"麓川稻"② 等有趣史料，不胜枚举。

军事消长

反映一定时期政治军事关注点。"洪武十五年二月，乙亥，上以大军征南，兵食不继，命户部令商人往云南中纳盐粮以给之。于是户部奏定商人纳米给盐之例：凡云南纳米六斗者给淮浙盐二百斤、米五斗者给浙盐二百斤、米一石者给川盐二百斤；普安纳米六斗者给淮盐二百斤、米二石五斗者给川盐二百斤；普定纳米五斗者给淮盐二百斤、米四斗者给浙盐二百斤、川盐如普安之例；乌撒纳米二斗者给淮、浙盐皆二百斤，川盐亦如普安之例。"③ 明初大兵云南，所需兵食繁多，路线漫长难供，以米换盐经济政策是这一时期突出特点。

民风民俗

一些遗风遗俗，至今尚为沿袭。"白酒煮鸡蛋，亦浙客为之，滇人士效之，今遂以为俗。每岁腊中，人家各酿白酒，开年客至，必供白酒煮鸡蛋满碗，乃为亲密。此风不知可开自先生？又添滇之一酒案。顷检《范志》，则白酒煮鸡蛋，即老酒冬鲊之遗风也。"④

又如"金刚纂"一物，旧《志》记土人植以为篱，缘由

---

① 乾隆《开化府志》卷五《物产》，第27页。
② 康熙《鹤庆府志》卷十二《物产》，第23页。
③ 《明实录·太祖实录》卷一四二，第5页。
④ 《滇海虞衡志·志酒》，第89页。

是"此草性甚毒，犯之或至杀人。"① 滇人植此以辟邪耳。2006年12月，笔者到普洱景谷县参加研讨会，发现县城老街，仍有许多住户把此物与镜子、红线等系悬门框上，尤其有小孩的人家，说以此辟邪祈福，保佑孩子健康平安。

轶闻逸事

因物产喜结良缘。"岩蜂，在九龙江外，毒螫若昆仑之钦原，行者畏其蠹，每迁道而避之。康熙中，江西某为武官于蛮，蛮来攻劫，闭城不出，载巨箱数十车，当蛮来路。蛮见发之，皆红绿布片、线纩诸物，为蛮妇所喜者，欢呼而去。蛮贪无厌，居数月，侦又欲来，乃装箱加倍陈于路。蛮利汉货，争发之，则盈箱皆岩蜂，进出螫蛮，蛮死且过半。其王怒，率倾国之蛮，尽出来报复。又为箱加倍陈于路，王以为岩蜂，争投炬焚之，万炮齐发，声震天地，王及群蛮歼焉。王妻美而善战，带诸蛮女来复夫仇，铠服弓刀耀日，索战甚急。某戎装盛服登城，谕其来归。妻亦念国亡王死，无以为也，且悦某美，因归于某。某辞官回，与之偕老焉。则知善用此蜂者，能螫蛮立功，但不知采之之法，用何术也。"②

因物产传下的感人故事。"越赕之西多荐草，产善马，世称越赕骏，如羔，岁中纽莎縻之，饮以米潘，七年可御，日驰数百里。……三国时陆逊攻襄阳，得马数十匹送建业，蜀使至，有家在滇池者，识其马毛色，云其父所乘马，对之流涕。"③

因物产带来的笑谈趣事。"西洱河产公鱼，一作虹，又作工，作弓。仅如指，长三寸许，而味甚佳。杨慎《图赞》云：西洱弓鱼，三寸其修。谁书以公，音是字谬。又呖多子，亦孔

---

① 道光《云南通志稿》卷六十七《食货志》，第32页。
② 《滇海虞衡志·志虫鱼》，第204页。
③ 康熙《云南通志》卷三十《补遗》，第19页。

之羞。慎尝作戏语云：大理公鱼皆有子，云南和尚岂无儿?"①

寄物喻志

"灵芝"，有通灵感应，《孝经援神契》曰："德至草木则芝草生，善养老则芝草茂。"所以多以家生灵芝，喻有孝道也。又"鹖鸡"一物，今谓之雉鸡，其尾光彩鲜艳，故自爱其尾，"如雨雪则不入丛林，伏崖木栖，不敢下食，遂多饿死。"古人多借此禽因惜尾而饿死之事，隐喻为人臣者不屈守节之要义，"吁！文禽之惜尾，尚不惜其死，而人子人臣之大节，宁仅惜一尾之重哉!"②

值得一提的是，"饮馔之属"多为原作者亲眼所见，亲口所尝，记述生动逼真，妙趣横生，读之令人垂涎生津。如明右军都督同知沐璘作《食点苍山雪》："我从永昌回，中怀积烦热。目眵花眩睛，喉干刺生舌。莫致金茎浆，翻忆玄冬冽。坐令百佳味，举箸无所悦。朅来鹤拓城，获此苍山雪。命仆亟致之，一见心火灭。盈盘霜作华，翻匙玉霏屑。马乳凝且坚，羊肪莹而洁。冷冷寒逼牙，锵锵脆鸣颊。客抱消郁沉，枯肠散清冽。身如冰中蚕，饱食不知歇。陋彼陶谷烹，肯效苏卿啮。向来裸壤氛，肃然俱已绝。缅怀大明宫，圣躬当暑月。天厨足珍羞，此品未尝啜，安能托飞仙，持献苍龙阙。仰瞻云路遥，恋恋心空结。"③

透过史料分析，还可究史源之正误。如"永昌"、"金齿"二名，历史上多有混淆。"按永昌非金齿也。金齿在永昌徼外千里，古蒙乐山之银告甸。《纲目》注云：金齿地连八百媳妇。则其去永昌远矣。元置金齿百夷诸路，而永昌则隶大理路，初不相摄也。及伐缅，为金齿夷所遮，遂移兵伐之，乃合思他、伴谿、七溪三

---

① 《滇略》卷三《产略》，第231页。
② 《鸡足山志》卷九《物产·禽》，第342页。
③ 景泰《云南图经志书》卷九《今朝诗·五古》，第442页。

部,立斡尼路,统斡尼、哈迷、矣尼迦、沙资、教合、纳楼、刀
刀王、钟家、点灯诸部,并统王弄山、铁锁甸、花角蛮、大甸、
大笼刀蒙甸、胡椒坝、南关甸、徹里路等夷。既又于银生甸立通
西府,最后不能守,移置金齿卫于永昌,乃遂以永昌为金齿,而
诸《志》皆然,岂非误耶!"①

民国《顺宁县志初稿》卷十三《艺文》收录民国赵资人
《蒲门岁时花木记》一文,所记顺宁蒲门四时花期、花类、花
品,观察细致,记述新颖,堪称一篇佳作,但文末按杨香池
语,称此乃作者遗墨,令人痛惜。此次全文辑录,也是对亡者
一种哀思。

总之,云南绚丽多彩的物产文化,必将成为全球学者的关
注点之一,随着新史料、新物种的不断发现,其研究前景大为
可观。从全面而宏观的角度,去关注透视云南这个历史上相对
开放又独立、物产盛出、多民族和谐共处地区物产的消长状况
及过程,真实反映古滇人多姿多彩丰富物质文化生活的系统
性、综合性、全面性的物产史料辑录工作,可谓任重道远,它
即是一项基础性、长期性,艰苦而又繁杂的工作,又是惠及后
人的前期工作。旨在通过对历史上云南物产史料的重新查阅、
整理、选编、校勘等工作,重新梳理其名称、种类、数量、分
布、记载起始、消长变化、轶闻趣事等状况,探寻由此产生的
社会影响和时代特征。为诸多学者数年、数十年所做的专题性
研究提供一份全面系统的史料基础,达到资源共享,互为补
充,同时又免于重复检索史料的诸多不便和烦索,以更多时
间、精力出更多的精品佳作。

由于时间、物力等条件限制,一些善本、孤本未能一睹,
加之新史料的重新发现,该课题也是一个不断补充完善的过
程,敬请识者惜之、实之、正之。

江 燕
2009 年元月

---

① 《肇域志》册四,第 2418 页。

序

　　我们伟大的祖国，地大物博，物产富饶，可谓"物华天宝，人杰地灵"。自古以来，各种物产养育着我国各族人民的先民，记录物产也成为中华传统文化中的重要内容。一大批各具特色的动物、植物、矿物，既寿之于梓，又蕃之于土，生生不息。

　　在古老的《尚书·禹贡》中，分别记录了九州的贡物。冀州"大陆既作，鸟夷皮服"。兖州"厥贡漆丝，厥篚织文"，产漆，产丝。东方的青州，兼具山海之利，"厥贡盐、絺、海物维错，岱畎、丝、枲、铅、松、怪石；莱夷作牧，其篚檿丝"，农、牧、渔兼具，海产品特别丰富。徐州"厥贡惟土五色，羽畎夏狄，峄阳孤桐，泗滨浮磬，淮夷蠙珠暨鱼，厥篚玄纤缟。"产谷和雉，产珠及鱼，特产孤桐、浮磬及丝绸。南方的扬州土地广阔，"厥贡惟金三品，瑶、琨、筱荡、齿、革、羽、毛、惟木，岛夷卉服；厥篚织贝；厥包橘、柚锡贡"，产金属和美玉，动植物兼具，有织物，亦特产水果。荆州的物产也很丰富，"厥贡羽、毛、齿、革、惟金三品，杶、幹、栝、柏、砺、砥、砮、丹，惟箘、簬、楛，三邦底贡厥名；包匦菁茅；厥篚玄纁、玑组；九江入锡大龟"。豫州"厥贡漆、枲、絺、纻；厥篚纤纩；锡贡磬错"，有漆，有丝、有麻，还有砺石之类。西南的梁州，"厥贡璆、铁、银、镂、砮、磬、熊、罴、狐、狸、织皮"，以多种矿物及野兽著称。西北的雍州，"厥贡惟球、琳、琅玕"，"织皮"，也贡献各种美玉和野兽的皮毛。这是一份我国先秦时期的物产名录，涵盖了植物、动

19

物、金属矿产、非金属矿产、各种织物、供祭祀的青茅、美味的水果，都是不同地理环境下的特产，琳琅满目。

汉代更加重视重要物产的记载和管理。以《汉书·地理志》所载为例，俞元县"怀山出铜"，律高县"西石空山出锡，东南监町山出银、铅"，贲古县"北采山出锡，西羊山出银、铅，南乌山出锡"，来唯县"从［阝+虫］山出铜"，连然县"有盐官"，邛都县"南山出铜"，会无县"东山出碧"，定莋县"出盐"，记载了一批西南边疆的矿产资源。汉代所设的县名，有的也用物产来命名。如朱提县的命名，《汉书·地理志》说："朱提，山出银。"《水经·若水注》说："朱提，山名也，应劭曰在县西南，县以氏焉"。朱提县是以产银的朱提山命名。为什么称朱提山呢？苏林注："朱音铢，提音时。北方人名匕曰匙"。大概朱提山形似匙，因名。堂琅县又作堂螂县，《华阳国志·南中志》说："堂螂县，因山名也。出银、铅、白铜、杂药，有堂螂附子。"《续汉书·郡国志》朱提县下刘昭注引《南中志》曰："西南二百里有堂狼山，多毒草，盛夏之月，飞鸟过之，不能得去"。堂螂山出矿物、药材，尤以白铜和堂螂附子著称。该山大概多螳螂，因以为名。弄栋县又作桥栋县，《说文解字》说："桥，木也，从木弄声，益州有桥栋县。"该县因产桥栋木得名。青蛉县有青蛉水，《水经·若水注》说：青蛉"水出青蛉县西，东迳其县下，县以氏焉。"西安汉城出土有王莽时"越归义蜻蛉长印"，见陈直《汉书新证》。隋代称此为蜻蛉川。至今流过大姚，从西往东流入金沙江的河还称蜻蛉河，县与河当因蜻蛉得名。牧靡县，《汉书·地理志》李奇注："靡音麻，即升麻，杀毒药所出也。"以产升麻著称，唐代直写作"升麻县"。葉榆县又作"楪榆县"，《十钟山房印举》有"楪榆长印"，楪榆可能是一种特产树木，因此在盛产此树的地方命名了楪榆河（今弥苴佉江）、楪榆泽（今洱海）及楪榆县。汉代施行盐铁专卖，在各地设了盐官和铁官，管理盐、铁的开采和运销。在一些重要物资集中进行生产的地方，国家也设官署进行管理，见于

《汉书·地理志》的还有铜官、工官、木官、橘官、圃羞官、羞官、洭浦官、家马官、牧师官、牧师菀官、服官、均输官、候官等，涉及的种类十分广泛，有矿业、工器、服饰、树木、水果、蔬圃食品，有的涉水，有的涉牧，有的虽不直接组织某种物资的生产和储运，也与备办物资有关。它们的设置，反映了汉代一些重要物产的生产布局和消费状况。

我国古代的地理总志，也有关心、记录方物的传统，它们的篇幅和内容远比正史地理志多。《元和郡县图志》专列贡赋一门，所记各地的贡赋十分具体，不但记名称，还有上贡的数量。《太平寰宇记》、《方舆胜览》则有一门称为土产，所列皆各地的特产、方物。《元一统志》是我国古代地理总志中规模最大的一种。该书从元世祖至元二十三年（1286 年）开始纂修，至元二十八年（1291 年）成书，共 755 卷，后又续修，于成宗大德七年（1303 年）完成，达 1300 卷，惠宗至正六年（1346 年）刊刻于杭州。编纂出版延续的时间，几与元祚接近，其卷帙的规模，为我国古代地理总志之最。但原书明代散佚，至今人们已不得其详。仅流传至今的部份残卷，也成为我们研究元代云南物产的吉光片羽。该书丽江路军民宣抚司土产载：

金，出金沙江。淘沙得之。

马、猎犬、纸、降真香、毡、布、木瓜、石蓬、茨子、虎皮、熊皮、麝香、野猪、鹰鹞、猴。（出通安州）。

滑石，出巨津州东一百里小山内。

朴硝，出巨津州一百里畔列沧邑神外龙山临江崖中，冬月取硝煎成。

粳、糯、麦、粟、马、羊、猎犬、鹿茸、野豕、鹰鹞、赤山白鸡、猴、飞鼠、熊皮、麝。巨津州及临西县并出。

鱼、蜜蜡、毡、麻布、绵紬、木耳、摩菇、桃、李、胡桃、松子、林檎、桂皮、天仙子。（出巨津州）。

《元一统志》把搜集资料的工作放到了州县，而且尽量搜集现势资料，可贵的是没有走抄袭前人记录的捷径，丽江路军民宣抚司的土产记录，看不出引自他书的痕迹，应该都是当时的调查成果。由于按州县表达，突出了山原、山区、河谷的物产差异。这些都为后世提供了有益的借鉴。

　　明清以降，修志的风气甚浓，云南省志的修纂逐步成为制度，各府州县志的编纂得到提倡。诸志发挥了中华传统文化中"格物"、"求实"的传统，对物产的记载越来越多，记录的内容越来越详细。万历《云南通志》"物产"共列25属，道光《云南通志稿》"物产"占四卷，《新纂云南通志》"物产考"达八卷。私家修志也重视物产，谢肇淛《滇略》有"产略"，师范《滇系》有"赋产系"。私家所修的物产专志更颖耀而出，明代兰茂的《滇南本草》，清代檀萃的《滇海虞衡志》，道光年间宦滇的吴其浚的《植物名实图考》都泽被后世。经过历代无数学者的关注和积累，古代云南物产的记录可谓丰厚，但却存在历史和时代的局限，散在各处，重复分散，查找翻检甚为困难，汇总、梳理、编整这份庞杂的资料工程浩大。江燕、毕先弟二位同志举数年之力，完成了100多万字的《云南古代物产大系》，汇聚了古代直至民国年间有关云南物产的记录，第一次摸清了云南古代物产的家底。近日，我捧读他们厚厚的两大本成果，惊讶、感叹、羡慕的心情涌上心头，他们为学术界做了一件大事。

　　对古代物产的整理研究，具有重大的科学价值。竺可桢研究我国五千年以来的气候变化，根据所用研究手段的不同，将其分为考古时期、物候时期、方志时期和仪器观测时期。用现代仪器观测和记录气象资料，十分精确科学，但时间却太短。物候时期和方志时期都主要靠历史文献记录。我国历史上对动植物资源的记载很多，特别是一些对气候条件反应敏感的动植物，它们分布的变迁，成了说明古代气候变迁的测试剂。历史时期物候的研究表明，历史上气候总的趋势是逐渐变冷，但速度很慢，而且有起伏，冷暖交替有一定周期，暖中有小寒，寒后有小暖。历史时期也有从潮湿逐步变干的趋势，公元前以潮湿为主，近500年干旱更加突出。竺可桢的《中国近五千年来气候变迁的初步研究》发表在《考古学报》1972 年第 1 期，后收入《竺可桢文集》；《物候学》曾多次重印，1980 年由科学出版社出增订本，皆受到学术界的重视。文焕然更毕其一生研究历史气候的变迁，他的《中国历史时期冬半年气候冷暖变迁》一书 1996 年由科学出版社出版。谭其骧先生在该书的序中说：

"人类用科学仪器对较大范围的气候变化进行观测记录不过百余年的历史（在个别地点进行的观测记录有更长的时间），且范围一般都很小。由于气候变化的周期往往要数十年、数百年，甚至更长的阶段，仅仅依靠这些资料来进行研究显然是远远不够的。因此要探索和揭示气候变化的长期规律，就不得不借助于前人对气候变化直接或间接的记载，并且根据科学原理，结合实地考察，进行鉴别和分析。从甲骨文开始，中国拥有世界上数量最多、内容最丰富、涉及范围最广的文献记载，在这方面可谓得天独厚。"

云南古代既有大量的动植物资源，又有大量的文献记载，用以探究古代气候和其他环境要素的变迁，十分可贵。以孔雀为例，《华阳国志·南中志》载滇池地区说："郡土大平敞，有原田，多长松，皋有鹦鹉、孔雀。"而洱海地区说："孔雀常以二月来翔，月余而去。"《蛮书》载茫蛮部落则是"孔雀巢人家树上"。两晋时期，滇池和洱海地区都有孔雀。滇池水面广阔，湖边山原平敞，森林茂密，多长松，适于湿热和森林环境的孔雀、鹦鹉栖息。洱海周围气温稍底，孔雀只停留月余，变成了候鸟。到唐代，滇池及洱海一带都已不见有关孔雀的记载，而滇南的茫蛮部落住地，孔雀俨如家养，把巢筑在农家的树上。今天，即便在西双版纳，我们也难看到野生孔雀自由飞翔。这些变化，与植被减少，湿度降低，气候变冷有关。有关犀和象的记载令人费解，还要综合其他的环境因素进行考察。永昌郡产犀、象，诸书累有记载，勿容置疑。永昌郡地域宽广，纬度低，海拔低，森林茂密，可为湿热环境的典型。另据《华阳国志·蜀志》越巂郡载："会无县，路通宁州，渡泸得堂狼县。""土地特产犀牛。"民国《元江志稿》物产载："犀牛，产南乡山箐中，大如牛，鼻端有小角。"会无所在有金沙江河谷，元江所在有红河河谷，至今元谋、元江等县仍是云南著名的干热坝子，北面有大山阻挡冷空气，山高谷深，冬天不冷，夏天的最高温度居全省首位，并非云南多数地方产犀，金沙江河谷、红河河谷的某些河段才是犀耐以生存的特殊环境。历史上，象在云南累有出现，昆明城内建有象房，还有象眼街，那是接待边疆或友邻进贡的驯象，云南一带的战争也常有驯象参战。我国内地野象分布的北界达黄河流域，但遍查有关资料，滇池周围曾经很热，却未见产野象的记载。《徐霞客游记·滇游日记七》说："盖鹤庆以北多牦牛，顺宁以南多象，南北各有一异兽，惟中隔大理一郡，西抵永昌、腾越，其西渐狭，中皆人民，而异兽各不一产。"这里说了明代云南野象分布的北界，明以前野象分布的界线也大体与此相近。野象不但要求湿热的气候，看来超过一定高度的高山也是不适应的。近年滇南野象活动的范围，偶尔可到思茅区南部，活动的海拔上线在 1100 米左右，历史时期野象可能没有登上过滇中台地。如此等等，云南境内的气候变迁和环境差异，都可通过物产进行解析。

古人往往把有关物产的记载融入当地的地理环境、经济活动、社会生活中，读来使人趣味横生，如入画幅。《后汉书·西南夷列传》载："有池，周回二百余里，水源深广，而末更浅狭，有似倒流，故谓之滇池。河土平敞，多出鹦鹉、孔雀，有盐池田渔之饶，金银畜产之富。人俗豪忕，居官者皆富及累世。"这是一幅高原水乡的写意画，那时的滇池地区，农业、畜牧业、渔业、矿业皆具规模，人们过度奢侈，官吏富及累世。《华阳国志·南中志》载：永昌郡"有闽濮、鸠僚、僄越、裸濮、身毒之民。土地沃腴，有黄金、光珠、虎魄、翡翠、孔雀、犀、象、蚕桑、绵绢、采帛、文绣。又有貊兽食铁，猩猩兽能言，其血可以染朱罽。有大竹名濮竹，节相去一丈，受一斛许。有梧桐木，其华柔如丝，民绩以为布，幅广五尺以还，洁白不受污，俗名曰桐华布。以覆亡人，然后服之及卖与人。有兰干细布－－兰干，僚言纻也，织成文如绫锦。又有阑旄、帛叠、水精、瑠璃、轲虫、蚌珠。宜五谷，出铜锡。"永昌郡是西南夷诸郡中最热的地区，宜五谷，特产甚多，该文所列矿物、动物、植物及各类纺织品近 30 种，重点介绍了大熊猫、猩猩、濮竹、桐华布、兰干细布的故事，各民族祖先劳动、生活、蕃息的场景跃然纸上。《蛮书·云南管内物产》载："大虫，南诏所披皮，赤黑文深，炳然可爱。云大虫在高山穷谷者则佳，如在平川，文浅不任用。""麝香出永昌及南诏诸山，土人皆以交易货币。""傍西洱河诸山皆有鹿。龙尾城东北息龙山，南诏养鹿处，要则取之。览睒有织和川及鹿川，龙足鹿白昼三十五十，群行啮草。"介绍虎、麝、鹿等动物，对它们的地理分布、生活习性、与人的关系皆有所及，改变了展示标本式的枯燥罗列，写得栩栩如生。各种物产都有其生存的自然环境和历史条件，它们的身影使地理环境变得鲜活，成为历史上不同时期经济活动、社会生活的镜子，更迸发出耀眼的文化火花。

古代云南物产具有自己的特点。第一，数量多。宋代范成大撰《桂海虞衡志》，分志岩洞、志金石、志香、志酒、志器、志禽、志兽、志虫鱼、志花、志果、志草木、杂志、志蛮等十三门。清代檀萃效学范《志》撰《滇海虞衡志》，仍为十三门，各门的标题和选材范围都一样。两书口径相同，调查对象相同，范《志》得 241 条，檀《志》得 427 条，虽相隔数百年，但云南省物产、民族明显多于广西，也是客观的事实。道光年间吴其浚完成的《植物名实图考》，记云南植物已达 390 多种。《万历云南通志》"物产"分为 25 属，《云南古代物产大系》依《万历志》分类，而详于《万历志》若干倍，云南古代真可谓物产富饶。第二，种类全。云南地形复杂，海拔高度变化大，"一山分四季，十里不同天"，立体气候决定了物产的立体分布，一省汇聚了寒带、温带、热带的物产，从古代的物产名录中，人们可以体察到早已存在的"植物王

国"、"动物王国"、"有色金属王国"、"天然大花园"的面
目。第三，民族特点突出。云南民族种类是全国最多的，各民
族的先民披襟斩棘创造了各具特色的物质文化和非物质文化遗
产。一些民族形成了自己的民族医药，如藏医、彝医、苗医、
壮医、傣医等，他们不但有自己的诊病治病的体系，也有自己
用药的特点。假如把民族医药进行统计，其数量将会令我们吃
惊。第四，名产多。经过各族先民千百年的精选、创造、改进
和积累，云南历史上各种物产之最比比皆是。"滇马"的名声
延续了几千年，汉晋时期的"滇池驹"被誉为神马，南诏的
"越赕骏"以精细喂养著称，宋代"大理马"行销内地。在圆
通山动物园里，大家会看到大象、野牛、鹿、麂、长臂猿、滇
金丝猴、孔雀、犀鸟、白鹇等一批滇产珍稀动物。国家重点保
护植物如珙桐、银杏、刺桐、秃杉、苏铁等都是植物中的活化
石。作为山珍的各种菌类，尤以鸡㙡、松茸最著名。药材如冬
虫夏草、三七、天麻，还有滇白芷、滇紫草、云茯苓、云木香
等名贵药材和地道药材，名扬海内外。器物如"云子"（永昌
围棋子）、精心锻打的"蛮刀"、"火浣布"等，堪称绝品。这
些名特产品，有的过去的名称和现在不一样，应加考证落实；
由于时代条件限制，有的藏在深山，未能进入文人学者的视
野，我们不能以未见记载而排斥在古代物产之外。第五，开发
潜力大。云南古代物产中以野生的动物、植物及矿种比例最
大，保护、研究迫在眉睫。在此基础上确定一批适于开发的方
向，如药材的养殖，花卉、果木的驯化、推广，绝品器物的研
制、开发，民族菜系的形成、宣传，都会很有前景。嘉靖
《大理府志》记载了明代大理的小吃 30 种，有乳腺、蜜煎、
蓬饵、米缆、饧枝、索粉、赤豆粥、莲煎、螺弹、粉荔、松花
饼、香笋、钩藤酒、粗葙、糍饼、红花油、核桃油等，每种记
了原料及制法，既有特色，又便操作，可供打造白族系列小吃
参考。云南物产的这些特点是在漫长历史时期形成的传统优
势，认识这些特点，吃透资源优势，才会成为科学发展经济的
依据。

　　《云南古代物产大系》是一项宏大的基础工程。其时间跨度之长，所据文献之多，资料之丰富，内容之广博，皆超迈前人，是迄今规模最大的一部云南古代物产志。《云南古代物产大系》也是一项精心设计、口径宽广的服务工程。该书彰显了历史文献学的优势和潜力，内容涉及植物学、动物学、地质学、生态学、医药学、历史地理学、经济史、民族史、社会文化史等诸多领域，为各学科提供服务，也可为社会各行各业开发名特产品、工艺品、食品等提供借鉴。《云南古代物产大系》还是一部方便使用的工具书，分类清晰，检索方便。不同时代有关某一物产的资料汇集在一起，便于判断其资料的承袭或物产的变化，也便于对照和判断是否同物异名。过去，人们把动物、植物、矿物、生理等学科综称为博物学，后来这种情况已难于适应科学的发展。《云南古代物产大系》为云南古代物产的研究打下了坚实的基础，并推动其他相关学科的发展。但它涉及的学科太多太广，云南古代物产研究的深入发展，还要俟诸自然科学和人文科学众多学科的学者齐头并进，通力合作。

朱惠荣

2010 年 8 月 11 日于云大西苑

凡　例

一、本课题主要以保存至今且辑者校查过的地方志书为主。上迄三代，下止清末民初，凡涉及有关云南物产的，如二十四史（中华书局本）、四库全书（影印文渊阁本）、《四库存目》、汉晋唐宋地方史、明清及民国云南府州县志，以及宦滇、旅滇、寓滇名人文集、游记等，皆为辑录对象。

二、注释性文字，以小括号注明。

三、原本竖排繁体字，改为横排简体字。原书双排小注，现仍沿用。每条末皆注明书名、卷数、页码，以便查阅。

四、原书凡人名、地名、书名、异体字、通假字等，保留不改。

五、原本正文漫漶不清处，以"□"标明，一字一"□"，少数作校勘记。

六、全书体例，大体沿袭明代李元阳万历《云南通志》"物产"划分法，以"稻之属、糯之属、黍稷之属、荞稗之属、来麰之属、菽之属、菜茹之属、瓜之属、薯蓣之属、药之属、果之属、麻之属、菌之属、香之属、竹之属、木之属、花之属、草之属、兽之属、禽之属、鳞介之属、虫之属、饮馔之属、金石之属、物货之属"二十五属为分类标准。"综录"部分，多为各志书《物产志》前言、概说，或难以入各正属的综合性史料。

七、内容集中，易于归类的史料，分别归入各"属"下，各属首以"综述"，条目较多的又分子目，按现代汉语拼音音序排列，以便检索。

八、同一物产的多种资料，按时间顺序排列，以便了解其变化及资料的因袭异同。

九、一物多名者，取常用名入目，异名、别名等保留在行文中。

十、综合性难于归入各属的史料，归入最后"综录"部分。

十一、同一物产并见多处，查阅时，难免不能一处尽览，需关注相关内容。

十二、各属类下有关史料文献记载多，不便全文辑录的，附"相关文献"，以供参考。

十三、同一府州县志中，若记载时间近，内容几乎完全相同的，出校勘记，后者不再辑录。

十四、楚雄地区、昭通地区，已整理出版了旧方志全书、汇编本，为求史料连贯性和整体性，两地物产史料，尽量以出版本为底本，个别有疑问处，核查原书做了适当修改，不再出校；玉溪地区也有部分志书重新整理出版，详情见附录"征引书目"，其它地州则以所查书目为底本。

十五、《滇南本草》一书所引条目中"〖"、"〗"符号，校点本原有，今保留。

十六、文末附录"征引书目"，按主要文献、府州县地志排列。有关版本、著者等详情，可参。

目 录

总序 ············ 纳 麒 1

前言 ············ 江 燕 5

序 ············ 朱惠荣 19

凡例 ············ 28

一、稻之属 ············ 1

    综述 ············ 1

二、糯之属 ············ 31

    综述 ············ 31

三、黍稷之属 ············ 35

    综述 ············ 35
    草子 ············ 42
    麻 ············ 43

四、荞稗之属 ············ 46

    综述 ············ 46

五、来麰之属 ············ 54

    综述 ············ 54
    青稞 ············ 62
    玉米 ············ 63

六、菽之属 ············ 67

    综述 ············ 67
    扁豆 ············ 77
    蚕豆 ············ 78
    刀豆 ············ 79
    红豆 ············ 80
    豇豆 ············ 80
    绿豆 ············ 80
    马豆 ············ 80
    毛豆 ············ 81
    南扁豆 ············ 81
    豌豆 ············ 82

七、菜茹之属 ············ 83

    综述 ············ 83
    白菜 ············ 111

白脚菜⋯⋯⋯⋯ 112
菠菜⋯⋯⋯⋯⋯ 112
葱⋯⋯⋯⋯⋯⋯ 113
蕃茄⋯⋯⋯⋯⋯ 113
甘露子⋯⋯⋯⋯ 113
高河菜⋯⋯⋯⋯ 113
海菜⋯⋯⋯⋯⋯ 115
胡萝卜⋯⋯⋯⋯ 116
蘹香⋯⋯⋯⋯⋯ 116
黄花子⋯⋯⋯⋯ 116
灰挑菜⋯⋯⋯⋯ 117
姜⋯⋯⋯⋯⋯⋯ 117
芥菜⋯⋯⋯⋯⋯ 117
韭菜⋯⋯⋯⋯⋯ 118
蕨菜⋯⋯⋯⋯⋯ 119
苦马菜⋯⋯⋯⋯ 121
莲花菜⋯⋯⋯⋯ 121
龙须菜⋯⋯⋯⋯ 121
萝卜⋯⋯⋯⋯⋯ 121
蔓青⋯⋯⋯⋯⋯ 123
嫩菜⋯⋯⋯⋯⋯ 124
苤蓝⋯⋯⋯⋯⋯ 124
荠菜⋯⋯⋯⋯⋯ 125
茄子⋯⋯⋯⋯⋯ 125
芹菜⋯⋯⋯⋯⋯ 125
青菜⋯⋯⋯⋯⋯ 126
石花菜⋯⋯⋯⋯ 127
树头菜⋯⋯⋯⋯ 128
数珠菜⋯⋯⋯⋯ 128
蕻菜⋯⋯⋯⋯⋯ 128
宿根茄⋯⋯⋯⋯ 129

蒜⋯⋯⋯⋯⋯⋯ 129
甜菜⋯⋯⋯⋯⋯ 130
茼蒿⋯⋯⋯⋯⋯ 130
薇⋯⋯⋯⋯⋯⋯ 131
莴笋⋯⋯⋯⋯⋯ 131
苋⋯⋯⋯⋯⋯⋯ 132
蕹⋯⋯⋯⋯⋯⋯ 132
月亮菜⋯⋯⋯⋯ 133
芝麻菜⋯⋯⋯⋯ 133

八、瓜之属 ⋯⋯⋯⋯ 134

综述⋯⋯⋯⋯⋯ 134
白云瓜⋯⋯⋯⋯ 137
冬瓜⋯⋯⋯⋯⋯ 138
番瓜⋯⋯⋯⋯⋯ 138
瓠匏⋯⋯⋯⋯⋯ 138
黄瓜⋯⋯⋯⋯⋯ 140
苦瓜⋯⋯⋯⋯⋯ 140
南瓜⋯⋯⋯⋯⋯ 141
丝瓜⋯⋯⋯⋯⋯ 141
甜瓜⋯⋯⋯⋯⋯ 142
土瓜⋯⋯⋯⋯⋯ 142
西瓜⋯⋯⋯⋯⋯ 143

九、薯蓣之属 ⋯⋯⋯⋯ 145

综述⋯⋯⋯⋯⋯ 145
薯蓣⋯⋯⋯⋯⋯ 146
洋芋⋯⋯⋯⋯⋯ 148
芋⋯⋯⋯⋯⋯⋯ 149

十、药之属 ·············· 152

综述 ············· 152

矮陀陀 ············ 190

艾叶 ············· 190

庵茴子 ············ 190

八仙草 ············ 191

白(赤)芍 ········ 191

白(黄)药子 ······ 191

白地膏 ············ 192

白地榆 ············ 192

白花地丁 ·········· 192

白芨 ············· 193

白蔹 ············· 193

白龙须 ············ 193

白牛膝 ············ 194

百部 ············· 194

百叶尖 ············ 194

斑庄根 ············ 195

巴豆藤 ············ 195

半边莲 ············ 195

半夏 ············· 196

必提珠 ············ 196

萆薢 ············· 196

萹蓄 ············· 196

遍地金 ············ 197

薄荷 ············· 197

不死草 ············ 198

苍耳 ············· 198

草果 ············· 198

草乌 ············· 199

草血竭 ············ 199

茶匙草 ············ 199

柴胡 ············· 200

缠瓜草 ············ 200

车前草 ············ 201

赤地榆 ············ 202

赤木通 ············ 202

抽筋草 ············ 202

臭椿皮 ············ 203

臭灵丹 ············ 203

重楼 ············· 204

刺脑包 ············ 204

刺天茄 ············ 204

打不死草 ·········· 205

大腹子 ············ 205

大红袍 ············ 206

大黄 ············· 206

大皮莲 ············ 206

淡竹叶 ············ 206

当归 ············· 207

倒挂土余瓜 ········ 207

灯心草 ············ 208

灯盏花 ············ 208

地不容 ············ 208

地草果 ············ 209

地地藕 ············ 209

地骨皮 ············ 210

地黄 ············· 210

地锦 ············· 210

地精 ············· 210

地精草 ············ 211

地卷草⋯⋯⋯⋯ 211
地石榴⋯⋯⋯⋯ 212
地缨子⋯⋯⋯⋯ 212
滇白芷⋯⋯⋯⋯ 212
滇常山⋯⋯⋯⋯ 213
滇藁本⋯⋯⋯⋯ 213
滇厚朴⋯⋯⋯⋯ 214
滇芎⋯⋯⋯⋯⋯ 214
滇兔丝子⋯⋯⋯ 214
滇紫草⋯⋯⋯⋯ 214
冬虫夏草⋯⋯⋯ 215
豆蔻⋯⋯⋯⋯⋯ 216
独活⋯⋯⋯⋯⋯ 216
独摇草⋯⋯⋯⋯ 216
独叶一枝花⋯⋯ 217
鹅肠菜⋯⋯⋯⋯ 217
法落梅⋯⋯⋯⋯ 218
防风⋯⋯⋯⋯⋯ 218
飞仙藤⋯⋯⋯⋯ 219
茉苨⋯⋯⋯⋯⋯ 220
茯苓⋯⋯⋯⋯⋯ 220
浮萍草⋯⋯⋯⋯ 223
葛根⋯⋯⋯⋯⋯ 223
汞草⋯⋯⋯⋯⋯ 224
狗屎花⋯⋯⋯⋯ 224
枸⋯⋯⋯⋯⋯⋯ 225
谷精草⋯⋯⋯⋯ 225
骨碎补⋯⋯⋯⋯ 225
瓜蒌⋯⋯⋯⋯⋯ 226
挂壁青⋯⋯⋯⋯ 226
管仲⋯⋯⋯⋯⋯ 226

贯众⋯⋯⋯⋯⋯ 226
光明草⋯⋯⋯⋯ 227
旱莲草⋯⋯⋯⋯ 227
诃子⋯⋯⋯⋯⋯ 227
哈芙蓉⋯⋯⋯⋯ 228
何首乌⋯⋯⋯⋯ 228
荷包草⋯⋯⋯⋯ 229
红花⋯⋯⋯⋯⋯ 229
红蓝花⋯⋯⋯⋯ 229
荭草⋯⋯⋯⋯⋯ 229
虎须草⋯⋯⋯⋯ 230
黄花草⋯⋯⋯⋯ 230
黄精⋯⋯⋯⋯⋯ 230
黄连⋯⋯⋯⋯⋯ 231
黄龙尾⋯⋯⋯⋯ 232
黄毛金丝草⋯⋯ 233
黄蘗⋯⋯⋯⋯⋯ 233
黄芩⋯⋯⋯⋯⋯ 233
黄薯⋯⋯⋯⋯⋯ 234
藿香⋯⋯⋯⋯⋯ 234
鸡骨常山⋯⋯⋯ 234
鸡肝散⋯⋯⋯⋯ 235
鸡头实⋯⋯⋯⋯ 235
鸡血藤⋯⋯⋯⋯ 235
寄生草⋯⋯⋯⋯ 237
剑草⋯⋯⋯⋯⋯ 237
姜黄⋯⋯⋯⋯⋯ 238
姜味草⋯⋯⋯⋯ 238
接骨草⋯⋯⋯⋯ 238
金刚纂⋯⋯⋯⋯ 239
金钱草⋯⋯⋯⋯ 241

金丝接骨草·········· 241

金铁锁··············· 242

金樱子··············· 242

金针菜··············· 242

筋骨草··············· 243

镜面草··············· 243

假苏················· 244

九里光··············· 244

苦蒿尖··············· 245

苦楝子··············· 245

兰花双叶草·········· 245

蓝花接骨草·········· 246

狼毒················· 246

老虎刺尖············ 246

连翘················· 246

良姜················· 247

六阴草··············· 248

龙胆草··············· 248

龙蛋草··············· 249

龙骼················· 249

楼台草··············· 250

蘆会················· 250

鹿茸················· 251

鹿衔草··············· 251

麻黄················· 252

马鞭草··············· 253

马尿花··············· 253

马蹄香··············· 253

曼陀罗··············· 254

毛竹叶··············· 254

茅根················· 254

梅花草··············· 254

蜜杂杂··············· 255

绵大戟··············· 255

缅豆················· 255

缅铃················· 255

缅茄················· 256

木通················· 256

木贼················· 257

南苏················· 257

牛扁················· 257

牛黄················· 258

牛膝················· 258

盘地藤··············· 258

皮哨子··············· 259

瓶儿草··············· 259

破故纸··············· 259

破钱草··············· 259

铺地参··············· 260

蒲公英··············· 260

七星草··············· 260

麒麟竭··············· 261

千张纸··············· 261

千针万线草········· 262

前胡················· 263

钱麻················· 263

青刺尖··············· 264

青蒿················· 264

青花豆··············· 264

青花黄叶草·········· 264

青牛膝··············· 265

青皮················· 265

青苔 ·············· 265
青霞草 ············ 266
青箱子 ············ 266
青竹叶 ············ 266
如意草 ············ 266
三七 ·············· 267
三仙菜 ············ 269
三叶草 ············ 269
三叶还阳草 ······· 269
伞骨草 ············ 270
桑白皮 ············ 270
扫天晴明草 ······· 270
山芭蕉 ············ 270
山慈姑 ············ 271
山皮条 ············ 271
商陆 ·············· 271
蛇含果 ············ 271
射干 ·············· 272
麝香 ·············· 272
神黄豆 ············ 274
狮子草 ············ 275
石胆草 ············ 275
石耳 ·············· 276
石风丹 ············ 276
石膏 ·············· 276
石瓜 ·············· 277
石胡荽 ············ 277
石斛 ·············· 277
石黄 ·············· 280
石莲花 ············ 281
石鲮 ·············· 281

石梅 ·············· 281
石蒜 ·············· 282
石韦 ·············· 282
石癣 ·············· 283
石油 ·············· 283
树包 ·············· 283
双果草 ············ 284
双尾草 ············ 284
水芭蕉 ············ 284
水朝阳草 ·········· 285
水金凤 ············ 285
水毛花 ············ 286
水芹菜 ············ 286
酸浆草 ············ 286
酸饺草 ············ 287
天花粉 ············ 287
天门冬 ············ 287
天门精 ············ 288
贴地金 ············ 288
铁刺枝 ············ 289
铁梗金缠草 ········ 289
铁莲子 ············ 290
铁色草 ············ 290
铁线草 ············ 290
荨荶 ·············· 291
铜线草 ············ 291
透骨草 ············ 292
土茯苓(金荞麦)
············ 292
土茯苓(土菝葜)
············ 292

土黄连 ………… 292
土黄芪 ………… 293
土连翘 ………… 293
土练子 ………… 293
土牛膝 ………… 294
土千年健 ………… 294
土余瓜 ………… 295
瓦草(滇白前) … 295
瓦松 ………… 295
王不留行 ………… 296
威灵仙 ………… 296
葳参 ………… 296
乌药 ………… 297
无风自动草 ……… 297
五倍子 ………… 297
五加皮 ………… 298
五味草 ………… 298
五味子 ………… 298
五叶草 ………… 299
五爪金龙 ………… 299
五抓刺 ………… 299
希仙 ………… 299
豨莶草 ………… 300
细辛 ………… 300
夏枯草 ………… 300
仙人骨 ………… 301
鲜子 ………… 301
萱草 ………… 302
香附子 ………… 302
香薷 ………… 303
象鼻草 ………… 303

小白菊 ………… 304
小(大)蓟 ……… 304
小九牯牛 ………… 304
小仙草 ………… 305
小一枝箭 ………… 305
雄黄 ………… 305
绣球防风 ………… 305
绣球藤 ………… 306
续断 ………… 306
牙齿草 ………… 307
羊耳朵 ………… 307
羊肝狼头草 ……… 307
羊奶地丁 ………… 308
羊蹄根 ………… 308
野蒿 ………… 308
野姜 ………… 308
野棉花 ………… 309
叶下花 ………… 309
一支箭 ………… 309
薏苡 ………… 310
茵陈 ………… 310
茵芋 ………… 310
淫羊藿 ………… 311
迎风不动草 ……… 311
鱼眼草 ………… 311
远志 ………… 312
月下参(小草乌)
………… 312
芸香草 ………… 313
泽兰 ………… 314
珍珠草 ………… 314

7

珍珠一枝蒿·········· 315

真矮它它头·········· 315

治疫草·············· 315

竹帚子·············· 316

紫背草·············· 316

紫背双叶草·········· 316

紫背天葵草·········· 317

紫花地丁············ 317

紫金锭·············· 318

紫金皮·············· 318

紫菀················ 318

紫叶草·············· 318

参类················ 319

十一、果之属 ·········· 329

综述················ 329

白桃子·············· 354

槟榔················ 354

波罗蜜·············· 359

菠萝················ 362

板栗················ 362

檫子················ 363

橙················· 363

颠茄················ 364

都桷子·············· 364

都念子·············· 364

都咸子·············· 365

榧子················ 365

凤尾蕉·············· 366

柑橘················ 366

橄榄················ 369

海棠果·············· 371

核桃················ 372

黑果罗·············· 373

鸡嗉子·············· 373

麂目················ 374

救军粮·············· 374

梨················· 375

李················· 377

荔枝、龙眼 ········· 378

林檎、花红 ········· 380

刘(留子)·········· 381

蒌叶、蒟酱 ········· 381

马金囊·············· 390

蔓胡桃·············· 393

梅················· 393

缅石榴·············· 394

抹猛················ 394

枇杷················ 395

苹果················ 396

葡萄················ 397

山楂················ 398

韶子················ 399

石榴················ 399

石葡萄·············· 401

柿子················ 401

松子················ 402

酸角················ 403

锁梅················ 404

桃················· 405

藤果················ 407

无花果·············· 407

梧实·············· 409

香乐·············· 409

香橼、佛手柑 ····· 410

猩猩果············ 412

樲·············· 412

杏·············· 413

绣球果············ 413

延寿果············ 414

杨梅············ 414

椰子············ 414

银杏············ 415

樱桃············ 416

柚子············ 417

郁李仁············ 417

枣·············· 417

枳椇子············ 418

锥栗············ 419

十二、蓏之属 ·········· 420

综述·············· 420

荸荠············ 422

慈姑············ 423

甘蔗············ 423

花生············ 426

茭瓜············ 427

蕉·············· 428

莲藕············ 432

菱角············ 433

十三、菌之属 ·········· 434

综述·············· 434

大毒菌·········· 445

佛头菌·········· 446

黄菌············ 446

鸡油菌·········· 446

鸡葼············ 446

栗窝············ 455

木耳············ 455

木上森·········· 455

牛肝菌·········· 455

青头菌·········· 456

扫把菌·········· 456

杉菌············ 456

树蛾、木蛾 ······ 456

树花············ 457

松橄榄·········· 457

松毛菌·········· 457

松芝············ 458

天花菌·········· 458

万年松·········· 458

羊脂菌·········· 459

银星堆·········· 459

皂荚菌·········· 459

竹菌············ 459

紫马勃·········· 460

十四、香之属 ·········· 461

综述·············· 461

安息香·········· 464

唵叭香·········· 464

柏香············ 464

槟榔香·········· 465

沉香 …………… 465
橄榄香 …………… 466
煎香 …………… 466
降真香 …………… 466
龙脑香 …………… 467
末香 …………… 468
木香 …………… 468
乾达香 …………… 468
青木香 …………… 468
青皮香 …………… 469
雀头香 …………… 469
乳香 …………… 470
檀香 …………… 470
西木香 …………… 471
绣球香 …………… 471
郁金香 …………… 471
藏香 …………… 471

十五、竹之属 …………… 473

综述 …………… 473
斑竹 …………… 486
垂丝竹 …………… 486
慈孝竹 …………… 487
慈竹 …………… 487
大竹 …………… 488
地竹 …………… 488
方竹 …………… 489
观音竹 …………… 490
海竹 …………… 490
汉竹 …………… 491
黑竹 …………… 491

滑竹 …………… 491
鸡腿竹 …………… 491
棘竹 …………… 492
箭竹 …………… 492
金竹 …………… 493
筋竹 …………… 493
巨竹 …………… 494
苦竹 …………… 494
龙竹 …………… 494
笼竹 …………… 495
猫头竹 …………… 495
毛竹 …………… 495
孟滩竹 …………… 496
南竹 …………… 496
濮竹 …………… 496
筇竹 …………… 498
人面竹 …………… 500
实心竹 …………… 500
水竹 …………… 501
桃竹 …………… 501
藤竹 …………… 502
无节竹 …………… 502
崖竹 …………… 502
由衙竹 …………… 502
玉版竹 …………… 503
云竹 …………… 503
竹实 …………… 503
竹舟 …………… 503
紫竹 …………… 504
棕竹 …………… 504

十六、木之属 ············ 505

综述 ············ 505
阿魏 ············ 527
柏树 ············ 528
楠 ············ 534
萆麻 ············ 535
扁树 ············ 535
蘖木 ············ 536
赤柘 ············ 536
椿树 ············ 536
大青树 ············ 537
大树 ············ 539
冬青 ············ 539
伽陀罗 ············ 539
古树 ············ 539
穀树、楮树 ········ 540
桄榔 ············ 541
桂树 ············ 542
禾木 ············ 545
和木 ············ 545
红木 ············ 545
画桃木 ············ 545
槐树 ············ 546
濩歌诺木 ············ 546
栗树 ············ 546
柳树 ············ 547
龙爪树 ············ 550
木槵子 ············ 550
木棉 ············ 551
楠木 ············ 557

婆树 ············ 558
菩提树 ············ 559
橙 ············ 559
箐树 ············ 560
楸树 ············ 560
鹊不停 ············ 560
荏苒 ············ 561
桑木 ············ 561
莎树 ············ 561
杉树 ············ 562
松树 ············ 564
苏木 ············ 569
杪木 ············ 570
梭罗木 ············ 570
檀 ············ 570
天章树 ············ 571
万箭树 ············ 571
乌木 ············ 572
梧桐 ············ 573
红豆树 ············ 573
象牙木 ············ 575
血树 ············ 575
杨树 ············ 575
椰树 ············ 576
一树 ············ 576
影木 ············ 576
樟树 ············ 577
紫花木 ············ 577
紫榆 ············ 577
棕榈 ············ 577

十七、花之属 ············ 579

综述 ············· 579

（一）木本 ········ 623

茶梅 ·········· 623
刺桐花 ········· 623
蟾花 ·········· 625
灯笼花 ········· 625
邓花 ·········· 626
丁香花 ········· 626
杜鹃花 ········· 628
粉团花 ········· 631
芙蓉花 ········· 632
桂花 ·········· 632
海石榴 ········· 634
海棠花 ········· 634
含笑花 ········· 636
和山花 ········· 639
蝴蝶花 ········· 640
花上花 ········· 641
金鹊花 ········· 643
金银花 ········· 643
蜡梅 ·········· 643
梨花 ·········· 644
龙女花 ········· 645
龙爪花 ········· 646
马缨花 ········· 647
梅花 ·········· 648
蒙肚花 ········· 658
蜜蜡花 ········· 659

茉莉花 ············ 659
牡丹 ············· 660
木笔 ············· 662
木瓜花 ············ 663
木槿花 ············ 664
木兰花 ············ 664
木莲花 ············ 664
木香花 ············ 666
念珠树 ············ 666
七里香 ············ 667
琪花 ············· 667
千里香 ············ 667
千叶葵花 ··········· 667
千叶榴花 ··········· 668
千叶桃花 ··········· 668
蔷薇花 ············ 668
蓂其花 ············ 669
莎罗花 ············ 669
山茶花 ············ 670
山枇杷 ············ 694
素馨 ············· 694
桃花 ············· 696
天女花 ············ 698
桐花 ············· 699
荼蘼 ············· 699
仙人掌 ············ 699
小桃红 ············ 700
杏花 ············· 700
绣球花 ············ 700
雪柳 ············· 701
夜合花 ············ 701

罂粟花 ·············· 702
樱花 ·············· 702
樱桃花 ·············· 703
玉兰花 ·············· 703
玉薇花 ·············· 704
优昙花 ·············· 704
栀子 ·············· 709
紫薇花 ·············· 710

（二）草本 ········· 711

百合花 ·············· 711
白鹤花 ·············· 712
白淑气花 ·············· 712
报春花 ·············· 712
地涌金莲 ·············· 713
凤凰蛋 ·············· 713
凤仙花 ·············· 713
伏牛、隔虎刺花 ··· 714
红花 ·············· 714
鸡冠花 ·············· 715
鸡爪花 ·············· 715
金丝莲 ·············· 716
菊花 ·············· 716
兰花 ·············· 718
老少年 ·············· 727
莲花 ·············· 727
玫瑰花 ·············· 730
千日红 ·············· 730
箐底香 ·············· 730
芍药花 ·············· 731
水仙花 ·············· 732

向日葵 ·············· 733
萱花 ·············· 733
玉簪花 ·············· 733

十八、草之属 ········· 735

综述 ·············· 735
梣子 ·············· 742
菖蒲 ·············· 742
茈碧花 ·············· 743
穿山藤 ·············· 743
都拉 ·············· 744
毒草 ·············· 744
凤尾草 ·············· 745
锅铲草 ·············· 746
过江龙 ·············· 746
和合草 ·············· 746
虎掌草 ·············· 748
火把花 ·············· 749
吉祥草 ·············· 750
荇草 ·············· 751
椒藤 ·············· 751
金星凤尾草 ·············· 751
灵芝草 ·············· 751
龙鳞草 ·············· 753
龙吟草 ·············· 753
龙竹草 ·············· 753
马蹄草 ·············· 754
奶浆藤 ·············· 754
怕老婆草 ·············· 754
蒲草 ·············· 754
茜草 ·············· 755

13

升麻·············· 756
石椒草·············· 757
石筋草·············· 757
石龙草·············· 757
石南藤·············· 758
树头花·············· 758
松寄生·············· 758
铁线牡丹·············· 759
仙草·············· 759
仙茅·············· 760
相思草·············· 760
香草·············· 760
响铃草·············· 761
秧草·············· 761
一把纤草·············· 761
氤氲使者·············· 762
油点草·············· 762

十九、禽之属·············· 763

综述·············· 763
八哥·············· 784
白鹭·············· 785
白鹇·············· 785
斑鸠·············· 786
背明鸟·············· 787
蝙蝠·············· 788
雕·············· 788
鹳鸡·············· 788
杜鹃·············· 789
鹅·············· 789
飞鼠·············· 790

翡翠·············· 791
凤·············· 791
伽陵鸟·············· 795
鸽·············· 795
鹤·············· 795
狠虎·············· 796
红嘴鸦·············· 796
画眉·············· 797
鸡·············· 797
集殿鸟·············· 804
伽陵鸟·············· 804
鹪鸠·············· 805
金缕鸟·············· 806
锦鸡·············· 806
鹭·············· 807
孔雀·············· 808
芦燕·············· 812
鸬鹚·············· 812
念佛鸟·············· 813
鸟·············· 813
鸥·············· 813
鹧鸪·············· 814
雀·············· 814
鹊·············· 815
桑扈·············· 816
山呼·············· 816
石燕子·············· 817
噉金鸟·············· 817
水扎鸟·············· 818
拖白练·············· 818
乌鸦·············· 819

信天翁 …………… 819

鸭 ………………… 820

雁 ………………… 821

燕 ………………… 823

鹰 ………………… 827

鹦鹉 ……………… 827

鱼鹰 ……………… 831

鹧鸪 ……………… 831

雉 ………………… 832

竹鸡 ……………… 834

啄木鸟 …………… 834

子规 ……………… 835

二十、兽之属 ………… 836

综述 ……………… 836

白脸 ……………… 855

豹 ………………… 855

飞虎 ……………… 856

风兽 ……………… 856

狗 ………………… 856

果然 ……………… 859

狐 ………………… 859

虎 ………………… 860

麂 ………………… 861

角端 ……………… 862

狼 ………………… 862

狸 ………………… 862

鹿 ………………… 863

驴、骡 …………… 867

马 ………………… 868

猫 ………………… 876

牦牛 ……………… 878

貊 ………………… 880

牛 ………………… 880

狝 ………………… 884

猞猁 ……………… 884

鼠 ………………… 884

獭 ………………… 885

兔 ………………… 886

犀牛 ……………… 887

象 ………………… 889

猩猩 ……………… 894

熊 ………………… 896

羊 ………………… 897

猿猴 ……………… 899

麝 ………………… 901

猪 ………………… 902

竹 ………………… 905

二十一、鳞介之属 …… 906

综述 ……………… 906

（一）鳞类 ……… 923

鲃鱼 ……………… 923

白发鱼 …………… 923

白鲦鱼 …………… 924

白鱼 ……………… 924

比目鱼 …………… 924

草鱼 ……………… 925

大头鱼 …………… 925

带鱼 ……………… 925

丁鱼 ……………… 926

工鱼·············· 926
谷花鱼··············· 928
海参·············· 928
花鱼·············· 929
黄鱼·············· 929
黄师鱼·············· 929
鲫鱼·············· 930
甲香·············· 932
江鱼·············· 932
金线鱼·············· 932
濂浪鱼·············· 934
鲹鱼·············· 936
鲤鱼·············· 936
鲈鱼·············· 936
面条鲫·············· 939
鲇、鳠·············· 940
青铜鱼·············· 940
青鱼·············· 940
沙沟鱼·············· 941
鲨鮀·············· 941
石编鱼·············· 942
石扁头·············· 942
时鱼·············· 942
透明鱼·············· 943
驼背鱼·············· 943
湾鱵·············· 943
乌鱼·············· 944
细鳞鱼·············· 944
岩洞鱼·············· 945
鳏·············· 945
油鱼·············· 945

一目鱼·············· 947
鲗·············· 947

（二）介类········ 948

鳖·············· 948
蚌·············· 948
穿山甲·············· 948
蛤蚧·············· 949
螺蛳·············· 950
泥鳅·············· 952
鳝·············· 952
水蜈蚣·············· 952
虾·············· 953
蚬·············· 954
蟹·············· 954
盐龙·············· 955

二十二、虫之属········ 957

综述·············· 957
冰蛆·············· 971
蚕·············· 971
蝉·············· 975
螭·············· 976
蛾·············· 976
蜂·············· 977
蛊·············· 980
鬼弹·············· 983
蝴蝶·············· 983
黄蝇·············· 985
龙·············· 985
蚂蝗·············· 987

蚂蚁 ……… 987
毛辣子 ……… 988
缅虫 ……… 989
蠽蟏 ……… 989
蜻蛉 ……… 989
蚯蚓 ……… 990
蛇 ……… 990
螳螂 ……… 997
蜩 ……… 997
土狗 ……… 998
蝟 ……… 998
蟋蟀 ……… 998
雪蛆、雪蛤蟆 ……… 998
芫青 ……… 999
萤虫 ……… 999
蚱蜢 ……… 1000

二十三、饮馔之属 ……… 1001

综述 ……… 1001
八角 ……… 1010
醋 ……… 1010
豆制品 ……… 1010
蜂蜜 ……… 1011
胡椒 ……… 1012
花椒 ……… 1013
火腿
……… 1014
酱菜 ……… 1015
酱油 ……… 1015
辣椒 ……… 1015
糖 ……… 1016

米线、饵块 ……… 1017
蜜雪 ……… 1018
麹 ……… 1020
乳饼、乳扇 ……… 1020
油料 ……… 1021
竹笋 ……… 1022

二十四、金石之属 ……… 1024

综述 ……… 1024

（一）非金属 ……… 1055

白碱 ……… 1055
宝石 ……… 1055
碧霞玺 ……… 1067
丹砂 ……… 1067
矾石 ……… 1068
翡翠 ……… 1068
光珠 ……… 1069
豪猪牙 ……… 1069
琥珀 ……… 1070
滑石 ……… 1075
硫磺 ……… 1075
瑠璃 ……… 1077
玛瑙 ……… 1077
瑟瑟 ……… 1079
珊瑚 ……… 1079
印红 ……… 1080
玉石 ……… 1080
硃砂 ……… 1085
紫石英 ……… 1086
珍珠 ……… 1086

（二）金属 ········· 1086

金矿 ············· 1086
煤矿 ············· 1105
铅矿 ············· 1107
水银 ············· 1110
锑矿 ············· 1110
铁矿 ············· 1111
铜矿 ············· 1116
锡矿 ············· 1171
硝矿 ············· 1175
银矿 ············· 1176

（三）石类 ········· 1192

催生石 ··········· 1198
大理石 ··········· 1199
飞石 ············· 1204
花石 ············· 1204
火山石 ··········· 1204
焦石 ············· 1205
空青 ············· 1205
砺石 ············· 1205
临安石 ··········· 1207
龙脑石 ··········· 1208
芦甘石、土青 ······ 1208
墨石 ············· 1208
南甸河石 ········· 1209
青石 ············· 1209
石硫磺 ··········· 1210
石青、石绿 ········ 1211
石燕、石蟹 ········ 1212

图章石 ··········· 1212
五色花石 ········· 1212
响石 ············· 1213
象塘石 ··········· 1213
砚石 ············· 1213
钟乳石 ··········· 1215
紫石 ············· 1215

二十五、物货之属 ······ 1217

综述 ············· 1217

（一）食货类 ······ 1245

茶 ··············· 1245
酒 ··············· 1263
烟 ··············· 1276
盐 ··············· 1278

（二）物货类 ······ 1318

鞍甲 ············· 1318
贝 ··············· 1319
贝蠹 ············· 1326
贝叶 ············· 1327
草器 ············· 1327
刀剑器 ··········· 1328
灯具 ············· 1330
靛 ··············· 1332
毒槊 ············· 1334
飞标 ············· 1335
粉笔 ············· 1335
火柴 ············· 1335
鸡鸣枕 ··········· 1336

箭弩 ………… 1336
口琴 ………… 1338
蜡 ………… 1340
狼筅 ………… 1343
芦笙 ………… 1344
瞑弓 ………… 1345
明子 ………… 1346
木器 ………… 1346
牛角杯 ………… 1347
皮器 ………… 1348
菩萨蛮 ………… 1351
漆器 ………… 1351
棋子 ………… 1351
琴经 ………… 1354
燃油 ………… 1354
人髌器物 ………… 1354
石灰 ………… 1355
石器 ………… 1355
松毛 ………… 1356
炭 ………… 1357
陶瓦器 ………… 1357
藤器 ………… 1359
铜器 ………… 1362
铜鼓 ………… 1365
铁器 ………… 1368
萧 ………… 1370
熊夹 ………… 1370
雨伞 ………… 1370
羊骨卜 ………… 1371
猿栅 ………… 1371
玉器 ………… 1371

纸 ………… 1372
朱提浮酒瓶 …… 1374
竹器 ………… 1375
紫梗 ………… 1375
骷龊 ………… 1376

（三）服饰类 …… 1376

偎夷布 ………… 1385
帛叠 ………… 1385
蚕桑 ………… 1386
滇缎 ………… 1387
兜罗锦 ………… 1389
耳坠 ………… 1389
洱红 ………… 1389
凤钗 ………… 1390
黄练 ………… 1390
火草布 ………… 1390
锦帕大帽 ………… 1391
麻布 ………… 1392
蛮靴 ………… 1393
毛髻网 ………… 1393
棉花 ………… 1393
氍毹 ………… 1396
羢（绒） ………… 1396
莎罗布 ………… 1396
树皮褥 ………… 1398
丝织品 ………… 1398
梭布 ………… 1399
塘头布 ………… 1399
桐华布 ………… 1399
土锦 ………… 1400

挞绒 ……………… 1401

乌帕 ……………… 1401

苗锦 ……………… 1401

斜纹布 …………… 1402

胭脂 ……………… 1402

羊毛布(线) …… 1402

宜良布 …………… 1403

毡 ………………… 1403

(四)贸易类 …… 1405

(五)贡赋类 …… 1409

(六)钱法 ……… 1417

二十六、综录………… 1424

附录　征引书目 …… 1475

主要文献 ……… 1475

府州县地志 …… 1482

后记 ……………… 1494

一、稻之属

综述

《山海经》：西南黑水之间，有广都之野，后稷葬焉。爰有膏菽、膏稻、膏黍、膏稷，百谷自生，冬夏不死。（《尚史》卷23）

从曲、靖州已南，滇池已西，土俗惟业水田。种麻豆黍稷，不过町疃。水田每年一熟。从八月获稻，至十一月十二月之交，便于稻田种大麦，三月四月即熟。收大麦后，还种粳稻。小麦即于冈陵种之，十二月下旬已抽节如三月，小麦与大麦同时收刈。其小麦麨软泥少味。大麦多以为麨，别无他用。醖酒以稻米为麴者，酒味酸败。每耕田用三尺犁，格长丈余，两牛相去七八尺，一佃人前牵牛，一佃人持按犁辕，一佃人秉耒。蛮治山田，殊为精好。悉被城镇蛮将差蛮官遍令监守催促。如监守蛮乞酒饭者，察之，杖下捶死。每一佃人佃，疆畛连延或三十里。浇田皆用源泉，水旱无损。收刈已毕，蛮官据佃人家口数目，支给禾稻，其余悉输官。（《云南志补注》卷7第96页）

天下岁入粮数，总计一千二百十一万四千七百八石。……云南省二十七万七千七百一十九石。（《元史·食货志》卷93第2360页）

本地土地肥沃，盛产稻米和小麦。但是，这里的人民认为

1

小麦做的面包有碍身体，所以不吃面包而吃大米。（《马可波罗游记》卷2第48章《哈剌章大省和省会大理》第145页）

粳粟米，味甘平，无毒。分赤白二色，硬者粳也，北人呼为大米，亦呼为稻米。治一切诸虚百损，补中益气，强〖筋〗壮骨、生津、明目、长智。粳，烧灰治走马牙疳。糯者补中和胃，止泻，生〖津〗液，主人面容娇嫩，敷疮。亦治颓头疮，神效。……稻草，味甘平，性温。〖无毒。主治〗宽中，宽肠胃，下气，温中止泻，消牛、马肉积，宿食，消小儿乳食结滞，肚腹疼痛。草节，走周身经络，治〖筋骨〗痰火疼痛。（《滇南本草》第607页务本）

籼（音仙）米，即粘米，似〖粳〗而粒小，滇中有赤白二种，味甘，性温，无毒。主治温中益气，养胃和脾，除湿止泻。（《滇南本草》第607页范本）

谷属：稻、黍、稷、麦二种、荳三种、荞甜苦二种。（嘉靖《寻甸府志》卷上第31页）

稻之属二十五①：白麻线、红麻线、大黑嘴、小黑嘴、白鼠牙、红鼠牙、大香谷、小香谷、红皮、倭棲、麻雀皮、白鹭丰、青芒、墨谷、大麦谷、高脚谷、乾谷、长芒、光头、毛稻、金裹银、银裹金、早吊谷、叶裹藏、老鸦翎、白粟谷。（嘉靖《大理府志》第70页）

稻之属十二：白麻线、红麻线、豆嘴、白谷、红皮、矮罗、青芒、老鸦翎、金裹银、早谷（此字，疑衍）吊谷、叶里藏、白毛谷。（万历《赵州志》卷1第25页）

稻之属十八：青芒谷、黑谷、光头谷、金裹银谷、早吊谷、大香谷、小香谷、长芒谷、毛稻、白麻线、红麻线、黑嘴谷、乾谷、红皮谷、白鼠牙、麻雀皮、白鹭谷、老鸦翎。（万历《云南通志》卷2《云南府》第13页）

稻之属二十一：麻线、黑嘴、鼠牙、大香、小香、红皮、

---

① 二十五　　按文意为二十六。

矮楼、青芒、高脚、乾谷、长芒、光头、毛稻、早吊、麻雀皮、金裹银、叶裹藏、老鸦翎、银裹金、白粟谷、白鹭丰。（万历《云南通志》卷2《大理府》第33页）

稻之属五：旱、香、红、光、黑。（万历《云南通志》卷2《临安府》第54页）

稻之属十：光头、毛谷、旱谷、麻线、香谷、红谷、黑早、白早、叶裹藏、金裹银。（万历《云南通志》卷2《永昌府》第67页）

稻之属十：粳、秫、红芒、黄壳、白壳、虎班、粳、白、黑、乌嘴。（万历《云南通志》卷3《楚雄府》第8页）

稻之属五：黑、早、毛、光头、长芒。（万历《云南通志》卷3《曲靖府》第15页）

稻之属三：红谷、白谷、糯谷。（万历《云南通志》卷3《澄江府》第22页）

稻之属三：籼谷、黏谷、冬春谷。（万历《云南通志》卷3《蒙化府》第28页）

稻之属九：香、细、红、白、长芒、光头、金裹银、麻线、黑谷。（万历《云南通志》卷3《鹤庆府》第36页）

稻之属八：红、白、毛谷、光头、长芒、麻线、青芒、早吊谷。（万历《云南通志》卷3《姚安府》第46页）

稻之属九：长芒、光头、麻雀皮、麻线、香谷、早吊、香糯、虎皮糯、老鼠牙糯。（万历《云南通志》卷4《寻甸府》第4页）

稻之属四：光头、青芒、金裹银、糯。（万历《云南通志》卷4《武定府》第9页）

稻之属八：白麻线、红麻线、大香谷、小香谷、金裹银、银裹金、麻雀皮、早吊谷。（万历《云南通志》卷4《景东府》第12页）

稻之属八：麻线、鼠牙、香谷、光头、早吊、金裹银、银裹金、麻雀皮。（万历《云南通志》卷4《元江府》第15页）

稻之属四：麻线、鼠牙、光头、香谷。（万历《云南通

3

志》卷4《丽江府》第19页)

稻之属七：光头、长芒、白谷、麻线、金裹银、早吊谷、乾谷。(万历《云南通志》卷4《广南府》第21页)

稻之属七：麻线、鼠牙、香谷、光头、金裹银、银裹金、麻雀皮。(万历《云南通志》卷4《顺宁州》第24页)

稻之属五：乾谷、青芒、光头、金裹银、白香谷。(万历《云南通志》卷4《镇沅府》第30页)

稻之属九：香、白、玉、黑、红谷、柳条、松子、虎皮、大糯。(万历《云南通志》卷4《北胜州》第33页)

稻之属六：金裹银、长芒、毛谷、乾谷、香谷、红谷。(万历《云南通志》卷4《新化州》第35页)

稻之属五：金裹银、长芒、毛谷、虎皮糯、鼠牙糯。(万历《云南通志》卷4《者乐甸长官司》第37页)

元清远居士《过果苴浪诗》(七绝)：山路阴阴木叶凉，山村八月稻初黄。野花零落斜阳淡，隔涧人家煮酒香。(万历《云南通志》卷14第13页)

六府后谷，其生于五行乎！八政先食，于养人至切矣，是以志物产者，必首谷属也。杨泉《物理志》曰："粱稻菽三谷，各二十种。蔬果之实助谷，各二十。凡为百谷。"贾思勰言："粟之名，或以人姓名，或观形立名，亦有会义为名。"今滇中五谷之名，多出于农家者流，而其义仿古昔，即未尽雅驯，亦贵因矣。今其名稻，有青芒，有长芒，有光头，有黑谷，有金裹银、大香、小香、毛稻、白线、红线、黑嘴、红皮、鼠牙、雀皮、白鹭、鸦翎、黑麻、黄皮、香粳、三百颗、红缨。(天启《滇志》卷3《云南府》第112页)

在叶榆者，谷属有白粟、丰。(天启《滇志》卷3《大理府》第114页)

谷，分旱稻而别之。(天启《滇志》卷3《临安府》第115页)

至五谷中之黑、白、旱、叶裹藏、金裹银_{所谓以形得名也者}。(天启《滇志》卷3《永昌府》第115页)

五谷之属，又在在相同，若黄黍，若红豆，或胜他郡。（天启《滇志》卷3《澄江府》第117页）

迤西之产，各郡略同。此郡之同而异者，如谷属之籼谷、冬春。（天启《滇志》卷3《蒙化府》第117页）

五谷、果蔬、花木、药品、鸟兽、虫鱼之类，异他地十之一者。（天启《滇志》卷3《姚安府》第118页）

谷之名类凡四。（天启《滇志》卷3《广西府》第118页）

谷之中，有香稻焉。又一种，名早吊香，别郡希见也。（天启《滇志》卷3《寻甸府》第118页）

稻之名有八，惟大香、小香为异。（天启《滇志》卷3《景东府》第119页）

总计谷属而下，其类凡九，其名三十有七，皆间出于他郡州邑，其余或秘不以闻于内地。其闻者谷、麦、荞、稗，彼中称不毛者，前志又无所不备，则不知其解矣。（天启《滇志》卷3《丽江府》第119页）

戊寅九月初二日……自黄草坝至此，米价最贱，一升止三四文而已。（《徐霞客游记·滇游日记三》第778页）

戊寅九月初三日……黄泥河聚庐颇盛，但皆草房。……其中多盘坞环流，土膏丰沃，为一方之冠。亦佐之米，俱自此马驼肩负而去。前拟移县于此，至今称为新县，而名亦佐为旧县云。（《徐霞客游记·滇游日记三》第779页）

戊寅十月十三日……下步田畦水曲，观调治家人筑场收谷。（《徐霞客游记·滇游日记四》第833页）

己卯二月初九日……其地田亩，三年种禾一番。本年种禾，次年即种豆菜之类，第三年则停而不种。又次年，乃复种禾。（《徐霞客游记·滇游日记七》第963页）

己卯三月二十五日……宿于村家，买米甚艰，只得半升，以存米为粥。留所买者，为明日饭。（《徐霞客游记·滇游日记八》第1034页）

己卯四月初十日……又西半里，宿于蒲缥之西村，其地米

价颇贱，二十文可饱三四人。（《徐霞客游记·滇游日记九》第 1050 页）

己卯四月十二日……而宿于橄榄坡……其处米价甚贱，每二十文宿一宵，饭两餐，又有夹包。（《徐霞客游记·滇游日记九》第 1056 页）

己卯七月十一日，晨起，早龙江具饭，且言："……此地昔为战场，为贼窟。今藉天子威灵，民安地静，物产丰盈，盛于他处。他处方苦旱，而此地之雨不绝；他处甫插莳，而此中之新谷已登；他处多盗贼，而此中夜不闭户。敢谓穷边非乐土乎！第无高人至此，而今得之，岂非山川之幸！"余谢不敢当。时新谷、新花，一时并出，而晚稻香风，盈川被陇，真边境之休风，而或指以为瘴，亦此地之常耳。（《徐霞客游记·滇游日记十一》第 1145 页）

己卯八月十九日……峡中小室累累，各就水次，其瓦俱白，乃磨室也，以水运机，磨麦为面，甚洁白，乃知迷渡川中，饶稻更饶麦也。（《徐霞客游记·滇游日记十二》第 1196 页）

己卯八月二十二日……又北一里，于是村庐相望，即炼洞境矣。南倚坡，北瞰坞，又二里，过公馆街，又北一里，过中谿庄东为此庄，李中谿公以年老，炼洞米食之易化，故置庄以供餐。鸡山中谿公有三遗迹：西桃花箐下有中谿书院，大顶之侧礼佛台有中谿读书处。（《徐霞客游记·滇游日记十二》第 1203 页）

稻凡百余种，约以红稻、白稻、糯稻概之。（康熙《云南通志》卷 12《通省》第 224 页）

谷部：小白谷、安颠谷、冷水谷、大细麻線、红心、百日早、乌谷、红皮、经白梗齿、響谷、新兴、白红他郎、铁谷、假糯、饭糯、柳条、花皮、长无芒香、大小糯米、叶裹藏、金裹银、桔橙、黑白黍、高粱四种、粟饭糯一种、玉麦、大小麦、荞三种、芝麻、硃砂豆、黄豆、绿豆、羊眼豆、虎皮豆、饭豆、茶褐豆、黑豆、青豆。（康熙《石屏州志》卷 3 第 78 页）

谷之属：旱稻、水稻、糯稻、大麦、小麦、荞、黍子、糕

梁、南豆、饭豆。(康熙《晋宁州志》卷 1 第 14 页)

谷：糯、红稻、白稻、大麦、小麦、荞麦、黄豆。(康熙《富民县志》第 27 页)

谷部：香谷、百日早、黑谷、小白谷、红芒谷、冷水谷、背子谷、柳条糯、红皮、白皮、黄米、菽、梁、黍、大麦、小麦、甜荞、苦荞、黄豆、羊眼豆、饭豆、黑豆、青豆。(康熙《通海县志》卷 4 第 17 页)

谷之属：香谷、糯谷、白谷、红谷、黑谷、早谷、旱谷、细谷、粟谷、小麦、大麦、玉麦、焰麦、甜荞、苦荞、糯粱、饭粱、菉豆、黄豆、南豆、黑豆、青豆、碗豆、饭豆、芝蘇、黍米。(康熙《嵋峨县志》卷 2)

谷之属：糯谷、香谷、白谷、红谷、黑谷、早谷、粟谷、玉谷、小麦、大麦、玉麦、焰麦、甜荞、苦荞、芝麻、黍米、糯粱、饭粱、黄豆、青豆、白豆、黑豆、豌豆、饭豆、南豆、绿豆。(康熙《新平县志》卷 2 第 320 页)

红稻、白稻、长芒稻、香稻 出罗陋川、细稻 出大孟村、冷水稻 三月栽 六月熟、麓川稻 种自麓川来、金裹银稻 皮红米白、银裹金稻 皮白米红、麻线稻。(康熙《鹤庆府志》卷 12 第 23 页)

稻：秔、香秔、黄、黑、红、白、迟 其熟 较迟、百日、花谷、落子、矮老、黑毛、麻线、老鸦翎、背子、糯谷、香糯、背子糯、黄糯、矮老糯，凡二十种。(康熙《蒙化府志》卷 1 第 37 页)

稻之属：黄谷、小谷、落子谷、百日谷、香谷、叶裹藏、黑大壳、旱谷、水谷、金裹银。(康熙《新兴州志》卷 5 第 31 页)

稻之属八种。(康熙《平彝县志》卷 3 第 96 页)

谷部：白茴香、黄茴香、背子谷、红谷、黑谷、糯谷、羊毛谷、旱谷、大麦、小麦、豆、黍、燕麦、玉麦、菽、龙爪稗、草子、梁。(康熙《罗平州志》卷 2 第 7 页)

谷属：稻凡百余种，约以红、白稻、糯稻。(康熙《元江

府志》卷1第663页)

谷之属，谷^{有数}：白谷、红谷、黄谷、黑谷、早谷、谷。
麦^{有数}：大麦、小麦、玉麦、燕麦。甜荞、苦荞、膏粱。……
（河阳县①）谷：香糯。（新兴州）谷：落子谷、香谷、叶裹
藏、水谷。（路南州）谷：黑白谷。（江川县）谷：红芒、冷
水、背子。（康熙《澄江府志》卷10第5、9页）

稻：黄谷、黑谷、红谷、迟谷、花谷、安来谷。（康熙
《顺宁府志》卷1第27页）

谷属^{有十种：光头谷、毛谷、早谷、蘇線谷、香光头谷、}^{红谷、黑早谷、白早谷、叶裹藏谷、金裹银谷。}（康熙《永昌府
志》卷10第1页）

本朝康熙四十七年，产嘉禾二茎，三四稔不等。（康熙
《路南州志》卷3第73页）

清^{学正}李汝相《瑞禾》（五律）：祥符呈满地，灵秀钟于禾。
茎是人间有，穗应天上多。政平田祖格，瑞应老农歌。万里遐
荒域，欢呼报太和。（康熙《路南州志》卷4第37页）

清^{知州}金廷献《瑞禾》（七律）：晴云此会绕林端，禾满昆州
瑞色阑。非是异人天上种，却疑神物水中团。一茎荡漾分双
穗，五色扶摇捧玉杆。圣世循良呈秀淑，万民应有室家欢。
又：万里恩波破大荒，嘉禾郁秀霭青苍。南天树植原无术，今
日纷披偏反常。风摆单茎呈并穗，云移细粒饱清霜。看来顿觉
祥征异。四境悠悠戴德长。（康熙《路南州志》卷4第49页）

清^{拣选知县}李羲传《瑞禾》（七律）：秋风瑟瑟满前川，太史占
星为有年。今岁原非昔岁比，一茎常似数茎悬。三三竞秀呈霞
锦，两两争奇篆晓烟。自是牧民多惠政，故将神异放江边。
（康熙《路南州志》卷4第53页）

清^{贡生}金成宪《瑞禾》（七律二首）：稶稶嘉禾陇上生，何缘

---

① 康熙《澄江府志》所记物产，首记府属通产，括号内为各县属
特产，下同，不再出校。

两穗一株擎。九重尚忆三农苦，十亩争誇百室盈。处处春风迎气动，年年甘雨应时倾。祯祥独见山州地，帝德天心不可名。又：阴阳淑气入年光，五色容鸡唱短墙。书进嘉禾当日瑞，颖呈双穗应天祥。彩云曾现铜池里，灵草还生玉殿旁。岂似三钱赢斗粟，行人千里不赍粮。又：忽闻何处产嘉禾，强酌余鐏漫一歌。史载两岐知最少，书陈双穗未云多。星云自是关昌运，草木由来感太和。圣泽普天皆雨露，祯祥独降此山阿。（康熙《路南州志》卷4第60页）

阿宁乡，……旧址尚存龙潭一，水流出，可灌田数百顷，地多产稻。（雍正《师宗州志》卷上第22页）

旱谷，春初种，秋熟。种植耕耨则在人力，雨旸则在天时矣。有红、白二种。（雍正《师宗州志》卷上第37页）

谷类：糯、红稻、白稻、大麦、小麦、荞麦、黄豆。（雍正《富民县志》卷上第30页）

稻：红稻、白稻、黄稻、香稻、糯稻、旱稻。（雍正《建水州志》卷2第6页）

谷属：稻 种类不一，有旱谷、白谷、红谷、大小麻线谷、老埂谷、鸟甸种者曰黄谷，漫撒傍甸种者曰冷水谷、香谷、绿谷。（雍正《阿迷州志》卷21第253页）

稻之属：香谷、白心谷、早秧谷、黄皮谷、旱谷、老来谷、黑皮谷、三百谷、早谷、红心谷、羊毛谷、迟谷。（乾隆《弥勒州志》卷23第113页）

谷类：水稻、旱稻、赤稻、白稻、粳稻、糯稻、长芒稻 产城四乡及丰乐、输诚二里、巧家米粮坝等处。（乾隆《东川府志》卷18第1页）

稻：香稻、白稻、迟稻、早稻、旱稻、圆糯、长糯、枣红。（乾隆《陆凉州志》卷2第26页）

稻属：黄壳谷、香饵谷、叶裹藏、黑壳谷、旱谷、麻扎谷、金裹谷、冷水谷、雾露谷、猡人谷。（乾隆《开化府志》卷4第27页）

谷属：稻 黄红白黑四色，分饭糯二种。麦 有大麦、小麦、玉麦、燕麦。菽 豆也，有黄豆、黑豆、赤小豆、豌豆、蚕豆、虎皮豆、扁豆、绿豆。芡 甜苦二种。稗 有鸭爪稗、米稗、毛稗。麻 火麻、脂麻。（乾隆《赵州志》卷3第

9

56 页）

其谷则稻、黍、稷、粱、麻、豆、荞、稗，而无麦与膏粱。（乾隆《腾越州志》卷 3 第 27 页）

谷部：小白谷、安颠谷、冷水谷、大细麻線、红心、百日早、叶裹藏、金裹银、新兴谷、红白梗齿、乌谷、红皮、柳条、假糯、铁谷、饭糯、响谷、花皮、白红他狼、桔搭、大小糯米、长无芒香、黑白黍、膏粱^{有红白}糯三种、粟^{有饭糯}二种、玉麦、大小麦、荞^{有苦甜}二种、芝麻、砵砂豆、黄豆、录豆、羊眼豆、虎皮豆、饭豆、黑豆、茶褐豆。（乾隆《石屏州志》卷 3 第 34 页）

稻之属：有秔有糯。秔即杭，杭之小者谓之籼，有早中晚三熟。秔早熟，籼晚熟，有水稻、旱稻，南方土下泥多，宜水稻。谷之大小不同，芒之有无长短不同，米之赤白紫乌不同，味之香否，质之坚软不同。南人以食稻为主，专名为谷，犹兆人之名粟也。（乾隆《黎县旧志》第 12 页）

谷属：稻^{红白黑三色，分饭糯}二种，惟沿江产之。。（乾隆《丽江府志略》卷下第 39 页）

太和县，……故民殷富，土肥饶，谷穗长至二百八十粒。（《滇游记》第 7 页）

稻两刈：元江府在滇省之东南，崇岚密箐，府治设万峰下，其中四时皆暑，气候与岭表略同。稻以仲冬布种，莳于腊，刈于季春，刈后复反生成穗，至秋再刈，所获微减于前。（《滇南新语》第 16 页）

《剑川运粮记》：秤戛野人，在澜沧江、怒江之极北，黑齿绣面，以包谷为食，禾稻间有，不服王化。祝长腿者，其酋也。偶野人渡江至保山县境买牛，还遇汛兵，疑为盗，阻留盘诘，即杀兵遁归，县差追缉，长腿挺身拒捕差复毙。保令会同永昌镇通详请勦。制府张允随据题，拨抚标左营游击谢光宗、提标参将高钦领兵八百往，分驻三台山、二别邅，以声讨倡乱者。橄余督运军粮，而剑川去二别邅四百余里，山径险恶，历少人行，且必经澜沧之溜渡，渡外俱夷人，木强作鸟语，岩栖穴处，并无村店。人负米不过三斗，日行三十余里，多迷道，其间悬峭数处，夷人升之，捷若猿猱，剑民皆仰首以号，而军食孔亟，乃因地熟筹，以剑民运至日见厂府，出铜。越厂，即澜沧，增其脚价，觅江外夷人以接运，多派丁役，执械押送，每三十里，雇带工匠，斧林芟叶，设棚十余间，为负运栖宿之所。时五月，大雨时行，余坐竹兜，二人肩之，然不时步行也。遇悬峭处，令双垂长藤，横系劲枝，以意造软梯，攀援而上，始抵二别邅，山高十余里，侧下成坡坂。再下，即怒江，水声汹汹，触石处浪高丈许，官兵临江扎营坡上。余度形势，密谓鹤丽镇标守备李某曰："阻岩逼水，此绝地也，倘夷人凭岭施弩，滚放擂石，进退维谷，将何以御，速移，毋取败。"李以别无善地为虑，余强携之行，于坡坂一里外，觅得平壤数百丈，可作蛇蟠阵以立寨，乃急令移营，起队未百步，而擂石飞堕，幸免折伤。余复留运夫开治险峻，焚近营草木，以防潜匪。沿江一带，石壁插天，行路在岸下，嶵巍怪石，参差错落，水大即没，水退则露，履石往来，皆作惊蛙跳掷状，无咫尺可安步者，稍不戒，即堕逝洪波矣。因视岸壁古藤缨络，乃就与人身等处，更取老藤接续联贯，石尽乃止，俾夫卒得藉手以无恐。计自初夏进勦，孟秋甫奏凯，虽有斩获，而首恶祝长腿究未成擒，后用土官率土兵进，始伏诛，谢游击用二百金购其首以献捷。初秤夏恃险负固，并未与官军一战，自祝长腿死，始渐出就戮，秤夏乃平。（《滇南新语》第25页）

稻田：山田层级而下如梯形，泉水流注，最宜于稻。平畴则每有小沟引水，远者曲折递引，沿至数里外。更有于两山之间，架一木槽，引此山之水通于彼山，其法甚巧。又有旱山之田，土性宜稻，必待雨而有收，谓之雷鸣田。（《滇南闻见录》卷上第16页）

稻米：山田、平田皆产稻米，米粒略细，近于川、广籼米，价颇昂贵。山路崎岖，客来不能运致也。（《滇南闻见录》卷下第30页）

《尔雅》列谷、蔬于《释草》，良似谷为草之精英，后稷

11

择而播之，遂以粒蒸万世。然物有同进一时者，各囿于其方，此方兴而彼方竟不知种。苜蓿入中国垂二千年，北方多而南方未有种之。葡萄、石榴、核桃、大蒜之属，盛种于南方，岂苜蓿独有不宜？由不知种耳。棉花、番瓜、蕃芋、落花生同时入中国，棉花遍种于南北，南瓜亦然。乾隆初，陈榕门抚豫，募闽人种红薯，江淮间食之者将信将疑，此予少时所亲见者，今闻遍种于江乡矣。粤海之滨，以种落花生为生涯，彼名地豆，榨油皆供给于数省。其生最易，其利甚大，江西颇种之，而吾乡从来未有种者，由于不知其利也。滇粤相连，滇竟遗之，近来颇有。（《滇海虞衡志》第289页）

《物产志第四》：滇产无乏者，惟蚕桑之利，大逊东南耳。布政使司治昆明，凡滇所有县皆得而有之，然为他郡所专产者不可借，因即县之所有次之。一、谷之属九：稻凡百余种，约以红稻、白稻、糯稻概之。……《余论》：论谷之属，凡县之米市，量以儋（十斗曰儋）、斗（十升曰斗）、升（十合曰升）、合（十勺曰合）。计每升衡之得七勒，丰岁，升不过八九十钱，即偶歉亦不过百四五十耳，然县之田所出，恒不足供一县之食，必仰给于邻郡，县人众故也。县土宜稻菽，而麦则不如雍豫。稻之白者，其米长腰细粒，熟之作淡碧色。其红者颗殊圆大，味皆香以腴，即疏食无肴核之荞，不至棘喉艰于下咽也。米之精者曰水碾，作饭皆先以水淅之，入釜煮三四刻，舀置箓箩中，滤去其汁，乃烝之以甑，俟气蓬蓬上则熟矣。甑以木为之，圆径尺余，甑底编竹，作盛饭具曰箅。当饭受烝时，釜中仍可煮菜作汤，布于甑中饭上者，亦足间烝他食物。贫家作苦计，菜二器，饭数盂，日费四三十钱，而腹已果然，岂待过求哉。檀萃《滇海虞衡志》：滇以蚕豆为第一，始则连荚而烹以为菜，继则杂米之炊以当饭，乾则洗之以为粉，故蚕豆粉条明彻轻缩，杂之燕窝汤中，几不复辨。豌豆亦可洗粉，滇中人兼食其蔓，名豌豆菜。（道光《昆明县志》卷2第1页、9页）

谷属：旱稻、水稻、糯稻、大麦、小麦、春麦、甜荞、苦荞、黄豆、南豆、饭豆、鼠豆、黑豆、赤豆、高粱、黍子、稗

子。（道光《晋宁州志》卷 3 第 25 页）

谷类：大白谷、小白谷、黑谷、水长谷、老来红、黄牛尾、青芒谷、半截芒、旱谷、大小糯谷、黑白黍、稗子、蒿粱、黑白稷、大小麦、甜苦荞、黄豆、老鼠豆、蚕豆、黑豆、饭豆、豌豆。（道光《昆阳州志》卷 5 第 12 页）

谷属：糯谷、白谷、红谷、黄谷、黑谷、大麦、小麦、玉麦、甜荞、苦荞、膏粱（红黄）、稗。（道光《广南府志》卷 3 第 1 页）

谷之属：香谷米（凡瘴乡皆有）、紫糯米（出江外，即接骨米，碎可蒸接成颗）、扁糯米（即白糯米，初生时，夷人用以压扁）、黑芝麻（出太和乡）、薏苡仁、甜菀豆（味甘美，与寻常菀豆不同）。（道光《新平县志》卷 6 第 20 页）

谷之属：香谷、糯谷、白谷、黑谷、旱谷、红脚谷、矮脚谷、连秸谷、羊毛谷、大白壳谷、小白壳谷、细麻线谷、大麦、小麦、玉麦、燕麦、甜荞、苦荞、糯高粱、饭高粱、菜豆、黄豆、黑豆、青皮豆、马料豆、南豆、豌豆、饭豆、蚂腊豆、马豆、小米、玉米、鸭爪稗、草子、菜子、白子。旧《县志》。（道光《续修易门县志》卷 7 第 168 页）

谷之属：糯谷（有数种）、白谷、红谷、黄谷、黑谷、水谷、旱谷、大麦、小麦、玉麦、燕麦、甜荞、苦荞、膏粱。（道光《澄江府志》卷 10 第 4 页）

清人黄毓彩（誉郡人）《插秧歌》：声声布谷啼烟树，村北村南亟农务。车轧轧兮水盈盈，郊原罗列同棋布。今年雨旸独应候，秧苗出水稠且秀。碧毯蒙茸濛晓风，栽莳恐落西邻后，课仆呼童运秧马，田翁欲寐不遑假。鸡声听罢即招呼，叱犊携蓑趋绿野。小儿欢腾持酒樽，大儿踉跄负鸡豚。老翁虔祝古坛侧，迎猫祭虎开秧门。泥行俯首裸双膝，如卦行行间疏密。昨日白水今青塍，风卷云飞惊驶疾。夕阳影里歌声动，贾勇愁嗤身入瓮。始知退步是争先，世事从前浑如梦。东邻茆舍读书人，终岁呻唔徒苦辛。何如陇上又耕凿，秋成鼓腹乐盈囷。（道光《澄江府志》卷 15 第 22 页）

稻，《唐书·南蛮传》：自夜郎、滇池以西，有稻、麦、粟、豆。旧《云南通志》：稻，凡百余种，约以红稻、白稻、糯稻概之。（道光《云南通志稿》卷 67《通省》第 1 页）

麻线谷，《云南府志》：出嵩明州。《宜良县志》：宜良有黄白二种。《易门县志》：细麻线谷，出易门。水长谷，《云南府志》：出晋宁州。旱谷，《云南府志》：出呈贡县。《晋宁州志》：出晋宁州。老来红，《云南府志》：出昆阳州。金裹银谷，《云南府志》：出嵩明州。红脚谷、矮脚谷、连楷谷，《易门县志》：并出易门。大白谷、小白谷、青芒、落子谷、羊毛谷、老鸦谷、柳条谷、长芒、乌嘴谷，《宜良县志》：并出宜良。《易门县志》：大白壳谷、小白壳谷、羊毛谷，并出易门。（道光《云南通志稿》卷 69《云南府》第 1 页）

长穗谷，陈鼎《滇黔纪游》：太和谷，穗长至二百八十粒。（道光《云南通志稿》卷 69《大理府》第 10 页）

冷水谷，《通海县续志》：稻之类甚多，而宜于冷水谷，其谷最耐寒，晚熟。通海湖风早寒，故宜于此，然三四月遂生虫，不堪贮仓。（道光《云南通志稿》卷 69《临安府》第 18 页）

安来谷、花谷、安康谷，《顺宁府志》：此三者，皆彝人所种之谷名。（道光《云南通志稿》卷 69《顺宁府》第 31 页）

稻，《丽江府志》：红、白、黑三色，分饭、糯二种，惟沿江产之。《鹤庆府志》：香稻，出罗陋川。细稻，出大孟村。冷水稻，三月栽，六月熟。麓川稻，种自麓川来。金裹银稻，皮红米白。银裹金稻，皮白米红。（道光《云南通志稿》卷 69《丽江府》第 40 页）

五谷，《后汉书·西南夷传》：哀牢宜五谷。常璩《华阳国志》：永昌郡宜五谷。《腾越州志》：谷则稻、黍、稷、粱、麻、豆、荞、稗，而无麦与高粱。（道光《云南通志稿》卷 70《永昌府》第 8 页）

旱谷，《师宗州志》：春初种，秋熟，有红白二种。《弥勒

县采访》：近有维西旱谷、骡子谷。（道光《云南通志稿》卷70《广西直隶州》第44页）

香谷米，《新平县志》：出江外瘴乡。（道光《云南通志稿》卷70《元江直隶州》第54页）

谷之属：白谷、红谷、老鸦谷、糯谷、长芒谷、大麦、小麦、春麦、油麦、糕粱、莜、黄荳、黑荳、鼠荳、饭荳、南荳、马荳、匾荳、包谷。（光绪《呈贡县志》卷5第1页）

稻，凡数十种，约以红稻、白稻、糯稻概之。（咸丰《南宁县志》卷4第9页）

稻有红、白、糯数种。（光绪《永昌府志》卷22第1页）

谷之属：安来谷、花谷、安康谷。旧《志》：此三者皆彝人所种之谷名。采访：尚有毛谷、红细谷、小白谷、香谷、长芒、乌嘴谷、老来红、老来黑。（光绪《续修顺宁府志》卷13第1页）

稻属：胭脂谷红白二种、花壳谷大小二种、红谷一名上南谷、白谷一名冷水谷、糯谷黑白黄三种、牛尾谷、七里香谷糯谷、五里香谷饭谷、堆堆谷。（光绪《镇雄州志》卷5第54页）

查曲江（即俅江），……忙苦渡动以上，惟产荞麦、膏粱、小米、苞谷、稗芋之类，以下则产旱谷，江尾之拉打阁以下，尤为广产。……一、查木里江又名南洲江，……地极辽阔，草坝较多，水田较少，稻谷极丰，其谷细长，米色白而润，味香而甜，即省城之香吊、胭脂吊等米，有不及无过之者。（《怒俅边隘详情》第149、152页）

谷属：稻有红谷、白谷、糯谷、香谷、茴香谷、麻线谷、青芒、落子谷、羊毛谷、老鸦谷、柳条谷、长芒、乌嘴谷拾数种。（民国《宜良县志》卷4第21页）

稻：白稻、红稻、糯稻、长芒稻、香稻。（民国《路南县志》卷1第50页）

《云南路南县调查输出货物表》米：输出个旧县三十六万五千七百斤，输出蒙自县二十一万七千一百斤，共计五十八万

二千八百斤。每百斤二元。(民国《路南县志》卷1第55页)

谷之属:邵甸米,查本属米均佳,而尤以产于邵甸者为最驰名。输售省垣,价值较他处为高,以其有韧性,每升可多食一二人,故也。而尤以羊毛白(谷名)米为最优,以之舂饵块亦好。(民国《嵩明县志》卷16第243页)

《境内历年米粮之价格若何》:米粮之价值,自民元起至十年止,每米一升价值二角余仙,每粮一升价值二角,其间虽渐有涨落,不过几希之数,无大差异。又自十一年起,至十六年止,米价增至三角余仙,粮价增至三角。又自十七年起,至十九年止,米价由壹元余角,递增至贰元叁元不等,粮价由五六角递增至壹元贰元不等。至二十年,米粮虽稍减价,不过二三角而已。迄今米则沽价贰元,粮则沽价壹元伍角,此阿迷历年米粮之价值也。(《阿迷州志》册2第505页)

谷之属六:(稻)有红麻線、白鼠牙、大小香谷、老梗谷、大小乌嘴、黄皮、大小白谷、金裹银、老鸦瓶、白鹭丰、毛白谷。(民国《邱北县志》册3第12页)

辨谷:夫人之生存于社会,所赖以养其生命者,厥为谷类及杂粮等,盖其分子间富有滋养料,能人养吾人身体各部发育,故农事一项为人生至重,人恒至力于耕作,以冀其农产之收成,生活之解决,惟因各处天时地利之不同,于各种农业亦自有其种类,及其丰歉之差别。总而言之,不外稻及杂粮二项,盖大同而小异焉。兹将类别列左。籼稻有红米、粳米、小米。(民国《富州县志》第十二第74页)

市集:富州邻村,烟户稀少,杂粮无多,惟米为一大宗,因销口甚微,由各家自行舂卖,故无米市与杂粮市之屯积也。(民国《富州县志》第十三第83页)

稻属十八类①:黄壳谷、香饵谷、叶裹藏、黑壳谷、旱谷、麻扎谷、金裹谷、冷水谷、雾露谷、猺人谷。(民国《马

---

① 十八类 其中八类为糯属,见"糯之属"名下。

关县志》卷10第1页）

《往昔滇民年纳粮赋之准则》：清代田赋，在比较上实不甚重，惟南北东西之各个省份，于征收粮赋上，却此重而彼轻，大不能云为粮政持平。究其原因，实根于明代之淆乱差池。清帝入关，不乐改变成法，仅于四川一省因变乱而特减轻，余则如故。若统长城内之十八省而言，则以江、浙、皖三省为重，以滇、川、黔三省为轻。今余在云南，亦多于笔下绪论滇事，云南人民年纳田赋之准则，不防据余所知者而一揭表之。云南田赋，自清代康、雍而后，在定额上是年征粮米二十八万九千余百京石，每一京石为一百四十斤，又征条丁银四十二万五千余百两。此则包括着民粮、秋粮、军粮、屯粮、地税等项及边地上之一切杂色赋税，而成此一定额也。人民除纳条、粮两项正供外，只缴纳少少的夫马、积谷、团费几种附征款项，而此则缴纳不多也。征收法是每粮一京石折征库平库色银一两，库平每两大市平四分，库色较通用之公估纹银成色高百分之二。条附于粮，每石粮，条银约为一两五六钱。随征之积谷、夫马、团费，每石粮只共纳铜钱八百文，既而又有铁路费二百文之增加，然此是在光绪二十年（1894）后始有此一项之征收。此俱属于正供，实无弊陋杂于其间也。各州县之征收粮款，除应征之平色外，却有火耗、解费、羡余、票费等项名目之陋规征收。惟其轻重则多不相同。有正供一两而加收一切陋规至二钱余分或三钱余分，乃至四钱以上者。此则视此一郡、此一邑向往之成例如何，但是不能任意加增也。又有一些郡邑是直截了当的作加三、加四、加五而征收者，此则较少，虽然，亦绝不至有加五以上之收法也。是时，州县缺之肥瘠，即以粮石之多少，征收法上之余润而论。惟纳一斗几升之粮，银钱无几，人民多以铜钱交纳，官府规定银价自较市面为高，如市面每两值铜钱一千二百文，官则定为一千七八百文，此又与加三、加四之收法无异。斯一切固属州县官之违法征收，而亦是一种半明半暗之规定，被大府知之，亦不之罪也。至云房书等之苟索，要不过就粮册上以畸零为整，如以二三勺为一合之类，又平色上可能有些须之扣克，此却是小分事也。若统而言之，是时人民之上纳粮款，合条银杂项与夫一切陋规并计，在内地各治，无论其弊陋如何重大，每粮一石亦绝不至超过四两五六，其在边远州县，自是难言矣。由斯而论，在内地者，每粮一升只纳四分多银耳。又以光绪年间之米价而论，每一重百二十五斤之市斗，仅值两许银，四两余银等于四斗多米，四分余银则等于四合多米耳。云南田地仍分九则，亦以九等开科：一曰上上则，每亩征粮三升；二曰上中则，每亩二升七合五勺；三曰上下则，每亩二升五合；四曰中上则，每亩二升二合五勺；五曰中中则，每亩二升；六曰中下则，每亩一升七合五勺；七曰下上则，每亩一升五合；八曰下中则，每亩一升二合五勺；九曰下下则，每亩一升。其上等与下等可弗计，惟取中等者而言，若中中则田一亩，纳粮二升，仅九分余银，假变而成米，是四合多米。此等田若在丰年，下发可能产谷八九市斗，欠年出产啬，则产量难言。然以十年中之出产数量平均计之，每年每亩可能得到七市斗，碾成米，约为三斗六七。纳此一亩田之粮，仅费米四合多，是去千分之一十五也，其征率之低，真迈乎古代。至于春发，则无所收取。其征收之轻微如此，而是时人士犹以为有病于民。……（《云南掌故》卷 5 第 150 页）

《清代之积谷仓》：存积谷米于仓廒，为防备水旱偏灾，年岁有荒也。此不自清代始，唐宋以来即有此一办法也。曰县仓、曰社仓、曰太平仓、曰义仓，其义均在于是。往阅乾隆朝《东华录》记载：乾隆三十年（1765），中华十八省丁口共为二亿五千五百六十余万，各省存仓之谷共为二千九百八十余（万）京石，是每一人民，无论男女老幼，俱有将近一斗二升之谷子存储也。又阅乾隆五十年（1785）之丁口记载，其数为二亿七千九百六十余万，存仓之谷其数量为三千六百九十余万京石，是每一人民已有一斗三升存粮也。此可谓备荒有法。以是有受水旱偏灾之一州一县或十数州县办赈救灾，毫不发生困难。以云南而论，在乾隆五十年究有丁口若干，存有谷石若干，却无考稽，大致每一丁口亦能有一斗三升存粮也。云南自咸丰六年（1856）至同治十二年（1873）的十八年当中，祸乱不息，于是各府、厅、州、县之仓廒什九皆空，且有颗粒无存者，乃有征积谷填仓之定案。自光绪六年（1880）后，便于每石粮上随征积谷款制钱三百文，着令各州县官就其征获之数，于谷贱时买谷填仓。存储数为若干，纯由在任官保管。定有雀粮、鼠耗，霉烂则负赔偿之责。州县官卸任接任，都以此为一重大事件。论云南全省，征粮为二十八万余千石，每石征钱三百文，此可购谷四京斗零，以全省计，年可购谷十一二万京石，以十年计，可购谷至百二十万京石。是时，全滇人民只不过八九百万人，是则每一人亦可能有一京斗以上之存粮也。惟在光绪三十年（1904）前后，省外各处恒有水旱偏灾，粮价渐高，且无一时之低落，于是有半数以上之州县都征而不购，将积谷款移交后任，或报解于上。虽然，在是时全省积谷亦存储近一百万京石矣。所在三迤之间，在任何一处遭受天时之灾害，而人民亦不忧乏食尔。此属往昔时代之一种善政，故泚笔而记之。时在1943年秋九月。（《云南掌故》卷5第152页）

《滇边州县之粮差催粮》：中国二十余行省，幅员之广，自以新疆为第一，其次四川（包括今之西康省而言），又次则为云南。云南地面亦云寥廓矣，南至北、东至西均相距在二千余里，若由省会至三迤之极边地处，马站无不超过二十日，若中甸、维西、缅宁（临沧）也，若腾越（腾冲）、龙陵、镇康也，若镇边（今澜沧）、车里（景洪）也，若绥江、威信也，路程之远直等于历块过都（历块指过都越国，如经历一小块土，言速疾）焉。所谓边鄙之地，旷远绵邈也。而三迤之间府、厅、州、县计九十有余，在内地者，固是棋布星罗，远则邑治稀疏，非三五百里不能云有一州县城池也。以是，由甲县至乙县，靡不是三五日之程途。更如迤东之巧家，南与鲁甸接界，北与禄劝接壤，巧家地面由南至北，其人行道几近千里。地方如此广阔，其行政机关居中策治，距离四境之遥远可知。

鞭长不及马腹，政治上竟有诸多特异事故发现，今仅言其征收钱粮一事，余者弗谈。在边远州县治内之编氓，凡距城在二三百里者，有几人能一生到过县城或州城三次两次，无非坐老穷荒，火耕山种而已。年年纳粮上税，惟知有公差前来取索，谁肯为一升八合之粮银而奔驰于数百里之外。来往耽延，动在十日八日，此项开销，整个月之劳力难偿。以是，边远地处之人民，对于每年应纳之粮赋，从不解自行入城交纳，其坐待公差之来催取，是成惯例也。由是，一切边远州县而有粮差之说。粮差为衙役中具有身家者，在衙不事他役，惟催收各乡之粮是任。云南三迤之边远州县，又无一不有粮差焉，多者三二十名，少者亦有十数名，而每一粮差名下附属之徒子法孙又有三人五人，或十人八人，此则为衙中散役。散役不隶之于官，而隶于所拜之师，故粮差讲衣钵相传也。粮差之额数，当视边鄙村寨之疏密而定名额。总之，地面愈寥廓者，粮差愈多，郡邑愈属边远者，粮差之威福愈大。如迤南之思茅、普洱、澜沧、威远（景谷）、镇沅、元江等处之粮差，出而征收各夷族地方之粮者，郊行必展旗鸣号，粮差则骑高头大马，若行于山间，则必敲铓。铓为何物，铜锣也，边宽而体厚，锣心凸出，大逾拱拳，此则是径在一尺以上之大铓锣也。铓俱成对，敲时声出，一则为"定"，一则为"冬"，乃云南夷方特有之一种响器也。粮差往催粮时之威武如此，相信其本官弗能及。虽然，不如此卖弄声威，亦不能将夷族地方之钱粮收得到手，实势使之然也。故本官于此种情事亦知而不问。在夷族人较少之地处，则无论其为村为寨，凡是路程遥远而又粮户少，粮不多者，粮差便不自行，但派遣其徒子法孙数人，持一纸公文而往征收之。论各属之粮差，固不能尽如往征夷方钱粮者之扬旗敲铓，作威作福于外，可是一一俱有权力隐伏，而与权力显著者又无不同也。粮差之舒展势力，即在每年催收钱粮时。十月一日，州县官衙门开征，户粮房书遂呈送本属边鄙村寨之花户册名于官，并粘签于册上，某乡之某村某寨共有粮款若干，归某某粮差负责征收，某某地处又归某某粮差往收。官以成案若是，当然一一许诺，按其粮册所列之乡镇村寨，照案签差而发牌令。牌令颁下，粮差奉到，便是财喜临门，酬房书，聚同类，领粮票，请告示，完尽一切手续，便议出发。有无须动尊前往者，则召集其徒子法孙，派定某某等至某村，某某等至某寨，师傅之口头号令犹强于官府之堂上印文。而此班徒子法孙，今出而任事，是对其师尊负责，于官府前却无职责可负。于是有若干散差，手挈提篮，装满烟具，背背包裹，小有衣物，或三或两，分途而行。今日四五十里一程，明日二三十里一程，其远在三四百者，非十数日不能达到。公差走到，则朝食于甲家，暮宿于乙家，于丙于丁，无不轮流供应，酒肉茶饭，洋烟草烟，又无不享受齐全。此方取出花名册而征粮，三百文一升，四百文一升，是按其路程之远近也，历来之规定如是。花户毫无异言。若以官府之文告而论，自不啻加十倍八倍而征收，彼一般小民，亦心甘情愿而照此交纳者，盖以己身入城，来往用费或犹倍于此也。惟是边鄙之地，粮赋较轻，田之等则，什九都属于下中、下下，不然即是一些地税。以数量上计，在一村之内，一寨之中，只不过有田粮石许或数斗地税而已。此户三升，彼户二升，甚有不及一升而只有几合者，此俱纳钱不多，自易筹措，或交以银块，或交付铜钱，自是踊跃输将。有不得已者，则以银簪子、银耳环、银戒指等件抵之，更有抵无可抵者，则浼托公差代完。欠数不论多少，都是请保期限，并认定加一倍或加倍半赔偿。此催收粮赋者，搞完甲村又走往乙村，是吃毕甲寨又去吃乙寨。此班催粮者之行藏若是，彼一班之走往他处催粮者，又何尝不若是。此耽彼延，自不止三月两月。官府之于粮差出催粮也，牌令上自有限期，每卯交粮款若干，丝毫不容差少，五日一卯，十日一比，功令亦殊严也。所谓卯者，即交纳粮款之日也；所谓比者，以不能按卯交清订下之款，而受官府之催逼及处责也。比期到而仍有拖欠不清者，官则坐大堂，将粮差提到案前，丢签笞责，一根签打五十，两根签打一百，执刑者褪粮差之裤而以竹板笞其臀，三十、五十，粮差之屁股打得绯红。欲免屁股不再吃亏，则讨限交纳，或十日，或半月，得自行认定，是则届期必须垫款交纳也，否则必受加倍之笞责焉。官府规定，一比交粮款若干，再比又交若干，自是一种功令。而官府又何尝不知彼出外征收者尚未能回，要不过姑向粮差屁股上表示功令森严也。已而粮差之徒子法孙回，入师傅之室，解包裹于案上，倾囊而卸橐。锵啷锵啷，则银条有焉，银锭、银锞、银珠、银片有焉，妇女之簪环首饰有焉，儿童之手圈、挂链、钉帽上之三星八仙有焉。背包内又有铜钱三五串，更解下腰缠，取出洋烟数十两，一一列于师前，自是得意洋洋。师傅见到此一些物事，亦笑逐颜开，数之、点之、清之、查之、权之、度之，除以若干两银、若干串钱送交户房，奉之于官作征获之粮款外，余者则以若干成分给此几个出而奔走之人，下剩者则为己有。为数固不甚多，而亦能有二三十两银也。一个粮差不只得催一个地处之粮，派催三五处之粮，即有三五份收入，集少成多，年中亦有百数十两之收入也。如是，则一切垫交之款不落空，一年之生活自有着，屁股虽然吃亏数次，而亦有相当之代价矣。一粮差之情事若此，全县之粮差自无不如此。此县之情事若是，彼县又何尝不如是，是则凡属于边远之厅、州、县，无不如是如是。此从表面上观察，官则昏庸，吏则奸猾，粮差的确是蠹鱼。其上下如此，而人民竟未受到重大伤害者，以取之者少，既未妨害其事功，又未伤损其财源也。故愚者安之，智者亦不以此有病于己也。此在医家，认之为皮肤上病，不治亦可，不自慎，而敷以不适当之药，未有病不加剧者也。是故君子之于此也，竟置而不问。（《云南掌故》卷 5 第 153 页）

《碾米工具》：在六七十年前，云南人所食之米，通是用牛碾或水碾，农人自食之米，又多半是用碓舂。碾米机在光绪末年（1908），当耀龙电灯公司成立后，即有人运入一二架米机来，支而代人碾米，可是机件不佳，碾米多碎，以是无人照顾，机遂停置。及至宣统二三年（1910、1911）间，又有人办运一二较好之米机到来，能碾米不碎，此而始有人藉机碾米。至民国初年，昆明则支有米机五六架，至民国十年

（1921）后，米机遂能大活动于昆明市。而且昆明的铁工厂内，竟有一二技师能制米机，且与外来者不大悬殊，因而在民国二十年（1931）前后，昆明市上，竟支有米机二几十架，于是一切牛碾、水碾遂停。（《云南掌故》卷15第512页）

《班洪风土记·旱谷》：山田多种旱谷，亦谷类之一种。田土锄松，待雨后撒种，亦如内地之撒麦，不须另插秧苗。下种约在清明节前后，天旱则不出苗，故野卡瓦有人头祭旱谷祈天之风。既种，不耨不薅，杂草随生，待秋熟而剪其穗，谷干杂草刈而焚之，以备明年耕种。旱谷大都红米，实肥短，食之有香气。亦有糯米，宴客多用之。（《滇西边区考察记》第1篇第27页）

《班洪风土记·杂粮》：余所见山地，以种旱谷者为最多；次则玉蜀黍、芝麻，秋收始过，余获见之。闻土人曰：亦种豆、麦、荞粮、薯芋类有数种，惟少见耳。菜蔬则惟青菜、南瓜，且不易得。余在班洪寨五宿，日食总管园中青菜，余无有。在岗猛，青菜亦不获，购一南瓜，淡甜不适口，闻有韭蒜，则以为贵品也。在南腊，得一餐豆腐，汉家所为也。（《滇西边区考察记》第1篇第28页）

《摆夷地琐记·耕种》：孟定平原，人户稀疏，有田且无人种，而土质肥沃，产米甚丰，附近山寨多自此购，为出产大宗也。……夏种冬收，丰年可得一千二百担，通常只收一千担，一千担谷舂米得五百担，应纳土司粮四十八担谷，合米二十四担，故一年收成有四百七十六担米。每担价约三元，合计值一千四百二十八元，除雇工工资外，得一千一百五十八元，一家衣食可得丰裕也。然此为头目之家，平民则不易雇工，虽欲多种亦不可能，一家所耕种，差足一家人之衣食而已。（《滇西边区考察记》第6篇第15页）

植物类（食用植物谷类）：白米、红米、黄米、糯米、天雪米。（《宁蒗见闻录》第2篇第65页）

稻，其品十：秔、秫、红芒、黄壳、虎斑、白、黑、乌嘴、白壳、粳。（楚雄旧志全书"楚雄卷上"隆庆《楚雄府

志》卷 2 第 35 页）

稻品：秔、秫、糯、粳、黄壳、乌嘴、虎班、红芒、黍、稷。（楚雄旧志全书"楚雄卷上"康熙《楚雄府志》卷 1 第 193 页）

谷：六谷之中，惟不宜稷。山农所艺，则有甜荞、苦荞、芋、麦，又有脂麻、菜子、草子，皆资民用。哨地晚谷不宜。（楚雄旧志全书"楚雄卷上"嘉庆《楚雄县志》卷 1 第 640 页）

谷类：稜案早品^{上品}、白谷、红谷、早谷、黑谷、糯谷、香谷、大麦、小麦、包麦、黍^{有早迟二种}、稷^{有黄黑红三种}、粱^{即高粱，有糯饭二种}、荞^{有苦甜二种}、黄豆、赤豆、黑豆、绿豆、蚕豆、豇豆、豌豆、白扁豆、荷包豆、小饭豆、青皮豆、脂麻、菜子、草子、小粟^{有红黄黑白四色}。（楚雄旧志全书"楚雄卷下"宣统《楚雄县志述辑》卷 4 第 1048 页）

第九课《谷麦荞豆》：谷去皮壳而为米，有红白二种。古称五谷豆谷，有稻^{谷名}、粱^{高粱}、菽^{豆名}、麦^{分大小}、黍^{粒细、黄色}、稷^{红小糯米}等名。此外，荞为百谷之王，与豌豆均不为虫蛀，若谷米豆麦等，不免虫食。谷粱麦均可煮酒，藁可饲马牛，亦可制草帽、草鞋、草纸等类。（楚雄旧志全书"楚雄卷下"民国《楚雄县乡土志》卷下第 1354 页）

稻品：秔、秫、糯、粳、黄壳、白壳、乌嘴、虎斑、红芒。（楚雄旧志全书"双柏卷"康熙《南安州志》卷 1 第 13 页）

稻品：香稻、早稻、晚稻、香糯、高粱、粟、芝麻。（楚雄旧志全书"双柏卷"乾隆《碍嘉志书草本》第 106 页）

谷之属：稻^{有红稻、白稻、糯稻、粳稻等类}、麦^{有大麦、小麦、燕麦、玉麦、口芒麦}、豆^{有黄豆、黑豆、赤豆、豌豆、大青豆、绿豆、蚕豆亦名胡豆，又名佛豆}、黍^{有黄白红黑等色}、稷^{有黄白红黑等色}、高粱^{一名蜀秫}、荞^{有红花、白花、甜荞、苦荞}、麻^{有苘麻、苎麻、芝麻、大麻等类}、秤^{有旱秤、水秤、草秤等类}、包谷^{有数色}、粟谷^{有数种}。（楚雄旧志全书"双柏卷"乾隆《碍嘉志》第 231 页）

谷属：稻凡百种，约以红稻、白稻、糯稻概之。（楚雄旧志全书"牟定卷"道光《定远县志》第 243 页）

稻品：软谷、白谷、红谷、旱谷、粟谷。（楚雄旧志全书"南华卷"康熙《镇南州志》卷 1 第 14 页）

谷之属：稻稻、糯稻其概也^{种甚多，红稻、白}。（楚雄旧志全书"南华卷"咸丰《镇南州志》第 130 页）

谷品：稜案早^{红壳白米，精润可口，此稻品之最上者也}、白谷、红谷、糯谷、马尾稻^{黑壳有芒，形如马尾}、老来红^{熟时红}。（楚雄旧志全书"南华卷"光绪《镇南州志略》卷 4 第 355 页）

谷品：稜案早^{红壳白米，浸润可口，此稻品之最上者}、糯谷、白谷、黑、乾谷、马尾稻^{黑壳有芒，形如马尾}、金裹银、老来红。（楚雄旧志全书"南华卷"民国《镇南县志》卷 7 第 633 页）

稻之属：红白毛谷、光头、长芒、麻线、青芒、早吊谷。（楚雄旧志全书"姚安卷上"康熙《姚州志》卷 2 第 36 页）

稻之属：红白毛谷、光头、长芒、麻线、青芒、早吊谷、糯谷、黄谷稻。（楚雄旧志全书"姚安卷上"道光《姚州志》卷 1 第 241 页）

稻之属，旧《志》七种：红毛稻、白毛稻、光头稻、长芒稻、麻线稻、青芒稻、早吊稻。增补四种：稉，俗称糯谷。稜，俗呼稜案早。穬，俗呼瓦灰谷。秫，俗名青秆黄。（楚雄旧志全书"姚安卷上"光绪《姚州志》卷 3 第 560 页）

谷品：县境土肥力厚，五谷皆宜。环城平畴，宜白谷，不宜糯稻。南豆、黄豆出产最多。大小麦则东界山迤尤宜。三角一乡，天气较热，最宜早稻，产谷较他境数倍。东南山民，惟种荞稗，栽稻半不成熟。（楚雄旧志全书"姚安卷上"民国《姚安县地志·天产》第 903 页）

植物：百谷草木丽乎土，原为人类衣食宫室所攸赖。《新唐书》云："自夜郎、滇池以西有稻、麦、粟、豆。"诸葛元声云："四时卉木，未尝改柯易叶。"姚邑平原百里，四野丛山，植物产生数量非鲜，详稽固势所难周，纪载则理宜扼要云。稻属：《李通志》八：红、白、毛谷，光头，长苣，麻线，青芒，早吊谷。《管志》八：同上。《王志》增二：糯谷、黄壳稻。《甘志》增四：稌俗呼糯谷，稜俗呼稜案早，稞俗呼瓦灰谷，稴俗名青秆黄。增补二十二：稻分粳稻、糯稻两种。粳稻尚有大白谷、小白谷、红米谷、红壳谷、老红谷、大瓦灰谷、抖谷、黑抖谷、三百子、凤尾谷、麻线等种。糯稻还有大糯、小糯、黄瓜糯、南山糯、冷水糯、秕糯、香糯等种。而香糯为三角著名特产，炊熟香气流溢，人多增价购之。外东乡近有麻秋湾稻，性耐寒，有红白二种，穗长六寸，苗高三尺。小红稻穗短，性亦耐寒。川白谷茎高，成熟较迟。红冷水谷壳黑，米较小，均近年输入者谨按："麻线"可早种早收，昔年多不普种。长寿洋派两溯收水时，溯心稻未成熟，而下流受水利者急于筑闸，以致水淹稻谷，缠讼不休。自此种稻谷输入，成熟较早，于收水既无妨害，且潴水既多，溯心亦得早栽，此稻于两溯实多利赖云。（楚雄旧志全书"姚安卷下"民国《姚安县志》卷44 第1655页）

谷之属：稻（老米红、鸡血谷、平川早、糯谷、麻谷、黑马尾、生芒谷、临安早、香谷、早谷）、黍、稷（即小米）、粱米、麦（大麦、玉麦、燕麦、小麦、黑麦）、麻（大麻、苧麻）、豆（青豆、大黑豆、大白豆、小白豆、黄豆、小黑豆、大绿豆、红小豆、青皮豆、绿豆、螺蛳豆）、荞（有甜苦二种）、包谷、稗（鸭爪稗、鸡脚稗、长芒稗、光头稗、小丰稗）、芦穄（即高粱）、脂麻（有黑白二种）、玉米、秕子（可榨油）。（楚雄旧志全书"大姚卷上"道光《大姚县志》卷6 第170页）

谷类：稻、粱、黍、大麦、小麦、甜荞、苦荞、南豆、黄豆、黑豆、细黑豆、青皮豆、赤小豆、蚕豆。（楚雄旧志全书"大姚卷上"乾隆《白盐井志》卷3 第487页）

稻之属①，旧《志》三种：红毛稻、麻线稻、早吊稻。新增十种：稌（俗呼糯米）、稜（俗呼稜案早）、黑稻、小白稜、虎皮稜、匾五升、红香稜、白毛稻、长芒稻、光头稻。（楚雄旧志全书"大姚卷上"光绪《续修白盐井志》卷3 第659页）

谷之属：香谷、糯谷、白谷、红谷、黑谷、早谷、旱谷、

---

① "稻之属"以下内容，楚雄旧志全书"大姚卷下"民国《盐丰县志》卷四第1157页同，不再辑录此书。

细谷、粟谷、广谷、小麦、大麦、玉麦、焰麦、甜荞、苦荞、糯高粱、饭高粱、绿豆、黄豆、南豆、黑豆、青豆、豌豆、饭豆、芝麻、黍米、和罗。（楚雄旧志全书"元谋卷"康熙《元谋县志》卷2第58页）

谷之属，有香谷、糯谷、白谷、红谷、黑谷、早谷、旱谷、细谷、粟谷、广谷、大麦、小麦、玉麦、焰麦、甜荞、苦荞、绿豆、黄豆、南豆、黑豆、青豆、豌豆、饭豆、芝麻、和罗。元谋暑热，于粳稻为宜。所称谷者，皆稻也。诸谷犹常产而惟高粱为最。高粱有二种，其黏者为酒露，可敌汾酒，名甲滇南。古者，梁州以产粱得名，元谋其独钟梁州之盛气矣。（楚雄旧志全书"元谋卷"乾隆《华竹新编》卷2第228页）

稻粱之属：白谷、红谷、香谷、糯谷、蚕豆、湾（豌）豆、绿豆、黄豆、高粮（粱）、包谷、小米、和罗、大麦、小麦、芝麻、甜荞、旱谷。（楚雄旧志全书"元谋卷"光绪《元谋县乡土志》初稿本第335页）

第三课《香稻》：香稻生水田中，春种秋熟。叶长而尖细，茎短而中空，有节无花冠，其果实有香味，可供食品，稻草可供畜牧。（楚雄旧志全书"元谋卷"光绪《元谋县乡土志》修订本卷下第395页）

谷之属：香谷、糯谷、白谷、红谷、黑谷、早谷、旱谷、细谷、粟谷、小麦、大麦、玉麦、春麦、焰麦，甜荞、苦荞、糯高粱、饭高粱、绿豆、黄豆、南豆、黑豆、青豆、豌豆、饭豆、芝麻。（楚雄旧志全书"武定卷"康熙《武定府志》卷2第82页）

谷属：香谷、糯谷、白谷、红谷、黑谷、早谷、旱谷、细谷、粟谷、小麦、大麦、玉麦、春麦、焰麦、甜荞、糯高粱^{出元谋，酿酒如汾，味甲一省。梁州以产粱得名}、苦荞、饭高粱、菜豆、黄豆、南豆、黑豆、青豆、豌豆、饭豆、芝麻。（楚雄旧志全书"武定卷"光绪《武定直隶州志》卷4第375页）

五六月雨，四时皆有菜果花木，七月食新谷。（楚雄旧志

全书"禄丰卷上"康熙《禄丰县志》卷1第8页）

五谷类：稻谷、二麦、南豆、白豆、豌豆、二荞。（楚雄旧志全书"禄丰卷上"康熙《禄丰县志》卷2第24页）

谷属：红谷、白谷、糯谷、大麦、小麦、苦荞、甜荞、黄豆、饭豆、南豆、冰豆、赤豆。（楚雄旧志全书"禄丰卷上"康熙《罗次县志》卷2第146页）

谷属：红谷、白谷、大麦、糯谷、小麦、苦荞、甜荞、黄豆、饭豆、南豆、冰豆、赤豆。（楚雄旧志全书"禄丰卷上"光绪《罗次县志》卷2第267页）

稻属：谷艺水田，以秋成者为秔，为糯，为秈，为黄谷、白谷，为鸟嘴，红芒，为虎斑，为香糯，为香稻，为金齿，鼠牙其别种也，为旱稻^{与山地相宜。邑树未多，存以俟劝}。……稻处一而黍、稷类八，恐时不成，多其备，为之救也。邑艺惟早、中、晚三禾，余收无凭，应教艺，为之备云。（楚雄旧志全书"禄丰卷上"康熙《广通县志》卷1第389页）

谷菽：以稻有粳、糯等十余种，麦有大麦、小麦两种，荍种，蚕豆，豌豆有汤豌豆、麻豌豆、菜豌豆、大白豌豆数种，玉蜀黍有粳、糯二种等为大宗。此外如高粱、薏苡、豇豆、藊豆、黄豆、饭豆、兵豆、胡麻、小米、四季豆等皆有之。（楚雄旧志全书"禄丰卷下"民国《广通县地志》第1420页）

谷类：水稻、赤稻^{即臂子谷}、白稻^{即光头谷}、糯谷、本地谷、长毛（同芒）稻。（昭通旧志汇编本乾隆《恩安县志稿》卷3第36页）

谷之类有稻，春下种，夏分秧，一年一熟，栽于水田。稻分两种，有秔稻，与粳同；糯稻，又称糯谷。秔稻，俗又称饭谷，去壳曰米。昭通米以洒渔河、木瓜林为上色，南乡自发村次之。山田米较少滋润。红谷，粟壳色红，米则色如桃花。黄谷，粟色苍黄，米为白米。白谷，即光头谷，粟粒有大小二种，米亦白色，有油气。麻线谷，穗长，望之如麻线，故名，米亦白色。本地谷，俗名羊毛谷。长芒谷，芒长如大麦，米白

色。秕子谷，栽早收迟，性能耐久，用以储仓，虽经数十年不至朽腐。（昭通旧志汇编本民国《昭通志稿》卷9第259页）

谷类：水稻、旱稻、赤稻、粳稻、糯稻、长芒稻。（昭通旧志汇编本嘉庆《永善县志略》卷1第751页）

《辨谷》：巧家因各地气候有寒、温、热之分，农产物之种类亦因地而异。计谷类及杂粮可分稻、玉蜀黍、膏粱、小米、豆、麦、荞七种。兹分述如下。稻：稻有粳、糯二种。粳米又以时分之，有早、晚二种；以色分之，有红、白二种，产量最多。（昭通旧志汇编本民国《巧家县志稿》卷6第671页）

谷类：马尾粘（性滋润，日食以此为最佳）、碎白（百日可成熟）、大河（子大壳厚，多种丐租）、冷水（性耐冷）、黄粘、青杠黏、麻渣（嘴有芒）。以上属粳谷。黄糯、白糯、五子堆、鸳鸯粘（一名半边糯）、麻糯。以上属糯谷。（昭通旧志汇编本民国《绥江县县志》卷3第903页）

津属各地，因高度差大，而气候有湿润不同，故农产物之种植亦因地而异。谷类与杂粮可大别为稻、玉蜀黍、豆、麦、荞五种，其他高粱、黍米、稗次焉。兹分志于下。稻：有粳、糯二种：粳谷碾米炊饭，常食滋养润补；糯米软滑粘滞，可为汤饼，煮粥较佳，但作饭不如粳米消化。稻种适宜地带高低各有不同，播种蓄秧亦自有别。如仁富、安乐、保隆等处，须播种于温暖向阳之地，插秧时始将秧拔起运回栽插，则收获早熟。又插秧施肥各地悬殊，有先用肥料洒于秧田，然后铲起分蔸者，有将秧拔起施以肥料而分蔸者，此皆用于瘠薄之田。凡肥沃之田，多本土蓄秧，白水栽插。糯则宜种肥田。稻之种类名称极多，如陀谷、签签谷、竹桠谷、小麻壳、大麻壳、红边黏、冷水谷、竹桠露、酒谷、半边黏、饭谷、红花饭谷、龙头谷（米红色，原注）等，矧土宜而种之，斯为美矣！（昭通旧志汇编本民国《盐津县志》卷8第1759页）

相关文献

明知州萧廷对《三社仓记》、万历戊戌郡人瀛时相《石屏宝秀屯仓政经》，见康熙《石屏州志》卷9《艺文志》第180、190页、乾隆《石屏州志》卷5《记》第32、57页。

明举人楚雄俞汝钦《条陈屯粮议》，见康熙《楚雄府志》卷8《艺文志》第279页。

明楚雄知县王褒襄平《征租歌》，见康熙《楚雄府志》卷10《五古》第342页。

清巡抚石文晟奉天人《请减屯粮疏》，见康熙《澄江府志》卷15《奏疏》第9页、道光《澄江府志》卷15第451页、道光《晋宁州志》卷12《艺文志三·疏》第57页、民国《马关县志》卷7第11页。

清知州王光鼎辽东《石屏南义仓碑记》，见乾隆《石屏州志》卷5第75页。

清知县何其伟州人《石屏州西关铺社仓记》，见乾隆《石屏州志》卷5第108页。

清刘彪《重修义仓碑记》，见雍正《建水州志》卷11第35页。

清知州祝宏《新建北义仓碑记》，见雍正《建水州志》卷11第35页。

清知州夏治源汉阳人《义谷会记》，见雍正《建水州志》卷11第47页。

清陈灿《宦滇存稿》之《重建楚雄府和丰义仓碑记》_{附章程十七条}、《办理云南府丰备仓积谷禀》，见《正续云南备征志精选点校》本第584页。

清鄂尔泰《先农说》，见民国《马关县志》卷7第28页。

二、糯之属

综述

糯之属十四：黑嘴糯、虎皮糯、响谷糯、柳叶糯、铁脚糯、香糯、麻线糯、饭油糯、乌糯、红糯、白糯、园糯、大糯、小糯。（嘉靖《大理府志》第70页）

糯之属十四：黑嘴糯、虎皮糯、响壳糯、柳叶糯、铁脚糯、香糯、麻线糯、饭油糯、乌糯、白糯、圆糯、红糯、大糯、小糯。（万历《云南通志》卷2《云南府》第13页）

糯之属十四：大、小、香、红糯、麻线、黑嘴、虎皮、响壳、柳叶、乌糯、白糯、圆糯、铁脚、红油糯。（万历《云南通志》卷2《大理府》第33页）

糯之属二：香、黏。（万历《云南通志》卷2《临安府》第54页）

糯之属七：红、白、乌、香、水、虎皮、柳叶。（万历《云南通志》卷2《永昌府》第67页）

糯之属二：大、小。（万历《云南通志》卷3《曲靖府》第15页）

糯之属九：虎皮、珍珠、牛皮、松子、香、小、长芒、麻苦糯、早糯。（万历《云南通志》卷3《鹤庆府》第36页）

糯之属六：长糯、圆糯、麻线糯、虎皮糯、响壳糯、香糯。（万历《云南通志》卷4《景东府》第12页）

糯之属四：香糯、虎皮糯、麻线糯、响壳糯。（万历《云南通志》卷4《元江府》第15页）

糯之属四：圆糯、香糯、响壳糯、虎皮糯。（万历《云南通志》卷4《广南府》第21页）

糯之属二：香糯、圆糯。（万历《云南通志》卷4《镇沅府》第30页）

糯谷之属八：香糯、谷糯、黑嘴糯、油糯、柳条糯、大糯、小糯、白园糯。（万历《赵州志》卷1第25页）

糯，亦有黑嘴，有虎皮、响壳、柳叶，亦有香糯、麻线、饭、油、乌、白、圆、红、大、小，皆曰糯。（天启《滇志》卷3《云南府》第112页）

糯，曰乌，曰红，曰油黍，曰芦粟。（天启《滇志》卷3《大理府》第114页）

谷之糯者，曰珍珠，曰松子香，曰苦，曰早。（天启《滇志》卷3《鹤庆府》第117页）

糯之别传，鼠牙、虎革。（天启《滇志》卷3《寻甸府》第118页）

糯之名有六，其异者亦惟香糯。（天启《滇志》卷3《景东府》第119页）

香糯^{出富}民。（康熙《云南通志》卷12《云南府》第226页）

糯之属：柳叶糯、红壳糯、香糯、圆糯。（康熙《新兴州志》卷5第31页）

糯谷^{有九种：红糯、白糯、乌糯、水糯、虎皮糯、柳叶糯、香糯、大糯、团颗糯。}（康熙《永昌府志》卷10第1页）

稻：矮老糯、安喜糯、安庆糯。（康熙《顺宁府志》卷1第27页）

虎皮糯、珍珠糯、牛皮糯、松子糯、旱糯。（康熙《鹤庆府志》卷12第23页）

糯^{种亦不一，曰柳条糯，长可四五分。白皮糯，皮色白。朱皮糯，皮色赤。酒糯，形似饭谷。}（雍正《阿迷州志》卷21第254页）

香糯、黏糯、柳条糯。(雍正《建水州志》卷2第6页)

糯米，西南夷地宜种糯米，夷人团米作饭。闻缅夷用糯米团作军粮，随身携带，无俟战止，就食极为简便。糯米不甚软，亦不甚黏，作糕饼仅可参以粳米一二成。(《滇南闻见录》卷下第31页)

糯之属：圆糯、长糯、黄糯、黑糯、胭脂糯。(乾隆《弥勒州志》卷23第113页)

扁米 _{五郎沟爨人当糯谷方实时，采其稃者焙而舂之，色碧而软美且芳，}谓之扁米。(乾隆《石屏州志》卷8第16页)

柳叶糯、红皮糯、响铃糯、长须糯、白壳糯、园糯、大香糯、红米糯。(乾隆《开化府志》卷4第27页)

香糯谷，旧《云南通志》：出富民。《云南府志》：出昆明。柳叶糯谷，《云南府志》：出富民。茴香糯谷，《云南府志》：出宜良。《宜良县志》：有黄、白二种。红糯谷，《云南府志》：出安宁。(道光《云南通志稿》卷69《云南府》第1页)

虎皮糯、珍珠糯、牛皮糯、松子糯、旱糯，《古今图书集成》：俱出鹤庆。(道光《云南通志稿》卷69《丽江府》第41页)

紫米，《他郎厅志》：色紫碎颗，蒸之其粒复续，故名接骨米。(道光《云南通志稿》卷70《普洱府》第1页)

紫糯米，《新平县志》：一名接骨米，出江外瘴乡，碎者可蒸接成颗。扁糯米，《新平县志》：即白糯米，初生时夷人用以压扁。(道光《云南通志稿》卷70《元江直隶州》第54页)

依人，《师宗州志》：……下临水乃居，种植糯谷。(道光《云南通志稿》卷184第12页)

白糯、黄糯、香糯、黄瓜糯、虎皮糯、大糯、旱糯、饭糯各种。(光绪《续修顺宁府志》卷13第1页)

香糯，大、小糯，红、乌糯，圆糯，旱糯。(民国《邱北县志》册3第12页)

糯稻^{有大糯、}_{小糯。}（民国《富州县志》第十二第 74 页）

柳叶糯、红皮糯、響铃糯、长须糯、白壳糯、圆糯谷、大香糯、红米糯。（民国《马关县志》卷 10 第 1 页）

第六课《糯谷》：糯谷与上四种同属显花部被子类禾本科单子叶植物，且与香稻同性质、同形状、同功用。我邑产者尤佳，滇中罕有其匹。（楚雄旧志全书"元谋卷"光绪《元谋县乡土志》修订本卷下第 396 页）

糯稻，有黄瓜糯，米粒大，粟壳色黄。灰糯，穗长，粟如灰色。长芒糯，穗芒长二寸许。猪屎糯，穗长而大，与猪屎稗略同。香谷糯，味甘气香。然因天时平和，糯米类不甚佳，农人种者亦少，故由大关、角魁（奎）、水城输入者较为优胜。（昭通旧志汇编本民国《昭通志稿》卷 9 第 259 页）

《辨谷》：……糯米亦有早、晚之分，色纯白，产量最少，两种又因成熟时收取之方法不同，而分为掼桶谷、粮械（俗呼连枷为粮械）谷两种。掼桶谷多产于第一区，因熟时农家舁木制五尺见长、四尺见宽、三尺见高之方桶入田中，随将割取之谷用手持其根部，以谷穗向桶中狂掼，谷粒即脱穗落入桶中。粮械谷多产于二、三、四、五、六、七、九、十等八区，因成熟割取后须堆置一月以外，然后布之广场以连枷（同枷）击之，谷粒始脱穗落地也。（昭通旧志汇编本民国《巧家县志稿》卷 6 第 671 页）

三、黍稷之属

综述

稷米，味甘，性寒，无毒。脾之谷，压石毒，丹毒可解，和胃益脾，凉血解暑。多食令人发冷气，同〖瓠〗子食尤甚，〖饮〗黍汁即瘥。（《滇南本草》第 610 页范本）

野粟，似田中之粟不异，高尺余。主治补中益气，五劳虚烧神效。妇人干血劳，服之亦效。（《滇南本草》第 612 页范本）

粟米，味咸，微寒。主滋阴、养肾气、健脾胃、暖中，反胃服之如神。治小儿肝虫或霍乱吐泻，肚疼变痢疾或水泻不止，服之即效。用草连根，治转食冷吐。（《滇南本草》第 614 页务本）

秫（音术）米，味甘，性寒，无毒，肺之谷，利大肠，治漆疮，患疟，日夜寒热不得眠者宜用，久食动风，小儿〖勿〗多食。芦粟，气味甘涩，性温，无毒，主治温中、涩肠胃，止霍乱，粘米者与黍米同功。根煮汁，利小〖便〗、止喘嗽，中满立瘥，治妇人横生倒产，衣包不下，烧灰研细末，酒送下，即顺产也。（《滇南本草》第 616 页范本）

粱者，良也，谷之良者也。粱即粟也。……自汉以后，始以大而毛长者为粱，细而毛短者为粟，今则通呼为粟，而粱之名反隐矣。今世俗称粟中之大穗长芒，粗粒而有红毛、白毛、

黄毛之品者，即梁也。黄白青赤，亦随色命名耳。（《本草纲目》卷23 第1124页）

黍秫之属九：红小黍、白小黍、黑小黍、黄黍、霸黍、饭芦粟、麦芦粟、灰条稷。（嘉靖《大理府志》第70页）

田皆种秫 境内天气常热，其民多百夷，其田皆种秫而旱收，以其穗悬于横木之上，日舂造饭，以竹器盛之，举家围坐，捻为团而食之，食毕，则饮冷水数口而已。（景泰《云南图经志书》卷4《景东府》第235页）

黍秫之属七：黄黍、红小黍、白小黍、长芒黍、饭芦粟、糯芦粟、灰条稷。（万历《云南通志》卷2《云南府》第13页）

黍秫之属八：红黍、白黍、黑黍、黄黍、霸黍、饭芦粟、麦芦粟、灰条稷。（万历《云南通志》卷2《大理府》第33页）

黍秫之属三：红、黄、白。（万历《云南通志》卷2《临安府》第54页）

黍秫之属二：黄黍、芦粟。（万历《云南通志》卷2《永昌府》第67页）

黍秫之属五：黍、稷、梁、稔、芝麻。（万历《云南通志》卷3《楚雄府》第8页）

黍秫之属五：高粱、黍、粟、薁稗、苏子、宋黄谷。（万历《云南通志》卷3《曲靖府》第15页）

黍之属二：黄黍、赤黍。（万历《云南通志》卷3《蒙化府》第28页）

黍秫之属七：芦粟、苏子、灰蓧、黄黍、芝麻、麻子、白黍。（万历《云南通志》卷3《鹤庆府》第36页）

黍秫之属二：黄黍、芦粟。（万历《云南通志》卷3《姚安府》第46页）

黍秫之属四：黄黍、白黍、芦粟、灰条稷。（万历《云南通志》卷4《寻甸府》第4页）

黍秫之属四：黍、稷、粟、芝麻。（万历《云南通志》卷4《武定府》第9页）

36

黍秫之属四：黄黍、白黍、芦粟、灰条。（万历《云南通志》卷4《景东府》第12页）

黍秫之属三：黄黍、白黍、芦粟。（万历《云南通志》卷4《元江府》第15页）

黍稷之属五：饭芦粟、麦芦粟、灰条稷、旱粟、寒粟。（万历《云南通志》卷4《北胜州》第33页）

黍秫之属三：黍、秫、菁粱。（万历《云南通志》卷4《新化州》第35页）

黍秫之属三：黄黍、白黍、芦粟。（万历《云南通志》卷4《者乐甸长官司》第37页）

黍之属一：黄。（万历《云南通志》卷3《澄江府》第22页）

黍秫之属三：黄黍粟、红芦、菽谷。（万历《赵州志》卷1第25页）

黍有黄、红、白、小黍、长芒黍、芦粟、灰条。又有稷。（天启《滇志》卷3《云南府》第112页）

黍稷之外，有稌。（天启《滇志》卷3《楚雄府》第116页）

黍之赤黍。（天启《滇志》卷3《蒙化府》第117页）

黍曰芦黍，曰苏子，曰黄，曰白。（天启《滇志》卷3《鹤庆府》第117页）

黍有芦粟。（天启《滇志》卷3《姚安府》第118页）

黍二。（天启《滇志》卷3《广西府》第118页）

亦有黍稷。（天启《滇志》卷3《寻甸府》第118页）

黍有黄黍、白黍、红黍、长芒、芦粟、灰条数种、稷有黄稷、红稷、黑稷数种、粱有饭糯粱二种。（康熙《云南通志》卷12《通省》第224页）

黍：黄黍穗垂如尾、粟黄白二种、高粱茎甚长黄白二种，有、芦粟类高粱而矮。稗采稗、长芒二种、鸭爪稗穗如鸭爪、灰条即薇也。胡麻即巨胜子。（康熙《蒙化府志》卷1第38页）

黍之属：黄黍、白黍。（康熙《新兴州志》卷5第31页）

37

黍有黄黍、白黍、红黍、长芒、芦粟、灰条数种。稷有黄稷、红稷、黑稷数种。梁有饭、糯二种。（康熙《元江府志》卷1第663页）

黍有黄白二种。梁有饭糯二种。（康熙《永昌府志》卷10第1页）

黍：黄黍、灰条、芦粟、高粮、稗子、牙爪稗、胡麻、粟。（康熙《顺宁府志》卷1第28页）

黍，粟谷有饭糯二种、高梁有红白二种。（雍正《阿迷州志》卷21第254页）

梁：饭梁、糯梁。黍：黄黍、白黍、红黍。稷：黄稷、红稷、黑稷。（雍正《建水州志》卷2第6页）

黍稷之属：红黍、黑黍、糯黍、糯粟、饭粟、糕糧。（乾隆《弥勒州志》卷23第113页）

黄小黍、红小黍、高梁各乡里产、芝麻产归治里、大蔴。（乾隆《东川府志》卷18第1页）

黍：糯黍、饭黍。稷：糯粟、高梁。（乾隆《陆凉州志》卷2第26页）

黍属：黄黍、白黍、高梁、小米、青藜、老来红。（乾隆《开化府志》卷4第27页）

梁之属：有稷，黍一名黄米。附蜀麦一名秫，一名高梁。粟粟谷。附穈子。（乾隆《黎县旧志》第12页）

梁红白二色，产石鼓一带地方。黍有饭黍、糯黍。稷有黄红黑三色。（乾隆《丽江府志略》卷下第39页）

黍，有黄黍、白黍、红黍、长芒、芦粟、灰条数种。稷，有黄稷、红稷、黑稷数种。梁，有饭、糯二种。（道光《昆明县志》卷2第1页）

黍，旧《云南通志》：有黄黍、白黍、红黍、长芒、芦粟、灰条数种。稷，旧《云南通志》：有黄稷、红稷、黑稷数种。（道光《云南通志稿》卷67《通省》第1页）

梁，旧《云南通志》：有饭、糯二种。（道光《云南通志稿》卷67《通省》第2页）

蜀黍，旧《云南通志》：即高粱，产呈贡、云南县者佳。（道光《云南通志稿》卷67《通省》第2页）

粱，《丽江府志》：红、白二色，产石鼓一带地方。（道光《云南通志稿》卷69《丽江府》第41页）

无芒黍，旧《云南通志》：出旧宝山州，穗无芒而实圆。（道光《云南通志稿》卷69《丽江府》第42页）

高粱，檀萃《华竹新编》：元谋高粱有二种，其黏者为酒露，可敌汾酒，名甲滇南。古者梁州以产粱得名，元谋其独钟梁州之盛气矣。（道光《云南通志稿》卷70《武定直隶州》第47页）

黍，有黄、白、红数种。粱，有饭、糯二种。蜀黍，即高粱。（咸丰《南宁县志》卷4第10页）

黍有黄白二种。粱有饭糯二种。（光绪《永昌府志》卷22第1页）

稷，采访：有红稷一种。蜀黍，旧《通志》：俗名高粱，顺宁有饭粱。（光绪《续修顺宁府志》卷13第2页）

黍有黄黍、长黍、红黍、白芒、芦粟、灰条数种。稷有黄稷、红稷、白稷稷、黑稷数种。……粱有饭糯二种。……蜀黍即高粱。……按滇南诸志，类以穄为稷，别粟与穀于黍稷之外，或以穀为粱之专号，又以秫为蜀黍之通称，种种皆误。盖自宋以后之书名实已乱，虽以罗氏之《尔雅翼》、李氏之《本草纲目》，尚不能一一不爽，何况其他？惟徐元扈、陆清献两公始力正其失，而犹有未尽者，故申辩之如左。黍穗散，稷穗专；黍秒短，稷秒长；稷黏者少，黍黏者多。黍之名有秬有秠，其不黏者为穄，又曰糜曰䵖。《吕氏春秋·本味篇》"阳山之穄"注云：冀州谓之䵖。《说文》、《玉篇》、《广韵》穄、䵖、䵁三者互释，明一物也。或误以穄为稷，音相近也。以穄为稷，因或以糜为稷。夫糜下从黍，尚得谓之稷乎。稷，一名粱，俗云小米者是，亦通称为粟、为穀。粟、穀，本公名，盖物之广生而习用者，例以公名名之，如南人呼穀，不问而知为稻也。故呼稷为粟、为穀，可别粟与穀，与稷则不可。《曲礼》稷曰明粢。《正义》曰粟也。《尔雅》郭璞注云：江东人呼粟为粢。益都贾思勰《齐民要术》云：穀者，总名。今人专以稷为穀，盖俗名耳。粱，稷之美者，《尔雅》郭璞注：

虋（《诗》作糜），今之赤粢粱粟。芑，今之白粱粟，皆好谷也。言粱又言粟、言穀，明一物也。稷粒圆，粱粒撱；稷穗小，粱穗大，二而一也。故孔氏《诗疏》直以粱为稷矣（《诗》或簸或蹂，《毛传》谓蹂黍。孔氏云：上有穈有芑是稷，独云黍者，祭以黍为主也）。稷之黏者曰秫、曰众（《尔雅》众秫，注谓黏粟也。疏云：众，一名秫。《说文》云：稷之黏者）。梁性黏者曰梁秫，一族也（俗以黍为黄米，呼秫为小黄米）。然秬或曰秫秠，亦曰秫。蜀黍之黏者亦曰秫，皆借名耳。今人但云粟、云穀、云小米，不知是稷，稷之实在而名亡矣。误稛为稷，黍之名亦乱矣。系秫于蜀黍，而秫之名，久假而不归矣（蜀黍亦有黏有不黏者，越人谓之蘆穄）。（民国《宜良县志》卷4第21页）

黍：红黍、黑黍、白黍、玉蜀黍。稷：黄稷、黑稷。梁：糯梁、饭梁。（民国《路南县志》卷1第49页）

黍属六类：黄黍、白黍、高梁、小米、老来红、青藜。（民国《马关县志》卷10第3页）

（黍）穤黍、黄白黍、覇黍、红芦粟。（梁）红梁、白梁。（民国《邱北县志》册3第12页）

杂粮（有大麦、小麦、粱、玉蜀黍。）粟、（民国《富州县志》第十二第74页）

玉蜀黍、糯包谷、膏粱、黍、稷。（《宁蒗见闻录》第2篇第65页）

黍、稷、粱、稌、芝麻。（楚雄旧志全书"楚雄卷上"隆庆《楚雄府志》卷2第35页）

稷（有红白二色）、芝麻。（楚雄旧志全书"双柏卷"康熙《南安州志》卷1第13页）

黍，有夏种初冬收者为黍米，有夏种季秋收者为稗米。稷，有黄、红、黑数种。梁，名高粱，分饭、糯二种。（楚雄旧志全书"年定卷"道光《定远县志》第243页）

高梁、黍子、芝麻。（楚雄旧志全书"南华卷"康熙《镇南州志》卷1第14页）

黍（有夏种秋收、夏种冬收二种）、稷（有黄红黑数种）、梁（俗号高粱，有饭、糯二种）。（楚雄旧志全书"南华卷"咸丰《镇南州志》第128页）

黍 有二种，夏种秋收者宜平原，夏种冬收者宜山地、稷 有黄黑红三种、梁 俗呼高粱，有二种，黏者为糯高粱，不黏者为饭高粱、芝麻、苞麦。（楚雄旧志全书"南华卷"光绪《镇南州志略》卷4第355页）

黍 有二种，夏种秋收者宜平原，夏种冬收者宜山地、稷 有黄黑红三种、梁 有二种，黏者为糯粱，不黏者为饭高粱、芝麻、苞麦。（楚雄旧志全书"南华卷"民国《镇南县志》卷7第633页）

黍稷之属：黄黍、芦粟。（楚雄旧志全书"姚安卷上"康熙《姚州志》卷2第36页）

黍稷之属：黄黍、麻子、芦粟。（楚雄旧志全书"姚安卷上"道光《姚州志》卷1第241页）

黍稷之属，旧《志》二种：黄黍、芦粟。（楚雄旧志全书"姚安卷上"光绪《姚州志》卷3第561页）

黍稷之属，新增五种：黄黍、芦粟、黑黍、狗尾黍 作饵佳。（楚雄旧志全书"大姚卷上"光绪《续修白盐井志》卷3第660页）

第四课《和罗、高粱》：和罗生陆地，夏种秋熟，叶大而稀，茎短而硬，一茎一穗，结实数百粒，黄色，味甘而香。高粱与和罗同，其不同者惟茎较高，实之色黑者可酿酒，红者可染竹器。（楚雄旧志全书"元谋卷"光绪《元谋县乡土志》修订本卷下第395页）

黍类：狗尾粟、稗子 水旱、天生米 羊子粟、黍子 穗如马尾、灰条 可酿甜酒。（昭通旧志汇编本乾隆《恩安县志稿》卷3第36页）

黄小黍、红小黍、膏梁（高粱）、脂麻、绿豆米、毛稗。（昭通旧志汇编本嘉庆《永善县志略》卷1第752页）

黍属：狗尾粟、水稗、旱稗、糯粟、米稗、青胡、草子、水子。（光绪《镇雄州志》卷5第55页）

粟之属，结实如罂，有浆汁，子细如黍，可制油。有红粟，开红花，子白色，间有色红者。乌粟，乌花白子，亦有乌色者。白粟，白花白子，此类最多。但因过雨过旱，均少收成。杂粮之属：有膏（高）梁，种于山坡及园圃内，统称旱膏（高）粱。黄小米，高五六尺，叶长，脉平行，顶端结穗，实小而圆，色黄。天星米，子细，黑红，用制糖食。凤尾子，穗如凤尾，子白而细。……马尾黍，穗如马尾。灰条菜，子可酿酒。铁扫把，子细小，可入药。……皆种于园圃者也。（昭通旧志汇编本民国《昭通志稿》卷9第260页）

膏粱：分糯、饭两种，糯者较饭者为优，大多用作酿酒，间有磨粉制汤团、糖饼者。（昭通旧志汇编本民国《巧家县志稿》卷6第672页）

小米：产量不多，惟瘠瘦田地空隙处有之，其粒用作造饭或作糍粑之用。（昭通旧志汇编本民国《巧家县志稿》卷6第672页）

高粱古名稷，有红、白二种，黏者可酿酒，亦可供食。（昭通旧志汇编本民国《绥江县县志》卷3第903页）

高粱、黍米、稗：高粱，与玉蜀黍收种同时，果实形如稻穗，色绛红，供食用，盐津多以酿酒，味甚佳。黍米，一名小米，形似粟米，色白而圆，有黏性，似糯米，以之作粥及饼饵。稗，实小色褐，可供食用及饲畜。（昭通旧志汇编本民国《盐津县志》卷8第1760页）

草子

草子，米似稷而微细，夷猓人多有广种者，作日食。（昭通旧志汇编本嘉庆《永善县志略》卷1第752页）

草子，旧《云南通志》：米似稷而微细，郡县夷猡广种多食。（道光《云南通志稿》卷67《通省》第2页）

草子，米似稷而微细，夷猡广种多食之。（道光《昆明县志》卷2第1页）

草子，采访：米似稷而微细，土人广种之以为食。（光绪《续修顺宁府志》卷13第2页）

草子，米似稷而微细，夷人每食之。（民国《宜良县志》

卷 4 第 21 页)

麻

胡〖麻〗饭，味甘辛，性平，无毒。软枝细叶，枝尖上有一撮细子。采取熬〖膏〗服食，〖健燥脾胃〗。采子，治肺痨〖吐血〗。采叶，治风邪入窍，口不能言。采根，治头风疼痛。（《滇南本草》第 375 页务本）

胡麻〖非皆俗入药之胡麻也〗。生山中朝阳有水处。绿叶紫背，相对而生。根肥大，连有子。采根熬去苦水。气味甘甜，〖性〗微温，无毒。主治诸虚百损，五劳七伤，补中益气。久服令人乌须黑发，延年益寿。同侧柏叶食之，香甜无比。或熬膏〖和〗丸，每丸重一钱，随引救民。治瘟疫遍散，传染一方，每人一丸，赤小豆煎汤送下，神效。（《滇南本草》第 957 页范本）

稻、粱、黍、稷、菽、麦，与会城同。而芝麻一种，会城仰给，其价倍于精米。（天启《滇志》卷 3《武定府》第 118 页）

麻，有脂麻、青麻、火麻数种。（康熙《云南通志》卷 12《通省》第 224 页）

麻之属二种。（康熙《平彝县志》卷 3 第 96 页）

火麻，出州西关内外。（康熙《路南州志》卷 2 第 36 页）

麻，有芝麻、青麻、火麻数种。（康熙《元江府志》卷 1 第 663 页）

麻之属：芝麻、胡麻、火麻。（乾隆《弥勒州志》卷 23 第 114 页）

火麻、苎麻、檾麻。附脂麻^{一名芝麻，一名}_{胡麻，一名巨胜}。（乾隆《黎县旧志》第 12 页）

麻^{有大麻、芝}_{麻二种。}（乾隆《丽江府志略》卷下第 39 页）

胡麻，山西、云南种之为田。根圆如指，色黄褐，无纹，丛生，细茎，叶如初生独帚，发杈开花五瓣，不甚圆，有直纹，黑紫蕊一簇，结实如豆蔻子，似脂麻。滇人研入面中食之。（《植物名实图考》谷类卷 2 第 44 页）

麻有芝麻、青麻、火麻数种。（道光《昆明县志》卷 2 第 1 页）

麻，旧《云南通志》：有芝麻、青麻、火麻、胡麻数种。（道光《云南通志稿》卷 67《通省》第 2 页）

胡麻饭，《滇南本草》：软叶细叶，枝尖上结子，碎细如米。其根大而肥，熬膏服食能辟谷，故仙人多食之。子治肺劳吐血，叶治风邪入窍不能言，枝治头风，根能大补元气，轻身延年，乌须黑发。（道光《云南通志稿》卷 68《通省》第 19 页）

火麻，《古今图书集成》：出新兴州西关内外。（道光《云南通志稿》卷 69《澄江府》第 27 页）

麻，有火麻、胡麻数种。（咸丰《南宁县志》卷 4 第 10 页）

芝麻，有黑、白二种。（光绪《永昌府志》卷 22 第 1 页）

麻，采访：有芝麻、火麻。（光绪《续修顺宁府志》卷 13 第 2 页）

麻：青麻、火麻。（民国《路南县志》卷 1 第 49 页）

芝麻，产妥表、雨上，色白，形似沙苑，五百石，食料。（楚雄旧志全书"双柏卷"民国《摩刍县地志》第 296 页）

麻属，增补四：胡麻、青麻、草麻、稗子均可制油，草油入印泥，并为出口要品，与稗油可揉器物，麻茎纤维并可织布。草麻为多年生植物，铁道两旁最宜种植。（楚雄旧志全书"姚安卷下"民国《姚安县志》卷 44 第 1659 页）

胡麻子，即脂麻仁，一名巨胜子，制香气极浓。火麻子，入药用，并制油，又常用以饲雀。草子粟，细如草子。……皆种于园圃者也。（昭通旧志汇编本民国《昭通志稿》卷 9 第 260 页）

脂（芝）麻，有黑白二种，能取油。（昭通旧志汇编本民国《绥江县县志》卷3第904页）

四、荞稗之属

综述

视尔如荍：荍一名芘芣，一名荆葵，似芜菁，华紫绿色，可食，微苦。（《毛诗草木鸟兽虫鱼疏》卷上）

山〖稗〗子，〖米味甘〗、壳涩、根叶苦涩，性微寒，专治妇人散经败血之症。（《滇南本草》第 302 页务本）

稗米，味辛甘苦，性微寒，无毒。宜脾益气，亦堪作饭，能杀虫。煮汁沃地，蝼蚁皆死，忌之。（《滇南本草》第 601 页范本）

居高食力^{境内有蒲蛮之别种曰车苏者，即蒲刺也。居}高山之上，垦山为田，艺荞稗，不资水利。（景泰《云南图经志书》卷 3《马龙他郎甸长官司》第 203 页）

李思聪《百夷传》：蒲人、阿昌、哈剌、哈杜、怒人皆居山巅，种苦荞为食。余则居平地或水边也，言语皆不相通。（景泰《云南图经志书》卷 10 第 540 页）

荞^{有甜苦二种，土人甚}赖之，苦者尤佳。（正德《云南志》卷 2《云南府》第 122 页）

荞稗之属六：甜荞、苦荞、龙爪稗、鸭爪稗、铁稗、糯稗。（嘉靖《大理府志》第 70 页）

荞稗之属四：甜荞、苦荞、山稗、糯稗。（万历《云南通志》卷 2《云南府》第 13 页）

46

荞稗之属六：甜荞、苦荞、龙爪稗、鸭爪稗、糯稗、铁稗。（万历《云南通志》卷2《大理府》第33页）

荞之属二：苦、甜。（万历《云南通志》卷2《临安府》第54页）

荞之属二：甜、苦。（万历《云南通志》卷2《永昌府》第67页）

荞之属二：甜、苦。（万历《云南通志》卷3《楚雄府》第8页）

荞之属二：苦、甜。（万历《云南通志》卷3《澄江府》第22页）

荞之属二：苦、甜。（万历《云南通志》卷3《曲靖府》第15页）

荞稗之属四：苦荞、甜荞、米稗、鸭爪稗。（万历《云南通志》卷3《蒙化府》第28页）

荞稗之属五：甜荞、苦荞、早稗、糯稗、鸭爪稗。（万历《云南通志》卷3《鹤庆府》第36页）

荞稗之属三：甜、苦荞、糯稗。（万历《云南通志》卷3《姚安府》第46页）

荞之属二：甜荞、苦荞。（万历《云南通志》卷4《寻甸府》第4页）

荞麦之属五：大、小麦、甜、苦荞、草稗。（万历《云南通志》卷4《武定府》第9页）

荞稗之属四：甜、苦荞、龙爪稗、鸭爪稗。（万历《云南通志》卷4《景东府》第12页）

荞稗之属三：甜、苦荞、饭稗。（万历《云南通志》卷4《丽江府》第19页）

荞稗之属四：甜荞、苦荞、龙爪稗、鸭爪稗。（万历《云南通志》卷4《顺宁州》第24页）

荞麦之属二：燕麦、苦荞。（万历《云南通志》卷4《永宁府》第28页）

荞之属二：甜荞、苦荞。（万历《云南通志》卷4《北胜

州》第 33 页)

荞稗之属三：甜、苦荞、铁稗。（万历《云南通志》卷 4 《新化州》第 35 页)

荞稗之属二：苦荞、甜荞。（万历《云南通志》卷 4 《者乐甸长官司》第 37 页)

荞稗之属五：甜荞、苦荞、米稗、糯稗、鸭爪稗。（万历《赵州志》卷 1 第 25 页)

荞：有甜，有苦。稗：有山，有糯。（天启《滇志》卷 3 《云南府》第 112 页)

稗曰龙爪、鸭爪。荞曰赛荞。（天启《滇志》卷 3 《大理府》第 114 页)

荞有甘、苦，同。（天启《滇志》卷 3 《楚雄府》第 116 页)

稗之米稗、鸭爪稗。（天启《滇志》卷 3 《蒙化府》第 117 页)

稗曰早，曰糯，曰鸭爪。（天启《滇志》卷 3 《鹤庆府》第 117 页)

荞与稗之实各二。（天启《滇志》卷 3 《广西府》第 118 页)

稗之属，皆同。（天启《滇志》卷 3 《景东府》第 119 页)

荞^{有甜苦二种}、稗^{有山稗、糯稗}。（康熙《云南通志》卷 12 《通省》第 224 页)

稗子、荞。（康熙《鹤庆府志》卷 12 第 24 页)

苦荍^{花黑二种，六月熟}、甜荍^{有红白花二种，八月熟}、冬荍^{十月方熟}。（康熙《蒙化府志》卷 1 第 38 页)

荞稗之属：甜荞、苦荞、鸭掌稗、山稗。（康熙《新兴州志》卷 5 第 31 页)

荍有甜、苦二种。稗有山稗、糯稗。（康熙《元江府志》卷 1 第 664 页)

48

阿者猓玀居深山，住茅屋，种荞稗、焰麦、草子为食。（康熙《澄江府志》卷8第49页）

荞之属二种。稗之属二种。（康熙《平彝县志》卷3第96页）

荞有甜苦二种。稗有山稗、糯稗。（康熙《永昌府志》卷10第1页）

苦莜、甜莜、冬莜。（康熙《顺宁府志》卷1第28页）

师地荒陋，所产皆窳呰，且人功甚拙，不足贵也。荞有甜、苦二种，苦者较多，李时珍《本草》云：味甘，气平寒，无毒，一名乌麦，益气力，续精神，錬滓秽，实肠胃。产师宗者良，土宜也。种以立夏，后全用秽壅，无则不生。土人出秽者与种荞者，分其所入，出秽者坐而得之，种荞者劳而得之，其利均也。初种宜少雨，七月可收，土人粉以为饵，若享客则粘饭于饼饵上为特敬。（雍正《师宗州志》卷上第36页）

稗子，即莠稗，亦可食，皆陆产，不藉水也。（雍正《师宗州志》卷上第37页）

管棆《点荞词》七首：师宗地瘠，皆高原赤墳，居民种荞为业。今年锄犁，明年又徙他处，土硗必畜其余力也。先以火炽后种者谓之烧荞，赖粪壅植者，出粪与主者利均，谓之点荞。间种旱稻，春首锄犁，遍洒熯湿，任乎天矣。患草蕃滋，耘耨当合人力互作，凡有事乎，畲田数十里，如约而集，酒食饁饷，鼓噪而作，援桴者有勉励督课之语，仆惜其无词，嘉其有义，作《点荞词》七首。词取于俚，欲山民之易晓，且以鼓其勇气，而劳其作苦。云：“山原地种苦甜荞，高下林深野火烧。灰熟地肥齐作力，春来一雨长新苗。”“赤壤童山土力悭，三年一种地宽闲。农家不省南东亩，只认刀畊在一山。”“村中积粪满牛车，来点荞田获利赊。一雨邱晴天气好，论田计把莫争差。”“手点荞秧口唱歌，犁牛缓缓细翻过。如盘饼饵争来饷，咂酒盈瓶好味多。”“才过元日斸新畲，洒谷惟忧蔓草遮。招取邻村齐著力，东邻新制铁矛叉。”“田田击鼓集农家，苦菜初生蕨长芽。芦酒黄鸡祀田祖，软搓荞粉饭桃花。”“豆麦同区土脉和，秋来次第有收多。劝农先作农夫曲，聊当康衢击壤歌。”（雍正《师宗州志》卷上第40页）

鸭爪稗，形如鸭爪。（雍正《阿迷州志》卷21第254页）

莜：甜莜、苦莜。（雍正《建水州志》卷2第6页）

雍正九年辛亥，昭通田生赤虫，食稻叶。有群鸦食之尽。昭东莜地，不种自生。总督鄂尔泰据所报奏之。（《滇云历年传》卷12第615页）

鲁屋猡猡，……土宜黍稗，莜有甘、苦二种。（《皇清职贡图》卷7）

莜之属：甜莜、苦莜。稗之属：铁稗、糯稗、草稗。（乾隆《弥勒州志》卷23第114页）

莜：甜莜、苦莜。（乾隆《陆凉州志》卷2第26页）

莜稗属：甜莜、苦莜^{春冬}_{俱种}、鸭掌稗、毛稗、蕨子^{有火蕨、苧}_{蕨二种}。（乾隆《开化府志》卷4第28页）

荞属：甜荞、苦荞。（乾隆《河西县志》卷1第128页）

稗子^{有水稗、鸭}_{掌稗二种}。（乾隆《黎县旧志》第12页）

莜^{有甜苦二种，苦者较}_{多，郡四山皆种之}。稗^{有龙爪、鸭爪、铁桿、米稗数种，郡土所}_{宜，高下皆收，里民合莜麦，恃以为生}。（乾隆《丽江府志略》卷下第39页）

苦莜、甜莜^{四乡八}_{里皆产}。（乾隆《东川府志》卷18第1页）

山多杂木，今岁烧荒，明年始可种荞，所谓火种也。（《滇南杂记》第51页）

荞^{今俗作荞，《诗》：视}_{尔如荍。宜作荍}。旱地荒山遍植荞，不论时候，红梗、绿叶、白花，甚可观。民间多食荞，磨面制成饼，呼为叭叭，想即餺餺也。远行力役之人，俱携此为行粮，食时于山沟内取凉水饮之，边氓之苦如此。荞有甘、苦两种，苦者可食，甘者不可食（按：甜荞亦可食），性寒与稗同。有荞稗烧酒，多饮成手战之病。荞只布种，任其自生自长，不复移种；稗则布种、分苗，与水稻同。滇省西北土寒，宜于此种也。（《滇南闻见录》卷下第30页）

黑拇鸡，种荞为食，多居王弄、安南二里。（《滇海虞衡志》第332页）

荞有甜、苦二种。（道光《昆明县志》卷2第1页）

荞，旧《云南通志》：有甜荞、苦荞二种。稗，旧《云南通志》：有山稗、糯稗二种。（道光《云南通志稿》卷67《通

省》第2页)

鹅掌稗,《云南府志》:出罗次。(道光《云南通志稿》卷69《云南府》第2页)

荞,《师宗州志》:荞有甜、苦二种,苦者较多。李时珍《本草》云:味甘气平,寒,无毒,一名乌麦,益气力,续精神,炼滓秽,实肠胃。产师宗者良,土宜也。种以立夏,后全用粪壅,无则不生。土人出粪者,与种荞者分其所入,出粪者坐而得之,种荞者劳而得之,其利均也。初种宜少雨,七月可收,土人粉以为饵,若享客则黏饭于饼饵上为特敬。《广西府志》:师宗荞麦较美,所产独多。(道光《云南通志稿》卷70《广西直隶州》第45页)

《开化府志》:黑㺄鸡,……种荞为食,多居王弄、安南二里。(道光《云南通志稿》卷183《南蛮志·种人》第44页)

荍,有甜、苦二种。(咸丰《南宁县志》卷4第9页)

荞^{有甜苦二种}。稗^{有饭糯二种}。(光绪《永昌府志》卷22第1页)

荞,旧《通志》有甜荞、苦荞二种。采访:有黄壳、黑壳荞。稗,旧《通志》有山稗、糯稗二种,又有鸭掌稗、毛稗。(光绪《续修顺宁府志》卷13第1页)

荞^{有甜荍、苦荍二种}。稗^{有山稗、糯稗二种}。(民国《宜良县志》卷4第21页)

稗^{有米稗、摇风稗、脚稗三种}。(民国《嵩明县志》卷16第239页)

荍:甜荍、苦荍^{有早荍、迟荍之分}。(民国《路南县志》卷1第49页)

荍稗属五类:甜荍、苦荍^{春冬季种}、鸭掌稗、毛稗、麻子^{火麻、苧麻二种}。(民国《马关县志》卷10第3页)

(荞)甜荞、苦荞。(民国《邱北县志》册3第12页)

甜荞、苦荞。稗子^{有龙爪、鸭爪、铁稗、末稗等}。(《宁蒗见闻录》第2篇第65页)

甜荞、苦荞。（楚雄旧志全书"南华卷"康熙《镇南州志》卷1第14页）

荍有甜荍、苦荍二种。（楚雄旧志全书"南华卷"咸丰《镇南州志》第128页）

荞^{有苦甜}_{二种}。稗。（楚雄旧志全书"南华卷"光绪《镇南州志略》卷4第355页）

荞^{有苦甜}_{二种}。（楚雄旧志全书"南华卷"民国《镇南县志》卷7第633页）

荞稗之属：甜、苦荞、糯稗。（楚雄旧志全书"姚安卷上"康熙《姚州志》卷2第36页）

荞稗之属：甜荞、苦荞、糯稗。（楚雄旧志全书"姚安卷上"道光《姚州志》卷1第241页）

荞稗之属，旧《志》三种：甜荞、苦荞、糯稗。增补二种：鸭爪稗、高粱稗，苗叶似高粱 雨按：夷人所居之处，箐深水冷，五谷皆不成熟，惟荞稗耐寒，托以为命。（楚雄旧志全书"姚安卷上"光绪《姚州志》卷3第561页）

荞稗属，《李通志》三：甜、苦荞，糯稗。《管志》三，同上。《王志》三，同上。《甘志》增二：鸭爪稗、高粱稗，苗叶似高粱，夷人所居之处，箐深水冷，五谷皆不成熟，惟荞稗耐寒，托以为命。（楚雄旧志全书"姚安卷下"民国《姚安县志》卷44第1658页）

荞稗之属，旧《志》五种：甜荞、苦荞、糯稗、高粱稗、鸭爪稗。（楚雄旧志全书"大姚卷上"光绪《续修白盐井志》卷3第660页）

荞，有甜荞、苦荞两种。（楚雄旧志全书"牟定卷"道光《定远县志》第243页）

荞类：甜荞、苦荞。（昭通旧志汇编本乾隆《恩安县志稿》卷3第36页）

苦荞、甜荞。（昭通旧志汇编本嘉庆《永善县志略》卷1第751页）

荍属：甜荍、苦荍。（光绪《镇雄州志》卷5第55页）

　　荍之属：有甜荞，产高山，五六月收者为早荍，九十月收者为晚荍。甜荞开红花，实为菱角形，老则色黑，磨面作食，亚于麦面，味甘，故名甜荍。苦荞，产高山，开白花，实成圆锥形，有三线，色灰白，味微苦，亦有早晚之分，凉山人专为常食。小米荞，形如小米，似苦荍而圆，花白色，味甘微苦。野荍，与家荍相类，其根入药用。荍，为高山所产，种一年闲一年，犁而烧之再种，实为广种薄收也。若遇凶荒之岁，坝子田地亦有种为济急之用，常年或预种他物而补种晚荍者。（昭通旧志汇编本民国《昭通志稿》卷9第259页）

　　荞：有甜荞、苦荞两种，产量俱多。（昭通旧志汇编本民国《巧家县志稿》卷6第672页）

　　荞：一名乌麦，有甜、苦二种，高山多种。（昭通旧志汇编本《绥江县志》卷3第903页）

　　荞，有苦、甜二种，俱可磨面为饼饵之用。保隆、永安两乡种植者较多。苦荞春种夏收，除食用外，并可酿酒或饲畜。甜荞于处暑时下种，冬间收获，贫民有作食粮。（昭通旧志汇编本民国《盐津县志》卷8第1760页）

五、来麰之属

综述

大麦〖芽〗，味平甜，性温。宽中下气、止呕吐、消宿食、止吞酸、吐酸、止泻、消胃宽〖膈〗，并治妇人奶乳不收，乳汁不止。（《滇南本草》第 603 页务本）

异麦^{一茎两岐三岐。景泰五年夏，产}于郡之逢密等乡，有诗文传焉。（景泰《云南图经志书》卷 5《鹤庆府》第 303 页）

无芒麦^{即小麦，结秀时其}^{穗无芒，而其实圆}。（景泰《云南图经志书》卷 5《丽江府·宝山州》第 317 页）

右军都督同知沐璘《瑞麦诗》（五古）：圣明御宸极，德泽弥堪舆。时旸既时若，庶物咸晏如。滇邦九土外，僻居参井墟。至化一以薰，幸与中州俱。蛮俗革犷戾，镕兵事耕锄。荒秽变桑麻，硗碛成膏腴。眷彼鹤川郡，外滇千里余。居民杂犬戎，又与滇俗殊。一沐同仁化，沍壤春阳敷。迩来产嘉麦，兆瑞秀以舒。两歧复三歧，芃芃满畲畬。郡守不敢秘，走送劳载驱。官僚及士庶，传视交惊吁。谓非浩瀚泽，莫及西南隅。麒麟载周纪，凤凰称典谟。彼诚一时瑞，何能济饥劬？五谷世之宝，日用众所须。天应念坤境，先此协乾符。上以昭升平，下以充边储。兵民无菜色，熙熙乐安居。我忝守土臣，作诗颂唐虞。何当献天阙，庶备太史书。（景泰《云南图经志书》卷 9

第 438 页）

无芒麦^{即小麦，结秀时无芒而实圆，宝山州出}。（正德《云南志》卷 11《丽江府》第 475 页）

来麰之属五：大麦、小麦、玉麦、燕麦、秃麦。（嘉靖《大理府志》第 70 页）

麦麰之属五：大麦、小麦、玉麦、燕麦、秃麦。（万历《赵州志》卷 1 第 25 页）

来麰之属四：大麦、小麦、燕麦、玉麦。（万历《云南通志》卷 2《云南府》第 13 页）

来麰之属五：大麦、小麦、玉麦、燕麦、秃麦。（万历《云南通志》卷 2《大理府》第 33 页）

来麰之属三：大、小、燕。（万历《云南通志》卷 2《临安府》第 54 页）

来麰之属四：大、小、燕、玉。（万历《云南通志》卷 2《永昌府》第 67 页）

来麰之属三：大麦、小麦、火麦。（万历《云南通志》卷 3《楚雄府》第 8 页）

来麰之属三：大麦、小麦、燕麦。（万历《云南通志》卷 3《曲靖府》第 15 页）

来麰之属二：大麦、小麦。（万历《云南通志》卷 3《澄江府》第 22 页）

来麰之属三：大麦、小麦、玉麦。（万历《云南通志》卷 3《蒙化府》第 28 页）

来麰之属四：大、小麦、燕麦、玉麦。（万历《云南通志》卷 3《鹤庆府》第 36 页）

来麰之属三：大、小、玉麦。（万历《云南通志》卷 3《姚安府》第 46 页）

来麰之属二：大、小麦。（万历《云南通志》卷 4《寻甸府》第 4 页）

来麰之属五：大、小、玉、燕、秃麦。（万历《云南通志》卷 4《景东府》第 12 页）

来麰之属三：无芒麦、红麦、大麦。（万历《云南通志》卷4《丽江府》第19页）

来麰之属四：大、小麦、玉麦、燕麦。（万历《云南通志》卷4《顺宁州》第24页）

来麰之属五：大、小、玉、燕麦、秃麦。（万历《云南通志》卷4《北胜州》第33页）

来麰之属二 大、小麦。（万历《云南通志》卷4《新化州》第35页）

唐昭宗，南诏大旱，二荞不收，饥民食乌昧不给，至取草根木叶啖之。乌昧者，野燕麦也，滇中沾益一路有之，土人亦皆采食，谓之鬼麦，黔中尤多。诸葛元声曰：《古乐府》"田中燕麦，何尝可获？"不知燕麦实有麦，岂当时滇未通中国，徒闻其名耶？（《滇略》卷3第228页）

麦有大、小、燕、玉、西番。（天启《滇志》卷3《云南府》第112页）

麦曰秃麦。（天启《滇志》卷3《大理府》第114页）

麦有大、小，有火麦。（天启《滇志》卷3《楚雄府》第116页）

麦之玉麦。（天启《滇志》卷3《蒙化府》第117页）

麦三。（天启《滇志》卷3《广西府》第118页）

至于宝山州，则有无芒麦，其穗无芒而实圆。（天启《滇志》卷3《丽江府》第119页）

己卯二月十二日……故川中田禾丰美，甲于诸郡^{冯密之麦，亦甲诸郡，称为瑞麦，其粒长倍于常麦}。（《徐霞客游记·滇游日记七》第972页）

己卯七月初五日……又西上半里，是为大寨。所居皆茅，但不架栏，亦罗罗之种。俗皆勤苦垦山，五鼓辄起，昏黑乃归，所垦皆硗瘠之地，仅种燕麦、蒿麦而已，无稻田也。余初买米装贮，为入山之具，而顾仆竟不之携，至是寨中俱不稻食，煮大麦为饭，强啮之而卧。（《徐霞客游记·滇游日记十一》第1134页）

己卯七月初六日……海子大可千亩，中皆芜草青青。下乃草土浮结而成者，亦有溪流贯其间，第不可耕艺，以其土不贮水。行者以足撼之，数丈内俱动，牛马之就水草者，只可在涯涘间，当其中央，驻久辄陷不能起，故居庐亦俱濒其四围，只垦坡布麦，而竟无就水为稻畦者。（《徐霞客游记·滇游日记十一》第 1134 页）

麦_{有小麦、大麦、燕麦、玉麦、西番麦数种。}（康熙《云南通志》卷 12《通省》第 224 页）

麦：小麦_{有红白二种，又一种光头麦，宜于深箐，五六月方熟}、大麦、御麦_{穗长而粒大，面微黄}、红须麦_{有五色，须长，花开于顶，子结于干，五六月方熟。}（康熙《蒙化府志》卷 1 第 38 页）

麦之属：大麦、小麦、玉麦、燕麦、西番麦。（康熙《新兴州志》卷 5 第 31 页）

麦之属四种。（康熙《平彝县志》卷 3 第 96 页）

麦_{有四种：大麦、小麦、燕麦、玉麦}、玉麦_{江浙呼为玉粟。}（康熙《永昌府志》卷 10 第 1 页）

麦：御麦、小麦、大麦、燕麦、红须麦。（康熙《顺宁府志》卷 1 第 28 页）

大麦_{二种}、小麦_{四种}、燕麦。（康熙《鹤庆府志》卷 12 第 24 页）

燕麦，状如鹊麦，夏种秋熟，刘禹锡所谓"菟葵燕麦"者是也。土人粉为乾馎，水调充腹。（雍正《师宗州志》卷上第 37 页）

明隆庆元年八月，本州城南产佳禾，一茎两穗者凡四。……康熙乙亥秋七月，禄丰乡产佳禾，一茎四穗，岁大收。……辛丑，阿产瑞麦，一茎双穗者半亩，岁大熟。（雍正《阿迷州志》卷 23 第 267 页）

麦：大麦、小麦、燕麦。（雍正《建水州志》卷 2 第 6 页）

总督高其倬疏：中涎泽筑堤障水，垦种麦地，收贮备赈

中涎泽在曲靖府陆凉州东南十余里，汇曲靖潇湘江、响水闸诸水于此，以渐出口。每年征纳鱼税十八两余，即不可以为田可知。然冬春水涸时，元、明镇守官往往牧马于此，故俗呼为

马厂〔疑"场"〕。时魏鸿涎守陆凉，好事，善逢迎。适高督欲兴利储蓄，以备不虞，鸿涎就中涎泽冬时形状，绘图具呈，以为给民垦种二麦，当年可收千余斛。高督欣然捐己资二千两，委顺宁府知府范溥董其工，筑堤岸，建桥，开河一二道以通水，余他俱耕犁种麦，俟刈获后经营作堰田。是年，堤未完，水遽至，麦全沉。鸿涎私买麦五百石，以为新田所收。范溥又冒昧喜功之人，互为隐蔽。当事益喜，重加修治。既成，范溥请名之"高公堤"。明年夏，水发早。且失所归。欲去，堤又障之，遂倒灌而淹二十六村，直至城闉。于是军民大噪，群起毁堤，水复归陂，而诸村已横被水灾矣。高督闻之，亲往勘验，即以前收贮之麦五百石分别赏恤有差。马贵与云："徒知湖之可田，而不知湖外之田将脊而为水，奈何后之人不鉴之，而且则之也！"（《滇云历年传》卷12第574页）

麦之属：大麦、小麦、燕麦、玉麦。（乾隆《弥勒州志》卷23第114页）

大麦、小麦 东川府气候寒冷，不宜大小麦。旧《志》载麦地仅二十二顷八十三亩有零，市所糶者皆来自嵩明、寻甸、曲靖、燕麦 乡四八里皆产、玉麦 城中园圃种之。（乾隆《东川府志》卷18第1页）

麦：大麦、小麦、玉麦、燕麦。（乾隆《陆凉州志》卷2第26页）

麦属：大麦、小麦、玉麦、燕麦。（乾隆《开化府志》卷4第27页）

麦 俗名小麦 一名来麦、大麦 一名牟麦。附雀麦 一名燕麦。附玉麦 一名玉秫，一名玉高粱。（乾隆《黎县旧志》第12页）

麦属：大麦、麦、燕麦、玉麦。（乾隆《河西县志》卷1第128页）

麦 有大麦、小麦、大颗麦、燕麦、芒麦五种。大麦造水酒味甚薄，大颗、无芒作馒首，煮蔓菁汤咽之，燕麦粉为乾餱，水调充腹，此土人终岁之需也。小麦类非享客不轻用。（乾隆《丽江府志略》卷下第39页）

麦类：大麦、小麦、燕麦、青科 又名米大麦、春麦。（昭通旧志汇编本乾隆《恩安县志稿》卷3第36页）

麦，有小麦、大麦、燕麦、玉麦、西方麦数种。（道光《昆明县志》卷2第1页）

麦，旧《云南通志》：有小麦、大麦、燕麦、玉麦、西方麦数种。（道光《云南通志稿》卷67《通省》第1页）

小米、玉米、鸭爪稗，《易门县志》：并出易门。（道光《云南通志稿》卷69《云南府》第2页）

麦，《南宁县志》：大麦、小麦、燕麦，又名雀麦，三种植于陆地。玉麦，植于园中，类蘆而矮，节间生包，有絮有衣。实如黄豆大，其色黄黑红不一，一株二三包不等。（道光《云南通志稿》卷69《曲靖府》第37页）

麦，《丽江府志》：大麦造水酒，味甚薄。大颗麦、无芒麦作馒首，煮蔓菁汤咽之。燕麦粉为乾餱，水调充服，此土人终岁之需也。小麦面，非享客不轻用。（道光《云南通志稿》卷69《丽江府》第40页）

麦，《师宗州志》：燕麦，状如鹊麦，夏种秋熟，刘禹锡所谓"菟葵燕麦"者是也。土人粉为乾餱，水调充腹。《弥勒县采访》：燕麦，又名雀麦、王麦，有饭、糯二种，近来遍种以济荒。（道光《云南通志稿》卷70《广西直隶州》第45页）

麦，有小麦、大麦、燕麦、西方麦、玉麦数种。（咸丰《南宁县志》卷4第9页）

麦有四种：大麦、小麦、燕麦、玉麦。（光绪《永昌府志》卷22第1页）

旧《云南通志》：有小麦、大麦、燕麦、玉麦数种。采访：府属山多田少，多种荞与玉麦，以此为天。（光绪《续修顺宁府志》卷13第1页）

麦有小麦、大麦、燕麦、西方麦数种。（民国《宜良县志》卷4第21页）

麦：大麦、燕麦。（民国《路南县志》卷1第49页）

麦属四类：大麦、小麦、玉麦、燕麦。（民国《马关县志》卷10第3页）

（麦）大麦、小麦、玉麦、燕麦。（民国《邱北县志》册3第12页）

大麦、小麦、燕麦、青稞。（《宁蒗见闻录》第2篇第65页）

麦，其品五：小麦、大麦、甜荞、火麦、苦荞。（楚雄旧志全书"楚雄卷上"隆庆《楚雄府志》卷2第35页）

麦品：小麦、大麦、火麦、甜荞麦、苦荞麦。（楚雄旧志全书"楚雄卷上"康熙《楚雄府志》卷1第193页）

麦品：小麦、大麦、甜荞麦、苦荞麦。（楚雄旧志全书
"双柏卷"康熙《南安州志》卷 1 第 13 页）

麦品：小麦、大麦、甜荞、苦荞。（楚雄旧志全书"双柏
卷"乾隆《碍嘉志书草本》第 106 页）

麦有大麦、小麦、燕麦、玉麦。（楚雄旧志全书"牟定
卷"道光《定远县志》第 243 页）

麦品：小麦、大麦、燕麦、玉麦。（楚雄旧志全书"南华
卷"康熙《镇南州志》卷 1 第 14 页）

麦有小麦、大麦、玉麦、燕麦数种。（楚雄旧志全书"南华卷"咸丰《镇南州
志》第 128 页）

大麦、小麦、玉麦。（楚雄旧志全书"南华卷"光绪《镇
南州志略》卷 4 第 355 页）

大麦、小麦、玉麦。（楚雄旧志全书"南华卷"民国《镇
南县志》卷 7 第 633 页）

麦之属：大、小、玉三种。（楚雄旧志全书"姚安卷上"
康熙《姚州志》卷 2 第 36 页）

麦属：大麦、小麦、玉麦三种。（楚雄旧志全书"姚安卷
上"道光《姚州志》卷 1 第 241 页）

麦之属：旧《志》三种：大麦、小麦、玉麦。增补四种：
火麦，熟时红。光头白麦，无芒。聋耳麦，期年乃熟，夷人多
种之。包麦，亦曰乌麦，《通志》又谓之玉麦，类甘蔗而矮，
节间生包，有絮有衣，实如黄豆大，其色黄黑红不一，每株二
三包不等，可饲豕，亦可酿酒。（楚雄旧志全书"姚安卷上"
光绪《姚州志》卷 3 第 560 页）

麦属，《李通志》三：大、小、玉麦。《管志》三，同上。
《王志》三，同上。《甘志》增三：火麦，熟时红；光头白麦，
无芒；聋耳麦，期年乃熟，夷人多种之。增补三：燕麦，形
小；蛇头麦，形扁；六稜米大麦，形亦小。（楚雄旧志全书
"姚安卷下"民国《姚安县志》卷 44 第 1655 页）

麦之属①，旧《志》二种：小麦、大麦。新增四种：火麦^{熟时红}、玉麦^{亦曰包麦}、光头白麦、无芒燕麦^{四月种，八月收，山中夷人多食之}。（楚雄旧志全书"大姚卷上"光绪《续修白盐井志》卷 3 第 659 页）

麦属：谷备四气，以夏秋者为大麦，为小麦、燕麦，其于类也为荞，有苦甜二种，为黄粱（粱），为黍，为稷穄也，红白二种，为秫稷之黏者，为芝麻。（楚雄旧志全书"禄丰卷上"康熙《广通县志》卷 1 第 389 页）

大麦、小麦、燕麦、玉麦^{俗名包谷}。（昭通旧志汇编本嘉庆《永善县志略》卷 1 第 751 页）

麦属：小麦、大麦、燕麦、青科。（光绪《镇雄州志》卷 5 第 55 页）

麦之属：有大麦，芒长穗短，四乡收获多用以煮酒、制饴糖。小麦，又称火麦，收获期较大麦较迟，磨面作食，本地产尚不敷用，年销蓝筐、梭山者半之。春麦，亦小麦类也，穗已成熟，叶杆（秆）常绿，近种者少。燕麦，产四大凉山，形如小麦，较细而长，制炒面极香。青稞，又名米大麦。（昭通旧志汇编本民国《昭通志稿》卷 9 第 259 页）

麦：麦分大麦^{土名老麦}、小麦、裸麦^{土名为大米麦}、青颗麦、燕麦五种。以燕麦出产为最多，青颗麦最少。（昭通旧志汇编本民国《巧家县志稿》卷 6 第 672 页）

麦有大麦、小麦、燕麦三种。大麦，实有长芒子，磨成粉可为面可为酱。小麦，无芒，又名光头麦，只供食料。燕麦，子密而芒多，种者很多。（昭通旧志汇编本民国《绥江县县志》卷 3 第 903 页）

麦分酱麦、谷麦、燕麦、麦儿四种。酱麦，即小麦，盐津初冬播种，春末夏初收获，麸薄而粉富，磨面制造成食品之方式极多，如饼、饵、面、食酱类等，有常充膳食之家，或以之

---

① "麦之属"内容，楚雄旧志全书"大姚卷下"民国《盐丰县志》卷 4 第 1158 页同，不再辑录。

酿酒制糊。若谷麦，即大麦，麸厚粉少，只宜酿酒或饲畜。燕麦，可作麦片，近来销路颇广，盐津种者极少，似宜提倡。麦儿，略类谷麦，可磨为炒面，或澄粉供食，或以饲畜。（昭通旧志汇编本民国《盐津县志》卷 8 第 1760 页）

青稞

青稞，西北近藏之地种青稞，近似麦而色青。作稀饭，杂以牛羊肉煮食之。亦种稗，磨面为食。（《滇南闻见录》卷下第 31 页）

青稞，质类麷麦，茎叶类黍，耐雪霜，阿墩子及高寒之地皆种之，经年一熟，七月种，六月获，夷人炒而春面，入酥为绺（糌）粑。（《维西见闻纪》第 13 页）

青稞，余庆远《维西闻见录》：质类麷麦，茎叶类黍，耐霜雪，阿墩子及高寒之地皆种之，经年一熟，七月种，六月获，夷人炒而春面，入酥为糌粑。（道光《云南通志稿》卷 69《丽江府》第 41 页）

藏族食粮，纯以青稞为第一要素，其次始及小麦、大麦、荞麦，不喜食米与各种豆类。所谓青稞，即适宜于高寒地带之长芒青皮裸麦，据科学家化验，最富于淀粉质，其制法：先将青稞入沸鼎中汤洗一度，然后用火焙熟，磨为细面，谓之糌粑，亦作饘粑，食时先于盌中乘酥油茶，然后入以糌粑，以手揉之，成团而食。酥油茶者，即以普洱、景谷之茶熬成浓液，倾入木桶，入以乳酥食盐，用木桿尽力捣搅，必至水酥交融，茶盐和味，成一种不可分辨之粉红色液体，即天台判教之所谓由般若而至法华，如转熟酥成醍醐也，凡藏族男女僧俗，但一见酥油茶，即如见其父子兄弟，夫妻师友，其胸中已自悦乐，若一入口，则其辛苦忧郁、恐怖疑惑，完全冰释，如饮我佛甘露焉。揉糌粑必用木盌，尊贵者以银包之，下饭每用乳饼，或牛羊猪肉，惟牛肉多割条而乾之为脯，猪肉多剔骨缝口醃为腊

肉，谓之琵琶，煮而食之，不用箸，不讲烹饪，不喜食鸡鱼蔬果，男女皆喜饮酒，而不能酿。（民国《中甸县志稿》卷下第51页）

《中甸地处特殊》：……论中大甸境，已逼近大雪山麓，气候极其严寒，地处实高出于三迤之任何地处。惟江边境一带气候温暖，豆、麦、蔬菜俱可栽种，上至小中甸境，则无蔬菜之出矣。在大中甸境内，不特蔬菜无产生，即黍稷亦不能栽种，有以玉蜀黍试种者，茎高不及三尺，且有包而无米粒；即有结粒者，亦只如天上之星点焉，而一至八月，茎叶即萎，又何能望其成熟耶！其境内只能种青稞一种，余则难望其生发也。青稞为中甸所属各境内特产之粮食，茎叶略似薏苡，结粒则大过于麦，亦有类于玉蜀黍米。此种粮食，然须在地面经过七八个月，始云成熟。成熟后，去壳见米，蒸而成饭，入口时颇有玉蜀黍风味。其营养力殊足，久服能使人身健，是处人民专以此为口粮，所以能抵御严寒。彼古宗族及各大喇嘛寺中之喇嘛等则以青稞作炒面，和以牛肉粉，拌以酥油，名曰�糌粑（糌粑），称贵重粮食也。（《云南掌故》卷13第410页）

青稞，又名米大麦。（昭通旧志汇编本民国《昭通志稿》卷9第259页）

玉米

玉蜀黍，气味甘平，无毒。主治调胃和中，祛湿，散火清热。所以，今多用此造酒，最良。（《滇南本草》第618页范本）

梁（粱）类：苞谷，俗名玉麦，可酿（酒），亦可救饥，乡人园圃皆种。（昭通旧志汇编本乾隆《恩安县志稿》卷3第36页）

玉麦，植于园中，类芦而矮，节间生包，有絮有衣。实如黄豆大，其色黄黑红不一，一株二三包不等。（道光《云南通

志稿》卷69《曲靖府》第37页）

包谷，《镇雄州志》：汉夷贫民率其妇子垦开荒山，广种济食，一名玉秫。（道光《云南通志稿》卷70《昭通府》第38页）

御麦，《蒙化府志》：穗长而粒大，面微黄。红须麦，《蒙化府志》：有五色，须长，花开于顶，子结于幹，五六月方熟。（道光《云南通志稿》卷70《蒙化直隶厅》第40页）

包麦，亦曰乌麦，《通志》又谓之玉麦。类甘蔗而矮，节间生包，有絮有衣，实如黄豆大，其色黄黑红不一，每株二三包不等，可饲豕，亦可酿酒。（楚雄旧志全书"姚安卷上"光绪《姚州志》卷3第560页）

梁属①：高粱即秫，一名蜀黍、包谷，汉夷贫民率其妇子开垦荒山，广种济食，一名玉秫。（光绪《镇雄州志》卷5第54页）

包谷麦，一名玉秫，一名玉蜀。（民国《宜良县志》卷4第21页）

按：包谷即玉蜀黍，一名玉高粱，以其类于高粱也。李时珍曰：玉蜀黍，种出西土，其苗叶俱似蜀黍，而肥矮亦似薏苡，六七月开花，成穗如秕麦状，苗心别出一苞，如棕鱼形。苞上出白须，缕缕下垂。久则苞拆子出，颗颗攒簇，子亦如大棕子，黄白色，可煠炒食之。炒拆白花，如炒拆糯米之状。近年来，各处遍种此物。时珍之说，确矣，然未尽其状。其茎如蔗，高七八尺，每于节叶间出一苞，如冬笋然，绿箨数重裹之。箨似竹而软，中有胎如荚笋，根大末锐，其格如蚕房子，在柜中，居然蛹也。平铺密缀，如编珠然。初含浆，渐实渐老，或黄、或白、或紫、或赤，五色相鲜。箨之颠吐须，如丝如发，色紫绛。每茎或四五苞，或二三苞，茎之顶有穗，正似薏苡。其穗焦枯，其子始熟，摘下而剥取之，可煮熟而食。农家于青黄不接之际，此物先出，采而食之，俟新谷登场，无虑腹之枵也。且不须炊爨釜甑之劳，其取携尤为甚便。及其老

---

① 昭通旧志汇编本为1238页。下同，不再出校。

也，或连苞皮悬之，或扑打成粒而贮之。欲为面，将炒拆白花，乘燥磨之，即成细面，或用温水浴软，入磨碾去皮，然后碾为细面，为糕为饼，任便造食。欲为饭，将水淘洗，入磨辗碎成米，筛去其皮，可炊作饭。或采取时，连苞煮熟，将其子晒干收藏。用时入碓舂去其皮，炊饭尤香。又可熬之为饴，酿以为酒，其适用，殆不异于谷麦。平田、平地固可栽种，即高山峻岭，即莘确斥卤，皆可种植。其法每锄地一坎，下子数粒，即以肥土掩之。但有土可受锄者，即可种。俟其苗苗二三寸，即铲一次。铲其四旁之草土，可以壅护其根。铲一次，多结一苞；铲至三次，可结五苞。若雨泽调匀，更浇以肥粪，则苞实尤饱满。市卖之价与谷麦等，而种植之功较谷麦为易。然则天之所以养人者，固自不乏矣！玉米，诸书未见其名，惟《群芳谱》载"扫帚鸡冠"近之。初生类苋，撷而为蔬，茹味亦似苋。其茎似灰藿，而叶如蕹菜。渐高至七八尺，其穗如黍而多一茎，可数十穗，垂垂向下。其籽似黍而芒短，子似稷，或黄或紫。又有"金丝"者，其穗长二尺许，黄者为多。深秋，园圃之间，其色甚丽。刈而扑之，其颗粒甚细。可煮为饭，若鱼子状。碾为面，与糯米同，故列于"谷之属"。（楚雄旧志全书"大姚卷上"道光《大姚县志》卷6第170页）

黍稷属：《李通志》二：黄黍、芦粟。《管志》二，同上。《王志》二，同上。《甘志》增一：包麦，亦曰乌麦，《通志》又谓之玉麦，类甘蔗而矮，节间生包，有絮有衣，实如黄豆大，其色黄黑红不一，每株二三包不等，可饲豕，亦可酿酒^{谨按：包麦即玉蜀黍，分糯、粳两种，或以黄白、黑、红等色为名，人亦可食，兼可造糖}增补三：玉米即稷，有黑玉米、白玉米二种，高粱一种，稷之粘者可以酿酒。（楚雄旧志全书"姚安卷下"民国《姚安县志》卷44第1657页）

十四《农业》：包谷于四五月点地中或山坡上，俟其苗长渐长，除二次草或施肥一次，亦有不施肥者，至八月成熟，贫民即采取而食，渐次收获，其蒿杆用代柴薪。高粱、黄豆、老鼠豆等，其种植地亩、收获时期均与包谷同。至其用途，包谷可供人畜食料，黄豆可作酱料及食料，高粱用以造酒，老鼠豆

可作饲畜之用，其蒿杆均可作燃料。（楚雄旧志全书"武定卷"民国《武定县地志》第 450 页）

苞谷之属，一名玉麦，陆地山坡均产之。脉属平行，顶上出天花，杆（秆）如甘蔗，上有叶壳包之，戴红帽，每缨一丝成谷粒一苞。大者约四百余颗。春种秋收，煞（熬）糖、煮酒、磨粉等用。其类有黄、白、红、乌、花、金丝等色。以性质言，亦分秔糯；以时期言，亦有早晚。昭之粮食，此其最大宗也。（昭通旧志汇编本民国《昭通志稿》卷 9 第 259 页）

玉蜀黍：玉蜀黍除极寒之高地不宜种植，产量颇少外，凡寒温热各地段俱普遍种植，产量超过于稻。其种可分为黄红白花四种，以黄者为最多，白次之，红又次之，花最少，几成为农家之主要食粮，亦间有用作酿酒煮糖者。（昭通旧志汇编本民国《巧家县志稿》卷 6 第 671 页）

玉蜀黍，俗名苞谷，有白黄二色，均有硬糯二种。糯者子小不成行列，硬者子大成行列。各区产额极多，农民食同正粮，酿酒尤获利。（昭通旧志汇编本民国《绥江县县志》卷 3 第 903 页）

玉蜀黍，一名包谷、玉秫或玉麦，产量极多，为盐津县粮食中之主要品。性有粳、糯，然糯亦不常见。色分黄白红花等种，黄最多，白次之，红、花最少，在津境内随地皆产。除供作饭食用外，以之熬糖、酿酒或饲畜，有余则运销于川地。种时宜计算时节之早迟，出蕙（穗）放苞是否在三伏之中，预避旱潦。宜深耕而多沟渠，选用优良品种，庶少欠收也。（昭通旧志汇编本民国《盐津县志》卷 8 第 1759 页）

六、菽之属

综述

菽之属十二：蚕豆（即《诗》所谓戎菽也）、黄豆、狮子豆、赤豆、绿豆、茶褐豆、羊眼豆、羊角豆、鸦眼豆、蟹眼豆、湾豆、改（饭）豆。（嘉靖《大理府志》第70页）

豆之属八：蚕豆、黄豆、红豆、黑豆、架豆、湾豆、青皮豆、褐豆。（万历《赵州志》卷1第25页）

菽之属十：蚕豆、饭豆、羊眼豆、小黑豆、大黑豆、黄豆、白豆、红豆、菉豆、豌豆。（万历《云南通志》卷2《云南府》第13页）

菽之属十二：蚕豆、黄豆、狮子豆、赤豆、菉豆、茶褐豆、羊眼豆、牛眼豆、鸦眼豆、蠏眼豆、湾豆、饭豆。（万历《云南通志》卷2《大理府》第33页）

菽之属十二：黄豆、黑豆、红豆、绿豆、青豆、饭豆、鼠豆、蚕豆、茶豆、褐豆、弯豆、匾豆。（万历《云南通志》卷2《临安府》第54页）

菽之属十三：蚕豆、花豆、羊眼豆、红豆、匾豆、黑豆、黄豆、菉豆、赤饭豆、弯豆、马料豆、芜①豆、响豆。（万历《云南通志》卷2《永昌府》第67页）

---

① 芜　　天启《滇志》卷三《永昌府》作"莞"。

菽之属九：蚕豆、黄豆、赤豆、白豆、黑豆、青豆、菉豆、紫豆、湾豆。（万历《云南通志》卷3《楚雄府》第8页）

菽之属八：黄豆、黑豆、红豆、菉豆、饭豆、菀、南豆、白豆。（万历《云南通志》卷3《曲靖府》第15页）

菽之属十二：南豆、黄豆、青豆、红豆、饭豆、豌豆、鼠豆、羊眼豆、虎皮豆、扁豆、豇豆、湾豆。（万历《云南通志》卷3《蒙化府》第28页）

菽之属九：蚕豆、黄豆、马豆、黑豆、弯豆、鼠豆、菉豆、红豆、饭豆。（万历《云南通志》卷3《澄江府》第22页）

菽之属十二：蚕豆、豌豆、红豆、青豆、菉豆、黑豆、花豆、茶褐豆、匾豆、江豆、饭豆、刀豆。（万历《云南通志》卷3《鹤庆府》第36页）

菽之属五：胡豆、黑豆、黄豆、饭豆、红豆、豌豆。（万历《云南通志》卷3《姚安府》第46页）

菽之属四：黄豆、赤豆、黑豆、南豆。（万历《云南通志》卷4《寻甸府》第4页）

荳之属二：蚕豆、饭豆。（万历《云南通志》卷4《武定府》第9页）

菽之属六：蚕豆、黄豆、赤豆、菉豆、湾豆、赤豆。（万历《云南通志》卷4《景东府》第12页）

菽之属四：赤豆、黄豆、菉豆、黑豆。（万历《云南通志》卷4《元江府》第15页）

菽之属六：蚕豆、黄豆、赤豆、菉豆、湾豆、鹊豆。（万历《云南通志》卷4《顺宁州》第24页）

菽之属十：蚕豆、黑豆、红豆、饭豆、菉豆、青皮豆、黄豆、羊眼豆、茶豆、豌豆。（万历《云南通志》卷4《北胜州》第33页）

菽之属四：南豆、黑豆、黄豆、豌豆。（万历《云南通志》卷4《新化州》第35页）

菽之属四：黑豆、菉豆、黄豆、南豆。（万历《云南通志》卷4《者乐甸长官司》第37页）

菽有蚕、饭、羊眼、黑、黄、白、红、菉、豌、茶、褐、青皮、鼠，皆曰豆。（天启《滇志》卷3《云南府》第112页）

菽曰狮子、蟹眼。（天启《滇志》卷3《大理府》第114页）

尧豆、响豆而外，无不同。（天启《滇志》卷3《永昌府》第115页）

菽之类，有紫豆。（天启《滇志》卷3《楚雄府》第116页）

菽之羊目、虎皮。（天启《滇志》卷3《蒙化府》第117页）

豆曰花豆，曰刀豆。（天启《滇志》卷3《鹤庆府》第117页）

菽凡六。（天启《滇志》卷3《广西府》第118页）

己卯正月二十二日……所谓罗川也，向自山顶西望，翠色袭人者即此，皆麦与蚕豆也。（《徐霞客游记·滇游日记六》第943页）

己卯三月二十一日……过一村，即药师寺也，遂停杖其中。其僧名性严，坐余小阁上，摘蚕豆为饷。（《徐霞客游记·滇游日记八》第1024页）

己卯三月二十五日……八里，则温泉当平畴之中，前门后阁，西厢为官房，东厢则浴池在焉。池二方，各为一舍，南男北女。门有卖浆者，不比他池在荒野者。乃就其前买豌豆，煮豆炊饭。（《徐霞客游记·滇游日记八》第1033页）

有黄豆、白豆、红豆、饭豆、菉豆、豌豆、羊眼、茶褐、青皮、大豆黑、小黑数种。《益部方物略记》有佛豆，秋种春敛，即蚕豆也 。（康熙《云南通志》卷12《通省》第224页）

戎豆 《尔雅》：秬豆，苗似小豆，紫花，可为面，生朱提。检藟曰：秬豆即蚕豆，蜀人呼为胡豆，一名戎豆，春秋齐侯来献。《戎捷传》曰：戎，菽也。即此。《管子》曰：北伐山戎，出冬葱、戎菽，布之天下，中国有戎菽，自齐桓伐山戎始。而滇有戎豆，则《尔雅》已称之。（康熙《云南通志》卷

30 第 873 页）

菽之属：蚕豆、黄豆、饭豆、菉豆、虎皮豆、羊眼豆、白小豆、黑小豆、黄花豆、青皮豆、豌豆、早豆、百日豆、大绿豆、马豆、豇豆、扁豆、京豆。（康熙《新兴州志》卷5第31页）

豆有黄豆、白豆、红豆、菉豆、豌豆、羊眼、茶褐、青皮、大黑、小黑数种《益部方物略记》有佛豆，秋种春敛，即蚕豆也。（康熙《元江府志》卷1第663页）

菽之属：南豆、黑豆、黄豆、豌豆、马豆、菉豆、红豆、饭豆、豇豆、架豆、百日豆、老鼠豆。（康熙《澄江府志》卷10第5页）

豆之属十种。（康熙《平彝县志》卷3第96页）

蚕豆、菉豆、红豆、扁豆、豌豆。（康熙《鹤庆府志》卷12第24页）

菽：黄豆、饭豆、豌豆、青豆、羊眼豆、茶合豆、白豆、蚕豆、小黑豆、绿豆。（康熙《顺宁府志》卷1第28页）

菽：蚕豆形类蚕，又名南豆，花开面向南也、豌豆、黄豆、白豆较黄为小、黑豆大小二种、羊眼豆、茶褐豆黄黑也、青皮豆早熟、红豆大小二种、饭豆和饭、马豆食，其苗子小不可即苜蓿。（康熙《蒙化府志》卷1第38页）

豆：黄豆、白豆、红豆、饭豆、菉豆、豌豆、青豆、鼠豆、蚕豆、刀豆、褐豆、豇豆、靴豆、方豆、寸金豆、四季豆。（雍正《建水州志》卷2第6页）

豆之属：南豆、黄豆、青豆、红豆、黑豆、白豆、菉豆、豌豆、豇豆、扁豆、四季豆、茶褐豆、老鼠豆、羊眼。（乾隆《弥勒州志》卷23第114页）

黄大豆、菉豆产可柯村、米粮坝、壁谷坝等处、青豆、黑豆、南豆熟极迟，二三月糶者皆自外郡来、稬豆、豌豆、刀豆、豇豆近城园圃中种之、四季豆、红饭豆、白饭豆。（乾隆《东川府志》卷18第1页）

菽：蚕豆、黄豆、赤豆、青豆、黑豆、白豆、豌豆、豇

豆、架豆、虎皮豆、羊眼豆、寸金豆。（乾隆《陆凉州志》卷2第26页）

菽属：蚕豆、黄豆、菉豆、饭豆、虎皮豆、羊眼豆、小白豆、小黑豆、黄花豆、青皮豆、豌豆、大菉豆、马豆、豇豆、白扁豆、京豆、刀豆、靴豆、跤豆。（乾隆《开化府志》卷4第28页）

菽属：蚕豆、宛豆、红豆、青豆、菉豆、黑豆、花豆、匾豆、豇豆、饭豆。（乾隆《河西县志》卷1第128页）

菽之属：有黑豆、小黑豆_{一名}驴豆、黄豆、白豆_{一名}饭豆、菉豆、赤小豆_{一名赤豆，一名红饭豆，俗名老鼠豆}、豌豆_{一名胡豆，一名戎菽}、蚕豆_{一名南豆。北人以为蔬，南人食之坯于麦，土肥年丰，则有豆麦双收之庆，故名列之于菽属}。附野豌豆_{食之则肥，一名翘摇，俗呼马豆，马与戎菽等}。（乾隆《黎县旧志》第12页）

菽_{有黄豆、菉豆、红豆、黑豆、豌豆、蚕豆五种。}（乾隆《丽江府志略》卷下第39页）

《尔雅·释草》凡粢稷、众秫、荏菽、虋、芑、秬、秠、秫稻，与夫瓜、蔬，尽著明之，不分谷、蔬也。《范志》既混木与草而合志，微见蔬于志草后，竟遗谷。今粤西稻米，冠于两广，广东采买，全仰广西，岂可遗而不志之？又荏菽，郭注以为胡豆，今蚕豆也。凡夏收为夏乏，他省夏乏但言麦、菜，滇不言菜而言豆，曰豆麦。豆麦败则荒，豆收倍于麦，故以豆为重，始则连荚而烹以为菜，继则杂米为炊以当饭，干则洗之以为粉，故蚕豆粉条，明澈轻缩，杂之燕窝汤中，几不复辨。豌豆亦蚕豆之类，可洗粉，滇人兼食其蔓，名豌豆菜。二豆南方各省俱有，而滇重豆、麦，故郑重志之。（《滇海虞衡志》第285页）

豆，有黄豆、白豆、菉豆、饭豆、红豆、豌豆、羊眼、茶褐、青皮、大黑、小黑、蚕豆数种。案：宋祁《益部方物略记》：佛豆秋种春敛，即蚕豆也。（道光《昆明县志》卷2第1页）

菽属：南豆、黑豆、黄豆、豌豆、马豆、菉豆、红豆、豇豆、架豆_{即扁豆}、刀豆_{青红}、饭豆。（道光《广南府志》卷3第1

页）

菽之属：南豆、黑豆、黄豆、豌豆、马豆、菉豆、红谷、饭豆、老鼠豆、豇豆、架豆、百日豆。（道光《澄江府志》卷10第5页）

豆，宋祁《益部方物略记》：佛豆，秋种春敛。旧《云南通志》：佛豆，即蚕豆也。豆有黄豆、白豆、红豆、菉豆、饭豆、豌豆、羊眼、茶褐、青皮、大黑、小黑、蚕豆数种^{檀萃《滇海虞衡}志：："滇以豆为重，始则连荚而烹以为菜，继则杂米为炊以当饭，乾则洗之以为粉，故蚕豆粉条，明彻轻缩，杂之燕窝汤中，几不复辨。豌豆，亦蚕豆之类，可洗粉，滇人兼食其蔓，名豌豆菜。"王世懋《学圃杂疏》："蚕豆，初熟甘香，种自云南来者，绝大而佳。"（道光《云南通志稿》卷67《通省》第1页）

虎皮豆，《云南府志》：出禄丰县。《宜良县志》：出宜良。老鼠豆、乌嘴豆，《宜良县志》：出宜良。蚂蝗豆，《易门县志》：出易门。（道光《云南通志稿》卷69《云南府》第1页）

豆，《南宁县志》：麻札眼，似饭豆小而稍长。饭豆，有红、白、绿三种，植之陆地。蚕豆、豌豆，惟腴田始可种。豇豆、扁豆、京豆三种，名色颇多，俱植园中。（道光《云南通志稿》卷69《曲靖府》第37页）

《广西府志》物产，豆之属：南豆、湾豆、架豆、靴豆、老鼠豆、黄花豆、白、旱豆、羊眼豆、寸金豆。（道光《云南通志稿》卷70《广西直隶州》第45页）

豆，有黄豆、白豆、饭豆、豌豆、羊眼、青皮、大黑、小黑、蚕豆数种^{《益部方物略记》：佛豆}_{秋种春敛，即蚕豆也。}（咸丰《南宁县志》卷4第10页）

豆^{有黄、白、菉、红、豌、蚕、}_{豇、饭、扁、刀数种。}（光绪《永昌府志》卷22第1页）

豆，采访：有黄豆、菉豆、豌豆、饭豆、蚕豆、黑豆、茶褐豆、荚豆、羊眼豆、青豆。（光绪《续修顺宁府志》卷13第2页）

豆^{有黄豆、白豆、红豆、菉豆、大黑豆、小黑豆、饭豆、豌豆、蚕豆、豇豆、扁豆、}_{刀豆、羊眼豆、茶褐豆、老鼠豆、青皮豆、虎皮豆、乌嘴豆十数种。按宋祁《益}

部方物略记》：佛豆，秋种春敛。旧《云南通志》：佛豆，即蚕豆也。檀萃《滇海虞衡志》：滇以豆为重，始则连荚而烹以为菜，继则杂米为炊以当饭，乾则洗之以为粉。故蚕豆粉条明彻轻缒，杂之燕窝汤中，几不复辨。豌豆，亦蚕豆之类，可洗粉。滇人兼食其蔓，名豌豆菜。王世懋《学圃杂疏》：蚕豆，初熟甘香，种来自云南者，绝大而佳。（民国《宜良县志》卷4第21页）

豆：黄豆、蚕豆、饭豆、红豆、菉豆、黑豆、架豆、刀豆、豇豆、豌豆。（民国《路南县志》卷1第49页）

《云南路南县调查输出货物表》豆粉：输出蒙自县四千四百斤，临安县八千三百斤，共计二万二千七百斤。每百斤平均四元五角。（民国《路南县志》卷1第55页）

菽属十九[1]类：蚕豆、黄豆、菉豆、饭豆、虎皮豆、羊眼豆、小白豆、小黑豆、黄花豆、青皮豆、碗豆、大菉豆、马豆、豇豆、白扁豆、京豆、刀豆、靴豆、陵豆、树豆。（民国《马关县志》卷10第3页）

（豆）饭豆、黄豆、黑豆、绿豆、扁豆、红豆、白豆、茶褐豆、豌豆、老鼠豆、蚕豆、豇豆。（民国《邱北县志》册3第12页）

豆类有黄豆、菜豆、黑豆、豌豆、□豆、扁豆、蚕豆、□豆、四季豆。（民国《富州县志》第十二第75页）

蚕豆、碗豆、大豆、鸡碗豆、菉豆、饭豆、扁豆、四季豆、黑豆。（《宁蒗见闻录》第2篇第65页）

豆其品十四：黄、红蚕、赤、白蚕、龙眼、鸭卵、青、紫、蟊斯、扁、牛皮、黑、绿、豌。（楚雄旧志全书"楚雄卷上"隆庆《楚雄府志》卷2第35页）

豆品：黄豆、青豆、赤豆、白豆、黑豆、绿豆、蚕豆、豌豆。（楚雄旧志全书"楚雄卷上"康熙《楚雄府志》卷1第193页）

豆品：黄、青、白、黑、菜、蚕、豌、黍俗呼高粱。（楚雄旧志全书"双柏卷"康熙《南安州志》卷1第13页）

豆品：黄豆、青豆、白豆、黑豆、豌豆、蚕豆。（楚雄旧

---

① 十九　按文意为二十。

志全书"双柏卷"乾隆《碌嘉志书草本》第 106 页）

豆：黄豆、白豆、红豆、黑豆、青皮豆、豇豆、橡豆、扁豆^{留根，明}年重生、绿豆、饭豆、豌豆、蚕豆^{秋种春收即蚕豆也}。（楚雄旧志全书"牟定卷"道光《定远县志》第 243 页）

豆品：黄豆、赤豆、白豆、黑豆、菉豆、蚕豆、豌豆。（楚雄旧志全书"南华卷"康熙《镇南州志》卷 1 第 14 页）

黄豆^{赤豆、黑豆、菉豆、白豆、蚕豆、豇豆、扁豆、小豆、青皮豆、芝麻}。（楚雄旧志全书"南华卷"咸丰《镇南州志》第 129 页）

黄豆、赤豆、黑豆^{大小二种，州境所产，惟小者}、绿豆、白豆、蚕豆、豌豆、白稊豆、大稊豆^{苗叶皆似白稊豆，实扁而大，味甜，生青，干微红，荚较厚，味苦，不中食，俗呼荷包豆}、饭豆^{俗呼小豆}、青皮豆。（楚雄旧志全书"南华卷"光绪《镇南州志略》卷 4 第 355 页）

豆^{有黄赤黑绿白花五六种}、蚕豆、豇豆、豌豆、白扁豆、大扁豆^{俗呼荷包豆}、青皮豆、饭豆。（楚雄旧志全书"南华卷"民国《镇南县志》卷 7 第 634 页）

菽之属：胡豆、黑豆、黄豆、蚕豆、饭豆、红豆、豌豆。（楚雄旧志全书"姚安卷上"康熙《姚州志》卷 2 第 36 页）

菽之属：胡豆、黑豆、黄豆、蚕豆、饭豆、红豆、豌豆。（楚雄旧志全书"姚安卷上"道光《姚州志》卷 1 第 241 页）

菽之属：旧《志》七种：胡豆、黑豆、黄豆、蚕豆、饭豆、红豆、豌豆。增补七种：早白豆，早熟色白。壁虱豆，形似壁虱。松子豆，形似海松子。青皮豆，色青。七十日豆，种七十日即熟。一窝蜂豆，实密而黄小。料豆，可生芽作蔬。^{以上七种皆黄豆之属}（楚雄旧志全书"姚安卷上"光绪《姚州志》卷 3 第 561 页）

菽属：《李通志》六：胡豆、黑豆、黄豆、饭豆、红豆、豌豆。《管志》增一：蚕豆。《王志》七，同上。^{谨按：《滇海虞衡志》：滇以豆为重，始则连荚而烹以为菜，继则杂米为炊以当饭，乾则洗之以为粉，明彻轻缩，杂之燕窝汤中，几不复辨。豌豆亦蚕豆之类，可洗粉，滇人兼食其蔓，名豌豆菜}《甘志》增七：早百豆，早熟色白。壁虱豆，形似壁虱。松子豆，形似海松子。青皮豆，色青。七十日豆，种七十日即熟。一窝蜂豆，实密而黄小。料豆，可生芽作蔬。均黄豆属。增补九：大黑豆，形大；小黑豆，形小。羊眼豆，形圆，均黑豆属。大白豆，形大色白。绿豆，形小色绿，均蚕豆属。麻豌豆、白豌豆、菜豌豆，均豌豆属。绿小豆，黄豆属，可生豆芽_{谨按：绿豆生芽较料豆生者白嫩甘芳}。（楚雄旧志全书"姚安卷下"民国《姚安县志》卷44第1656页）

菽之属①：旧《志》七种：南豆、黄豆、黑豆、细黑豆、青皮豆、赤小豆、蚕豆。新增九种：豌豆、料豆、匾豆、架豆、小绿豆、蚂蚱豆、小饭豆、四楞豆、豇豆。（楚雄旧志全书"大姚卷上"光绪《续修白盐井志》卷3第660页）

第二十课《绿豆》：绿豆叶尖茎圆，高二尺许，荚生枝叶间，内分五房，子形如猪腰（肾），性寒，食之可除烦热，若磨成粉面以饲初眠蚕，可解热毒，且丝多而坚润有光。（楚雄旧志全书"元谋卷"光绪《元谋县乡土志》修订本卷下第399页）

菽属：菽，豆总名也，春秋霣霜，□菽。谷以菽名者，为黄豆、绿豆，为青豆，赤、白、黑豆，为蚕豆，为豌豆。（楚雄旧志全书"禄丰卷上"康熙《广通县志》卷1第390页）

菽属：青皮豆_{大小三种}、白毛豆_{大小三种}、牛皮豆_{大小三种}、豌豆_{大小三种}、扁豆_{黑白二种}、四季豆_{俗名竞豆红白二种}、蚕豆_{大小二种}。（光绪《镇雄州志》卷5第54页）

菽类：青皮豆（大小三种）、虎皮豆、猓猡豆（包杂而小）、黄饭豆、白日豆（俗名羊毛豆）、红饭豆、白饭豆（俗名老鼠豆）、绿饭豆、马豆（细小如麻实）、爬山豆（俗名和尚阴）、南豆、扁豆、豇豆、豌豆、四季豆。（昭通旧志汇编本乾隆《恩安县志稿》卷3第36页）

① 此条，楚雄旧志全书"大姚卷下"民国《盐丰县志》卷4第1158页同，不再辑录。

菽之属，种类甚多，有大豆，可以榨油，造酱，发豆牙（芽），磨豆浆，制豆花、豆腐、豆干、豆腐皮、豆油筋，又制臭豆腐、卤豆腐等食品之用。黄豆，形圆，色黄。大白豆，颗粒大，皮色白。绿皮豆，小而皮绿。大黑豆，大而色黑。小黑豆，小圆，色黑。松子豆，苍色，粒如松子。茶豆，红褐色，小而圆。饭豆，产山地，常食，及洗沙、磨纷（粉）制粉条等用。绿豆，皮红绿，亦作菜。白豆，小豆之白者。红豆，皮红色。百日豆，俗名羊毛豆。老米豆，形长色褐。麻饭豆，外皮有黑花，其实亦黯色。小豆，赤色有黑点，入药用。地豇豆，荚长，双生，一名蜂蟆。白藊豆，俗名荚豆，形扁，芽黑，入药。刀豆，一名铗剑豆，以荚形命名也。四季豆，四十日可食，圆长，有白花。羊眼豆，花纹黑白色相间。白四季豆，形圆而长，色白。洋四季豆，子粒稍大，荚属硬壳。洋眼豆，红色，圆而稍大。蚕豆，一名胡豆，又名南豆，荚如老蚕，蝴蝶花冠有龙骨瓣。豌豆，有菜豌、麻豌、白豌三种，花有紫、白二色，菜豌嫩时可连壳食之，花如蝴蝶，美丽可爱。菜红豆，形如四季豆，绿壳红米。荷包豆，形如荷包，故名。羊角豆，形如羊角，故名。马豌豆，产豆麦田，专以饲马。爬山虎，一名和尚阴。猫儿灰，其形如猫之灰色，亦黄豆之异状者。（昭通旧志汇编本民国《昭通志稿》卷9第260页）

黄大豆、菉豆、青豆、黑豆、豌豆、豇豆、扁豆、刀豆、四季豆、红小豆^{俗名饭豆}、白小豆、龙爪豆、蚕豆^{《益部方物略记》佛豆，秋种至春敛，即蚕豆也。}（昭通旧志汇编本嘉庆《永善县志略》卷1第751页）

《辨谷》：……豆分大豆、菉小豆、赤小豆、蚕豆、豌豆、干豆、扁豆^{土名呼为大四季豆}、刀豆^{土名为刀板豆}、四季豆等九种。大豆以色分，可列为黄、黑、绿、花四类，以黄豆出产最多，绿豆次之，黑豆又次之，花豆最少。皆专供磨制豆腐之用，无用以榨油者。菉小豆、赤小豆俱用以作蔬食或洗沙^{煮烂后用手搓洗，俟沉淀后取得淀粉，即呼为洗沙}，作糖食包心之用，价较其他豆类为贵。蚕豆、豌豆俱供菜食，或有用作制粉者。干豆、扁豆、刀豆产量最少。干豆荚嫩时可食。

扁豆惟其种籽可食。刀豆荚嫩时可腌食。四季豆出产与大豆相埒，以色分之，可别为花、白、红三种，以花者为最多，肉壳者荚嫩时可食，种籽俱供食用，间有取其白者磨面代皂，用于洗濯者，故又有呼为澡豆。（昭通旧志汇编本民国《巧家县志稿》卷6第672页）

菽有蚕豆、豌豆、黄豆、米豆、巴山豆、龙爪豆等。（昭通旧志汇编本民国《绥江县县志》卷3第903页）

豆：豆类为重要杂粮，用途极广。种植多渗插包谷作物行中，或由塍土坎隙地俱宜，足补稻与包谷之民食。兹将盐津豆类列表如后。大豆：黄豆、白水豆、黑豆、黄毛荚豆、绿蓝豆、茶豆，形俱为椭圆，颗粒相等，名色相符，惟六月爆与另一种黑豆粒稍小。以上各豆浸水磨细，煮熟滤去滓成豆浆，浆遇冷风或加以扇，待浆面起皮，揭取为豆油皮，裹之则为豆筋。又豆浆加盐井产之卤水或石羔（膏），则凝为豆腐，并可为豆豉（豉）、酱油、酱豆腐干等之用。叶可饲畜，茎可作薪，豆之用途极广。小豆：菉豆，粒小形圆，间有红黄色，芽可作蔬菜。巴山豆，形长圆，色黄红二种。猴儿豆，粒稍大，形如腰，色白棕，有麻点。米豆，粒小，色黯白，可作糖。豇豆，粒长荚状，色红或黑白。以上各豆初夏种，浸水磨细，布滤其滓，沉淀为粉，可作粉条、朴面及烹调之用，煮熟磨烂淘滤下淀成洗沙，作饼饵之馅。胡（蚕）豆，粒大形扁圆，色淡绿或黄。豌豆，实形圆而小，种熟时同胡豆。此两种秋冬种，春间收获，老嫩俱供食，宜作酱或豆泥磨粉。叶可饲畜，茎可烧灰取卤碱，荚嫩可作蔬苗，味亦鲜，实磨粉或作粉条，性凉，热天最宜，渣可饲畜。（昭通旧志汇编本民国《盐津县志》卷8第1759页）

扁豆

扁豆，檀萃《滇海虞衡志》：《范志》谓茄冬不凋，明年

结实，而滇不独茄为然，扁豆亦能宿根，春即发花，二三月间，已有新扁豆。（道光《云南通志稿》卷 67《通省》第 14页）

扁豆，檀萃《滇海虞衡志》：扁豆亦能宿根，春即发花，二三月间，已有新扁豆。顺宁间有荷包豆，亦有南京豆、红豆。（光绪《续修顺宁府志》卷 13 第 5 页）

蚕豆

蚕豆，味甘，性温。开胃健脾，强精益智，多服则下气，眼热。（《滇南本草》第 445 页范本）

戎豆、柘榴：《尔雅》："秬豆，苗似小豆，紫花，可为面，生朱提。"《检蠹》曰："秬豆，即蚕豆。蜀人呼为胡豆，一名戎豆。《春秋》：'齐侯来献戎捷。'《传》曰：'戎，菽也。'即此。"《管子》曰："北伐山戎，出冬葱、戎菽，布之天下。"中国有戎菽，自齐桓伐山戎始，而滇有戎豆，则《尔雅》已称之。（天启《滇志》卷 32 第 1045 页）

《尔雅·释草》凡粱稷、众秫、荏菽、蘴、芑、秬、秠、稌稻，与夫瓜、蔬，尽著明之，不分谷、蔬也。《范志》既混木与草而合志，微见蔬于志草后，竟遗谷。今粤西稻米，冠于两广，广东采买，全仰广西，岂可遗而不志之？又荏菽，郭注以为胡豆，今蚕豆也。凡夏收为夏乏，他省夏乏但言麦、菜，滇不言菜而言豆，曰豆麦。豆麦败则荒，豆收倍于麦，故以豆为重。始则连荚而烹以为菜，继则杂米为炊以当饭，干则洗之以为粉，故蚕豆粉条，明澈轻缩，杂之燕窝汤中，几不复辨。豌豆亦蚕豆之类，可洗粉，滇人兼食其蔓，名豌豆菜。二豆南方各省俱有，而滇重豆、麦，故郑重志之。（《滇海虞衡志》第 285 页）

蚕豆，《蒙化府志》：形类蚕，又名南豆，花开面向南也。（道光《云南通志稿》卷 70《蒙化直隶厅》第 40 页）

蚕豆,《食物本草》始著录。《农书》谓蚕时熟,故名。滇南种于稻田,冬暖即熟,贫者食以代谷。……《益部方物记》有佛豆,粒甚大而坚,农夫不甚种,唯圃中蒔以为利。以盐渍煮食之,小儿所嗜。《云南通志》谓即蚕豆,岂宋时尚未遍播中原,宋景文至蜀始见之耶? 明时以种自云南来者绝大而佳,滇为佛国,名曰佛豆,其以此欤? 虽然滇无蚕,以佛纪,若江湖蚕乡,以为蚕候,则曰蚕宜。(《植物名实图考》谷类卷 1 第 20 页)

《新蚕豆》:在从前昆明城内,一过清明节后,便有村姑村妇,背着蚕豆角,穿街过巷,叫喊着在卖,此则每日能有一二百个妇女在卖此一物。价贱时,才卖五文两斤,乃至两文一斤。当此时,是任何一家的餐盘内无不有豆米,以其价廉而又适口也。异哉! 是时的蚕豆,在出产上,何其如此之盛。(《云南掌故》卷 16 第 520 页)

《昆明地区盛产蚕豆》:在种烟时代,农田中,春季不尽栽豆麦。但是,附近昆明之晋宁、呈贡、昆阳、宜良、富民等县俱盛产蚕豆,年各以万数个市石计。而蚕豆之消耗亦大极,就马料豆一项而论,在昆明市上,亦能日消二三市石,其他可以想象。所以当日的杂粮店内,无不用大围子堆着十石、八石待售,然不多日亦即消尽。所谓囤顿,是云有数十石之存积也。回忆往昔,可云是五谷丰登。(《云南掌故》卷 16 第 520 页)

刀豆

刀豆,味甘,〖性〗寒。治风寒湿气,〖利肠胃〗。烧灰,酒送下。子能健脾。(《滇南本草》第 440 页务本)

刀豆,《本草纲目》始收入谷部,谓即《酉阳杂俎》之挟剑豆,其荚醃以为茹,不任烹煮。(《植物名实图考》谷类卷 2 第 40 页)

红豆

红豆，补中理气，滋肾益神。蒸服，可治诸虚百损。（《滇南本草》第 438 页范本）

赤小豆，《本经》中品，古以为辟瘟良药，俗亦为馄沙馅，色黯而紫，医肆以相思子半红半黑者充之，殊误人病。（《植物名实图考》谷类卷 1 第 4 页）

金豆，旧《云南通志》：俗名红豆，又百日豆。宋祁《益州方物图》：海红豆，春开花，白色，结荚枝间，子如缀珠，似大红豆而扁，皮红肉白。（道光《云南通志稿》卷 67 《通省》第 14 页）

豇豆

豇豆，味〖甘〗平。治脾土虚弱，开胃健脾，久服令人白胖。根，捣烂敷疔疮。叶，治淋症。根、梗，烧灰调油搽破烂处，又能生肌长肉。（《滇南本草》第 449 页务本）

绿豆

菉豆，价廉于会城，其数迥别。（天启《滇志》卷 3 《武定府》第 118 页）

马豆

铁马豆，一名黄花马豆。〖味苦〗，性微寒。入肝胆二经，

主泻肝胆之火，治寒热往来，子午潮热。〖捣烂晒干，用醋调搽寒疝子肿，最效〗。（《滇南本草》第432页务本）

翘摇，即田蚕豆、大巢菜。味辛，性平。无毒。主治利五脏，明目聪耳，去热风，令人轻健。长食不厌，止暑疟，活血，平胃。捣汁服之，破血生肌，疗五种黄病最良。（《滇南本草》第447页范本）

别有马豆，或曰即蜀之巢菜，或曰即北方之苜蓿，惟澄江一郡于初芽时采为菜，余郡间有之，青时以饲马，故曰马豆。儿童就田间采其角，去其实，群吹有声，铿然相应。（天启《滇志》卷3《云南府》第112页）

翘摇，……滇中田野有之，俗称铁马豆。《滇本草》：治寒热来往肝劳，与古法治热疟、活血、明目同症。又有黄花者，名黄花山马豆。滇中草花，多非一色，唯形状不差耳。（《植物名实图考》蔬类卷4第91页）

马豆，《蒙化府志》：子小不可食，其苗即苜蓿。（道光《云南通志稿》卷70《蒙化直隶厅》第40页）

毛豆

毛豆，味平。治脾胃虚弱，小儿疳〖积〗。能开胃健脾。（《滇南本草》第436页务本）

南扁豆

南扁豆，味〖甘〗平，〖性微温〗。治脾胃虚弱，反胃冷吐，久泻不止，食积痞块，小儿疳〖积〗。〖解酒毒，调五脏〗；妇人吐酸，白带，烧酒炒黄为末，每服三钱开水下。叶，烧灰搽金疮脓血。根，治大肠下血痔漏冷淋。梗，治风痰迷窍，癫狂乱语，同硃砂为末姜汤下。（《滇南本草》第434页

务本)

藊豆,《别录》中品,即蛾眉豆,白藊豆入药用,余皆供蔬,或云:病疟者食之即发,盖即陶隐居所谓患寒热者不可食之义。(《植物名实图考》谷类卷1第9页)

豌豆

太和县,……戎菽,年前即采供蔬馔,土人谓之大莞豆。(《滇游记》第7页)

戎菽,陈鼎《滇黔纪游》:太和戎菽,年前即采供蔬馔,土人谓之大莞豆。(道光《云南通志稿》卷69《大理府》第10页)

野豌豆,生园圃中,田陇陂泽尤肥。结角长半寸许,豆可为粉,与薇一类而分大小。《野菜谱》谓之野菉豆。(《植物名实图考》蔬类卷4第90页)

七、菜茹之属

综述

菜属：青、白、苋、芹、茄、萝葡〔胡、红、白三种〕、芥、葱、韭、葫芦〔圆长二种〕、蒜、王瓜。（嘉靖《寻甸府志》卷上第32页）

菜茹之属三十八①：薑、蔓菁、芦菔、笋、豌豆菜、红芦菔、连花菜、高河菜、白玉芹菜、舌菜、麦兰菜、菘菜、甜菜、波菜、匾豆、紫石花菜、绿石花菜、树头菜、芥菜、白菜、苋菜、桐蒿菜、万年菜、莴苣菜、葱、韭、薤、蒜、刀豆、阳和菜、豆芽菜、狗杞菜、茴香菜、芫荽、茭白、虹（豇）豆、茄、瓠、蕨。（嘉靖《大理府志》第70页）

菜茹之属二十四②：薑、笋、葫芦、黄芦皮、麦兰、白菜、青菜、芹菜、树头菜、波菜、生菜、葱、韭、薤、蒜、白芦眼、豆菜、豆芽菜、枸杞菜、茴香、海菜、万年菜、茄、蕨、鱼高菜。（万历《赵州志》卷1第25页）

菜茹之属二十九：葱、韭、蕨、茴香、瓠、芥菜、白菜、苦荬、豌豆菜、薤、蒜、刀豆、刚豆、芫荽、生菜、菠菜、扁豆、芹菜、红芦菔、白芦菔、豆芽菜、滑菜、苋菜、黄芦菔、

---

① 三十八　按文意为三十九。
② 二十四　按文意为二十五。

83

桐蒿菜、茄、茭白、甜菜、麦兰菜。（万历《云南通志》卷 2《云南府》第 13 页）

菜茹之属十五：蔓菁、芦菔、笋、莲花菜、高河菜、白芹、麦兰、桐蒿菜、万年菜、莴苣菜、阳和菜、枸杞菜、芫荽、茭、蒴花菜。（万历《云南通志》卷 2《大理府》第 33 页）

菜茹之属二十三①：葱、韭、薤、蒜、芥、蕨、苋、芹、笋、波棱、薑、蕻菜、桐蒿、茴香、茄、瓠、红萝葡、白萝葡、黄萝葡、莴苣、白菜、豆、春不老、辣菜。（万历《云南通志》卷 2《临安府》第 54 页）

菜茹之属三十五：葱、韭、薤、蒜、芹、白、波、苔、甜、滑、春不老、茴香、茄、缅茄、刺桐、勺儿、鸭兰、石花、蕨、蕈、蔓菁、豆菜、莴苣、苦荬、苋、红萝葡、黄萝葡、白萝葡、花萝葡、薑、芫荽、黄连、芽菜子、秕子、伤春。（万历《云南通志》卷 2《永昌府》第 67 页）

菜茹之属二十一②：蕨、薇、葱、韭、蒜、薑、莴苣、茼蒿、波菜、滑菜、甜菜、芫荽菜、芹菜、芥菜、苋菜、竹笋、红萝卜、白萝卜、黄萝卜。（万历《云南通志》卷 3《楚雄府》第 8 页）

菜之属十五：苋、蕨、茄、葱、薤、蒜、菠、笋、薑、萝卜、胡（萝）卜、茼蒿、青菜、白菜、蔓菁。（万历《云南通志》卷 3《曲靖府》第 15 页）

菜茹之属十五：青菜、白菜、葫芦、豇豆、架豆、波菜、生菜、苋菜、茄子、葱、韭、蒜、芹菜、萝、茼蒿菜。（万历《云南通志》卷 3《澄江府》第 22 页）

菜茹之属十八③：芹、笋、麦蓝、龙须、刺桐、蕨、薑、菠稜、青菜、白菜、甜菜、滑菜、莱菔、韭、苋、蒜、茄、莴

---

① 二十三　按文意为二十四。
② 二十一　按文意为十九。
③ 十八　按文意为十九。

苣、葱。（万历《云南通志》卷3《蒙化府》第28页）

菜茹之属三十：苋、芹、芥、莴苣、石花、石饵、蔓菁、白菜、青菜、生菜、茼蒿、数珠、蕨菜、波菜、海菜、茨头、芫荽、葱、韭、茄、苤、瓠、蒜、红、白、黄萝卜、山蒜、山豆腐、竹笋、麦蓝菜。（万历《云南通志》卷3《鹤庆府》第36页）

菜茹之属十六：芥、菁、韭、苋、芹、茄、蒜、葱、蕨、笋、白菜、波菜、莴苣、葫芦、架豆、萝卜。（万历《云南通志》卷3《姚安府》第46页）

菜之属十四：青、白、苋、芹、茄、芥、葱、韭、蒜、波、参菜、葫芦、萝卜、树头菜。（万历《云南通志》卷4《寻甸府》第4页）

菜之属十：苋、葱、韭、蒜、笋、茄、蕨、芹、莳萝、树头菜。（万历《云南通志》卷4《武定府》第9页）

菜茹之属十八：笋、蕨、薑、茄、韭、薤、蒜、匏、芦菔、芹、葱、菘、波、麦兰、苋、树头、龙须菜、莴苣。（万历《云南通志》卷4《景东府》第12页）

菜茹之属十三：芹、芦菔、树头、茄、匏、薑、葱、蒜、苋、笋、蕨、芥菜、白菜。（万历《云南通志》卷4《元江府》第15页）

菜之属四：蔓菁、芦菔、青菜、白菜。（万历《云南通志》卷4《丽江府》第19页）

菜之属五：萝卜、青菜、芹、树头菜、白菜。（万历《云南通志》卷4《广南府》第21页）

菜茹之属十六：芦菔、白、芹、麦兰、菘、波、瓠、苋、笋、蕨、薑、葱、韭、薤、蒜、茄。（万历《云南通志》卷4《顺宁州》第24页）

菜之属三：蔓菁、萝卜、青菜。（万历《云南通志》卷4《永宁府》第28页）

菜茹之属六：笋、匏、芹、茄、菘、蕨。（万历《云南通志》卷4《镇沅府》第30页）

菜茹之属十九：青、白、菠、苋、芹菜、茄、葱、蒜、韭、葫芦、蔓菁、麦兰菜、甜菜、参菜、芫荽、竹笋、豆牙菜、豌豆菜、萝卜。（万历《云南通志》卷4《北胜州》第33页）

菜茹之属十：萝卜、苦菜、茄、葫芦、波、芹、苋、笋、蕨、白菜。（万历《云南通志》卷4《新化州》第35页）

菜之属五①：萝卜、苦菜、蕨菜、树头菜、芹、笋。（万历《云南通志》卷4《者乐甸长官司》第37页）

菜茹有葱、韭、蕨、芹、茴香、莳萝子、瓠、白芥、苦荚、薤、蒜、鱼芎、莼、豇豆、红白扁豆、芫荽、生菜、苦菜、菠棱、萝卜心_{有白，有赤，赤质而白，有自皮至心纯赤者}、滑苋、蕫蒿、茹香椿、麦蓝、甜菜。（天启《滇志》卷3《云南府》第112页）

蔬曰蔓菁、高河、白芹、万年、莴苣、阳和、枸杞、花菜、龙须、石花。（天启《滇志》卷3《大理府》第114页）

菜茹曰蕨、红黄萝卜、莴苣、春不老、辣菜、龙爪。（天启《滇志》卷3《临安府》第115页）

蔬之属，有曰缅茄_{云即省会之白茄}，又有勺儿菜、粑子。（天启《滇志》卷3《永昌府》第115页）

菜有滑菜。（天启《滇志》卷3《楚雄府》第116页）

曰香瓜、松菌，皆蔬属也。（天启《滇志》卷3《曲靖府》第116页）

瓜蔬之属，如番瓜、山薯，如藕、菱、甘露。（天启《滇志》卷3《澄江府》第117页）

菜之麦蓝、龙须、刺桐、莱菔、莴苣。（天启《滇志》卷3《蒙化府》第117页）

菜曰石花、石耳、蔓菁、数珠、茨头。（天启《滇志》卷3《鹤庆府》第117页）

圃之蔬十有四。（天启《滇志》卷3《广西府》第118

---

① 五　按文意为六。

页）

茹蔬之名一十有八，一为菘，又为龙须。（天启《滇志》卷3《景东府》第119页）

蔬属：薑、芥、韭、葱、芦菔^{有红白二种}^{又有胡萝卜}、白菜、青菜、莴苣、菠菜、茴香、蒜、苋、芹、苦荬、莙达、瓠^{大理云南县者佳，}^{长曰瓠，圆曰匏}、豇豆、扁豆、薤、薯蓣、芋、蕨、筍^{大理北}^{胜者佳}、茄^{永昌有}^{白茄}、蓴^{大理浪穹}^{者甚香美}、茼蒿、麦兰、葵筍、蒲筍。（康熙《云南通志》卷12《通省》第224页）

蔬之属：芹、韭、葱、蕨、山药、王瓜。（康熙《晋宁州志》卷1第14页）

菜部：青白菜、树头菜、黄花菜、芥菜、葱、韭、薤、蒜、茄、苋、芹^{有红}^白、茼蒿、笋、蕨、芋、姜、龙瓜豆、蚕豆、架豆、刀豆、碗豆、菠、回香、木姜子、豆芽、莴苣、王瓜、蓝芥、鸡㙡、瓠、莲、香蕈、木耳、冬瓜、西瓜、菜瓜、丝瓜、甜瓜、苦瓜、十棱瓜、青瓜、银瓜、金瓜、山药^二^种。（康熙《石屏州志》卷4第78页）

菜之属：香蕈、木耳、□菜、竹笋、□菜、芹菜、青菜、白菜、芥菜、葱、韭、蒜、石花菜、树头菜、羊乃菜、茼蒿、白花菜、茴香、鸡蓂、冻菌、芋头、菌子、山药、丝瓜、冬瓜、南瓜、苦瓜、香瓜、王瓜、金瓜、扁豆、豇豆、茄子、□子、蕨菜、葫芦、芦菔。（康熙《嵋峨县志》卷2）

菜部：青白菜、芥菜、葱、韭、薤、蒜、茄、苋、野芹、蕨、笋、芋、茨菰、架豆、刀豆、菀豆、菠菜、回香、豆芽、王瓜、鸡㙡、冬瓜、菜瓜、丝瓜、甜瓜、金瓜、山药^二^种、萝白^{红者}^佳、葫芦。（康熙《通海县志》卷4第17页）

蔬：白菜、苦菜、芋、蕨、南瓜、冬瓜、丝瓜、茄、扁豆、豇豆、瓠子、蔓青。（康熙《富民县志》第27页）

冬青菜^{出州西}^{关者佳}。（康熙《路南州志》卷2第36页）

菜之属：香蕈、木耳、白森、竹笋、生菜、芹菜、树头菜、甜菜、蕨菜、青菜、白菜、芥菜、葱、石花菜、瓮菜、韭、羊乃菜、蒜、茼蒿菜、茴香、冻菌、鸡㙡、芋头、山药、丝瓜、东瓜、南瓜、西瓜、苦瓜、香瓜、黄瓜、扁豆、豇豆、茄子、瓠子、葫芦。(康熙《新平县志》卷2第321页)

蔬之属:姜、芥、韭、葱、蘆菔即萝蔔,有红黄白三种、苋菜、青菜、菠菜、茴香、蒜、青蒜、白菜、豌豆菜、薤、茄、芋、红薯、莴苣、薯蓣、蕨、笋、茼蒿、生菜、荇菜、芹、甘露子、甜菜。(康熙《新兴州志》卷5第31页)

蔬之属十四种。(康熙《平彝县志》卷3第96页)

蔬部:芥、韭、白菜、芹、葱、莴苣、菠菜、茄、罗鬼菜、蕨、笋、南瓜、王瓜、瓠、豇豆、匾豆、京豆、蘿蔔、芋、苦瓜、茼蒿。(康熙《罗平州志》卷2第7页)

蔬属:姜、芥、韭、萝卜、白菜、青菜、窝苣、菠菜、茴香、蒜、苋、苦荬、瓠、莙荙、豇豆、扁豆、薤、薯蓣、芋、葱、蕨、竹笋、茄、蕈、筒蒿、麦兰、茭笋、蕺菜、芹。(康熙《元江府志》卷1第664页)

蔬之属:蘿蔔、青菜、白菜、葫蘆、东瓜、王瓜、丝瓜、茴香、芫荽、茭瓜、木耳、菠菜、生菜、苋菜、麦兰菜、茼蒿菜、树头菜、菌子、鸡㙡、南瓜、茄子、甘露子、竹笋、韭菜、芹菜、蒜、藕、葱、芥菜、土瓜、山药、红菜、苦瓜、芋头、荸荠、甘蔗。……(河阳县)蔬:麦兰菜、树头菜。(新兴州)蔬:姜、莴苣、荇菜、甜菜、十方瓜、苦瓜。(路南州)蔬:冬青叶。(江川县)蔬:蒲、蕨。(康熙《澄江府志》卷10第5、9页)

数珠菜生江中,形类念珠,因赞陀投念珠泄水,后江中即生此菜、石耳菜形如木耳,生感极清之气,久食延年、蔓菁大如杯盂,俗传诸葛行军所遗、黄芽韭菜、香荬、树头菜、瓯兰、白石菜麦蓝菜。(康熙《鹤庆府志》卷12第24页)

蔬属:姜、葱、韭、芥、薤、蒜、芹菜、白菜、青菜、菠菜、甜菜、滑菜、春不老、茴香、茄子有紫青白三种、刺桐菜一名春头、勺菜、麦兰菜惟麦地有之、蕨菜、海菜、豌豆菜、薯、芋、莴苣、萝蔔

88

有红白黄三种、苦荬、茼蒿、芫荽、窝笋、伤春菜（即辣菜）、黄连芽、苋菜、豇豆、扁豆、山药（有三种）、笋、茭瓜、油菜（子可为油）、荠菜、蕹菜。（康熙《永昌府志》卷10第1页）

蔬：薑、萝菔、东瓜、丝瓜、茄、白茄、芋、白菜、青菜、菠菜、茼蒿、莴苣、生菜、茴香、葱、黄瓜、韭、芹、苋、蒜、芫荽、薤、架豆、葫芦、豇豆、山药、笋、蕨、龙须菜、麦兰、蕌头、水花、树头、马齿苋、金针菜。（康熙《顺宁府志》卷1第28页）

蔬：薑（紫者为上，出漾濞）、蘿菔者甚大（色白者不一种，四时皆有，惟冬月又红黄二种，惟冬春有之）、白菜、青菜二种、菠菜、莙荙（俗名万年菜，烧灰可浣白衣）、茼蒿、莴苣、苦荬、生菜（有二种）、茴香、葱、韭、薤、蒜、芫荽、苋（有三种）、芹（水旱二种）、黄瓜、西瓜、冬瓜、青瓜、面瓜、丝瓜、苦瓜、刺黄瓜、葫芦、茄（有四种）、豇豆、扁豆（红白二种）、山药、薯蓣、芋、笋、蕨、龙须菜、麦兰、刺桐菜。（康熙《蒙化府志》卷1第38页）

蔬类：白菜、苦菜、南瓜、冬瓜、丝瓜、扁豆、芋、厥（蕨）、茄、豇豆、瓠子、蔓青。（雍正《富民县志》卷上第30页）

蔬属：蕻菜、树头菜、羊奶菜、攀枝花（即木棉）、鸡葼、树花菜。（雍正《阿迷州志》卷21第255页）

蔬：薑、芥、韭、葱、蒜、薤、蕨菜、芹菜、茄、芋、瓠、青菜、白菜、茴薌、茼蒿、蕻菜、辣菜、笋、豆菜、龙须菜、菠稜菜、红白黄蘿葡、窝苣、春不老、羊奶菜、树头菜。（雍正《建水州志》卷2第6页）

蔬之属：青菜、白菜、蘿葡（有红白黄三种）、蔓菁、菠菜、芥菜、苋菜（有红白二种）、葱、蒜、韭、薤、薑、笋、茄、蕨菜、茼蒿菜、麦蓝菜、羊奶菜、莴苣、小茴香、莺粟菜、豌豆菜、茭菜。（乾隆《弥勒州志》卷23第114页）

葱、蒜、韭、薤、芹、蕨、苋、茄、芋、蒜薹、青菜、白菜、红莱菔、茴香、芫荽、菠菜、瓠子、莴苣、茨菇、薯蓣、春不老、黄豆芽、菉豆芽、生菜、辣菜、茼蒿、劈蓝、芥菜、蕓苔、马蘭、蓼莪、苤碧、山药、树头菜、鸡肝菜、海菜、蔓菁、菌、冻菌、雞葼、香蕈、木耳、木把、栢生、丁香菇、石花菜。(乾隆《东川府志》卷18第1页)

蔬：薑、芥、韭、葱、蒜、薤、茄、芋、蕨、蓴、青菜、白菜、菠菜、苋菜、春不老、芹菜、茴香、苜蓿、萝葍有红白黄三种。(乾隆《陆凉州志》卷2第26页)

菜属：苋、芹、水芹、芥、蕨、菠、海菜。(乾隆《河西县志》卷1第128页)

蔬属：蔓菁俗名圆根，状似蘿葡，味微苦，大者如盘，宜播生土，夏种冬收，户户晒乾囤积，务足一岁之用。蒸糕、种粥外窶饔必需，惟广积之家，用以代料饲马、葱、韭、蒜、和尚蒜、蘿菔红黄白三种、白菜、青菜、芥菜、蕨菜、苋菜、野芹菜、菠菜、茴香、豆芽、莴苣、麦兰、豌豆、豇豆、山药、红蕡、菌、芋、西瓜、南瓜、王瓜、茄子、瓠子、瓢瓜、葫芦、复生菜即蔓菁再发芽，醃酸可久藏。(乾隆《丽江府志略》卷下第39页)

蔬异，云南之果无杨梅，菜无香芋，瓜无香瓜，余皆同他省，而蔬之属，间有他省所罕觌者。如树须，附产于深山松栌，形类苔，飘漾若美髯，樵人采以货，味淡而质脆滑，生拌可食。又，高轩盐井有池，产龙须，细如发，作棕色，味乃类海错。笋称澄江、永北两府为最多，产于四月，究未若江浙之饶。惟鸡足山所产，可卑天下，生于初秋，大可拱把，长逾尺，甜脆而有清香，多食不损脾，恨难远致耳。葦中有鸡葼，大者如捧盘，厚逾口蘑，初色黑，鲜妙无媲，蒙自县多产之。土人渍以盐，蒸存可耐久，余卤浮腻，别贮为葼油，或连卤蒸杵为葼酱，当事群珍之。余常干之以佐馔，虽稍逊台榆，而亦可奴婢诸天花矣。至水中似荇带者，呼为海叶，种小蘘为蘘香菜，他省虽不经见，然无大佳处，未若树须、龙须、香笋、鸡葼之绝伦超群也。(《滇南新语》第28页)

蔬属：薑、芥、韭、葱、椿有红白二种、蘿萄有红黄白三种、芸薹、苋菜有红白二种、青菜、芹菜、菠菜、羊奶菜、茴香、蒜、白菜、豌豆菜、薤、茄有红白二种、陇茄、芋、红薯、薯芋、莴苣、蕨、笋四季生、茼蒿、生菜、荇菜、荠菜、麦蓝菜、春不老、马蹄菜、鸭舌菜、芫荽、甘露子、甜菜、白花菜、九头芋出新现、蕺菜。（乾隆《开化府志》卷4第28页）

蔬属：山药、芋有紫红白三种、薯红白二种、瓜王瓜、南瓜、西瓜、白瓜、冬瓜、丝瓜、苦瓜、金瓜、青菜、白菜、芹、蕨、葱、韭、蒜、茄、萝蔔红黄白三种、茴香、莴苣、麦蘭、茼蒿、芥、薑、茨菰、生菜、芝麻菜、芫荽、蒜、笋、菌、鸡㙡、香蕈、木耳、白森。（乾隆《赵州志》卷3第56页）

其蔬则薑、芥、韭、葱、蒜大如拳者、蘆菔、莴苣、菠、苋、芹、茴香、茄、豌、薯、芋、薤、筍、荇、蕨、山药、豇、扁椒、蕈、木耳、鸡菱菌。（乾隆《腾越州志》卷3第27页）

菜部：青菜、白菜、独头菜、四叶菜、芹菜、慈菇、韭菜、葱、蒜、苋、芹有红白二种、茼蒿、笋、蕨、芋、龙爪菜、薑、蚕豆、架豆、刀豆、菀豆、菌、茴香、茄、芥菜、萝菔有红白黄三种、木薑子、莴苣、王瓜、麦兰、豆芽、瓠、鸡㙡、香蕈、木耳、白参、冬瓜、西瓜、菜瓜、丝瓜、甜瓜、苦瓜、香瓜、金瓜、银瓜、青瓜、十稜瓜、藕、菠菜、苜蓿、山药有象腿版二种、云海菜、麻竹李、树头菜。（乾隆《石屏州志》卷3第35页）

蔬之属：有薑、椒、番椒一名秦椒，俗名辣子、茴香、葱、韭、蒜、薤、芥、芹水旱二种、蓏莠、蘿菖红白二种、附黄蘿蔔一名蒿蘿蔔、芸台菜俗呼油菜、麦兰菜、山药有山、云板、象腿三种、蕏蕷红白二种、菠菜、白菜、青菜、生菜、薤菜同蒿、冬瓜、南瓜俗名麦瓜、黄瓜、菜瓜一名生瓜、丝瓜、苦瓜《诗》所谓"有敦瓜苦"者是也。北人以为果，谓之锦荔芰、癞葡萄，南人惟以为蔬耳、白土瓜、红土瓜、葫芦、瓠子、茄子、豇豆、藕豆一名茶豆、刀豆、地豆一名四季豆，有紫白二种、甘露子、蕌、荇、苦菜、蕨、薇、藜藿、芋亦名薯蕷，俗呼为玉头、藕、慈菇，此外有棠梨花、苦茨花、老鸦花、羊肚菜、羊奶菜、树头菜、苦树尖、草薢、棉花、菌、鸡㙡^{虽非蔬属，其实皆嘉蔬也。}（乾隆《黎县旧志》第 13 页）

滇南瓜蔬最早，冬腊开筵，陈新豆米，正初即进。元谋之西瓜酿，元江之大茄，不能以常候拘也。然先时为味颇薄，亦及候及腴耳。（《滇海虞衡志》第 286 页）

蔬之属四十六①：薑、芥、葱、韭^{涉冬如黄芽，入春即老}、蒜、薤、藤香、青菜、白菜、莱菔^{俗称萝白，有红白二种，又一种胡萝白，种分红黄二，黄有长至二三尺者}、波稜、莴苣、苋^{有红白二种，又一种马齿苋}、芹、云葵^{即苦菜}麦兰、蔓菁、茼蒿、胡荽^{一名香菜}、茄、瓠、芋^{早熟而味美，蒸可作羹，居人赖以充粮。桂馥《札樸》}、蕨^{高至三四尺，极肥美}、竹笋、冬瓜、黄瓜、丝瓜、南瓜^{即倭瓜}、金瓜、苦瓜^{即菜瓜}、土瓜、莙荙^{即荟}、青蒿^{一曰藜蒿}、扁豆、豇豆、刀豆、薯蓣、红薯、甘露子、食茱萸^{即辣子}、苤兰、鸡㙡、香蕈、木耳、白森、菌、灰挑银粉菜。（道光《昆明县志》卷 2 第 1 页）

《论蔬之属》：滇蔬种最繁，而熟甚早，其值亦皆贱，山肴野蔌芼之都可登盘，不必餍鸡豚也。芹、韭、芋、蕨、葱、蒜之属，皆以会城为最。其尤美者，则冬末之苦菜。案：**陶宏景《名医别录》**：苦菜，生益州川谷，山陵道旁，凌冬不死。唐慎微《本草》注曰：龙葵即苦菜，叶圆花白，但堪煮食，不能生啖。龙葵一曰云葵，是已县所产。苦菜，其大有至二觔余者，岁每十一二月间，人家各买菜若干把，涤而晾之，渍以盐，闭置大盘中，曰醃菜，至次年春，乃启盘食之，味酸以冽，昔苏易简之称"金齑玉脍"，岂是过哉？慎微《本草》注以为不能生啖，误矣！凡苦菜之煮食者，以臭豆脯煤而入之，其味为菜羹第一云。**檀萃《滇海虞衡志》**：莱菔，俗曰萝萄，厂名萝白，滇产白者其细腻固可佳，而红者奇益甚，凡红皮必内白，天下皆然，而滇之红萝萄通体玲珑，中间点微红，如美人劈破燕支脸，最可爱玩，至其内外通红，片开如红玉板，以

---

① 四十六　按文意为四十七。

水浸之，水即深红，粤东亦卖此片，然犹以苏木水发之，兹则本汁，自然之红水也。**师范《滇系》**：芋之巨，惟滇南甲天下，岷山蹲鸱，状鸱之蹲，其高可想。陇川之芋，大有高一尺二三寸，茎嫩花香，可瀹食，烝其魁，终年厌餐，史公所谓至死不饥，《左赋》所谓"狗蹲鸱之沃"者也。芋多，多抛弃，乾而收之，以筑墙。荒乱时，比户皆逃，此家不去，闭门食墙，卒以俱全，此见于古志所记。旨蓄之家，不可不知也。（道光《昆明县志》卷2第11页）

菜类：青菜、白菜、葱、韭、蒜、茄、笋、蕨、波菜、架豆、回香、冬瓜、甜瓜、金瓜、丝瓜、苦瓜、芋。（道光《昆阳州志》卷5第12页）

蔬属：蘿蔔、青菜、白菜、葫蘆、东瓜、王瓜、西瓜、丝瓜、南瓜、茴香、芫荽、茭瓜、菠菜、生菜、苋菜、茼蒿菜、菌子、韭菜、蒜子、蕌子、芹菜、竹笋、甘露子、芥菜、土瓜、山药、红藼、空心菜、芋头、莴苣、芥兰、香椿、木耳、茨菇、茄子、薑、葱。（道光《广南府志》卷3第1页）

菜之属：香蕈_{出哀牢山}、木耳_{出哀牢山}、白森_{似木耳而白出栗树上}、黄笋_{出江外，一名臭笋}、生菜_{味香美可生食}、甜菜_{味甘美}、白蕨钩_{三月间采食最佳}、羊乃菜_{可作羹}、缅茄_{不可食俗人用以佩带}。（道光《新平县志》卷6第20页）

菜之属：青菜、白菜、生菜、芹菜、茴香、菠菜、葱、韭、蒜、木耳、白森、竹笋、茼蒿菜、石须菜、栗树花、鹦哥菜、蕨菜、鸡㙡、菌、芋头、红薯、甘露子、山药、王瓜、丝瓜、南瓜、地瓜、苦瓜、甜瓜、扁豆、豇豆、刀豆、龙爪豆、茄子、芦（萝）葡（卜）、芫荽、木茇、慈姑。_{旧县志}（道光《续修易门县志》卷7第168页）

蔬之属：萝卜、青菜、白菜、葫芦、东瓜、王瓜、丝瓜、麦兰菜、茴香、芫荽、茭瓜、木耳、菠菜、生菜、苋菜、茼蒿菜、菌子、鸡㙡、甘露子、南瓜、茄子、竹笋、韭菜、芹菜、蒜、藕、葱、芥菜、土瓜、树头菜、山药、红茱、苦瓜、芋头、荸荠、甘蔗。（道光《澄江府志》卷10第5页）

蔬之属：薤、蒜、韭、蘆菔、胡蘆蔔、白菜、苦菜、蔓菁、苋、萵笋、蕈、君蓬菜、树头菜、石花菜、瓠、芋、蕨、葜筍、土瓜、扁豆、金豆、甘露子、秦椒、蒟、菌、鸡㙡、黄花子、白云瓜、土余瓜、苦瓜、苤蘭、茄、黄瓜、甜瓜、灰挑银粉菜、西瓜、芝麻菜、南芹菜、冬瓜、丝瓜^{谨案：旧《志》尚有芥、葱、茴香、青}菜、菠菜、莴苣、胡荽、茼蒿、蕻菜、南瓜、金瓜、稍瓜、银瓜、豇豆、薯蓣、红薯、云板薯、木耳、白森、麦兰，皆滇产。又有苦荬，考云南苦菜，系云葵，非苦荬，误记。薑即芹菜，瓜即苦瓜，倭瓜即南瓜，系复出。蒲笋无考，竹笋移入永北，仅以可考者登于册。（道光《云南通志稿》卷 67《通省》第 9 页）

白石菜、麦蓝菜、一窝鸡、香苨、甄兰^{谨案：《鹤庆府志》作瓯兰}。《古今图书集成》：俱出鹤庆。（道光《云南通志稿》卷 69《丽江府》第 45 页）

蔬属：葱、韭、芹、苋、蒜、茄、芋、蕨、笋、豇豆、扁豆、菠菜、白菜、苦菜、蘆菔、王瓜、葫芦、茴香、苦瓜、丝瓜、南瓜、冬瓜、土瓜、麦兰、芥兰、莴笋、茼蒿。（道光《晋宁州志》卷 3 第 25 页）

蔬属：薑、芥、葱、韭、蒜、薤、茴香、白菜、青菜、蘆菔^{俗名蘆白，有红黄白三种}、菠菜、莴苣、苋^{有红白二种}、芹菜、苦荬、麦兰、蔓菁、蕈、胡荽^{一名香菜}、茼蒿、茄、匏、葫芦、芋、蕨、葜筍、冬瓜、丝瓜、王瓜、南瓜、金瓜、苦瓜、土瓜^{山产，掘以济食；土人}、菜瓜、倭瓜、稆豆、豇豆、金豆^{俗名红豆，又名百日豆}、薯蓣^{俗名山药}、红薯、云板薯、洋芋、秦椒^{俗名辣子}、甘露子、蒟蒻^{俗名鬼庙}、白森、菌^{有青头、羊肝、胭脂、羊奶、鸡冠、一窝蜂、黄罗伞、红罗伞、鸡油、芝麻}等数十种，就中青头最佳。（咸丰《南宁县志》卷 4 第 10 页）

菜之属：白菜、青菜、菠菜、生菜、萝蔔、葱、韭、蒜、甜菜、芋头。（光绪《呈贡县志》卷 5 第 1 页）

蔬属：薑、花椒、秦椒、茴香、韭、葱、蒜、薤、蘪荽^{以上辛荤}。蔓青、同蒿、白菜、青菜、滑菜、芥、菠菜、豌豆菜、苋、油菜、生菜、蘪菜^{以上园蔬}。蕨、荠、春头菜、麦兰菜、勺菜^{以上野蔬}。芹、海菜、葜瓜、香菜^{以上水蔬}。山药、芋头、萝蔔、莴苣、胡

萝蔔有红黄二种。以上食根。茄子以上食实。（光绪《永昌府志》卷22第2页）

蔬之属①：笱、椿芽、滴水芋、黄罗伞菌、鸡葼、树头菜、蒜、韭、莴笋、白菜、苦菜、芋、蕨、土瓜、苦瓜、蘆菔、扁豆、黄瓜、西瓜、冬瓜、绿瓜谨案：顺郡尚有葱、薑、茴香、青菜、菠菜、茼蒿、南瓜、金瓜、薑芥、红白薯、山药、茄子、蕹萵、打苦菜、芹菜、麦兰菜、香瓜、生菜、甜菜、白花菜、辣菜、苋菜、甘露子、羊芋、瓠、灰挑菜、莴苣菜、油菜、荠菜、春不老、芫荽、茭瓠、云板薯。（光绪《续修顺宁府志》卷13第6页）

蔬属：薑、芥、葱、蕹《后汉书·南蛮传》：自夜郎、滇池以西有蕹、韭檀萃《滇海虞衡志》：涉冬如黄芽，入春即老、蒜《滇南本草》：味辛微寒，治肺中生咳嗽，此蒜有去痰之功，解百毒，敷疮如神，多食昏神损目、蘆菔呼为萝白，有红黄白三种。檀萃《滇海虞衡志》：莱菔俗名萝蔔，广名萝白，滇产白者，其细腻固可佳，而红者奇益甚、胡蘆蔔檀萃《滇海虞衡志》：胡蘆蔔分红黄二种，红犹内地，黄则长至二三尺、青菜、白菜《滇南本草》：味甘性平，消痰止咳嗽，利小便，清肺热，利肠胃，除胸中烦热，解酒，去鱼腥，消食下气，如多食伤者，薑能解之、莲花白菜味似苤兰，宜良近种此菜约三十年、苦菜《滇南本草》：味苦寒清火，不可多用。唐慎微《本草》注：龙葵即苦菜，叶圆花白，但堪煮食，不堪生啖。按龙葵一曰云葵，其大有至二三斤者，岁每十一二月间，人家各买菜若干把，涤而晾之，渍以盐，闭置大盎中，曰醃菜，至次年春，乃启盎食之，味酸以烈，昔苏易简之“金虀玉脍”，岂过是哉？慎微《本草》注以为不能生啖，误矣！凡苦菜之煮食者，以豆脯爆而人之，其味为菜羹第一云、灰挑银粉菜、蔓菁袁滋《云南记》：巂州界缘山野间有菜，大叶而粗茎，其根若大萝蔔。土人蒸熟其根叶而食之，可以疗饥，名之为诸葛菜。云武侯南征用此菜蒔于山中，以济军食，亦犹广都山栎木谓之诸葛木也、苋旧《云南通志》：有红白二种，又一种马齿苋、莴苣即莴笋。《滇南本草》：味苦寒，治冷积虫积，痰火凝结，气滞不通，服之即效、香莴笋各处皆宜，而南屯种者尤多，七八月布种，秋季移栽，十冬腊月长成，叶如莴笋，而稍窄密，皮叶断处皆出白汁，笱甚肥，无论生熟，具有香饭扑鼻之味、瓠《滇南本草》：瓠匏，味甘微苦，形似西瓜，匏腰细头尖者为葫芦，今人呼为瓢，作装水之器具，分甜苦二种。又瓠子，一名葫芦，又名龙蛋瓜，又名天瓜、莙蓬菜《本草》：恭，一名莙蓬菜。徐炬《事物原始》：恭菜似升麻，煮食之。《滇南本草》：甜菜，味甘平，治中隔冷痰存于胸中，服之效，不可多食、苦荬、蕨薇檀萃《滇海虞衡志》：滇蕨满山，高至三四尺，肥极、芋一名蹲鸱，檀萃《滇海虞衡志》：芋之巨，惟滇南甲天下。桂馥《札樸》：滇芋而味美，亦可作羹，居人赖以充粮、茭笱《滇南本草》：茭瓜味甘，治腹内冷疼，小便出血效。江少虞《事实汇苑》：蒋又名茭白，叶如蒲苇，中心生白台如小儿臂为菰米，台中有黑者为乌郁，秋实即凋，胡米也、蒲笱、土瓜桂馥《札樸》：土瓜形似蘆菔之扁者，色正白，食之脆美。按即《尔雅》黄菟瓜。音讹为土瓜。土瓜乃王瓜，色赤，不中啖。旧《云南通志》：山产，土人掘以济食。《滇南本草》：土瓜，味甘平，一本数枝，叶似葫芦，无花，根下结瓜，分红白二色。红者治妇人红白带下，通经解热；白者治妇人阴阳不分，子宫虚冷。男子精寒，服之能生子，健脾胃而益精。生喫，有止呕疗饥之妙、山土瓜大肠下血，服之神效、黄瓜《滇南本草》：味甘平，治咽喉十八症，服之即愈。多食令人呕吐。根捣烂敷火疮、王瓜、苦瓜即菜瓜。《滇南本草》：味苦寒，治一切丹火毒气，金疮结毒，遍身芝麻

---

① 属下各蔬，原本皆有注释，详见各蔬名下。

疗，大疗，疼痛不可忍者，服之神效。取叶晒干为末，每服三钱，用无灰酒下，又治杨梅疮。取瓜火煅为末，治胃气痛，滚水下；治眼目疼痛，灯草汤下 、丝瓜

《滇南本草》：一名天吊瓜，又名纯阳瓜。味甘平，治五脏虚冷，益胃添精，或阴虚火动，滋阴降火，久服延年乌须；治绞肠痧，晒乾为末，服之。皮为末，治金疮神效 、甜瓜

《滇南本草》：一名香瓜。味甘平，治风湿麻木，四肢疼痛。花可敷疮散肿，瓜皮泡水止牙痛，梗草煎汤洗疯癫 、金瓜、银瓜、冬瓜

《滇南本草》：味辛平，微寒，治痰吼气喘。薑汤下，又解远方瘴气，小儿惊风。皮治中风，煨汤服效 、西瓜《滇南本草》：味甘寒，治一切热症，痰涌气滞。根叶煎汤服之，治水泄痢疾 、南瓜即倭瓜俗名八稜瓜、癞瓜味甘香、秦椒即花椒俗作辣子，误、食茱萸俗名辣子，邑中所植

灯龙笼辣、牛角辣、甘露子辣，三月间可食，硕大且蕃，较邻方为甚早。而最著名可以销售远方者，莫如细角辣。辣分红黄二种，春初布种，俟长至四五寸，移植于地，五六月间开小白花，七八月熟，红黄满枝，采取曝乾，蒂固末尖，子实满中，形如羚角，又如解结锥，味辛而香，年约出产数十万斤、洋辣子、甘露子

《绀珠》：一名地蚕，生土中，如小蚕，如耳环，酱食脆美 、苤兰味辛涩，治脾虚火盛，中膈存痰，腹内冷痛，夜多小便，又治大麻疯癫等症，服之立效。生食止渴化痰，煨熟治大肠下血。烧灰为末，治脑漏鼻痏，吹鼻治中风不语。又一种长苤兰，每枚重二十余斤 、茄有长茄、圆茄二种。《滇南本草》：味甘寒，治寒热五脏痨症及瘟疫症，用腊磨敷肿毒敗血，止乳痛，消肿宽肠。烧灰米汤下，治肠风下血及血痔。梗叶治冻疮，蒸熟治癫病。多食损目，令人肚腹下痢。女人多食，伤子宫偏坠。京墨文蛤，入茄子内，三旬取墨，乌须发甚效 、芝麻菜《滇南本草》：味微寒，治中风，中寒暑热之症 、豆芽菜、南芹菜《滇南本草》：味甘，治妇人赤白带下，同南苏煎汤服之 、水芹菜、竹笋、石花菜、茴香、芸台、菠菜、麦兰、椿芽有红椿、紫椿、白椿数种、薯蓣俗名山药，山地带沙土处皆宜，有红白二种。冬季植老藤于避霜雪处，俾蔓延作秧，三四月间剔地作小长塲，每株翦二节插土中即活，一节作根，一节作山药，八九十月长成大者，每只重斤余，小者亦重数两，每年出产约二三万担 、薯而肥地尤宜。春季掘地数尺，切薯饼成片，二三指大埋土中，即由窝窟有根处发芽出长藤，似山药而青肥光滑，藤蔓生，枝以架接之则延长，至秋长成，有犁板、深薯二种。犁板薯形扁，深薯形圆，长大者每饼四五斤，色白嫩，煮作羹，味最美 、茼蒿、青蒿一名蔾蒿、芫荽、胡荽一名香菜、扁豆檀萃《滇海虞衡志》：《范志》谓茄冬不凋，明年结实，而滇不独茄为然，扁豆亦能宿根，春即发花，二三月间，已有新扁豆 、金豆俗名红豆，又名百日豆 、豇豆、刀豆、豌豆菜、洋花菜味似莲花白，种自外洋来，近年始种之 、藕。（民国《宜良县土》卷4 第22页）

《园蔬》，本属有左列四十七种：藕、蘿蔔红白二种、蔓菁、芫荽、豌豆菜、芹、青菜、白菜、豆芽、甘露子、韭、菠菜、山药、茨菰、枸杞菜、葱、花椒、油菜、椿芽、胡蘿蔔、蒜、辣子、南瓜、苦瓜、马铃薯、芋、荠菜、羊芋、王瓜、莲花白、茄、茴香、茭瓜、丝瓜、藠头、藜蒿、竹笋、蒿（莴）苣、地笋、苋菜、芥菜、甘薯、筒蒿、苤兰、架豆、刀豆、百合、筷豆。谨案：上列各种，均出之田园，故曰园蔬，此外可供蔬菜之用而出于山中者，尚有蕨、菌、鸡葼、棠梨花、树花、木

耳等。又刀豆、筷豆、架豆、豌豆等，本为菽类，然人常以供蔬菜之用，而且种于园中，故亦列于园蔬类。（民国《嵩明县志》卷 13 第 219 页）

蔬类：花椒、薑、芥、葱、韭、蒜、茴香、白菜、茄、红莱菔_{即萝葡}、白莱菔、菠菜、莴苣、芹菜、芋、蕨薇、竹笋、黄瓜、南瓜、苦瓜、丝瓜、土瓜、红薯、白薯、茭瓜、甘露子、辣子、茉兰、菌、鸡堫、地竹笋、香蕈、木茸、白森、灰挑菜、茨菇、藕、莲花白、金线木耳_{产城南二十余里，大小矣马伴村附近羊肝石上。夏秋霪雨则发生，色味与木耳无异，形扁长如索面，故名金线，邑之特产也}、青菜_{邑园蔬之著者也，他邑产者皆不如。秋初播种，秋末移莳，至十冬月间，茎叶青嫩，重至十余斤，取煮食之，味甜可口，经霜尤佳。春初，以制咸菜，瓷盛之，封其口，愈久愈美}、长形茎蓝_{一名船舵茎兰，盖取如船舵之形云。春间播种，而夏移栽，至秋深时，有长至尺许，而重量至十余斤者，味美而价廉，产城内外者为佳}。（民国《路南县志》卷 1 第 50 页）

种籽类：莱菔子_{本境特产，西关外者为最佳，每年约产出四五石，出沽省垣一带及开化附近等处，每升约值银四五元}、菜子、茎兰子、波菜子、青菜子、白菜子、麻子、黄菸子、旱菸子、香芹子、茴香子、莴苣子、葱子、圆茄子、长茄子、辣子、芫荽、苦瓜子、黄瓜子、丝瓜子、芥菜子、南瓜子。县属籽种，名目繁多，不能备载，此特志其大概耳。（民国《路南县志》卷 1 第 53 页）

蔬之属九十七[①]：白菜、豆芽菜、蒜、苦刺尖、藠头、芫荽、青菜、木槿花、笋、香铲菜、灰挑菜、茨菇、茼蒿菜、金雀花、葱、棠棃花、油菜头、野蒜、生菜、百合、菠菜、莲花白、辣椒、甘露子、莲花菜、香藤菜、藜蒿芽、茄子、花椒、苦马菜、石花菜、皂角米、茴香、寸金藕、老鸦花、麦兰、芨菜、枸杞尖、蕨菜、茎兰、石榴花、荠荠菜、大头菜、白蘆菔、竹叶菜、茭笋、树花、鹅长菜、海菜、黄蘆菔、香椿、香芹、苋菜、薑、南瓜、乌芋、芝麻菌、铜绿菌、鸡堫、套瓜、红芋、见水青、骨黄菌、土瓜、菱芋、羊肝菌、白生、黄瓜、火炕薯、青头菌、木耳、生瓜、鸡窝

---

① 九十七　按文意为九十五。

薯、雨点菌、马皮泡、丝瓜、黄薯、洞菌、香蕈、苦瓜、深薯、山药、鸡葵花、西瓜、红薯、白芋、白窝菌、冬瓜、象腿薯、磨芋、刷帚菌、金瓜、云板薯、麻芋、牛乳菌。（民国《邱北县志》册3第12页）

蔬菜之属二十种：青菜、白菜、蘿蔔、蓬蒿、芥蘭、生菜、菠菜、捲心白、冬瓜、南瓜、西瓜、黄瓜、丝瓜、香瓜、茄瓜、苦瓜、交瓜、□菜、茨茹、莲藕。（民国《富州县志》第十二第78页）

蔬属四十七类：薑、芥、韭、葱、椿^{有红白二种}、蘿蔔^{有红黄白三种}、芸苔、苋菜^{有红白二种}、青菜^{红白扁三种}、芹菜、菠菜、羊奶菜、茴香菜、蒜、白菜、豌豆菜、薤、茄^{有红白二种}、陂茄、芋、红薯、薯芋、莴苣、蕨、笋^{四季生}、茼蒿、生菜、荇菜、荠菜、麦蓝菜、花歪衮、歪衮菜、春不老、马蹄菜、鸭舌菜、芫荽、甘露子、甜菜、白花菜、九头芋、蕻菜、牛皮菜、杨花菜、杨呵菜、地孤辘、地笋、莲花菜、菜山药。（民国《马关县志》卷10第3页）

《昆明之蔬菜》：云南蔬菜较粤、桂、川、黔等省为多，然地土不同，因而所产之物，有较他省为肥大脆嫩者，有较他省为粗恶老瘦者，此则是地土之上，有宜于此而不宜于彼，或宜于彼而不宜于此者也。惟是，昆明之蔬菜，在往昔有若干十种，则较今为美者，是今不如昔也。又有若干十种，较往昔为肥硕壮大者，是今胜于昔也。今不如昔，必是失于培养，今胜于昔，必是适合土宜。就理而论，当是如此也。不然，何以有今昔之不相若耶？然亦不必细论也。兹惟详述昆明所有之菜蔬于下，而先述本省之所原有者，次乃详述由他省传播而来者，以是而知昆明菜蔬之所以多也。菘，即白菜，昆明有黄芽白，一名裹心白；有箭杆白，一名大头白菜；有京白菜，一名黑叶白；有小白菜；有毛叶白。有大青菜、小青菜，便昆明人多不名之为青菜，而呼之为苦菜。所谓之小青菜，亦不是大青菜中之细小者，却另是一种子种，复另用一种方法而种之，故其产生是在正二月间，不与大青菜同时而出也。又有一种水苦菜，是棵头小于大青菜而大于小青菜，是产生在二三月间，味则甜而不苦。有芹菜、菠菜、蕻菜（蕻音洪，蕻菜又称雪里红，似芥菜）、芥菜、甜菜、蕨菜、小米菜、红油菜、莴苣菜、芝麻菜、牛皮菜、萝卜菜、红苋菜、玻璃生菜、芸苔菜（俗呼之曰油菜、辣菜）。有荠菜、鹅肠菜、马齿菜，此则是野生者。有韭菜、有黄芽韭菜、泥韭菜。按韭菜与黄芽韭是种于沙地，泥韭菜是种于泥地上。有韭菜苔、韭菜花，有茴香、梨蒿、茼蒿、茭兰、茄子、莴笋。按《蔬谱》，莴笋即是莴苣，实则是两种，莴苣根小而不能成笋，其味则与莴笋叶之味同。有百合、莲藕、香椿、竹笋、甘露子、慈姑、茭瓜、茭芽、枸杞尖、皂角尖、茴香尖、豌豆尖、金雀花、苦刺花、花椒叶、鲜核桃等。有灯笼辣、菜辣子、牛角辣与洋辣子。按：洋辣子即番茄，却是本省原有者，昔名酸汤果，多贱生于粪草堆上，有食之者，亦不过与灰挑菜、藻（则）耳根等同视。今则一般人耳西医之言，谓此物大补血液，遂骤为贵重食品。实则此物性寒，在胃气寒者多食，舌即变白，复肚腹作痛。可云：此物宜于胃热之人，不宜于胃寒之人。瓜类中有冬瓜、香瓜、黄瓜、苦瓜、丝瓜、南瓜。而南瓜亦有多种，一种是使之专结小瓜而卖者，此则一根藤蔓上，能结饭碗大之小瓜十多个，是名节瓜；一种是使之专结大瓜，必至色黄皮癞而后拉藤，此则一根藤上只许结一二个瓜，是名癞瓜，而每个可能重至二三十斤；一种皮青肉红，形长而圆，是名为枕头瓜，亦名大洋瓜，此亦能每个重至二三十斤；一种皮色红，形圆而略带长形，则名为红瓜；有名为金瓜者，则结不甚大，形圆而扁，皮色红，且于分牙上界有绿线，人则取作玩品，却不甚善食，复有一种套心者尤为美观。又有一种皮色黄绿，其形长圆，中无瓜子，藤与叶仍与南瓜之藤叶不大悬殊，时人则名为洋茄子，盖以其形有似于茄也。实则不是外洋种子，是云南原有者，考之《蔬谱》，即甜瓜是也。此外，农人又喜摘癞瓜之藤尖而售卖，曰麦瓜尖，揉而煮食，味颇清甜；又摘癞瓜之花而售卖，其味尤甜。但除癞瓜一种外，其它之藤尖与花味则苦矣，不足食

99

也。有一种类于冬瓜之瓜，而较冬瓜为小，且不似冬瓜之作枕头形，子亦细小，其皮色则与冬瓜无异，是名瓠子。豆属中种类甚多，但能作新鲜蔬菜者又不足十种。是则有蚕豆、豇豆、刀豆、扁豆、泥鳅豆、麻豌豆、菜豌豆，又黄豆之嫩者曰青豆。又以绿豆、黑豆发出芽来作菜者曰绿豆芽、曰黄豆芽。有以花刀豆米及红饭豆、白饭豆煮熟而作菜者，是又非新鲜蔬菜也。属于莱菔类之品物，有白萝卜，是形团而扁者；有蔓菁，是莱菔之形长而圆者，时人则通称为萝卜。有汉中府萝卜，亦形团而扁，皮作桃红色，肉则雪白，其味极甜。传云是陕西汉中传来之种子，然在百年前，昆明即有此一种物品也。有胡萝卜，是作长条形，肉红而心黄，昆明人命名为红黄萝卜。有一种黄萝卜，亦作长条形，往昔农人之种植此物，不知如何培养，每条能长至一尺五六，粗可及寸，而又富于水汁，嫩极、甜极，既可以作蔬菜，又可以当瓜果食，是名黄萝卜，而出产极盛，价亦极贱。属于芋芀类，有芋头、芋头花、芋头苗。有马铃薯，即洋芋，此则有红、白、紫三种，而以红者为最可口。有山药，即脚板薯。有番薯，亦是白、红两种，白曰白薯，红曰红薯，俱可以作菜蔬，可以当粮食，并可以当瓜果食。属于葱蒜类，有大葱、香葱，有蒜头、蒜苔、青蒜，有薤白（即藠头），有小胡蒜，有芫荽，有薄荷，有紫姜，有老姜等。此皆属于新鲜蔬菜，而又为昆明所原有者也。有由他省迁播而来及由外洋迁播而来者如下：莲花白，是在百几十年前，有川人由川中带其籽种来滇种植，其产出者较川中白大肥嫩。东汉菜或曰冬苋菜，此亦是川人由川中带其籽种来种之者。据前辈人言，在八九十年间，昆明尚无此一种菜。扁叶青菜，是昆明人称另一种青菜之名词，农人则呼此为花叶青菜，此则是川人将川中包包菜之籽种带来种植，变种后则成此一种既不似包包菜，而（又）不似昆明之大青菜，变成一特殊之形。芥兰菜与荷郎豆，是余家与粤人韦辅侯家，各由粤中带得有籽种来种。芥兰却不大变种，荷郎豆则变易得多，几与昆明之菜豌（豆）相若。此可云迁地弗良。今日菜市上，最繁盛之洋葱、洋姜、洋花菜、东洋菜等之种籽，则是由外洋迁播而来者也。右（上）述各种新鲜蔬菜已近百种，而犹有一切菌属未计，水豆腐、包豆腐、盐豆腐、臭豆府、豌豆腐、菜豆花等亦未计，已有如此之多。所以往昔的人于早夜两餐，不乏蔬菜咀嚼。有取于豆豉、豆颗、豆瓣者，殆悭吝人也。（《云南掌故》卷9 第275页）

（蔬菜类）芜菁、青菜、白菜、蘿蔔、韭、葱、蒜、芋头、白合、马铃薯、白薯、黄薯、山药、辣子、甘露、竹叶菜、同蒿菜、石花菜、香菌、蕨菜、北风菌、虎掌菌、羊肚菌、松菌、红头菌、青头菌、扫把菌、山韭菜、山白菜、东瓜、西瓜、南瓜、北瓜、黄瓜、苦瓜、土瓜、竹笋、五子瓜、洋荽、海花、菱角、慈姑、木耳、金耳、银耳、水耳、白参、麦来菜、龙须菜。（《宁蒗见闻录》第2篇第65页）

蔬之品：鸡㙡菌、松毛菌、滑菌、发烂柴、香蕈、石耳、萝卜^{其种三：白红黄}、蕨薇、白芥、薯蓣、莴苣、茼蒿、王瓜、冬瓜、越瓜、波菜、滑菜、甜菜、芫荽、白菜、莳萝、紫芥、芹、笋、芥、苋、葱、韭、蒜、瓠、匏、姜、芋、茄、春不老。（楚雄旧志全书"楚雄卷上"隆庆《楚雄府志》卷2第35页）

蔬品：木耳、黄萝卜、白萝卜、蕨菜、芥菜、扁豆、薯芋、山药、莴苣、茼蒿、花椒、王瓜、东瓜、豇豆、青菜、白菜、越瓜、菠菜、甜菜、苋菜、芫荽、芹菜、苦菜、栗窝菌、杂菌、莳萝、香蕈、白森、葫芦、蚁棕^{鸡棕}、茄、葱、韭、蒜、姜。（楚雄旧志全书"楚雄卷上"康熙《楚雄府志》卷1第193页）

蔬，他邑有者，此亦有之。惟竹笋、水芹、白生、木耳、香蕈差胜焉。（楚雄旧志全书"楚雄卷上"嘉庆《楚雄县志》卷1第640页）

蔬类：藷^{有红白皮二种}、茄^{有三种：长而曲者，俗呼羊角茄；短而圆者，俗呼荷包茄；色紫而圆者，俗呼洋茄}、韭^{细叶者为松毛韭，味清香；叶大者为观音韭，不中食，惟根甘香益气}、葱、蒜、姜、芋^{有四种：魁大如斗者为莱芋；叶绿而色白者为白芋；杆长而苗红者为红芋；蔓生而子小者为羊芋}、芹^{俗呼川芎}、山药、白合、地瓜、丝瓜、王瓜、苦瓜、

101

黄瓜、冬瓜、萝卜、苤兰、甘露、慈菇、莴苣、芜菁、蔓菁^{有紫红黄白四色}、青菜、白菜、苦菜、波菜、苋菜、茼蒿、蘹香、胡荽、蕨菜、花椒、辣子、石花菜。（楚雄旧志全书"楚雄卷下"宣统《楚雄县志述辑》卷4第1049页）

第十八课《芜菁、蔓菁、茄》：芜菁^{一名大头菜}种土中，花淡子小，叶蓬细长，可作菜，根结实，可作酱菜。蔓菁^{一名诸葛菜 一名黄萝蒲}种土中，花淡子细，叶蓬短^{花绿白色，丛生如绣球状，实细叶小，根茎长条形，有红黄二色}，根结长条之实，有红黄二色，生熟均可食。茄，柯长二尺许，开紫花，枝叶有刺，结实长团形，种子一年，宿根可发数年^{花淡黄色，子小叶绿，成火焰形，可作扑菜根，茎尖圆形，可作酱菜}。第十九课《蕨、皂角芽、棠梨花、刺白花》：蕨菜生山土，紫色，软枝如拳，可煮食，亦可腌食^{蕨菜地上茎初生时色紫，其叶如拳}。皂角树，春来发芽，摘芽以热水煮过，又以冷水漂数日，可煮食或晒干煮食。棠梨花，树高叶细。刺白花，枝叶蓬蓬多刺^{其花俱可食}，制法与蕨、芽同，皆山肴品也。（楚雄旧志全书"楚雄卷下"民国《楚雄县乡土志》卷下第1356页）

蔬：木耳、红薯、黄萝卜、白萝卜、蕨菜、芥菜、扁豆、莴苣、茼蒿、花椒、王瓜、东瓜、豇豆、青菜、白菜、波菜、甜菜、苋菜、芹菜、栗窝、杂菌、香蕈、白森、苦菜、葫芦、蚁蚨、葫荽、茄、韭、蒜、薑、葱。（楚雄旧志全书"双柏卷"康熙《南安州志》卷1第13页）

蔬品：蚁坳、栗窝、杂菌、香蕈、木耳、白森、蕨菜、红薯、山药、扁豆、花椒、辣子、豇豆、青菜、窝苣、白菜、菠菜、苋菜、芹菜、芫荽、白萝卜、茄、韭、蒜、姜、葱、东瓜、莴瓜、王瓜、瓠子、苦瓜、丝瓜、毛竹笋、小笋、芋、壶芦、黄花菜、梨苔菜。（楚雄旧志全书"双柏卷"乾隆《磠嘉志书草本》第106页）

蔬之属：姜、芥、葱、韭、蒜、薤、青菜、蒽、茄^{有紫有白}、萝卜^{有红有白}、芹菜、菠菜、莴苣、苋^{有红、白、马齿等}、蔓菁、茼蒿、芫荽^{一名}

胡荽、苜蓿、瓠、葫芦、芋头、蕨菜、竹笋（有甜有苦）、葵笋、茴香、花椒、秦椒、荠菜、冬瓜、南瓜、丝瓜、苦瓜、王瓜、金瓜、海窝瓜、眉豆、豇豆角、香莑、白森、鸡㙡、地菌、山药、藕（少）、红薯、甘鲁、油條、香椿、白菜、木耳。（楚雄旧志全书"双柏卷"乾隆《礛嘉志》第231页）

　　蔬属：姜、芥、葱、韭、蒜、薤、茴香、青菜、白菜、蘿芦服（俗呼罗卜、有红白黄三种）、波菜、莴苣、苋菜（有红白二种）、百合、蒜、芹菜、麦兰、董、胡荽、茼蒿、山药、树头菜、芋、茎蓝、蕨、竹笋、王瓜、南瓜、金瓜、苦瓜、丝瓜、红瓜、茄、葫芦、瓠、秦椒（俗名辣子，初种可长至七八年者）、蒟蒻（俗名鬼庙）、地金莲、椿、香菌、木耳、白参、栗树花、棠梨花、金雀花、皂角牙、刺白花、攀枝花、大白花、甘露子、菱笋、扁豆、豇豆、金豆（俗名红豆）、鸡㙡（鸡以形言，㙡者飞而敛足之貌说本。杨慎或作蚁冢，以其产处，下皆蚁穴。《通雅》又作鸡㙡。以六七月大雨后，生沙土中，或松间林下。鲜者香味甚美，菌种不一，有良有毒）、羊肚菌（二三月生）、栗窝菌、柳树菌、竹根菌。（楚雄旧志全书"牟定卷"道光《定远县志》第244页）

　　菜之属：香蕈、木耳、白森、竹笋、参菜、芹菜、青菜、白菜、芥菜、葱、韭、石花菜、树头菜、茼蒿、鸡㙡、菌子、芋头、山药、丝瓜、东瓜、南瓜、苦瓜、金瓜、王瓜、扁豆、姜豆、茄子、瓠子、苋菜、蕨菜、葫芦、萝卜。（楚雄旧志全书"武定卷"康熙《武定府志》卷2第82页）

　　蔬品：香蕈、木耳、白森、蚁蝼、罗蔔、蕨菜、芋子、山药、花椒、王瓜、东瓜、扁豆、豇豆、青菜、白菜、波菜、甜菜、苋菜、芫荽、茴香、麦瓜、葫芦、茄子、葱、韭、蒜、竹笋、石花菜。（楚雄旧志全书"南华卷"康熙《镇南州志》卷1第14页）

　　蔬之属：葱、韭、芥、蒜、芹、茄、瓠、葫芦、丝瓜、王瓜、南瓜、苦瓜、貊瓜、刺瓜、冬瓜、白菜、青菜、菠菜、茼蒿、莴苣、擘蓝、甜菜、苋菜、芫荽、茴香、萝葡、芋、架豆、山药、百合、木耳、白森、石花菜、金雀花、茨白花、花椒、蕨、甘露子、地金莲、茨菰、笋、香笋、凤尾笋、蛮竹笋、茭笋_{俗呼茭瓜}、秦椒_{俗呼辣子}、蒟蒻_{俗名魔芋,又呼鬼妙}。(楚雄旧志全书"南华卷"咸丰《镇南州志》第129页)

蔬品:薯蓣_{俗呼山药}、百合、葱、韭_{有二种,叶细者为松毛韭,味甘;叶大者为观音韭,叶不中食,根甘香,益气}、芹_{俗呼川芎}、水芹_{野生}、茄_{者有三种,长而曲者,俗呼羊角茄;短而圆色紫而圆者,俗呼洋茄}、葫芦、丝瓜、王瓜、南瓜、苦瓜、冬瓜、菘、青菜、波菜、同蒿、莴苣、苋菜、蘹香、胡荽、萝卜、芋_{有四种,魁大如斗者为莱芋,色白者为白芋叶青苗红者为红芋,蔓生而子小者为洋芋}、石花菜、花椒、蕨、薇_{子苗草}、甘露子、地金莲_{即甘蕉,根苗俱可食,味微苦}、慈菇。(楚雄旧志全书"南华卷"光绪《镇南州志略》卷4第355页)

蔬品:薯蓣_{俗呼山药}、百合、葱、韭、蒜、芹_{俗呼川芎}、水芹_{野生}、茄_{有二种,长而曲者俗呼羊角茄,短而圆者名荷包茄}、葫芦、丝瓜、王瓜、南瓜、苦瓜、冬瓜、菘、青菜、波菜、茼蒿、蕨、莴苣、苋菜、回香、萝卜、芋_{有四种,魁大如斗者为蘑芋,色白者为白芋,叶青苗红者为红芋,蔓生而子攒生者为洋芋}、百花菜、甘露子、慈姑、花椒_{业可食}、莲花白_{俗呼包菜}。(楚雄旧志全书"南华卷"民国《镇南县志》卷7第634页)

蔬之属:芹、箐、韭、苋、芥、茄、蒜、甜芦、葱、蕨、笋、白菜、菠菜、架豆、萝卜、王瓜。(楚雄旧志全书"姚安卷上"康熙《姚州志》卷2第36页)

蔬之属:芹菜、青菜、韭菜、苋菜、芥菜、茄子、蒜、葫芦、葱、蕨、百合、薯、芋、山药、笋、芥、白菜、菠菜、架豆、萝卜、王瓜、茴香、土瓜、江茅、石花。(楚雄旧志全书"姚安卷上"道光《姚州志》卷1第242页)

蔬之属:旧《志》十六种:芹、菁、韭、苋、芥、茄、蒜、葫芦、葱、蕨、笋、白菜、菠菜、架豆、萝卜、王瓜。**增补三十种:**薤,俗呼藠头。芜菁,即诸葛菜,俗呼芥萝卜。胡萝卜,俗呼黄萝卜。蘹香,俗呼茴香。苦蕒,俗呼鹅奶菜,土人以饲鹅。蕺,俗呼鱼鲺菜。草石蚕,俗呼甘露子。薯蓣,种植甚多,又有野生者,不中食,然可以备荒。芋,按郭义恭

《广志》芋有十四种，君子芋，魁大如斗，即州人所谓"莱芋"是也。赤鹳芋，魁大子少，即州人所呼"红芋"是也。青边芋、长味芋，即州人所呼"绿芋"是也。鸡子芋，色黄，即山中所种"羊芋"是也。百合、零馀子、同蒿、薇，按李时珍云："即今野豌豆，处处有之。"今州人但知食蕨而不知食薇，岂因荆公《字说》谓微贱所食而鄙之欤？翻白菜，《救荒本草》云："叶硬而厚，有锯齿，背白似地榆，根如指大，生食、煮熟皆宜。"即土人所谓"翻白叶"也，亦未有作蔬食者。灰藋，即灰条。时珍谓："作蔬最佳。"州人亦无食之者。壶芦有苦、甜二种。笋有竹、窝二种。瓜有南瓜、黄瓜、丝瓜、苦瓜、红瓜五种。红瓜未熟时，土人每雕花草人物之形于其上，迨七夕、中秋取以献月，亦古风也。又有豇豆、筷子豆、菜豌豆三种。（楚雄旧志全书"姚安卷上"光绪《姚州志》卷 3 第 561 页）

蔬品：城西富有坊居民，以种蔬为生计，畦圃连接，一望青葱。城南三边冲，喜种胡萝卜。南屯一带，喜种青边芋，借此以为衣食赀。城南六十里迥龙厂产薤头，味最鲜美，非他处可比。野储蓣，四山皆产，有一茎重至数斤者，可以备荒，每遇凶年，土人掘而烹食。（楚雄旧志全书"姚安卷上"民国《姚安县地志》第 903 页）

蔬属：《李通志》二十四：芥、菁、韭、苋、芹、茄、蒜、葱、蕨、笋、白菜、菠菜、莴苣、葫芦、架豆、萝卜、冬瓜、西瓜、王瓜、金瓜、丝瓜、山药、红薯、白蘋。《管志》十六：无莴苣、冬瓜、西瓜、金瓜、丝瓜、山药、红薯、白蘋八种，余与《李通志》同。《王志》二十四：无瓜属五种，增百合、茴香、土瓜、江茅、石花五种，余与《李通志》同。《甘志》三十：薤，俗称藠头。芜菁，即诸葛菜，俗呼芥萝卜，按：即诸葛菜，名为芜菁有误，解见后芜菁句下。胡萝卜，俗呼黄萝卜。蘹香，俗呼茴香。苦荬，俗呼鹅奶菜，土人以饲鹅。蕺，俗呼鱼腥菜。草石蚕，俗呼甘露子。储蓣，种植甚多，又有野生者不中食，然可以备荒。芋，按郭义恭《广志》：芋有十四种，君子芋魁大如斗，即州人所谓茉芋是也。赤鹘芋，魁大子少，即州人所呼红芋是也。青边芋、长味芋，即州人所呼绿芋是也。鸡子芋，色黄，即山中所种洋芋是也。百合、零余子、茼蒿、薇，按李时珍云：即今野豌豆，处处有之，今州人但知食蕨而不知食薇，岂因荆公《字说》谓：薇贱所食而鄙之钦。翻白菜，《救荒本草》云：叶硬而厚，有锯齿，背白似地榆，根如指大，生食煮熟皆宜，即土人所谓翻白叶也，亦未有作蔬食者。灰蘿，即灰条，时珍谓作蔬最佳，州人亦无食之者。壶芦，有苦、甜二种。笋，有竹、窝二种。瓜，有南瓜、黄瓜、丝瓜、苦瓜、红瓜五种。红瓜未熟时，土人每雕花草、人物之形于其上，迨七夕、中秋，取以献月，亦古风也。又有豉豆、筷子豆、菜豌豆三种。谨按：百合种法，须于惊蛰掘土为畦，秧入土寸许，上密覆麻栗树枝，再加细土及扫地灰。俟树枝腐烂，种即长成，大可如碗，约重五六两一枚。又普溂芥萝卜腌一年者，其味鲜香、浓厚，非他处可比。

增补四十四：芜菁，俗呼蛮心萝卜，而萝卜分水萝卜、秋萝卜、冬萝卜三种。山药，有条山药、洋山药、马山药、铜皮山药、象腿山药五种。条山药，产回龙厂者最佳，味香而质细，人以淮山药拟之。更有甘蕗、慈姑等属于根菜。藜蒿，俗呼鱼蒿。蒜苔、苤兰、姜芽、莲藕属于茎菜。青菜、甘蓝，俗呼莲花白。菘，一名白菜，则有卷心白、蒜头白等。香椿、芫荽、牛皮菜、麦蓝菜、树头菜等属于叶菜。大白花、洋花菜属于花菜。架豆，有黑架豆、白架豆、泥鳅豆、荷包豆四种。荷包豆，形扁大，味美，为蔬中佳品。红豆，则有红豇豆、黑豇豆、白豇豆、花豇豆、大豇豆、腰子豇豆六种。南瓜，则有缅瓜、青瓜、长瓜、柿饼瓜、削皮瓜五种。此外，尚有剿瓜、洋瓜，均可伴食。属于果菜而产量最多，且民间尽力种植，而能输出者要以萝卜、洋芋、慈姑、青菜、菘数种为大宗，苤蓝，普溂龙马山产者可重十斤，味极香甜。《李通志》二：菱角、荸荠。（楚雄旧志全书"姚安卷下"民国《姚安县志》卷44第1659页）

蔬之属：薑、芥、韭、葱（芬葱、火葱）、芦菔（白、黄透心红、红）、白菜、青菜、乌菘、莴苣、菠菜、苋、茴香、蒜（独头蒜老鸦蒜）、苦蕒、薤、牛皮菜、蔓菁（红白二种）、瓠（壶卢瓠）、豇豆、豌豆、扁豆、四季豆、芥蓝、灰藋、芹（香芹水芹）、蕨、笋、川芎、茄（白茄紫茄）、树头菜、茼蒿、麦兰、茭笋、蒲笋、西瓜、冬瓜、丝瓜、黄瓜、苦瓜、南瓜、金瓜、银瓜、玉瓜、剥皮瓜、套瓜、地金莲、香椿芽。（楚雄旧志全书"大姚卷上"道光《大姚县志》卷6第170页）

蔬类：青菜、白菜、菠菜、苋、芹、韭、茄、葱、蕨、萝白、茴香、芋头、生菜、葫芦、香蕈、木耳、竹笋、柑豆、山药、黄花、茶豆、蒜苗、白森、鱼腥菜、黄萝卜、树头菜、麦兰菜、香皮菜、牛皮菜、莴苣、茼蒿、莳萝、杂菌。（楚雄旧志全书"大姚卷上"乾隆《白盐井志》卷3第487页）

蔬之属：旧《志》三十四种：青菜、白菜、菠菜、苋、芹、韭、茄、葱、蕨、萝卜、茴香、芋头、生菜、葫芦、黄花、竹笋、山药、蒜、树头菜、麦兰菜、香皮菜、牛皮菜、莴苣、同蒿、时萝、胡萝卜（俗呼黄萝卜）、葴（俗呼鱼腥菜）、王瓜、冬瓜、金瓜、丝瓜、红瓜、苦瓜、黄瓜。**新增二十一种**：草石蚕（俗呼甘露）、君子芋（俗呼莱芋）、鸡子芋（即羊芋也）、百合、莲藕、莲花白菜、春不老、薯芋、芥、石花菜、白刺花、香椿、豌豆菜、慈姑、薤（俗呼藠头）、砍皮瓜、胡荽（俗呼芫荽）、芜菁（即诸葛菜，俗呼芥萝卜）、灰藋（俗呼灰菜）、零余子、薇（李时珍云：即今野豌豆，处处有之）。（楚雄旧志全书"大姚卷上"光绪《续修白盐井志》卷3第660页）

菜之属：香蕈、木耳、白森、竹笋、生菜、芹菜、青菜、白菜、芥菜、葱、韭、蒜、石花菜、树头菜、末香菜、茼蒿、白花菜、拔贡菜、黄花、茴香、鸡㙡、菌子、芋头、红苵、山药、丝瓜、东瓜、南瓜、苦瓜、香瓜、黄瓜、金瓜、王瓜、扁豆、豇豆、茄子、瓠豆、蕨菜、葫芦、萝卜。（楚雄旧志全书"元谋卷"康熙《元谋县志》卷2第59页）

蔬蓏之属，则有蕈菌、鸡葼、木耳、白森、笋、蕨、芹、苘、葱、韭、蒜、薤、芋、芥、石花树、末香、茼蒿、白花、黄花、红茱、山药、及丝瓜、东瓜、南瓜、苦瓜、香瓜、黄瓜、金瓜、王瓜、扁瓜、瓠瓜、葫芦、萝葡、莴苣、茭瓜，皆常品也，而惟拔贡菜名最佳。西瓜，春初即熟，上元灯节竟馔西瓜，且镂其皮为灯，货其籽于四方。（楚雄旧志全书"元谋卷"乾隆《华竹新编》卷 2 第 228 页）

瓜瓞之属：木耳、鸡㙡、白森、香蕈、蕨、薇、苘香、石花、树花、末香、茼蒿、香芹、白花、葱、韭、蒜、薤、芋、芥、红花、黄花、红茱、茉莉、山药、丝瓜、东瓜、南瓜、苦瓜、黄瓜、金瓜、西瓜、瓠瓜、葫芦、萝葡（卜）、莴苣、茭瓜、白菜、笋、拔贡菜、庆云菜、龙爪菜、大头菜、灰菜、橙、栗、枣、石榴、橄榄、香橼、黄果、乌木果、梅、葡萄、松子、茨（刺）果、葵子、梨、杏、李、桔子。（楚雄旧志全书"元谋卷"光绪《元谋县乡土志》初稿本第 335 页）

蔬菜类：青菜、白菜、茼蒿、菠菜、苋、韭、葱、萝卜、茄子、豇豆、匾豆、葫子、芋头、王瓜、南瓜、丝瓜。（楚雄旧志全书"禄丰卷上"康熙《禄丰县志》卷 2 第 25 页）

蔬属：白菜、青菜、南瓜、苦瓜、丝瓜、扁豆、红豆、芹、蕨、芋、苋、茄。（楚雄旧志全书"禄丰卷上"康熙《罗次县志》卷 2 第 147 页）

蔬属：白菜、青菜、南瓜、苦瓜、丝瓜、扁豆、红豆、芹、蕨、芋、苋、茄。（楚雄旧志全书"禄丰卷上"光绪《罗次县志》卷 2 第 268 页）

蔬属：蔬于圃者，为芥菜、青菜、白菜，为菠菜，为芹，为罗葍即来服，为芫荽、茼蒿，为莴苣、荬、甜菜，为王瓜、小人药、黄瓜、东瓜、瓠瓜、葫芦，为扁豆、豇豆，为茄，为葱，为韭，为蒜，为薤，为薑，为芋东方朔谓关中土宜蒌芋。广土亦宜芋，有红白二种。史记所谓蹲鸱（鸱）也。其于野也，为笋，为蕨，为苦菜，为香蕈，为木耳，为鸡葼，为栗莴菌，为杂菌，为白蕏，为红蕏音蕏长鱼切。蕏根似芋，可食。另有薯蓣，药名，音藷而遇切，非蕏也，为山药，为花菽。（楚雄旧志全书"禄丰卷上"康熙《广通县

108

志》卷 1 第 390 页）

蔬品：青菜、白菜、同蒿、波菜、黄瓜、东瓜、南瓜、丝瓜、豇豆、葫芦、莙荙、薯芋、萝卜、苋、匾豆、茄、葱、韭。（楚雄旧志全书"禄丰卷上"康熙《黑盐井志》卷 1 第 600 页）

蔬菜：叶菜以青菜、白菜、甜菜、菠菜、茴香、甘蓝、芥菜等为多，葱、韭、芫荽、蒜苗等次之。茎菜以莴苣、苤蓝、茭瓜、茨菇、白薯、马铃薯及姜、芋等为多，藕亦间有之。根菜以萝卜、芜箐、土瓜，山药有黄金山药、脚掌山药、条山药、佛座山药之别，胡萝卜等为多。果菜以南瓜、北瓜、黄瓜、红瓜、冬瓜、丝瓜、苦瓜。茄子有羊角茄、合包茄二种。蕃椒又名辣子，有长辣、灯笼辣、纽子辣数种等。俱作食品用之。（楚雄旧志全书"禄丰卷下"民国《广通县地志》第 1420 页）

蔬类：韭、薤、蒜、茴香、芹、苋^{有红、白、马齿三种}、劈兰、芋、茄、莱菔^{即萝卜，有红白黄三种}、波（菠）菜、生菜、茨菇、著（薯）芋、辣子、龙爪菜、白脚菜、毛菇、山芹、木櫑子、罗兔菜、刺头菜、叶苦菜、竹笋、铃铛菜、菌、苦罗芣、香蕈、鸡㙡、木耳、麦兰菜、梨蒿菜、茼蒿、荇菜、水芹。（昭通旧志汇编本乾隆《恩安县志稿》卷 3 第 36 页）

蔬之属：有芥，俗谓冲菜，又名辣菜，气味辛烈，子研末可入药。芹，俗谓香芹，有白茎、绿茎者。韭，一名起草，植而久生，芽、叶、苞与花均可食。葱，一名和事草，又名香葱。姜，母为老姜，芽为子姜。蒜，又称胡蒜，苗、叶、台（薹）及蒜瓣均可食，有独蒜、大蒜二种，味辛辣。芫荽，又称香菜。叶细而绿，花小而白，性热，气辛。芸薹，即油菜，子可榨油。白菜，即菘，有裹心白、大头白、黑二英三种，味甘，经霜尤美。青菜，即苦菜，一种高二尺许，叶圆柄长而色绿；一种较小，叶有毛刺，味微苦。花英菜，与青菜同类，叶缘有锯齿形，色淡绿。牛皮菜，与青菜同类，色深绿间红色，叶肥厚，有绉纹，产山地内。菠菜，又名赤根菜。东苋菜，有红、绿二种。同蒿菜，形、气同于蓬蒿。藜蒿，产四乡田中，人鲜食之。茴香菜，细叶如荽，子为小茴，可入药。莴苣菜，即莴笋，又名僧菜。莱菔，即萝卜，有红白二种，红者又有胭脂色。胡萝卜，俗称黄萝卜，叶类青蒿，色黄红，长约五六寸，大者盈尺，元（朝）时始自胡地来，故名，花白成簇。墨兰菜，多生麦地，采作腌菜，味清香，晒干尤佳。荠菜，处处有之，味甘气美。马齿苋，一名野苋菜，味与家苋同。野芹菜，生田边，采而酸之，气味均美。甘蓝，形圆，味甘。莲花白，形类莲花，包裹极紧。茄子，有紫白二种，又名酪酥。辣子，又名海椒。味辛辣，有牛角辣、灯笼辣二种。甘露子，形圆而长，一粒数台，又称台磴。慈菇，一作茨菰，根白色，其苗似剪刀，有"箭搭草"、"燕尾草"之名。葵瓜，又名导菰，甘嫩佳美。地笋，如竹有节，性肥而美。茅菇，气香，用和酱醋。以上皆属天产。（昭通旧志汇编本民国《昭通志稿》卷9第260页）

蔬类：葱、蒜、韭、薤、芹、蕨、苋、茄、芋、姜、菌、瓠、芥菜^{俗名青菜}、芥、白菜、菠菜、茭笋、韭、茨菇^{味甜}、葫芦、红萝葍、茴香、云板署（薯）、茼蒿、红署（薯）、黄秧白、莲花白、秦椒^{俗名辣子又名醯椒}、碧兰。（昭通旧志汇编本嘉庆《永善县志略》卷1第752页）

蔬属：葱^{火葱、葱二种香}、茴蒴、韭、薤^{俗名小蒜}、蒜、青菜、莱菔^{俗名萝葍，有红黄白三种}、菠菜、莴苣、香芹、罗鬼^{俗名姨妈菜，即前胡}、水芹、苦荬^{俗名苦马}、苋^{红、白、马齿三种}、胡荽^{俗名延荽}、茼蒿、麦槛、老蒿^{产山中，味同茼蒿}、白脚菜^{年饥采食}、茄子、辣子、葫蘆、瓠、芋、慈菰、筇竹笋、茨竹笋、方竹笋、王瓜、南瓜、北瓜^{一名生瓜}、金瓜、苦瓜、菜瓜、薯蓣^{俗名苕，有脚板、牛尾、黏薯、炕苕诸种}、薑、茴香、菌头数种^{有黄丝、青}、玉笋、木耳。（光绪《镇雄州志》卷5第56页）

蔬类：韭、葱、蒜、白菘^{土名白菜}、油菜、青菜、姜、芹菜、茼蒿、茄子、白萝卜、红萝卜、茨菇、甘薯、魔芋、洋芋、芋子、荽（土名芫荽）、香芹、牛皮菜、菠菜、苋菜、茴香、莴苣、白菜（土名莲花白或包包白）、百合、茭笋、掰兰、蕃椒（土名辣子）、花椒、芥菜。（昭通旧志汇编本民国《巧家县志稿》卷6第673页）

园蔬：品芋（亦称人头芋）、蕨苔（产高山）、磨（魔）芋（一片末屑可成数十斤）、三耳菌（味极香）、三踏菌、木耳、竹参（味极肥美）。（以上属特别蔬）莲花白、黄秧白、牛皮菜、血皮菜、无心菜、红萝卜、茼蒿菜、红油菜、白油菜、介蓝菜、白萝卜、莴机（苣）菜、芜菁（大头菜）、波菜、白苔、青菜、莲花芋、牛尾苔、葫芦、东瓜、南瓜、西瓜、茎蓝、瓠瓜、黄瓜、苦瓜、丝瓜、茭瓜、茄子、薜椒、豇豆、刀豆、四季豆、八月豆、泥巴豆、茴香、茨菇、芫荽、椿尖、藿香、生姜、韭菜、香芹、蒜、蒜叶、蒜苔、香葱、苦笋、慈竹笋、石竹笋、罗汉笋（产五区）、羊角菜、藕、沙耳、莴苣、苦蕹、豌豆尖（以上属普通蔬）（昭通旧志汇编本民国《绥江县县志》卷3第904页）

蔬类：白菜、包白菜（即裹心白）、莲花白、青菜（即苦菜）、菠菜、苋菜、芹、冬苋菜、芥蓝菜、牛皮菜、菱角菜、莴苣、茄、茭笋、番茄、萝卜、黄萝卜（即胡萝卜）、慈菇、地纽子（即甘露子）、油菜（有红白二种，即芸薹，嫩叶可食实可榨油）、茼蒿、大头菜（又名芥菜）、南瓜、丝瓜、苦瓜、冬瓜、黄瓜（即胡瓜）、地瓜（即土瓜）、瓠瓜（即葫芦瓜甜者可食）、黄豆（即大豆）、绿豆、饭豆、蚕豆、菀豆、豇豆、扁豆（即白茶豆）、刀豆（即荷包豆）、四季豆、泥鳅豆、芋（分山芋、水芋、莲花芋、品芋）、洋芋、薯蓣（俗名白苕）、红苕（即甘储）、马铃薯、山药、辫蓝、百合、藕、落花生（供食又可榨油）、胡麻（即脂麻可榨油）、芫荽、茴香、辣椒、花椒、姜、葱、蒜、韭、薤、笋（详后）、魔芋（详后）、粟米（果实甚细，形圆，有红三种，多以之作糖）、豆芽。（昭通旧志汇编本民国《盐津县志》卷4第1694页）

白菜

白菜，本草谓之白菘，味甘，性凉，无毒。去鱼腥、和

中、消食、解酒、利肠胃。多食发肤痒，胃寒。有足疾者勿食〖如多食伤者，姜能解之〗。(《滇南本草》第 329 页范本)

黄芽白菜，味〖甘〗微酸，性微寒。走经络，动痰火，利小便。(《滇南本草》第 335 页务本)

菘，性凌寒，晚凋，四时青绿，有松之操，即白菜也。滇以会城所产者为最，其蒙化菘食之亦无渣。今鸡山地寒，菘至大者不过盈尺，醋烹食则脆冽美口，煮食嚼久有丝，但甘芳甚他处。(《鸡足山志》卷 9 第 362 页)

白菜，滇中白菜，各郡皆有，而阿迷州者尤胜，味不减于直隶、安肃菜也，甘美愈于肥鲜。昔人题画菜云：不可使百姓有此色，不可使士大夫不知此味。滇中百姓固未尝有此色，而士大夫固谁不愿知此味也。(《滇南闻见录》卷下第 31 页)

白菜，《滇南本草》：味甘，性平，消痰，止咳嗽，利小便，清肺热，利肠胃，除胸中烦热，解酒去鱼腥，消食下气，如多食伤者，姜能解之。(道光《云南通志稿》卷 67《通省》第 10 页)

白脚菜

白脚菜，《镇雄州志》：年饥可食。(道光《云南通志稿》卷 70《昭通府》第 38 页)

菠菜

菠菜，〖一名红根菜〗，味甘微辛，性温。入脾、肺二经。祛风明目，开通关窍，伤利肠胃，〖解酒，通血〗。按：菠菜伤肠胃，伤风者忌食，引风邪入脏腑〖经络〗，令人咳嗽多不止。(《滇南本草》第 361 页丛本)

葱

葱白，味辛，性温。入手太阴经，入足阳明经，引诸药游于四经，专主发散，以通上下阴阳之气。伤寒头疼用之良效，〖伤寒头疼用葱、姜＜拌＞酱生吃效。少阴下利，清谷气，表热＜里＞寒，古人白通汤主之，亦有葱白之名〗。忌同蜜吃，吃之令腹疼、呕吐，多吃昏神，致伤性命，切忌相犯。（《滇南本草》第 575 页务本）

蕃茄

蕃茄 有垂实三颗而同一蒂者，产于布政司之后圃，与嘉莲同时，识者以为丰年之兆，已而果然。（景泰《云南图经志书》卷 1《云南府》第 4 页）

甘露子

甘露子，《绀珠》：甘露子一名地蚕，生土中，如小蚕，如耳环，酱食脆美。（道光《云南通志稿》卷 67《通省》第 14 页）

高河菜

海菜 产于苍山顶高河内，一名高河菜，茎红叶青，状如芥菜，五六月间，军民采之，浇以沸汤，其味甚辛辣。盖高河乃龙湫之所，土人相传云：凡采此菜者，宜密尔取之，若高声云，则雾骤起，风雨卒至。未审的否。（景泰《云南图经志书》卷 5《大理府》第 262 页）

高河菜 点苍山高河出，茎红叶青，味甚辛辣，五六月采之。土人相传，凡采此菜，登山约十里许，必按稻皮以识路，又须默行，若作声则云雾便起，风雹卒至，盖高河乃龙湫也。（正德《云南志》卷 3《大理府》第 169 页）

高河菜，似芹，菹之良，出点苍之高河，故名。相传云，采者不可有声，声则致雷雨。（《滇略》卷 3 第 234 页）

洱海，……苍山绝顶有高河菜，七八月生，红茎碧叶，味辛如芥。（《滇游记》第 7 页）

高河菜 出苍山高河泉，茎红叶绿，味辛香，五六月采之，不可多得。（康熙《云南通志》卷 12《大理府》第 227 页）

点苍山，……又有高河菜，红茎碧叶，味辛如芥，七八月生。（《滇南闻见录》卷下第 9 页）

杉木和，……点苍山有草，类芹，紫茎，辛香可食，呼为高和菜，亦南诏旧名。（《滇游续笔》第 463 页）

高河菜，陈鼎《滇黔纪游》：苍山绝顶有高河菜，七八月生，红茎碧叶，味辛如芥。旧《云南通志》：出苍山高河泉，茎红叶绿，味辛香，五六月采之，不可多得。《古今图书集成》：若高声则云雾骤起，风雨卒至，盖高河乃龙湫也。桂馥《札樸》：点苍山有草，类芹，紫茎，辛香可食，呼为高和菜，盖沿南诏旧名也。（道光《云南通志稿》卷 69《大理府》第 12 页）

高河菜，生大理点苍山。《滇黔纪游》云：七八月生，红茎碧叶，味辛如芥。桂馥《札璞》：苍山有草类芹，紫茎，辛香可食，呼为高和菜，沿南诏旧名。《古今图书集成》引旧志云：若高声则云雾骤起，风雨卒至，盖高河乃龙湫也。余遣人致其腊者，审其叶多花叉，参差互生，微似菊叶而无柄，味亦不辛，却有清香。渍之水，水为之绿；以为菹，在菘、芥之上；以烹肉，绝似北地乾菠菜而加清隽，诚野蔬中佳品也。但苍山高峻，传闻皆以为不易得，而此菜制如家蔬，或以鹜更鸡耶？抑有老圃移而滋之于圃耶？顾其色味皆佳，每咀嚼之，辄曰：纵未得真高河菜，得此嘉蔬，亦足豪于啗断数十罋黄酸菹者。《琅盐井志》中有嫩菜，七八月治地布种，不须灌溉，至冬可茹，状微相类，而老茎柴瘠，几同乾藁矣。吾乡凡菜不经移种者，皆曰嫩婆菜，以不经培薙，则生机速而易老，科本密而多腊，故老圃贱之。而《琅井》之菜，独以嫩得名，然则人之以嫩成其高者，得无如高河菜之孤据清绝，令人仰其卧雪吸云而不易致，而《琅井》之蔬，不假剔抉，乃全其天真也耶？翟汤对庾亮曰：使君自敬其枯木朽株。然则对斯菜也，亦当推食起敬。（《植物名实图考》蔬类卷6第143页）

海菜

莼菜 产于州北之滇池。上青下白，长丈余，季秋之月，浮于水面，土人采而烹食之。（景泰《云南图经志书》卷1《云南府·昆阳州》第57页）

临安府蒙自县，……长桥海，县东二十里……又二十里为突波海，中多鱼虾、海菜。（《读史方舆纪要》卷115第5105页）

又滇池海菜，其根即莼。（《滇海虞衡志》第193页）

海菜，《蒙自县志》：滇以池沼为海，凡水藻即谓之海菜，茎头开花，无叶，长丈余，细如钗股，卷而束之成抱，以鬻于市，曰海菜，可瀹而食之也。檀萃《滇海虞衡志》：海菜，其根即蓴。（道光《云南通志稿》卷69《临安府》第20页）

海菜，生云南水中。长茎长叶，叶似车前叶而大，皆藏水内。抽葶作长苞，十数花同一苞。花开则出于水面，三瓣，色白；瓣中凹，视之如六，大如杯，多皱而薄；黄蕊素萼，照耀涟漪，花罢结尖角数角，弯翘如龙爪，故又名龙爪菜。水濒人摘其茎，炒食之。《蒙自县志》：茎头开花，无叶，长丈余，细如钗股。卷而束之，以鬻于市，曰海菜，可瀹而食。盖未见植根水底，漾叶波际也。《滇海虞衡志》以为其根即蓴，则并不识蓴。考《唐本草》有薢菜，叶似泽泻而小，形差相类。语即未详，图亦失真，不并入。（《植物名实图考》水草卷17第442页）

胡萝卜

胡萝卜，分红、黄二种。红犹内地，黄则长至二三尺。（《滇海虞衡志》第 291 页）

胡芦卜，檀萃《滇海虞衡志》：胡芦卜，分红、黄二种，红犹内地，黄则长至二三尺。（道光《云南通志稿》卷 67《通省》第 10 页）

蘘香

蘘香附，古称八月珠者，谓蚌见月则生光，肉见蘘则回香也。（《鸡足山志》卷 9 第 363 页）

黄花子

黄花子，生荒野中，大叶黄子，子上〖有〗黑点，开黄花，可作菜食。〖味甘酸，无毒〗。治一切阴虚火盛，脱阴脱阳之症，神效。同五味、盐炒焦下饭。久吃令人白胖，延年益寿。〖又能益胃健脾〗。（《滇南本草》第 963 页务本）

黄花子，《滇南本草》：生于荒野，大叶黄子，子上有黄色点，花开黄花，可作菜食，治一切阴虚火胜，脱阴脱阳，服之神效。又能益胃健脾，肥胖悦颜，久食益寿延年，返老还童。（道光《云南通志稿》卷 67《通省》第 16 页）

灰挑菜

灰挑银粉菜,〖又名灰挑叶、灰汞草〗。生有水处,绿叶细子,叶上有银霜。〖味辛〗。〖采取主治一切五痔漏疮,煎水洗之,其效如神。即治癫亦佳〗。作菜食,令人无噎食反胃,煎汤食,治赤眼肿疼,洗眼去风热。(《滇南本草》第 359 页务本)

灰挑银粉菜,《滇南本草》:味辛,生有水处,绿叶细子,叶上有银霜,作菜食,令人无噎隔反胃,煎服,治火眼疼痛;洗眼,治风热即愈。(道光《云南通志稿》卷 67《通省》第 18 页)

姜

三宝姜,《香祖笔记》:台湾"凤山县有姜,名三宝姜。相传明初三宝太监所植,可疗百病。"按:爪哇商埠曰三宝垄,亦以三宝太监而得名。三宝即三保,三保即郑和,郑和即马和。《明史·暹罗传》云,其国有郑和庙。(《滇绎》卷 3 第709 页)

无丝姜,产妥上,形如普通之姜,惟肉内无丝,味较他产为美,五千担,食品。(楚雄旧志全书"双柏卷"民国《摩刍县地志》第 296 页》)

芥菜

芥菜,味辛,性温。利九窍而开胃化痰。(《滇南本草》第 333 页范本)

芥菜_附，食其根之大头，芬辣，可作菹。盐干之，宜醋。叶不如青菜美，其子即白芥子，紫色者虽辣，不化痰导气。（《鸡足山志》卷9第362页）

韭菜

山韭菜〖一名长生草〗，一名不死草，一名野韭菜，一名野麦冬，一名书带草。生山中，形似家韭，其叶稍大。〖味甘〗，作菜食，能养血健脾，强筋骨，增气力。连根捣汁，治跌打损伤，敷患处，〖可散瘀血而止疼痛〗。根，同赤石脂捣烂，晒干为末，〖擦〗刀斧伤，〖生肌长肉〗，神效。此刀伤之圣药也。（四时常青，不畏霜雪，不开花，不落叶，作盆景佳。）（《滇南本草》第573页务本）

韭菜，味辛咸，性温，温中下气，补虚益阳，〖补〗肾兴阳，泄精，〖除〗噎散结，主治吐血、衄血、尿血，生捣汁服，除胃脘瘀血，熟吃滑润肠胃中积，或食金、银、铜、〖铁、锡〗器于腹内，吃之立下。昔一妇人，误吞金手圈一个于肚内，得此方服之，金手圈从大便中韭菜裹之，同粪而出。韭菜子（焙黄去白皮），味辛咸，性温。补肾肝、暖腰膝、兴阳道、治阳痿。种玉方中不可无。妇人多食，生白淫白带。按韭菜多食动痰、动邪火、兴阳泄精；妇人多吃生白带。同牛肉食，令人生嘈杂病，昏神、昏眼目。（《滇南本草》第577页务本）

山韭_附，韭为起阳草，而山韭则蓸^{音育}之属，谓为灯心苗者，非。尝读金幼孜《北征录》，北边多芸苔，戎地多野韭、沙葱。许慎《说文》谓韰^{音纤}，即山韭也。《韩诗》六月食郁及薁，谓山韭矣。鸡山近泽，产此，极肥嫩，惜僧持戒不食，当春雨剪之，以饷游客可也。（《鸡足山志》卷9第362页）

韭菜，四季皆有，常嫩不老，茎叶纤细，不如吾乡之肥

美。鹤庆州有一种黄韭，乃韭芽也。色黄不白，想系郁蒸所
致，柔韧而不脆，视吾乡韭芽，远弗如也。（《滇南闻见录》
卷下第 32 页）

滇南韭菜，涉冬既腴如黄芽，其值甚贱，入春则老矣。阿
迷出黄芽菜与石榴，颇为官民累，不如落地松、草麻子大济于
地方。近省城亦种黄芽，以所从来者近，不之异也。（《滇海
虞衡志》第 287 页）

山韭，《尔雅》：藿，山韭。《千金方》始著录，今山中多
有之。……滇南山韭，亦似灯心草，《滇本草》一名长生草，
味甘，能养血，健脾，壮筋骨，添气力，根汁治跌损，同赤石
脂捣擦刀斧伤，为金疮圣药。（《植物名实图考》蔬类卷 3 第
77 页）

韭，檀萃《滇海虞衡志》：滇南韭菜，涉冬如黄芽，其值
甚贱，入春则老矣。《滇南本草》：山韭菜，一名长生草，味
甘，生山中，形似家韭，其叶稍大，作菜食，能养血健脾，壮
筋骨，添气力。连根捣汁，治跌打损伤，敷患处，根同赤石脂
捣烂擦刀斧伤，生肌长肉，金疮圣药。（道光《云南通志稿》
卷 67《通省》第 10 页）

韭花，《临安府志》：土产，为滇中之所独。（道光《云南
通志稿》卷 69《临安府》第 20 页）

蕨菜

蕨菜，味甘滑，性冷。主治去暴热，利水，兼令气下降。
（《滇南本草》第 316 页范本）

蕨，《尔雅》合蕨虌为称。盖周秦呼蕨。初生无叶，状如
雀足之拳，又如人足之蹶。然而多食令人气蹶，厥是以名蕨
也。若秦鲁称虌，谓以其初生似虌足者，未若以其食之久，类
虌甲可以破瘕痞为宜耳。《诗》云：陟彼南山，言采其蕨。
《尔雅》称月尔三苍。郭璞曰：尔者蘩花也。盖谓月三苍其花

焉。今蕨老而后始苍，其花尚未识曾三否。蕨萁，其苗拳，渐开如萁之曲敛，紫肥圆握，渐长则拳渐开，及老，拳开作叶。茎长一二尺，其叶类凤尾蕉矣。当紫肥时，采之作蔬，甘滑可食。蕨粉，冬十月采根，于水缸中安一平石，于石上捣烂，初稍投以灰硷，再三澄之，去净鹹味，再间时换水，去其酸苦，晒干则粉成矣。入馅作粔籹可食，或以平底器盪薄皮，切作线下汤食，其色淡紫，美滑宜口。迷蕨，味苦，须灰汤煮去涎滑乃可食，否则迷闷，食人嗜卧。水蕨，生水中，比山蕨稍肥大，《吕氏春秋》谓菜之美者，有云梦之萱者是也。（《鸡足山志》卷9第361页）

滇蕨满山，高至三四尺，肥极。土人但知摘蕨拳，不知洗粉。闻宣威颇知洗之。若人皆知洗，又为地方增一货物也。（《滇海虞衡志》第292页）

蕨，檀萃《滇海虞衡志》：滇蕨满山，高至三四尺，肥极，土人但知摘蕨拳，不知洗粉，闻宣威颇知洗之。（道光《云南通志稿》卷67《通省》第13页）

蕨粉，《镇雄州志》：产荒山中，春时采其根，锤和水淘浆，滤入木槽，澄粉为食，年饥则竞取之。（道光《云南通志稿》卷70《昭通府》第38页）

蕨，檀萃《滇海虞衡志》：蕨满山，高至三四尺，肥极，土人但知摘蕨拳，永北、宣威颇知洗粉。采访：顺宁有水蕨，较肥。（光绪《续修顺宁府志》卷13第4页）

蕨粉：蕨系多年生草本，叶为复叶，茎弱，长二三尺。本县各高山荒野皆产，俗名米蕨箕。春时蕨拳出土肥嫩，人多摘作蔬食。其地下茎富淀粉，山民每于六七月耕薅之余，掘土至尺许，取其茎，就溪水涤净，捣于石臼，令碎烂，和水淘诸盆桶中，以棕或布滤其浆汁入木槽，待沉淀去水取粉置碗中。盐津特压裹作扁球形，晾干曰蕨粉，同于藕粉，可供常食。调煮便易，运销远近城镇，有作赠品者。其滤过蕨渣可和包谷磨细作（做）粑充饥，荒年则竞取之，是为救荒之植物。（昭通旧志汇编本民国《盐津县志》卷4第1697页）

苦马菜

苦马菜，〖一名羊奶菜〗。味苦，性大寒。纯阳之物，得向阳之处则生，〖凉血〗。〖治血热妄行〗。止一切血症：吐血、〖呕血〗、咯血、咳血、衄血、大肠下血、女子逆经倒血。消痰，消瘿瘤，消咽喉结气，化痰毒，洗疮毒。（《滇南本草》第 238 页丛本）

莲花菜

今洱河东有上沧湖，产莲花菜，是其迹也。是为第五化。（《云南古佚书钞·白古通记》第 65 页）

莲花菜，《古今图书集成》：莲花菜，出大理府洱河东上沧湖。相传蒙诏时，观音大士化箭镞所成。（道光《云南通志稿》卷 69《大理府》第 13 页）

龙须菜

龙须菜 出浪穹县上江嘴急流中，色青紫，细长如龙须，性极冷，土人食之甚脆美。（正德《云南志》卷 3《大理府》第 169 页）

石花菜、龙须菜。俱顺州出（正德《云南志》卷 10《鹤庆府》第 426 页）

萝卜

萝卜〖即莱菔〗，生味辛，熟味甘，性温，入脾肺二经。

宽中下气，消宿食，解香油毒，治麦面积，〖熟〗吃之，醒脾气，化痰涎，〖解酒消食、利五脏而补中〗，生吃破血、〖宽肠〗、动〖痰〗、逆气上升、咳嗽忌用。莱菔子，即萝卜子，味辛，性温，入脾肺二经，下气宽中，消膨胀，消痰涎，消宿食，消面积滞，降痰，定吼喘，攻肠胃积滞，治痞块，治单腹疼。（《滇南本草》第339页丛本）

莱菔，即萝卜。有红、紫、白三种，以白者多供蔬食。近山之邓川州，以红萝卜切丝，可以染红纸。此即《尔雅》葖突是也。凡萝卜之性，宽中开胃，制麪毒。陶氏谓不中食理，谓生食丧人真气。其子名莱菔子，消食化痰，散郁气。（《鸡足山志》卷9第363页）

萝卜，白萝卜长年皆有，味美，春日不老，冬日不空，比吾乡所产为胜。（《滇南闻见录》卷下第31页）

莱菔，俗名萝卜，厂名萝白。滇产白者，其细腻固可佳，而江者奇益甚。凡红皮必内白，天下皆然，而滇之红萝白，通透玲珑，中间点微红，如美人劈破胭脂脸，最可爱玩。至其内外通红，片开如红玉板，以水浸之，水即深红。粤东市中亦卖此片，然犹以苏木水发之，兹则本汁自然之红水也。罗次人刨而干之，以为丝拌糟，不用红曲，而其红过之。（《滇海虞衡志》第295页）

芦菔，旧《云南通志》：俗呼萝白，有红、黄、白三种。檀萃《滇海虞衡志》：莱菔，俗名萝卜，厂名萝白，滇产白者，其细腻固可佳，而红者奇益甚。凡红皮必内白，天下皆然，而滇之红萝白，通体玲珑，中间点微红，如美人劈破胭脂脸，最可爱玩。至其内外通红，片开如红玉板，以水浸之，水即深红。粤东市上亦卖此片，然犹以苏木水发之，兹则本汁自然之红水也。罗次人刨而干之，以为丝拌糟，不用红曲，而其红过之。（道光《云南通志稿》卷67《通省》第10页）

红萝卜，《通海县续志》：菜各种俱出，惟黄龙山所产红萝卜，表里皆赤，长二尺许，他处所无，即以其种移他处亦变，然不可煮食。通人以盐渍透入瓶中，一月后作小菜。（道

光《云南通志稿》卷69《临安府》第19页）

蘆萉，旧《通志》：俗呼萝白，有红、黄、白三种。顺宁无黄、红者。（光绪《续修顺宁府志》卷13第5页）

蔓青

雟州界缘山野间出菜，大叶而粗茎，其根若大萝卜。土人蒸煮其根叶而食之，可以疗饥，名之为诸葛菜。云："武侯南征用此菜子莳于山中，以济军食。"亦犹广都县山栃木谓之诸葛木也。《太平御览》卷九百八十《菜茹》五引。（《云南古佚书钞·云南行记》第24页）

蔓菁^{俗呼曰圆根，状如萝卜，土人食之}。（景泰《云南图经志书》卷5《丽江府·通安州》第315页）

圆根^{即蔓菁，俱府境出}。（正德《云南志》卷11《丽江府》第475页）

蔓菁^附，武侯南征，采之以饱士卒，故滇人呼为诸葛菜。《诗·谷风》：采葑采菲。毛苌注云：葑，须也。即南人所谓须购，盖萝卜之嫩者。《礼·坊记》：葑，蔓菁也。陆机谓葑为芜菁，则芜菁即蔓菁矣。状同萝卜，惟扁圆。味生食甜带辣，煮之则甜甚。番语呼为沙吉木儿。（《鸡足山志》卷9第363页）

蔓菁，刘禹锡《嘉话录》：诸葛武侯行军所止，必令兵士皆种蔓菁，云有六利：才出甲可生啖，一也；叶舒可煮，二也；久居则随以滋长，三也；弃不吝惜，四也；回即易寻而采之，五也；冬有根可劚食，六也。故蜀人呼蔓菁为诸葛菜。袁滋《云南记》：雟州界缘山野间有菜，大叶而粗茎，其根若大萝卜，土人蒸煮其根叶而食之，可以疗饥，名之为诸葛菜，云武侯南征，用此菜莳于山中，以济军食，亦犹广都县山栃木谓之诸葛木也。（道光《云南通志稿》卷67《通省》第11页）

蔓菁，《鹤庆府志》：大如盂盂，俗传诸葛行军所遗。《丽江府志》：俗名圆根，状似萝卜，味微苦，大者如盘，宜播生土，夏种冬收，户户晒干囤积，务足一岁之用。菽饎种粥外，饔飧必需，惟广积之家，用以代料饲马。复生菜，《丽江府志》：即蔓菁再发芽，腌酸，可久藏。（道光《云南通志稿》卷69《丽江府》第45页）

嫩菜

懒菜，以七八月治地布种，不须灌溉，至冬自能，肥脆可茹。（楚雄旧志全书"禄丰卷下"康熙《琅盐井志》卷1第1047页）

嫩菜，《琅盐井志》：七八月治地布种，不须灌溉，至冬自能，肥脆可茹。（道光《云南通志稿》卷69《楚雄府》第25页）

苤蓝

苤〖蓝〗，味辛涩。治脾虚火盛，中〖膈〗存痰，腹内冷疼。又治小便淋浊。又治大麻风、疥癞之疾，〖服之立效〗。生食止渴化痰，煎服治大肠下血。烧灰为末，治脑漏鼻痔。吹鼻治中风不语。叶可敷恶疮，〖皮治淋症最效〗。（《滇南本草》第327页务本）

苤兰，《滇南本草》：味辛涩，治脾虚火盛，中膈存痰，腹内冷痛，夜多小便。又治大麻疯癞等症，服之立效。生食止渴化痰，煨食治大肠下血。烧灰为末，治脑漏鼻痔，吹鼻治中风不语。取叶贴疮，皮治麻症最效。（道光《云南通志稿》卷67《通省》第17页）

荠菜

〖荠〗菜，味〖微〗辛苦，性平。清肺热，消痰，止咳嗽，除小肠经邪热，利小便。（《滇南本草》第 337 页丛本）

茄子

茄子，味甘寒，治寒热，五脏〖劳〗症，瘟疾尸劳。用醋磨敷肿毒，散血，止乳疼，消肿，宽肠；烧灰米汤饮，治肠内风下血不止及血痔。多食损目，肚疼下痢；妇人多食伤子宫；又治偏坠如神。又京墨〖文〗蛤入茄内，三旬取墨乌须。〖根、叶，治冻疮，蒸热治瘫痪〗。（《滇南本草》第 523 页务本）

茄子附，村宝《拾遗录》曰：落苏也。即《太平御览》所谓崑崙紫瓜。（《鸡足山志》卷 9 第 364 页）

茄，《滇南本草》：味甘寒，治寒热，五脏痨症及瘟疫症，用醋磨敷肿毒，散血，止乳痛，消肿宽肠。烧灰米汤下，治肠风下血及血痔。梗叶治冻疮，蒸熟治瘫痪。多食损目，令人肚腹下痢。女人多食，伤子宫偏坠。京墨文蛤，入茄子内，三旬取墨，乌须发甚效。（道光《云南通志稿》卷 67《通省》第 17 页）

白茄，《云南府志》：出安宁。（道光《云南通志稿》卷 69《云南府》第 4 页）

芹菜

香芹 州之罗波村，其民每岁之春，莳芹苗于田，至夏乃盛，取为蔬茹，其味甚美，以为上品。（景泰《云南图经志

书》卷1《云南府·安宁州》第53页）

云芎，俗名芹菜，川为川芎，理为理芎。味辛，性温，入肝、肺二经，发散疮痛，攻疮毒，治湿热，止头疼，祛风。滇中作菜食，肚腹有积滞，食之令人发病。南芹菜，味甘，〖性平。补中益气，兼治黄胆，亦〗治妇人赤白带下，〖烦燥最良〗，同南苏叶煎服。（《滇南本草》第462页务本）

蒔萝_附，叶类川芎，子细如罂粟子。香类蘹香子，又浅带川芎气，可以作食品中香料。即波斯国马芹子也。（《鸡足山志》卷9第363页）

南芹菜，《滇南本草》：味甘，治妇人赤白带下，同南苏煎汤服之。（道光《云南通志稿》卷67《通省》第18页）

蒔萝，《云南府志》：出昆明，俗名芹菜，又名鱼芎。（道光《云南通志稿》卷69《云南府》第3页）

青菜

青菜，一名苦菜。味苦，性大寒。〖解五经之邪热〗，凉血热、寒〖脾〗胃，发肚腹中诸积，利小便，〖不可多用〗。（《滇南本草》第331页务本）

青菜^{即青菘也}，茎不如白菜宽，叶并茎皆绿。山中四时所食，惟此多，其为咬断菜根，百事可做，但一大事因缘为难耳。（《鸡足山志》卷9第362页）

青菜，青菜梗叶皆青色，味微苦，煮之易烂，调和食之，风味甚佳，不让于白菜也。（《滇南闻见录》卷下第31页）

苦菜，陶宏景《名医别录》：苦菜，生益州川谷山陵道旁，凌冬不死。（又）益州有苦菜，乃是苦蕺。《滇南本草》：味苦寒，清火，不可多用^{唐慎微《本草》注：龙葵，即苦菜，叶圆花白，但堪煮食，不堪生啖。}。（道光《云南通志稿》卷67《通省》第11页）

苦菜，《滇南本草》：味苦寒，清火，不可多用。（光绪

《续修顺宁府志》卷 13 第 4 页）

石花菜

石花菜^{出北胜州}。（康熙《云南通志》卷 12《大理府》第 227 页）

石花菜，寻甸水中，产石花菜，叶细而薄，与南海所产紫菜相似。色深绿，质柔纫，晾乾成片，食时以温水泡之使润，浸以醋，用虾米拌食，颇有风味。（《滇南闻见录》卷下第 31 页）

《范志》又载石发菜，则蔬属也。滇之石花菜，即海之紫菜，生于石上，作汤碧绿可爱，味亦佳，蒙自、禄劝均出之。（《滇海虞衡志》第 288 页）

石花菜，檀萃《滇海虞衡志》：石花菜，即海之紫菜，生于石上，作汤碧绿可爱，味亦佳，蒙自、禄劝俱出之。（道光《云南通志稿》卷 67 第 12 页）

石花菜，旧《云南通志》：永北出。（道光《云南通志稿》卷 70《永北直隶厅》第 43 页）

石花菜，檀萃《农部琐录》：出甲甸溪河中石上，即石苔也，似海中紫菜，而其色碧。（道光《云南通志稿》卷 70《武定直隶州》第 50 页）

石花菜，旧《志》缺。今采访：顺宁有石花菜，生于石上，作汤碧绿可爱，味亦佳。（光绪《续修顺宁府志》卷 13 第 3 页）

第三十三课《石花菜》：石花菜产溪涧中或阱沟水浸处。摇动无枝干，故其叶无损伤，其根用以附岩石，不用以吸养料。养料则自全体吸收之，形类苔，食之可解暑毒，属藻类，为隐花植物。（楚雄旧志全书"元谋卷"光绪《元谋县乡土志》修订本卷下第 402 页）

石花菜，产雨上，色绿，形如地衣，七十觔，食料。（楚

雄旧志全书"双柏卷"民国《摩刍县地志》第296页)

树头菜

树头菜^{出石屏}。(康熙《云南通志》卷12《临安府》第226页)

树头菜,旧《云南通志》:石屏者佳。(道光《云南通志稿》卷67《通省》第12页)

树头菜,《滇志》石屏者佳。树色灰赭,一枝三叶,微似楷木叶。初生如红椿芽而瘦,味苦。临安人盐渍之以为菹。与黄连茶即楷树芽,皆取木叶作蔬,咀其回味,如食谏果也。(《植物名实图考》木类卷36第844页)

树头菜,旧《志》缺。今采访:顺宁有树头菜,其味苦有刺,治一切热毒。(光绪《续修顺宁府志》卷13第3页)

数珠菜

数珠菜,《鹤庆府志》:生江中,形类念珠,因赞陀投念珠,泄水后,江中即生此菜。(道光《云南通志稿》卷69《丽江府》第45页)

蕺菜

蕺菜^{出建水山谷,叶嫩味佳}。(康熙《云南通志》卷12《临安府》第226页)

蕺菜,《他郎厅志》:菜梗中空。(道光《云南通志稿》卷70《普洱府》第3页)

宿根茄

宿根茄，《范志》谓茄冬不凋，明年结实，而滇不独茄为然也，扁豆亦能宿根，春即发花，二、三月间，已有新扁豆，而草麻且长成大树，可以登援。（《滇海虞衡志》第 288 页）

蒜

大蒜，味辛，性温，有小毒，祛寒痰，久吃生痰动火，兴阳道，泄精，少用健〖脾〗胃，消谷食，化肉食，解水毒。按：大蒜，胃中有痰积，食之令人肚腹疼、呕吐、气胀，有胃气疼者忌食，食之发胃气疼，咳嗽忌食；有背寒面寒者忌食。久食令人昏神，昏眼目，动肝气，多食伤脾。青蒜，味辛，性温，醒脾气，〖消肉积〗，消谷食，动痰，动气膨胀，〖解百毒，敷疮神效〗。按：青蒜多吃令人胃中痰动，心胃嘈杂，伤肝昏眼目，咳嗽忌食。（《滇南本草》第 579 页务本）

己卯三月初十日……湖中渚田甚沃，种蒜大如拳而味异。（《徐霞客游记·滇游日记八》第 1004 页）

蒜，《滇南本草》：味辛微寒，治肺中生痰咳嗽。此蒜有去痰之功，解百毒，敷疮如神，多食，昏神损目。（道光《云南通志稿》卷 67《通省》第 10 页）

和尚蒜，旧《云南通志》：出府境。（道光《云南通志稿》卷 69《丽江府》第 45 页）

蒜，《滇南本草》：味辛辣，性微热，治肺中生痰咳嗽。此蒜有去痰之功，解百毒，敷疮如神，多食昏神损目。又有小蒜。（光绪《续修顺宁府志》卷 13 第 3 页）

甜菜

甜菜,〖一名牛皮菜〗,味甘,性平。入阳明经。〖治中<膈>冷痰,胸中食积,不宜多食〗,发胃,动痰,走经络。按:甜菜吃之,有损无益,动肝气,发胃气〖疼,发背寒、面寒〗,发痰火筋骨疼痛,肚有疾者,吃之发病。(《滇南本草》第357页丛本)

莙荙菜,《本草》:莙,一名莙荙菜。徐炬《事物原始》:莙菜,似升麻,煮食之。《滇南本草》:甜菜,味甘平,治中膈冷痰存于胸中,服之效,不可多食。(道光《云南通志稿》卷67《通省》第12页)

甜菜,《临安府志》:树生幽岩中,惟春初可食,出石屏、嶍峨。(道光《云南通志稿》卷69《临安府》第20页)

莙荙,《蒙化府志》:俗名万年菜,烧炭可浣白衣。(道光《云南通志稿》卷70《蒙化直隶厅》第41页)

甜菜,《新平县志》:可作羹,味甘美。(道光《云南通志稿》卷70《元江直隶州》第55页)

茼蒿

〖茼〗蒿菜,味辛微苦,性微寒。行肝气,止疝气疼,治偏坠气疼,利小便。(《滇南本草》第491页务本)

同蒿附,其茎叶类蒿,故谓同蒿。又谓蓬蒿或亦类之,实非张仲蔚满径之不除者。宜生食,煮之则味浅苦。(《鸡足山志》卷9第363页)

薇

薇_附，《诗》：采薇采薇，薇亦柔止。《礼》：羞豕以薇。则薇柔肥，生之深山中。谓为野豌豆、巢菜并迷蕨者，大非。东坡云元脩菜，时珍谓薇生麦田中，亦非。《诗》又云：山有蕨薇，则非生水中明矣。其瘦紫者为蕨，肥绿者为薇，犹松之有柏，梅之有兰乎？今鸡山深箐中有似蕨者，稍肥大，味似豌豆，叶缘茎生，即东坡所谓元脩者，宜其为薇矣。藏器曰：四皓食芝而寿，夷齐食蕨而夭。夷齐修大节，寿天下万世耳，岂因食而夭乎？况夷齐所食则薇耳。《三秦记》：夷齐食薇三年，颜色不异。则薇正能悦颜色，岂足夭人？登鸡足者，采薇而思夷齐，则顽廉懦立，其有兴乎？（《鸡足山志》卷9第362页）

莴笋

莴笋，味苦，寒。〔治〕冷积、虫积、痰火凝结、气滞不通，〖服之即效〗。常食目痛，素有目疾者切忌。（《滇南本草》第505页务本）

窝笋，《滇南本草》：味苦寒，治冷积虫积，痰火凝结，气滞不通，服之即效。（道光《云南通志稿》卷67《通省》第11页）

莴笋，《滇南本草》：味苦寒，治冷积盅（虫）积，痰火凝结，气滞不通，服之即效。（光绪《续修顺宁府志》卷13第4页）

苋

〖马齿苋〗，味酸咸，性微温。入胃益气，清暑热，宽中下气，润肠，消积滞，杀虫，疗〖痔〗疮红肿疼痛。〖能催生下胎。叶捣汁服，能解铅毒。〗（《滇南本草》第349页务本）

苋菜，家园种，有赤白二种。味咸，性微温。白者入气，赤者入血。白动〖痰〗，赤破血。〖治大、小便不通，化虫，去寒热，能通血脉，逐瘀血，但不可多食，恐耗散胃气，忌鳖同食〗。红苋菜，同白苋菜。野苋菜，味咸，性微温。白者祛肺中痰积，赤者破肠胃中血积，赤白同用，打肚腹〖中〗毛发之积，消虫积，杀寸白虫，下气消〖胀〗。洗皮肤〖瘙〗痒、皮肤游走之风。（《滇南本草》第369－373页务本）

苋，旧《云南通志》：有红、白二种，又一种马齿苋。《滇南本草》：味辛平，有小毒，分两种，上有水银，叶微厚者，乃马齿苋也，治大、小便不通，化虫，去积热，通血脉，逐瘀血，不可多食，耗散胃气，忌鱼鳖同食。马齿苋，催生下胎，服之神效，采叶捣之，解铅毒最妙。（又）水苋菜，味辛微寒，治妇人白带，多食损目。（道光《云南通志稿》卷67《通省》第11页）

葰

葰，《后汉书·南蛮传》：自夜郎、滇池以西有葰。（道光《云南通志稿》卷67《通省》第9页）

月亮菜

月亮菜，初生如蕨，圆卷似月，故名。（楚雄旧志全书"禄丰卷下"康熙《琅盐井志》卷1第1047页）

月亮菜，《琅盐井志》：初生如蕨，圆卷似月形，故名。（道光《云南通志稿》卷69《楚雄府》第25页）

芝麻菜

芝麻菜，味〖甘平〗，〖性〗微寒。治中风、中寒并暑热之症。（《滇南本草》第628页务本）

芝麻菜，《滇南本草》：味微寒，治中风、中寒暑热之症。（道光《云南通志稿》卷67《通省》第18页）

芝麻菜，生云南。如初生菘菜，抽茎开四瓣黄花，有黑缕，高尺许，生食味如白苣而微埴气。《滇本草》：性微寒，治中风、暑热之证（症）。（《植物名实图考》蔬类卷6第144页）

八、瓜之属

综述

宾川，……瓜陵在青龙岗之南，其地产瓜，味美于他处。（嘉靖《大理府志》卷2第65页）

瓜之属七：冬瓜、西瓜、王瓜、菜瓜、丝瓜、甜瓜、苦瓜。（嘉靖《大理府志》第71页）

瓜之属八：冬瓜、西瓜、金瓜、银瓜、青瓜、丝瓜、王瓜、黑瓜。（万历《赵州志》第25页）

瓜之属六：冬瓜、西瓜、王瓜、丝瓜、菜瓜、甜瓜。（万历《云南通志》卷2《云南府》第13页）

瓜之属七：冬瓜、西瓜、王瓜、菜瓜、丝瓜、甜瓜、苦瓜。（万历《云南通志》卷2《大理府》第33页）

瓜之属六：王瓜、菜瓜、西瓜、冬瓜、丝瓜、苦瓜。（万历《云南通志》卷2《临安府》第54页）

瓜之属九：王瓜、菜瓜、香瓜、冬瓜、丝瓜、葫芦、甜瓜、苦瓜、西瓜。（万历《云南通志》卷2《永昌府》第67页）

瓜之属三：王瓜、冬瓜、越瓜。（万历《云南通志》卷3《楚雄府》第8页）

瓜之属三：王瓜、冬瓜、金瓜。（万历《云南通志》卷3《曲靖府》第15页）

瓜之属五：冬瓜、西瓜、王瓜、番瓜、丝瓜。（万历《云南通志》卷3《澄江府》第22页）

瓜之属六：西瓜、冬瓜、王瓜、甜瓜、菜瓜、苦瓜。（万历《云南通志》卷3《蒙化府》第28页）

瓜之属六：冬、西、王、金、银、丝。（万历《云南通志》卷3《鹤庆府》第36页）

瓜之属五：冬瓜、西瓜、王瓜、金瓜、丝瓜。（万历《云南通志》卷3《姚安府》第46页）

瓜之属二：王瓜、丝瓜。（万历《云南通志》卷4《寻甸府》第4页）

瓜之属五：冬瓜、金瓜、王瓜、匏芦、枕头瓜。（万历《云南通志》卷4《武定府》第9页）

瓜之属三：冬瓜、王瓜、丝瓜。（万历《云南通志》卷4《景东府》第12页）

瓜之属四：冬瓜、黄瓜、丝瓜、甜瓜。（万历《云南通志》卷4《顺宁州》第24页）

瓜之属四：冬瓜、丝瓜、王瓜、匏瓜。（万历《云南通志》卷4《北胜州》第33页）

瓜之属二：王瓜、冬瓜。（万历《云南通志》卷4《新化州》第35页）

瓜有冬、西、王、丝、菜、苦、黑、金、银、香、青，瓤皆曰瓜。（天启《滇志》卷3《云南府》第112页）

瓜曰冬、西、甜、苦。（天启《滇志》卷3《大理府》第114页）

瓜有越瓜。（天启《滇志》卷3《楚雄府》第116页）

瓜之苦瓜。（天启《滇志》卷3《蒙化府》第117页）

瓜分五种。（天启《滇志》卷3《广西府》第118页）

瓜有枕头瓜，形长，味甘。（天启《滇志》卷3《武定府》第118页）

瓜，冬瓜即所谓水芝、地芝者是也，经霜，皮上生白粉，故又谓之白瓜。番瓜多种之沙沃地，种自番中来，滇食此先于中土，肉理金黄，甜胜东瓜。越瓜即菜瓜也，又名稍瓜。黄瓜即王瓜也，滇久种此，匪关张骞之所携入者。丝瓜即天罗布瓜、蛮瓜也。诸种瓜鸡山颇颇按时种之，但以地近宾川州，而宾川为瓜果之薮，檀供足饷宾荐佛，故存其意而已。惟西瓜则地冷难种。（《鸡足山志》卷 9 第 363 页）

蔬属瓜附：西瓜、冬瓜、丝瓜、黄瓜、菜瓜、苦瓜、南瓜、金瓜、银瓜、土瓜。（康熙《云南通志》卷 12《通省》第 224 页）

瓜之属：西瓜、冬瓜、王瓜、菜瓜、丝瓜、南瓜、苦瓜、十方瓜、金瓜、土瓜、葫芦。（康熙《新兴州志》卷 5 第 31 页）

蔬属瓜附：西瓜、冬瓜、丝瓜、黄瓜、菜瓜、苦瓜、南瓜、金瓜、银瓜、土瓜、甜。（康熙《元江府志》卷 1 第 664 页）

瓜属：王瓜、菜瓜、香瓜、冬瓜、丝瓜、甜瓜、苦瓜、西瓜、南瓜俗呼麦瓜、瓠瓜即葫芦。（康熙《永昌府志》卷 10 第 2 页）

瓜：王瓜、菜瓜、西瓜、冬瓜、丝瓜、苦瓜、南瓜、金瓜、香瓜、八稜瓜。（雍正《建水州志》卷 2 第 7 页）

瓜之属：东瓜、西瓜、菜瓜、丝瓜、南瓜、苦瓜、金瓜、土瓜。（乾隆《弥勒州志》卷 23 第 114 页）

瓜：王瓜、西瓜、冬瓜、京瓜、青瓜、南瓜、香瓜。（乾隆《陆凉州志》卷 2 第 26 页）

瓜属：西瓜、冬瓜、南瓜、王瓜、菜瓜、丝瓜、苦瓜、金瓜、土瓜、葫芦、十方瓜。（乾隆《开化府志》卷 4 第 28 页）

南瓜、冬瓜、苦瓜、金瓜、香瓜、丝瓜、菜瓜、西瓜以抚汛产者为佳、象腿瓜、八月瓜。（乾隆《东川府志》卷 18 第 2 页）

瓜属：冬瓜、西瓜、王瓜、丝瓜。（乾隆《河西县志》卷 1 第 128 页）

瓜类：王瓜、冬瓜、金瓜、丝瓜、红瓜、苦瓜。（楚雄旧志全书"大姚卷上"乾隆《白盐井志》卷 3 第 488 页）

瓜类：冬瓜、西瓜多子、南瓜、王瓜、苦瓜、丝瓜、八稜瓜

即倭
瓜、绿瓜、土瓜。（昭通旧志汇编本嘉庆《永善县志略》卷 1
第 752 页）

瓜类：王瓜、东瓜、南瓜、西瓜、北瓜、金瓜、象腿瓜、
丝瓜、黄瓜、苦瓜、香瓜。（昭通旧志汇编本乾隆《恩安县志
稿》卷 3 第 36 页）

瓜之属：南瓜、西瓜、冬瓜、王瓜、苦瓜、丝瓜。（光绪
《呈贡县志》卷 5 第 2 页）

蔬属：……菜瓜、黄瓜、南瓜、丝瓜、冬瓜、苦瓜、金
瓜。以上食实（光绪《永昌府志》卷 22 第 2 页）

瓜属十一类：西瓜、冬瓜、南瓜、王瓜、菜瓜、丝瓜、苦
瓜、金瓜、土瓜、葫芦、十方瓜。（民国《马关县志》卷 10
第 4 页）

园蔬：巧家因水源不缺，土性适宜，园蔬培植较易生长。
在县城附近及市镇较大地方，尚有以园蔬为生业者，其产物大
概可分为瓜、蔬两类。兹列于后。瓜类：黄瓜、王瓜、丝瓜、
瓢瓜、西瓜、冬瓜、南瓜、香瓜、苦瓜、茭瓜、土瓜、金瓜。
（昭通旧志汇编本《巧家县志稿》卷 6 第 673 页）

白云瓜

白云瓜，味甘甜，无毒。生金沙江边有水处。梗甚硬。绿
青淡黑叶，开紫花，根下结瓜，生食令人不饥。叶，治伤寒头
疼，不问阴阳两感，或阴毒、或阳毒、或有汗、或无汗、或乱
语失汗、肺〖津〗火盛、鼻血不止，或产后伤寒，服之神效。
梗，烧灰治走马牙疳。瓜，熬膏，治中风不语，或痰涌气结，
左瘫右痪，半身不遂，酒毒流于四肢，不能行动。每服一钱，
开水下，神效。花为末，治脑漏。皮为末，调蜜搽鼻糟。
（《滇南本草》第 265 页务本）

白云瓜，《滇南本草》：生于金沙江傍有水处，大枝硬梗，

花紫色，叶油绿，根下结瓜青绿色，生用甘美之至，除烦解渴，久食不饥不老，却病延年。取叶治伤寒头痛，不拘各症，无汗能发，多汗能止，鼻血崩漏，产妇伤寒。梗，烧灰治牙疳。熬膏，治酒痨瘫痪、中风气结，皆效。（道光《云南通志稿》卷67《通省》第16页）

冬瓜

大雪山，在永昌西北。……其山土肥沃，种瓜，瓠长丈余，冬瓜亦然，皆三尺围。又多薏苡，无农桑，收此充粮。（《云南志补注》卷2第21页）

冬瓜，味甘淡，性平和。入脾肺二经，润肺，消热痰，止咳嗽，利小便，〖治痰吼气喘，姜汤下，又解远方瘴气，又治小儿惊风〗。〖仁，治肠痈〗。冬瓜皮，味甘淡平，性微寒，入脾肺二经。止渴消痰，利小便。〖熬水洗痔，良〗，〖治中风，皆效〗。（《滇南本草》第383页务本）

冬瓜，《滇南本草》：味辛甘，微寒，治痰吼气喘，姜汤下，又解远方瘴气、小儿惊风。皮，治中风，煨汤服效。（道光《云南通志稿》卷67《通省》第18页）

番瓜

洱海源出下关，……番瓜如斛大，重至数百觔者。（《滇游记》第7页）

瓠匏

葫芦，味甘淡，性寒。阴也。〖冷胃〗，动寒疾，有寒疾食之，肚腹疼，发腹中风湿、痰积。有风湿〖痰〗积食之，〖发〗出风疹，〖瘙痒〗，不宜多食。（《滇南本草》第 393 页务本）

瓠匏，味甘苦，形似西瓜，名匏。用以盛水，〖味〗甘者作菜食，又分甜苦二种。苦能下水，令人吐，除面目风邪，四肢浮肿；甜能利水，通淋，除心肺烦热。叶晒干，捣碎为末，盛于磁器内，随身边，或走路口渴，用末一钱，入水饮，不中水毒；或蛇虫蛤蟆扒过〖之物，人误食中毒〗，此末亦可解。加雄黄，能解哑瘴山岚之毒；加松笔〖头〗，解一切〖火毒〗；〖凡中〗毒药，但可一、二钱开水送下。（《滇南本草》第 395 页务本）

瓠子，一名龙蜜瓜、一名天瓜。味甘寒，处处皆有，治小儿初生，周身无皮，用瓠〖子〗烧灰调〖菜〗油搽之，神效；又治左瘫右痪，烧灰，酒下；又治〖痰〗火腿脚疼痛，烤热包之，即愈；又治诸疮脓血流溃，杨梅结毒，横〖痃〗、鱼口，用荞面包〖好〗，以火烧焦，去面为末，服之。作菜不可多食，多则腹痛、心寒、呕吐。叶，治风〖癫〗作狂。根，治〖痘〗疮倒靥。子，煎汤治哑瘴、棒疮跌打，搽之神效。与生姜同服，治咽喉肿疼。（《滇南本草》第 397 页务本）

洱海源出下关，……茄大如斗。瓠匏可盛粟二十斛，片之，可为舟航。（《滇游记》第 7 页）

瓠，旧《云南通志》：云南县者佳。陈鼎《滇黔纪游》：太和县匏可盛粟二十斛，片之，可为舟航。《滇南本草》：瓠匏，味甘微苦，形似西瓜。匏腰细头尖者葫芦，今人呼为瓢，作装水之器具，分甜苦两种，甜者不入药，苦者能利水，除面目邪气，四肢浮肿，利水道，透癫症，清心肺，除烦热。采叶捣烂，晒干为末，盛瓶内，随带身边，或出行逢渴时，用一分入水饮之，不中水毒，或蛇虫虾蟆扒过之物，人悮食中毒，用此能解；再加雄黄，能解哑瘴山岚之毒；又加松笔头，解一切火毒；凡中夷人之毒，但服此方，俱可二三分，不可多用，开水下。又，瓠子，一名葫芦，又名龙蛋瓜，又名天瓜，味甘寒，治小儿初生，周身无皮，用瓠子烧灰调菜油擦之，甚效；又治左瘫右痪，烧灰，用酒服之；亦治痰火，腿足疼痛，烤热包之，即愈；又治诸疮脓血流溃，杨梅结毒，横担鱼口，用荞面包好，入火烧焦，去面为末，服之最效，作药服之，不宜多，恐腹痛、心寒、呕吐。叶，治疯癫发狂。根，治痘疮倒黡。子，煨汤服治哑瘴。夷人治棒疮，跌打损伤，擦之甚效。用生姜同服，治咽喉肿痛甚效。（道光《云南通志稿》卷67《通省》第12页）

黄瓜

黄瓜，味甘淡微苦，性寒。有小毒。主治清热解渴，利水，多食损阴血而发疮疥，患诸病后忌食。（《滇南本草》第387页范本）

黄瓜，《滇南本草》：味甘平，治咽喉十八症，煎叶服之即愈，多食令人呕吐，根捣烂敷火疮。（道光《云南通志稿》卷67《通省》第17页）

苦瓜

苦瓜，味苦，〖性〗寒平。治一切丹火毒气，〖疗恶〗疮结毒，或遍身已成芝麻疔、〖大疗〗疮，疼难忍者，〖取叶，晒干为末，每服三钱，无灰酒下，神效；又治杨梅疮〗。又此瓜〖花〗煅为末，治胃气疼，开水下；治眼疼，灯草汤下。（《滇南本草》第402页务本）

苦瓜，《滇南本草》：味苦寒，治一切丹火毒气，金疮结毒，遍身芝麻疔、大疗，疼痛不可忍者，服之神效。取叶晒干为末，每服三钱，用无灰酒下，又治杨梅疮。取瓜火煅为末，治胃气疼，滚水下；治眼目疼痛，灯草汤下。（道光《云南通

志稿》卷 67《通省》第 17 页)

南瓜

　　南瓜，味甘，性温。主治补中气而宽利，多食发脚疾及瘟病，同羊肉食之，令人滞气。(《滇南本草》第 389 页范本)

　　麦瓜即南瓜，江南呼为饭瓜，滇中所产甚大，与冬瓜相似。市上切片出售，农庄家无不广植者。每至冬间，家有数十百颗，堆积如山，以供一岁之需。(《滇南闻见录》卷下第 31页)

丝瓜

　　丝瓜，一名天吊瓜、一名纯阳瓜。味甘，〔性〕平。治五脏虚冷，补肾补精，或阴虚火动，又能滋阴降火。久服能乌须黑发，延年益寿。叶，晒干为末，治绞肠〔痧〕。皮，晒干为末，治金疮疼。但阴素太虚者，多食又能滑精，故有名倒阳菜者。(《滇南本草》第 399 页务本)

　　丝瓜，《滇南本草》：一名天吊瓜，又名纯阳瓜。味甘平，治五脏虚冷，益胃添精，或阴虚火动，滋阴降火，久服延年乌须。叶，治绞肠痧，晒干为末，服之。皮为末，治金疮神效。(道光《云南通志稿》卷 67《通省》第 18 页)

　　绿瓜，《滇南本草》：一名天吊瓜，又名纯阳瓜。味甘平，治五脏虚冷，益味添精，或阴虚火动，滋阴降火，久服延年乌须。叶，治绞肠痧，晒干为末，服之。皮为末，治金疮神效。又有菱瓜，治腹内冷疼，小便出血。(光绪《续修顺宁府志》卷 13 第 5 页)

甜瓜

甜瓜，一名香瓜。味甘，〖性〗平。治风湿麻木，四肢疼痛。花，敷疮散毒。皮，泡水止牙疼。根、叶，煎汤洗风癞。（《滇南本草》第 391 页务本）

甜瓜，《滇南本草》：一名香瓜。味甘平，治风湿麻木，四肢疼痛。花可敷疮散脓，瓜皮泡水止牙痛，梗叶煎汤洗风癞。（道光《云南通志稿》卷 67《通省》第 17 页）

土瓜

白土瓜，味甘，性平。白者入肺经，治肺热、消渴、利小便。治肺痈、肺热咳嗽，通乳汁。（《滇南本草》第 137 页务本）

土瓜^{形如萝卜，味甘可食}。（景泰《云南图经志书》卷 4《景东府》第 236 页）

土瓜^{形如萝卜，味甘可食}。（正德《云南志》卷 7《景东府》第 314 页）

滇省近来争种土瓜，考土瓜即土蕡，《管子》以为某土宜蕡，则种蕡亦属古法，后世遗之，而今乃复兴，则暗合古人矣。（《滇海虞衡志》第 290 页）

土瓜，形似芦菔之扁者，色正白，食之脆美。案：即《尔雅》黃菟瓜。音讹为土瓜。土瓜乃王瓜，色赤，不中啖。（《滇游续笔》第 469 页）

土瓜，桂馥《札樸》：土瓜，形似蘆菔之扁者，色正白，食之脆美。案：即《尔雅》黃菟瓜。音讹为土瓜。土瓜乃王瓜，色赤，不中啖。旧《云南通志》：山产，土人掘以济食。

142

（道光《云南通志稿》卷 67《通省》第 13 页）

土瓜，乃王瓜也，色赤，不中噉。采访：白色土瓜，出云州。（光绪《续修顺宁府志》卷 13 第 4 页）

西瓜

西瓜，味甘〖性〗寒。〖无毒〗。治一切热症，痰涌气滞。解暑热、酒毒、除烦止渴，治喉、血痢〗。〖仁，润肠、清肺、补中〗。根、叶，煎汤服治水泻痢疾。（《滇南本草》第 385 页务本）

西瓜 圆长若枕样，俗呼为枕头瓜，其味甜美，非他郡所产可比也。（景泰《云南图经志书》卷 3《武定府》第 144 页）

枕头瓜 即西瓜，出本府，圆长若枕，故名，其味甘美，非他郡所产者可比。（正德《云南志》卷 10《武定府》第 445 页）

春令指西瓜辨其红白，以为胜负，谓之赛红。（《滇南杂记》第 52 页）

西瓜产金沙江，色如朱砂，花香异常。（《云南风土记》第 50 页）

西瓜，宾川、鲁甸所产皆著名。宾川者圆小，而鲁甸者长大，味皆美。丽江日见厂产者更佳，而余以长川在省办公，瓜期不代，未及尝也。（《滇南闻见录》卷下第 35 页）

西瓜，《滇南本草》：味甘寒，治一切热症，痰涌气滞。根、叶煎汤服之，治水泄痢疾。（道光《云南通志稿》卷 67《通省》第 18 页）

西瓜，檀萃《华竹新编》：春初即熟，上元灯节竞馈西瓜，且镂其皮为灯，货其子于四方。（道光《云南通志稿》卷 70《武定直隶州》第 50 页）

西瓜，《日用本草》始著录。谓契丹破回纥，始得此种，疑即今哈蜜瓜之类，入中国而形味变成此瓜。……滇南武定州

瓜，以正月熟，上元馔瓜，镂皮为灯。物既非时，味亦迥别，亦可睹物候之不齐矣。（《植物名实图考》果类卷31第727页）

西瓜，《滇南本草》：味甘寒，治一切热证，通气滞。根、叶煎汤服之，治水泄痢疾。采访：出云州锡腊。（光绪《续修顺宁府志》卷13第5页）

《西瓜说》：天下之正粮在五谷，其余则佐五谷以济民困者也。呈之人多种西瓜，其用力独苦，而其为利甚微。成熟之日，先贡邑宰，以为献新，久之以数计，官若干，吏若干，又相沿日久，众以为珍味，在在馈送。呜呼！圣天子在上，爱养元元，绝贡献，不贵异物。大臣仰承德意，洁己爱人。予承乏兹土，愧无尺寸之劳，丝毫之补，而乃靦然食人之食，非所以上体各宪之心，而下安黎庶也。于是选钱一百文，命童子买瓜一圆，剖而誓曰：敢言取者，有如是瓜。瓜之免，自今始。康熙五十五年八月呈贡县知县饶启心撰。（光绪《呈贡县志》卷7第47页）

第二十八课《西瓜》：西瓜产于沙地，叶如青蒿，有绒毛。花与实同时生，花开处即伸藤结实，实熟而花尚未落。性寒味甘，赤绿瓤者为上，白者次之。能解暑醒酒，多食则伤脾。子可供客，属显花部单性花类之草本科。（楚雄旧志全书"元谋卷"光绪《元谋县乡土志》修订本卷下第400页）

十四《农业》：江边一带，农民多种西瓜、花生等物，西瓜于旧历正二月点种，五月瓜熟，生食可解褥熟，亦可饲畜。其子晒干，运销元谋及省城，颇获厚利。（楚雄旧志全书"武定卷"民国《武定县地志》第450页）

九、薯蓣之属

综述

薯芋之属五：山药、山薯、紫芋、白芋、红芋。（嘉靖《大理府志》第 71 页）

薯芋之属五：山药、山薯、紫芋、红芋、白芋。（万历《赵州志》卷 1 第 25 页）

薯蓣之属三：薯、山药、蕨葛。（万历《云南通志》卷 2 《云南府》第 14 页）

薯蓣之属五：薯、山药、紫、白、红蓣。（万历《云南通志》卷 2 《大理府》第 33 页）

薯蓣之属三：山药、红薯、紫蓣。（万历《云南通志》卷 2 《临安府》第 54 页）

薯蓣之属三：薯、蓣、山药。（万历《云南通志》卷 2 《永昌府》第 67 页）

薯蓣之属三：山药、山薯、蓣子。（万历《云南通志》卷 3 《楚雄府》第 8 页）

薯蓣之属三：山药、紫蓣、白蓣。（万历《云南通志》卷 3 《曲靖府》第 15 页）

薯蓣之属四：山药、山薯、红蓣、白蓣。（万历《云南通志》卷 3 《澄江府》第 22 页）

薯蓣之属五：山药、山薯、红、白、紫蓣。（万历《云南

通志》卷3《蒙化府》第28页）

薯蓣之属三：薯、蓣、山药。（万历《云南通志》卷3《鹤庆府》第36页）

薯蓣之属三：山药、红薯、白蓣。（万历《云南通志》卷3《姚安府》第46页）

薯蓣之属三：山药、红薯、紫蓣。（万历《云南通志》卷4《景东府》第12页）

薯蓣之属六：山药、山薯、甜薯、红薯、紫蓣、白蓣。（万历《云南通志》卷4《顺宁州》第24页）

薯蓣之属四：薯、山药、红蓣、紫蓣。（万历《云南通志》卷4《北胜州》第33页）

薯蓣之属四：薯、山药、紫、白蓣。（万历《云南通志》卷4《新化州》第35页）

薯曰紫、白、红蓣。（天启《滇志》卷3《大理府》第114页）

薯蓣之属，同。（天启《滇志》卷3《楚雄府》第116页）

薯蓣三。（天启《滇志》卷3《广西府》第118页）

蔬属：山药、红薯。（雍正《阿迷州志》卷21第255页）

芋之属：山药^{有数种}、紫芋、麻芋、白芋、蔆芋。（乾隆《弥勒州志》卷23第115页）

芋：山芋、紫芋、白芋、麻芋。（乾隆《陆凉州志》卷2第26页）

薯类^{有红薯、山薯、洋薯、马铃薯、芋头}。（民国《富州县志》第十二第75页）

洋芋、红苕。（昭通旧志汇编本民国《绥江县县志》卷3第904页）

薯蓣

土瓜（番薯），味甘，平。一本数枝，〖叶〗似葫芦，根下结瓜，有赤白二种：赤者治妇人赤白带下，通经解热；白者治阴阳不分，妇人子宫久冷，男子精寒。又健脾胃而生津液。生食止呕疗〖饥〗。产临安者佳，蓄至二三年，重至二三斤一枚者更佳。（《滇南本草》第 527 页务本）

山药，味甘，〖性〗温，无毒。治伤中，补虚〖羸〗，除寒热邪气，补中益气，长肌肉，强阴，久服之，耳目聪明，轻身长肌，延年益寿。（《滇南本草》第 812 页务本）

薯芋：山药，由灌园而出者，形如虎掌，俗称云板山药，实蜀蹲鸱之类也。山中自生者，直而长，甘不及京师，而细嫩过之。售于医者，袭怀庆之名而入药。红、白、紫，皆曰蓣。（天启《滇志》卷 3《云南府》第 112 页）

薯蓣，《本经》上品，即今山药。……云南有一种，根长尺余，色白而扁，叶圆。《滇本草》谓之牛尾参，盖肖其形。（《植物名实图考》蔬类卷 3 第 57 页）

大药，鲜子、诃子，俱出土司地方。《明统志》云："镇康州大药有大如斗者，味极甘善。……"大药，盖谓大山药也。（《滇海虞衡志》第 253 页）

土瓜，……《滇南本草》：土瓜，味甘平，一本数枝，叶似葫芦，无花，根下结瓜，分红白二色，红者治妇人红白带下，通经解热；白者治妇人阴阳不分，子宫虚冷。男子精寒，服之生子，健脾胃而益精。生喫，有止呕疗饥之妙。（道光《云南通志稿》卷 67《通省》第 13 页）

薯蓣，《蒙自县志》：亦名山药，红白二种。倘甸人王琼至坝洒携种归，教乡人栽种，不论地之肥硗，无往不宜，合邑遍植，价甚廉，岁歉即以当餐，利甚溥，乡人德琼，岁祀之。（道光《云南通志稿》卷 69《临安府》第 20 页）

甘藷，嵇含《南方草木状》：甘藷，二月种，至十月乃成卵，大如鹅卵，小者如鸭卵，掘食蒸食，其味甘甜，经久得风乃淡泊，出交趾、九真、武平、兴古也。（道光《云南通志稿》卷 69《曲靖府》第 38 页）

大药，《一统志》：镇康州出。章潢《图书编》：陇川宣抚

司出，镇康州大药有大如斗者，味极甘美。（道光《云南通志稿》卷70《永昌府》第27页）

土瓜，《滇南本草》：土瓜，味甘平，一本数枝，叶似葫芦，无花，根下结瓜，分红白二色，红者治妇人红白带下，通经解热；白者治妇人阴阳不分，子宫虚冷。男子精寒，服之能生子，健胃而益精。生喫，有止呕疗饥之妙。（光绪《续修顺宁府志》卷13第4页）

第十五课《薯、土瓜、菜山药》：薯有红白二种，种芽土中，抽藤丈许，花稀少，结实于根，去皮煎煮食之。土瓜，种子，发芽抽藤，叶多，花淡紫色，结子，根结土瓜。山药，抽藤丈许，发叶无花，能结子，根长山药。土瓜圆形，山药条形或云板形，去皮可煮食。（楚雄旧志全书"楚雄卷下"民国《楚雄县乡土志》卷下第1355页）

薯芋，亦名山药。有红白二色，味甘，供菜品用。昭地产者较少。（昭通旧志汇编本民国《昭通志稿》卷9第260页）

洋芋

阳芋，黔、滇有之。绿茎青叶，叶大小、疏密、长圆形状不一，根多白须，下结圆实，压其茎则根实繁如番薯，茎长则柔弱如蔓，盖即黄独也。疗饥救荒，贫民之储，秋时根肥连缀，味似芋而甘，似薯而淡，羹臛煨灼，无不宜之。叶味如豌豆苗，按酒侑食，清滑隽永。开花紫筩五角，间以青纹，中擎红的，绿蘂一缕，亦复楚楚。山西种之为田，俗呼山药蛋，尤硕大，花色白。闻终南山岷，种植尤繁，富者岁收数百石云。（《植物名实图考》蔬类卷6第144页）

十四课《洋芋 即马铃薯^{其种来自荷兰，名马铃薯}》：又有洋芋，种芽土中，枝叶成丛，花紫蓝色，根结实紫红色；花淡白色，根结实黄白色，实大小如铃，故名马铃薯。（楚雄旧志全书"楚雄卷下"民国《楚雄县乡土志》卷下第1355页）

芋之属：昔产高山，近则坝子、园圃内亦种之，磨粉及为菜品之用，凉山之上则恃以为常食。乌洋芋，皮色乌而红，剖之有红圈，昔年以此为上品。白洋芋，开白花，芋皮白，大如拳者佳；细而有麻龟者，味微麻。红洋芋，色鲜红，圆而大。脚根芋，形如脚板，又呼"洋洋芋"，圆而长，味极甘美，近时城乡种此者多。（昭通旧志汇编本民国《昭通志稿》卷9第260页）

园蔬……上列各种以洋芋为出产大宗，年以数万石计；甘薯次之，为贫苦农人主要食品；白菘、青菜居其次；蕃椒、莴苣又其次。（昭通旧志汇编本民国《巧家县志稿》卷6第673页）

芋

《种芋第十六》：……百子芋出叶俞县。有魁芋，旁无子，生永昌县。（《齐民要术》卷2）

芋，《广志》曰凡十四……又有百子芋出叶俞县。有魁芋，无旁子，生永昌。（《太平御览》卷975）

芋头，味甘麻。治中气不足。久服补肝肾，添精益髓，又能横气。（《滇南本草》第569页务本）

其土产大芋，长一尺二三寸。（景泰《云南图经志书》卷6《陇川宣抚司》第348页）

红芋花 芋有青红白三种，惟红者有花，高一二尺，甚甘美可食。（正德《云南志》卷3《大理府》第169页）

芋之巨，惟滇南甲天下。岷山蹲鸱，状鸱之蹲，其高可想。陇川之芋大，有高一尺二三寸，茎嫩花香，可瀹食。蒸其魁，终年厌餐，史公所以谓至死不饥，《左赋》所以谓"徇蹲鸱之沃"者也。芋多，多抛弃，干而收之以筑墙。荒乱时尽室俱逃，此家不去，闭门食墙，卒以俱全，此见于古志所记。旨蓄之家，不可不知也，故附著之。（《滇海虞衡志》第290

页）

芋，滇芋熟早而味美，葴可作羹，居人赖以充粮。案《广志》："百子芋出叶榆县。魁芋无旁子，生永昌。"是滇芋自昔称佳品也。（《滇游续笔》第469页）

芋，《别录》中品，芋种甚多，大小殊形。湖南有开花者，一瓣一蕊，长三四寸，色黄。野芋毒人，山间亦多。岭南、滇、蜀，芋名尤众。……《蒙自县志》有棕芋、白芋、麻芋。……《滇海虞衡志》以为滇芋巨甲天下，殆未确。《札樸》谓滇芋熟早味美，葴可作羹。……雯娄农曰：滇之芋有根红而花者，其状与海芋、南星同类也。断其花之葴，剥而爒之，烹以五味，比芥蓝焉。根螯不可食。……滇人饱其魁而羹之、而煨之、而屑之，又独得有花者而餐之，俪于萱与藿。草木之在滇者，抑何阜耶？万物生于东，成于西，滇居西南，岁多间阖风物。在秋而遒，精华聚而升，故木者易华，草者易荣。昼煦以和，夜掣以肃，发之收之，勿俾其泄。早花而迟实，物劳而不愈。然滇之地有伏而黄，有腊而苞，景朝多阴，景夕多风，直其偏也。惟大理以东北，致役乎坤。（《植物名实图考》蔬类卷4第83页）

芋，檀萃《滇海虞衡志》：芋之巨，惟滇南甲天下。桂馥《札樸》：滇芋早熟而味美，葴可作羹，居人赖以充粮。（道光《云南通志稿》卷67《通省》第13页）

百子芋，贾思勰《齐民要术》：百子芋出叶俞县。黄省曾《种芋法》：叶俞县有百子芋。（道光《云南通志稿》卷69《大理府》第13页）

滴水芋，《顺宁府志》：叶上水滴下地即生。（道光《云南通志稿》卷69《顺宁府》第31页）

芋，章潢《图书编》：陇川出，大者一尺三寸。（道光《云南通志稿》卷70《永昌府》第22页）

蒟蒻，檀萃《农部琐录》：俗名鬼庙，一名鬼头，叶如天南星，根圆扁如瓜，肉白如芋有汁浆，土人掘而弃之，不之贵也，穷子间取以食，味涩口。按刘渊林"蒟"与"蒻"为二物：蒟缘木而生，子如桑椹，熟时正青，长二三寸，密藏辛香，温调五藏；蒻，草也，根名蒻，头大者如斗，其肌正白，以灰汁煮则凝成，以苦酒淹食之，蜀人珍焉。据此，则鬼头为蒻，非蒟也。（道光《云南通志稿》卷 70《武定直隶州》第 50 页）

滴水芋，旧《志》：叶上水滴下地即生。又有鬼芋、紫芋、绿芋、红芋。（光绪《续修顺宁府志》卷 13 第 2 页）

芋，桂馥《札樸》：滇芋早熟而味美，蕺可作羹，居人赖以充粮。采访：顺宁之棕芋、马街芋甚佳。又有象脚芋、云板芋。（光绪《续修顺宁府志》卷 13 第 4 页）

晋郭义恭《广志》：百子芋出叶榆县。有魁芋，无旁子，生永昌。《御览》九百七十五。（《滇绎》第 676 页）

第十四课《芋》：芋种芽土中，有红绿二种。红者杆红而开黄白花，不结实；绿者杆绿而不开花，能结实，其形攒抱，母大子小。红芋食其花杆，绿芋食其子食。（楚雄旧志全书"楚雄卷下"民国《楚雄县乡土志》卷下第 1355 页）

茉（魔）芋，叶如伞，高二三尺，茎有黑花纹，结芋大约重四五斤，切片销售四川。芋头，形如茨菰，味甘微麻。（昭通旧志汇编本民国《昭通志稿》卷 9 第 260 页）

魔芋，魔芋植于旱地地下，茎多，肉可食，叶略似荷，一端稍缺，叶柄肥大单生，色乌有白斑，花为肉穗，花序有巨苞包之，花开则地下茎老而空。津属各乡半山以上之地皆产，江西尤多。不须施工加肥，只多备地下茎小籽，春耕时偏掷于土中，天然生长。二三年后秋季掘土取之，取大.弃小复埋土中，种即绵延不绝。将取起之魔芋淘洗洁净，烘于炕上令少（稍）干，然后切为立方块，复加火炕使干透，称为芋片，逐运销售于宜宾，每年约计不下四万五千余斤。食法，捣碎芋片，再磨为粉，沸水下芋粉，搅转成糊，加石灰水，即淀成豆腐样，但色灰白少滑，为佐食之蔬品。（昭通旧志汇编本民国《盐津县志》卷 4 第 1696 页）

十、药之属

综述

至大二年六月，庚午，中书省臣言："……太医院遣使取药材于陕西、四川、云南，费公帑，劳驿传。臣等议，事干钱粮，隔越中书省径行，乞禁止。"并从之。（《元史·武宗本纪》卷 23 第 512 页）

这地方除了其他药材外，还盛产生姜和肉桂，但这两种药材，没有任何一种运往欧洲。（《马可波罗游记》卷 2 第 47 章《云南省》第 144 页）

药属：菖蒲、香附、荆芥、紫苏、茴香、土半夏、茱萸、山药、茯苓、苦参、薄荷。（嘉靖《寻甸府志》卷上第 31 页）

药之属百七十七：黄精、菖蒲、菊花、天门冬、麦门冬、车前子、薯芋、龙胆、石斛、独活、羌活、升麻、大黄、远志、五味子、薏苡仁、当归、菴闾子、骨碎补、前胡、白芨、黄岑、白薇、活鹿草、防己、谷精草、木通、茵陈、地骨皮、百部、百合、马兜苓、防风、麻黄、白芷、藁本、苍耳子、秦艽、木贼、羊踯躅、威灵仙、仙茅、草薢、葫芦巴、青木香、茴香、华澄茄、蓬术、旋覆花、瞿麦、石常、大戟、商陆、牵牛、单（草）麻子、海金莎、钩矶（吻）、常山叶、狼毒、续随子、鹤风草、王不留行、白药子、黎芦、白蔹、羊蹄根、夏枯草、五加皮、淡竹叶、石南藤、桑白皮、桑寄生、猪苓、黄

药子、棕榈子、白芥子、覆盆子、山楂子、麻仁、赤小豆、白
匾豆、婴粟子、滑石、石膏、鬼箭草、贯众、泽兰、蜀漆、忍
冬草、槐实花、鬼头、白术、人参、甘草、川芎、续断、青箱
子、紫参、知母、紫苑、疑花、连翘、山茨菰、香附子、茯
苓、破故纸、半夏、枳实、地榆、地黄、芍药、荆芥、蒺藜、
陈皮、地不容、柴胡、何首乌、枳壳、橘红、小黄连、青皮、
川栋子、香白芷、豨莶草、茯神、天南星、黄耆（芪）、管
仲、蜂蜜、黄腊、花椒、薄荷、狗杞子、草血蝎、山栀子、黄
连、桔梗、金银花、葶苈、皂荚、牛膝、益母草、马鞭草、鱼
眼草、紫花地丁、一枝箭、草乌、丝瓜子、牛旁子、小木鳖
子、棕子、天香子、楮实子、瓜篓根、草决明、金线、重蒌、
刘寄奴、八角、茴香、苦参、紫苏、桔皮、红花、青黛线、黄
耆、枇杷叶、玄参、婴粟壳、葛根、扁蓄、密陀僧、自然铜、
侧栢、卷栢、乌梅、大苏、小苏、露蜂房、麝香。（嘉靖《大
理府志》第 72 页）

香附子、石斛、甘遂、羌活、南星、车前子、赤芍药、防
风、黄岑、地榆。已上各州县俱出（正德《云南志》卷 3《大理府》第
169 页）

三奈子、茯苓、常山、当归、黄岑、厚朴、枳实、茶、波
罗蜜、草果、芭蕉实、方竹、莎罗花。俱本府出。（正德《云
南志》卷 4《临安府》第 208 页）

黄蘗、防风、羚羊。俱阿迷州出（正德《云南志》卷 4《临安
府》第 209 页）

万两金即地榆、凤眼草、管仲、半夏、苽蒌、菖蒲、常山、
麦门冬、香附子、天南星、白芨、天门冬、何首乌、牛旁子、
五倍子、牵牛、车前子、蛇床子、刘寄奴、桑寄生、乾葛、续
随子、荆芥、薄荷、牛膝、苍耳、茴香、紫苏、柴葫、茯苓、
茵陈、杜仲、防风。各州县俱产（正德《云南志》卷 5《楚雄府》第
245 页）

防风、牛膝、升麻、车前子、葛根、前胡、甘遂、南星、

防己、葳灵仙、黄耆、五加皮、大戟、骨碎补、芍药、白微、苦参、地骨皮、麻黄、羌活、白芷、黑牵牛、白牵牛、柴胡、桔梗、芎藭、紫菀、远志、木通、百部、石膏、地榆、猪苓、续断、狼毒、桑寄生、宫桂、草薢、兔丝子、黄芩、齐苨、天门冬、白芨、桂枝、麦门冬、桂皮。^{俱产本府}各州县（正德《云南志》卷6《澄江府》第277页）

桔梗、黄芩、防风、仙茅、姜黄。^{各州}产（正德《云南志》卷7《广西府》第339页）

大青、椒、人参、肉桂、芎藭、升麻、旋覆花、葛根、黄芩。^{各州县}俱产（正德《云南志》卷9《姚安府》第407页）

黄蓍、白石菜、麻黄、茯苓、黄精、大黄、降香。（正德《云南志》卷10《鹤庆府》第426页）

麝、当归、梭罗木、香附子、破故纸、土当归、降香、檀香、酸枣仁。^{各州县}俱出（正德《云南志》卷10《武定府》第445页）

茯苓、破故纸、知母。（正德《云南志》卷12《北胜州》第499页）

青木香、天麻、桔梗、苦参、泽泻、橘红、木贼、陈皮、狼毒、贯仲、威灵仙、枳壳、黄耆、香白芷、牵牛、五味子、何首乌、金银花、半夏、南星、黄栢、地榆、商陆、黄芩、柴胡、防风、香附子、麻黄、紫苏、茴香、乾葛、杏仁、麦门冬、粟殻。^{已上俱出}本司境（正德《云南志》卷13《金齿军民指挥使司》第540页）

漆、棕、硫黄、仙茅、黄连、黄精、半夏、南星、柴胡。（正德《云南志》卷13《腾冲军民指挥使司》第561页）

大药^{有大如斗者，}_{味极甘美}、鲜子^{大如枣}_{味酸}、蟒胆^{可解诸}_{毒药}、水乳香。（正德《云南志》卷14《镇康州》第597页）

药之属五十一：黄精、菖蒲、菊花、天冬、甘瓜苦蒂、朱萸、黄芩、车前车、地骨皮、马兜苓、香白芷、防己、木通、茵陈、百部、防风、威灵仙、单（草）麻子、羊蹄根、夏枯草、苍耳、藁本、茴香、商陆、覆盆花、赤小豆、罂粟子、一枝箭、乌梅、山楂、槐实、槐花、白花地丁、黄葵子、金银花、金线绶、半夏、地榆、芍药、荆介、益母草、牛蒡子、紫花地丁、蜂蜜、柴胡、黄腊、花椒、薄荷、当归、黄连、青黛、红花、紫苏。（万历《赵州志》卷1第25页）

药之属四十五：茯苓、陈皮、枳壳、桃仁、杏仁、防风、乌梅、桑白皮、茱萸、茴香、荆芥、槐花、瓜蒌、松脂、土决明、薄荷、葛根、菖蒲、紫苏、香薷、麦蘖、土大黄、鼠粘子、土当归、黄精、何首乌、黄连、黄柏、艾、香附子、婴粟壳、益母草、蒨芨草、白芨、车前子、山药、半夏、山香子、白扁豆、莲房、乾荷叶、楮实子、草麻子、菊花、旋覆花。（万历《云南通志》卷2《云南府》第13页）

药之属百十六：大黄、黄精、菖蒲、菊花、石斛、独活、羌活、升麻、大黄、远志、当归、前胡、白芨、黄芩、防己、木通、茵陈、荆芥、薄荷、百部、百合、防风、麻黄、白芷、藁本、木贼、仙茅、草薢、茴香、蓬术、婴麦、商陆、牵牛、常山、狼毒、黎芦、白敛、猪苓、麻仁、滑石、石膏、泽兰、川芎、地黄、知母、紫苑、款花、茯苓、半夏、枳实、地榆、芍药、蒺藜、陈皮、柴胡、枳壳、青皮、茯神、黄蓍、管仲、黄连、桔梗、葶苈、牛藤、草乌、重蒌、连翘、苦参、紫苏、橘皮、红花、玄参、葛根、乌梅、天门冬、麦门冬、车前子、龙胆草、五味子、马兜铃、薏苡仁、活鹿草、地骨皮、苍耳草、威灵仙、葫芦巴、荜澄茄、旋覆花、草麻子、海金沙、续随子、鹤虱草、桑白皮、白芥子、覆盆子、山查子、赤小豆、白扁豆、婴粟子、一枝箭、山茨菰、香附子、破故纸、地不容、何首乌、蒨芨草、苦练子、枸杞子、金银花、桑寄生、牛旁子、天香子、楮实子、瓜蒌根、草决明、紫花地丁。（万历《云南通志》卷2《大理府》第33页）

药之属五十四①：天门冬、何首乌、三柰子、白芨、穿山甲、桔梗、麦门冬、当归、防风、黑牵牛、白牵牛、旱莲草、荆芥、枳实、忍冬藤、金银花、黄芩、黄蘗、陈皮、青皮、枳壳、茯神、远志、常山、草果、薏苡仁、香附子、黄精、火掀草、马槟榔、白豆蔻、土芍药、葛根、半夏、柴胡、覆盆子、苦参、石兰根、黄耆、枸杞、丁香、知母、南星、天花粉、草薢、山药、独活、菖蒲、芙蓉、白芷、牛膝、五加皮、益母草。（万历《云南通志》卷2《临安府》第54页）

药之属五十九：桔梗、泽泻、柴胡、前胡、瓜蒌、黄芩、黄柏、黄连、羌活、独活、地榆、草薢、沙参、枳实、枳壳、黄芪、陈皮、半夏、南星、远志、茯苓、管仲、川芎、黄精、牛膝、当归、牵牛、商陆、麻黄、紫苏、茴香、乾葛、菖蒲、薄荷、蛤蚧、栀子、荆芥、地黄、莪术、草乌、山渣子、香附子、龙胆草、金银花、覆盆子、香白芷、天门冬、麦门冬、五味子、桑白皮、五加皮、海金沙、白蒺梨、地骨皮、白芥子、威灵仙、何首乌、款冬花、楮实。（万历《云南通志》卷2《永昌府》第67页）

药之属二十四：管仲、半夏、苽蒌、白芨、牛膝、苍耳、紫苏、柴葫、茯苓、茵陈、杜仲、防风、苦参、当归、黄芩、地黄、龙胆草、益母草、天南星、天门冬、麦门冬、何首乌、牛蒡子、五倍子。（万历《云南通志》卷3《楚雄府》第8页）

药之属三十八：茯苓、芍药、麻黄、枸杞、木通、石燕、桔梗、半夏、薏苡、防风、川芎、瓜蒌、苦参、葶苈、南星、常山、牵牛、草薢、香薷、黄柏、黄芩、厚朴、牛膝、牛旁、当归、白芷、升麻、柴葫、茴香、大戟、薄荷、何首乌、天门冬、麦门冬、五味子、香附子、益母草、草乌。（万历《云南通志》卷3《曲靖府》第15页）

药之属四十九：苍耳、泽泻、甘遂、荆芥、防风、牛膝、

---

① 五十四　　按文意为五十三。

升麻、管仲、前胡、黄连、防己、南星、黄芪、大戟、骨碎、白薇、苦参、麻黄、羌活、白芷、柴胡、桔梗、远志、木通、石膏、地榆、猪苓、续断、官桂、萆薢、黄芩、白芨、桂皮、半夏、常山、草乌、当归、茯苓、风藤、胆矾、天门冬、龙胆草、何首乌、钟乳石、炉甘石、山渣子、香附子、兔丝子、麦门冬。（万历《云南通志》卷3《澄江府》第23页）

药之属十二：茯苓、仙茅、天门冬、芍药、防风、当归、防己、大戟、穿山甲、麝、自然铜、天麻。（万历《云南通志》卷3《蒙化府》第28页）

药之属四十七：黄耆、麻黄、柴胡、黄芩、大黄、茯苓、白芨、芍药、当归、地榆、半夏、川芎、南星、大戟、商陆、黄精、羌活、防风、玄参、木通、石斛、牛膝、凉姜、葛根、甘松、茯神、麝香、草乌、益母草、天门冬、麦门冬、覆盆子、地骨皮、五味子、五灵脂、金银花、万两金、一枝箭、虎掌草、玉红膏、稀莶草、龙胆草、白龙须、马蹄香、马兜苓、金线重楼、王不留行。（万历《云南通志》卷3《鹤庆府》第37页）

药之属四十四：茯苓、茯神、荆芥、薄荷、䈽竹、南星、半夏、瓜娄、蛤蚧、离娄、苦参、防风、白芷、川芎、木通、当归、柴胡、黄芩、蒲黄、牵牛、山药、芍药、滑石、石膏、藁本、大戟、牛膝、独活、升麻、重娄、远志、泽泄、地黄、车前子、香白芷、桑寄生、天门冬、何首乌、天仙子、麦门冬、薏苡仁、穿山甲、香附子、金银花。（万历《云南通志》卷3《姚安府》第46页）

药之属五：桔梗、黄芩、防风、仙茅、姜黄。（万历《云南通志》卷3《广西府》第52页）

药之属十三：菖蒲、荆芥、紫苏、茴香、半夏、茱萸、地黄、山药、茯苓、苦参、薄荷、香附子、何首乌。（万历《云南通志》卷4《寻甸府》第4页）

药之属六：黄精、当归、葛根、破故纸、酸枣仁、香附子。（万历《云南通志》卷4《武定府》第9页）

药之属十一：茯苓、仙茅、芍药、防风、石风丹、金银花、山楂子、杏仁、木瓜、山药、楮实子。（万历《云南通志》卷4《景东府》第12页）

药之属三：马槟榔、蛤蚧、鳞胆。（万历《云南通志》卷4《元江府》第15页）

药之属六：茯苓、荆芥、紫苏、半夏、茴香、滑石。（万历《云南通志》卷4《丽江府》第19页）

药之属七：姜黄、防风、桔梗、苦子、仙茅、黄芩、紫姜。（万历《云南通志》卷4《广南府》第21页）

药之属三十三①：天门冬、麦门冬、车前子、柯子、栀子、薏苡仁、活鹿草、白芷、茴香、牵牛、王不留行、覆盆子、婴粟、荆芥、薄荷、枸杞子、紫花地丁、一枝箭、红花、葛根、香附子。（万历《云南通志》卷4《顺宁州》第24页）

药之属二：鹿茸、石菖蒲。（万历《云南通志》卷4《永宁府》第28页）

药之属二十七：川芎、茴香、茵陈、茯苓、黄精、黄芩、芍药、苦参、南星、半夏、白芨、柴胡、防风、紫苏、薄荷、荆芥、牵牛、乾葛、牛膝、苍耳、三棱、破故纸、麦门冬、天门冬、何首乌、牛旁子、车前子。（万历《云南通志》卷4《北胜州》第33页）

药之属六：鳞蛇胆、天门冬、金银花、麦门冬、地榆、何首乌。（万历《云南通志》卷4《新化州》第35页）

药之属二：蟒蛇胆、阿魏。（万历《云南通志》卷4《者乐甸长官司》第37页）

镇康州，……其产大药、鲜子、蟒胆。（《滇略》卷9第324页）

药有茯苓、陈皮、麇草、远志、防风、乌梅、桑白皮、茱萸、荆芥、栀子、槐花、瓜蒌、松脂、草决明、薄荷、葛根、菖蒲、紫苏、香薷、白芷、鼠黏子、当归、黄精、何首乌、黄

---

① 三十三　　按文意为二十一。

芩、柴胡、艾香、附子、罂粟壳、益母、稀莶、白芨、车前子、金樱子、半夏、山查、楮实子、草麻子、旋覆花、五叶草形如菊叶，已毒疮。走夷方人恒携以随，咀此草觉无味者，知中蛊矣，急服其汁而吐之、箭头草和盐杵之，消恶疮、镜面草和故絮衣煎酒服之，治女月闭。（天启《滇志》卷3《云南府》第113页）

药曰大黄、贝母、防己、木通、茵陈、百部、百合、藁本、仙茅、草薢、蓬木、商陆、牵牛、常山、狼毒、藜芦、白敛、泽兰、紫苑、款冬、地榆、蒺藜、葶苈、牛膝、橘皮、红花、玄参、五味、薏苡、地黄、威灵仙、枳壳、龙胆草、续随子、鹤虱草、桑白皮、白芥子、覆盆子、一枝箭、山茨菰、香附子、地不容、桑寄生、牛蒡、瓜蒌。（天启《滇志》卷3《大理府》第114页）

药有三奈、黑白牵牛、忍冬藤、常山、薏苡仁、马金囊、白豆蔻、土芍药、覆盆子、石兰根。（天启《滇志》卷3《临安府》第115页）

诸药中，为商陆，为海金沙，为千里光、钜齿草、金不换草，又如缅石茄之于目，青花豆之于疮，神黄豆之于痘疹，白龙须之于风疾，用之皆立效，而他书有谓不然者。近郡人马少参烨如作《黔小志》载之，然皆滇产也。（天启《滇志》卷3《永昌府》第115页）

药之属，牛膝、苍耳、紫苏、防风、当归、地黄、天南星，天麦门冬为良。（天启《滇志》卷3《楚雄府》第116页）

石燕、马蹄香、骨碎补、威灵仙、紫花地丁、续断、青箱子、仙茅、补骨脂、苦练，药也。（天启《滇志》卷3《曲靖府》第116页）

药品，如菟丝、草薢、钟乳石、炉甘石，皆他郡希（稀）有。何首乌，有最巨者。（天启《滇志》卷3《澄江府》第117页）

药之仙茅、麝、自然铜。（天启《滇志》卷3《蒙化府》第117页）

药曰商陆、黄精、甘松、麝香、万两金、一枝箭、虎掌草、玉红膏、白龙须、马蹄香、金线重楼。（天启《滇志》卷3《鹤庆府》第 117 页）

药有天仙子、桑寄生、區竹。（天启《滇志》卷3《姚安府》第 118 页）

药物之品五。（天启《滇志》卷3《广西府》第 118 页）

药有菖蒲，上品者九节何首乌。有最巨者茯神茯苓，有长丝覆地上，援丝得其处而劂之，大者一人肩负，可胜三四枚而止。曲靖亦有之，然不数见。（天启《滇志》卷3《寻甸府》第 118 页）

药物之石风丹，又皆别志之希（稀）有者。（天启《滇志》卷3《景东府》第 119 页）

元江与临安相距远，而气候愈热。其产什九与内地同，什一则远近所未闻见也。若药之麒麟竭，木高数丈，婆娑靖菁，叶似樱桃，有三角，脂从木中流出，如胶结，赤如血色，又曰血竭。又有鳞胆、苏木，子可治心气疼痛。（天启《滇志》卷3《元江府》第 119 页）

药有牛黄丸、紫金锭。（天启《滇志》卷3《丽江府》第 119 页）

若夫苦子、紫姜，医师用之良。马金囊，咀之饮水消暑。草果，亦可入药。（天启《滇志》卷3《广南府》第 119 页）

药类中，有号活鹿草者，其名甚美，不知所以用。红花者，可用以染，又痘疹之要剂。（天启《滇志》卷3《顺宁府》第 120 页）

旧《志》物产一类，所纪甚繁，惟药有鹿茸、石菖蒲两种佳。（天启《滇志》卷3《永宁府》第 120 页）

迤西，其毒药又甚恶，勘其事者，如大理、鹤庆二太守，咸毒杀之。鹤庆缙绅亦往往中其毒，一侍御则毒而死，一中丞为令时，毒而幸不死。（《肇域志》册4 第 2424 页）

太和县，……药有一百七十七种，性良于他产，惟附子自蜀中来。（《滇游记》第 7 页）

药属：天门冬^{富民者佳}、何首乌、防风、滑石^{武定者佳}、桔梗^{临安者佳}、沙参、香附^{宾川者佳}、荆芥、兔丝子、草决明、当归^{临安者佳}、柴胡^{富民者佳}、车前、半夏^{呈贡者佳}、金樱子、黄芩、乾葛、薄荷、紫苏、益母草、稀薟、黄精、南星、白芷、贝母、秦艽、前胡^{安宁者佳}、生地黄、川芎、五味子、猪苓、枳壳、枳实、青皮、麻黄、威灵仙、葶苈^{俱大理者佳}、石膏、天花粉^{富民者佳}、香薷、升麻、桑寄生^{临安者佳}、旋覆、赤芍药、茯苓^{姚安者为上，寻甸、武定、楚雄者次之}、地骨皮、瓜蒌仁、橘皮^{元江者佳}、金银花^{临安者佳}、麦冬、重楼。（康熙《云南通志》卷12《通省》第225页）

药之属：香附、白芨、沙参、赤芍、希仙。（康熙《晋宁州志》卷1第14页）

药之属：天门冬、何首乌、五加皮、地骨皮、穿山甲、金银花、茯苓、黄芩、一枝箭、木通、天花粉、香白芷、白芨、红花、车前子、益母草、夏枯草、土当归、地膚（膚）子、牛蒡子、牵牛子。（康熙《嶍峨县志》卷2）

药部：天门冬、何首乌、穿山甲、桔梗、当归、枳壳、茯苓、黄芩、皂角、黄精、防风、荆芥、牵牛^{一种}、旱黄莲、枳实、陈皮、青皮、远志、金银花、象耳草，一枝箭、车前子、稀薟草、木通、南星、半夏、薏苡仁、百合、马金本、常山、牛蒡子、乾葛、山楂、草薢、香附子、重楼、杏仁、紫苏、薄荷、羊蹄根、楮实子。（康熙《石屏州志》卷4第80页）

药：防风^{有杏叶、竹叶二种}、茯苓、天冬、黄芩、仙茅、黄精、当归、防己、大戟、益母草、瓜蒌、猪薟、车前、地膚子、续随子、白芨、金樱子、蜜蒙花、石斛、南星、半夏、金银花、山查、楮实子、龙胆草、刘季奴、萆麻子^{有光刺二种}、旱莲草、穀精草、川芎、王不留行、马鞭稍、羊蹄根、夏枯草、水蘄、泽兰、金线重楼、苦参、元参、沙参、骨碎补、一枝箭、桑白皮、自然铜^{方平如削，产于西山}、紫石英^{出浪沧江岸}、槐花、薄荷、葛根、菖蒲、

茵陈、艾、紫菀、茜草、白芥、红花、青黛、何首乌。（康熙《蒙化府志》卷 1 第 42 页）

药部：天门冬、桔梗、黄芩、黄精、防风、金银花、一枝箭、车前子、当归、荆芥、木通、常山、草薢、重蒌、紫蘇、薄荷。（康熙《通海县志》卷 4 第 19 页）

药：天冬、沙参、黄芩、忍冬、乾菊、升麻、前胡、香薷、麻黄。（康熙《富民县志》第 27 页）

药之属：天门冬、五加皮、穿山甲、金银花、黄芩、半夏、茯苓、天花粉、一枝箭、车前草、益母草、红花、土当归、牵牛子、重楼。（康熙《新平县志》卷 2 第 321 页）

药之属：天冬、沙参、荆芥、柴胡、当归、车前、黄芩、木通、百合、薄荷、紫菀、稀薟、黄精、仙茅、香薷、霍香、木瓜、南星、乾葛、前胡、川芎、射干、黄药、白药、重蒌、白芨、菊花、木贼、常山、山查、槐实、槐花、桑白皮、益母草、威灵仙、桑寄生、金银花、冬青子、天花粉、旋覆花、苍耳子、五加皮、淡竹叶、赤小豆、白扁豆。（康熙《新兴州志》卷 5 第 34 页）

药属：天门冬、何首乌、防风、滑石、桔梗、沙参、香附、荆芥、草决明、当归、柴胡、车前、半夏、乾葛、薄荷、紫蘇、益母草、黄精、仙茅、枳壳、枳实、青皮、蒺藜、升麻、橘皮、茯苓。（康熙《元江府志》卷 1 第 665 页）

药之属：沙参、茯苓、重楼、麝香、防风、牛膝、升麻、葛根、前胡、南星、大戟、芍药、苦参、苍耳、当归、白芷、柴胡、桔梗、川芎、远志、木通、猪苓、黄芩、半夏、薄荷、荆芥、菖蒲、紫蘇、草薢、地榆、续断、常山、山药、草乌、香薷、五加皮、地骨皮、麦门冬、木贼、石斛、风藤、扁竹、葳灵仙、一枝箭、天花粉、天门冬、桑寄生、益母草、车前子、何首乌、香附子、金银花、兔丝子、穿山甲、山查子、百部。……（河阳县）药：瞿麦。（新兴州）药：希仙、仙茅、黄药、白药、射干。（路南州）药：黄精、淡竹叶。（江川县）药：何首乌。（康熙《澄江府志》卷 10 第 6、9 页）

药之属十三种。(康熙《平彝县志》卷 3 第 96 页)

药材：防风、黄精、白芨、豨莶、当归、天冬、南星、半夏、石斛、车前、续随、山查、川芎、苦参、槐角、元参、茯苓、萆薢、熊胆、麝香、益母草、地肤子、金樱子、蜜蒙花、金银花、楮实子、刘季奴、蓖麻子、旱莲草、马鞭稍、羊蹄根、夏枯草、急性子、王不留行。(康熙《顺宁府志》卷 1 第 32 页)

茯苓、紫茎、黄精。(康熙《鹤庆府志》卷 12 第 24 页)

药属：青木香、桔梗、天麻、泽泻、橘红、木贼、防风、柴胡、山查子、明子、前胡、香附子、瓜蒌仁、黄芩、黄柏、白芷、羌活、独活、天花粉、仙茅、葛粉、紫槟榔、九里光、鹤鹿草、葛花、龙胆草、金拂草、忍冬草、白花地丁、一枝箭、金银花、地榆、覆盆子、沙参、玄参、苦参、紫参、枳实、枳壳、陈皮、香白芷、天门冬、半夏、南星、土黄芪、远志、五味子、马兜铃、百叶煎、茯苓、桑白皮、管仲、桑寄生、五加皮、郁李仁、杏仁、白扁豆、川芎、车前草、黄精、牛膝、石斛、当归、海金沙、白蒺藜、青箱子、漏芦、莎根草、槐角、楮实、白薇、茵陈、地骨皮、百部、白芥子、威灵仙、狼毒、牵牛、何首乌、商陆、麻黄、紫菀、茴香、乾葛、粟壳、诃子、蒌叶、薄荷、蛤蚧、酸枣仁、款冬花、兔丝子、牡丹皮、黄连、栀子、木通、荆芥、菊花、生地黄、莪术、瞿麦、葛根、乌梅、黄葵子、菖蒲、赤小豆、草乌、蔓荆子、白头翁、王不留行、定风草、见肿消、蓬术、乌药。(康熙《永昌府志》卷 10 第 6 页)

药材：天冬、沙参、黄芩、忍冬、乾葛、升麻、前胡、香薷、麻黄、鹤风、苍耳。(雍正《富民县志》卷上第 30 页)

药：茯苓、沙参、当归、桔梗、何首乌、百部、黄芩、枳实、荆芥、天门冬、半夏、白芨、枳壳、葛根、麦门冬、前胡、陈皮、木贼、木通、黑牵牛、茯神、紫参、勾藤、常山、茨蒺藜、南星、萆薢、黄精、香附、史君子、木瓜、覆盆、防风、地榆、天花粉、黄芪、枸杞、红花、白芷、五加皮、山药、苦参、羌活、独活、金银花、杜仲、桑椹、泽兰、排草、夏枯草、豨莶、香薷、升麻、石膏、重楼、薏苡仁、益母草、龙胆草、穀精草、车前子、牛旁子、桑白皮、瓜蒌仁、卢甘石、蜜蒙花。（雍正《建水州志》卷 2 第 8 页）

药之属：天冬、麦冬、荆芥、柴胡、车前、黄芩、茵陈、百部、薄荷、紫苏、防风、黄精、百合、木瓜、牛膝、当归、乾葛、桔梗、半夏、南星、草乌、牵牛、白芷、楮实、黄药、白药、白伎、菊花、茱萸、山查、郁金、香附、槐实、石膏、皂角、益母草、葳灵仙、旋覆花、金银花、苍耳子、草麻子、桑白皮。（乾隆《弥勒州志》卷 23 第 117 页）

药属：天冬、何首乌、黄芩、苦参、葛根、当归、茯苓、五味、麦冬、防风、山药、木贼、楮实、金银花、龙胆草、牵牛、牛膝、薄荷、紫苏、艾、益母草、蒲公英、半夏、车前、白芨、桑寄生、赤芍、柴胡、地黄、瓜蒌、土人参、金樱子、谷精草、川山甲、麝、南星。（乾隆《赵州志》卷 3 第 58 页）

药：香附、茯苓、当归、沙参、木通、三奈、山药、何首乌、枳实、天门冬、半夏、白芨、陈皮、黑牵牛、茯神、石燕、木瓜、黄著、枸杞、金银花、霍香、榔榔、桑椹、夏枯草、益母草、薏苡仁、车前子、瓜蒌仁、香白芷、桑白皮、杏仁、花椒、皂荚、槐实、栢子仁、苍耳子、蒲公英、白芥子、薄荷、侧栢、菖蒲、菊花。（乾隆《陆凉州志》卷 2 第 28 页）

药属：马兜苓、三七、黄连、牛耳大黄、天冬、沙参、荆芥、柴胡、当归、车前、黄芩、木通、百合^{红白}、薄荷、益母草、紫苏、豨莶、黄精、仙茅、威灵仙、桑寄生、金银花、香薷、木瓜、藿香、南星、冬青子、葛根、前胡、天花粉、旋覆花、黄白药、重楼、白芨、菊花、木贼、常山、谷精、五加皮、淡竹叶、赤小豆、山查、白扁豆、槐^花子、桑白皮、牛旁子、大戟、紫参、苦参、龙胆草、续断、牵牛子^{黑白}、地膚子、何首乌、茯苓^{赤白}、土牛膝、茜草、枳壳、枳实、紫荆皮、草薢、半夏、冰片叶、薑黄、灯笼花、地榆、白头翁、山药、石

164

菖蒲、艾、蒲公英、瓦松、一枝箭、黄龙尾、野连翘、桔梗、栀子、使君子、白芥子、桂皮^{出交}_阯、砂仁^{出交}_阯、马金囊^{即紫槟榔，嚼之饮水，味甘除热，可治疮毒}、薏苡仁、覆盆子、石斛、鹿啣草、穿山甲。（乾隆《开化府志》卷4第32页）

药部：天冬、何首乌、桔梗、当归、枳壳、黄芩、穿山甲、茯苓、一枝箭、羊蹄根、金银花、马金囊、稀莶草、黄精、防风、荆芥、薄荷、陈皮、青皮、远志、木通、旱黄连、象耳草、金樱子、牵牛、皂角、枳实、车前、南星、半夏、薏苡、牛旁、常山、寄生、白合、香附、草薢、乾葛、山查、杏仁、紫苏、楮实子、菖蒲。（乾隆《石屏州志》卷3第36页）

药之属：有沙参、元参、紫参^{丹参}、菊花参、黄精、狗脊、石斛、菖蒲、甘菊、天门冬、麦门冬、旋覆花、百部、林梗、齐苊。（乾隆《黎县旧志》第14页）

药类：茯苓、茯神、黄精、玉竹、何首乌、五加皮、黄蘗、赤芍药、丹皮、穀精草、元参、苦参、沙参、菊花参^{出巧家者佳}、白芨、黄芩、紫草、菖蒲、半夏、夏枯草、黑丑、白丑、柴胡、前胡、大黄、土茯苓、草薢、木贼、野菊、九里光、括蒌、金银花、水蓑花、香附子、青箱子、葶藶子、茺蔚子、黄荆子、车前子、巨胜子、天花粉、白头翁、扁蓄、瞿麦、桑寄生、贯仲、泽兰、续断、巴豆、虎掌草、马蹄香、南星、川芎、草蔴子、牛旁子、茵陈、甘葛、百部、兜铃、天丁、地丁、松脂、艾、青蒿、草皮连、草龙胆、木通、商陆、香薷、槐花、兔丝子、墓头回、石筋、王不留行、白微、旋覆花、刘寄奴、金樱子、白芷、卷柏、南竹、法落海^{叶类黄莱菔，茎红花碎，白如葱，韭味辛烈，治心腹冷痛，以则补、向化里法落海村产者为佳。}（乾隆《东川府志》卷18第3页）

药属：紫金锭^{以雪山水合诸药为之，通治各症奇效}、天冬、何首乌、茯苓、黄芩、香附、穀精、百合、荆芥、薄荷、石斛、柴胡、半夏、车前、乾葛、山菰、紫苏、益母、川芎、黄精、菖蒲、茴香、花椒、连翘、丹参、白芨。（乾隆《丽江府志略》卷下第40页）

大理土产，大理十九峰，峰峦深秀，溪涧潆洄，风水佳胜，土脉肥饶。谷穗长至二百八十粒，药材有一百七十七种，惟良于他产。（《滇南闻见录》卷下第 27 页）

药之属百二十三：茯苓、何首乌、香附、沙蔓、土人蔓、白云蔓、苦蔓、还元蔓、白龙蔓、飞仙藤、野薑（桂馥《札樸》曰即药中之枸脊）、车前（一名大枫草，又名蝦蟆叶）、大腹子、草果、双尾草、兰花双叶草、独叶一枝花、石胆草、迎风不动草、紫叶草、黄毛金丝草、无风自动草、剑草、鹿衔草、青霞草、石龙草、龙蜑草、石梅、地竹、贴地金、百叶尖、埽天晴明草（一名凤凰草）、三仙菜、地精草、假蘇、土练子、铁刺枝、青花黄叶草、龙吟草、汞草、紫背天葵、铁莲子、万年松、七星草、地缨子、绣毬藤、金刚杵、曰（白）地膏、凤尾草、铁梗金缠草、胡麻饭、水芭蕉、水毛花、水朝阳草、筋骨草、地捲草、矮陁陁、天门冬、防风、桔梗、柴胡、前胡、半夏、南星、黄连、黄芩、葛根、升麻、白芍药、赤芍药、白豆蔻、远志、石菖蒲、威灵仙、天花粉、黄精、猪苓、泽兰、重楼、常山、薑黄、大黄、麻黄、香薷、木通、紫蘇、荆芥、薄荷、蒲公英、骨碎补、草决明、菊花、益母草、豨薟草、榖精草、龙胆草、千鍼万线草、木贼、金银花、旋蒀花、金缨子、兔丝子（即黄锁梅）、使君子、青箱子（即鸡冠花子）、苍耳子、枸杞子、覆盆子（即红锁梅）、补骨脂、薏苡仁、草麻仁、括蒌仁、石楠藤、牵牛、葶苈、楮实、枳殻、地骨皮、桑椹、桑白皮、桑寄生、厚朴、石膏、滑石。（道光《昆明县志》卷 2 第 3 页）

《论药之属》：滇药之载于旧《志》者八十八，其引《滇南本草》者五十一，皆统全滇所有，而胪之其实，县之产固不下百余也，惟所出有优劣之分，故标其优者为道地，犹芐之名怀、蔓之称潞耳，岂不怀而即非芐，不潞而即非蔓乎？《滇南本草》旧传兰茂作，考茂为明初人，其卒在正统（1436～1449 年）以前，而此书自序题崇正（祯）甲戌（七年，1634 年），其为依託可知矣。《一统志》：芸香草，出昆明，有二种，一名五叶芸香，能治疮毒，入彝方者携之，如嚼此草无味，便知中毒，服其汁吐之即解；一名韭叶芸香，能治瘴疟。旧《通志》：镜面草，和敝蓑煎酒服，能治月闭。《滇南本草》：如意草，味甘苦，微寒，形似蕉而小，四叶无花，根如火镞，治一切大虚弱，采叶服之，虽八旬可生子，久服轻身延年。金钱草，味甘酸，无毒，顶叶如虎掌，花如罂粟，三年生叶一台，复一年方为丫，采花而食，寿可百岁。楼台草，味甘性热，无毒，形如艾叶，独苗嫩枝，蝙蝠多觅而食，日久变为松鼠，人食之，能返老成童，治一切筋骨痛，虚脱痿痹，盗汗，妇人血崩，又治跌打损伤，接骨如神，以叶烧灰，治小儿黑痘及痘顶不起者，梗治腹痛绞肠痧，或急阴证，研末酒服，三钱效。（道光《昆明县志》卷2第13页）

药类：黄芩、穿山甲、黄精、皂角、车前草、木通、稀莶草、南星、半夏、甘葛、薄荷、天花粉、草薢。（道光《昆阳州志》卷5第13页）

药属：三七、沙参、梧梗、独活、前胡、茯苓、薄荷、巴豆、黄柏、黄精、芝麻、半夏、天冬、砂仁、白芍、续断、菖蒲、花椒、薏苡、白芨、荆芥、紫苏、何首乌、羌活、防风、石斛、马槟榔、千张纸^{形似扁豆，其中片片如蝉翼，烧为灰，可治心气痛。}（道光《广南府志》卷3第3页）

药之属：兰花生、天门冬、金银花、茯苓、鹿茸^{出江外哀牢山}、穿山甲、溪蝎^{出江外夷地}。（道光《新平县志》卷6第22页）

药之属：天门冬、麦门冬、沙蔓、何首乌、黄芩、五加皮、金银花、茯苓、黄精、一枝箭、白芨、夏枯草、红花、旱莲草、益母草、地肤子、木通、土当归、牛蒡子、葛根、车前子、金缨子、木瓜、山楂、艾。^{旧县志}（道光《续修易门县志》卷7第169页）

药之属：沙参、茯苓、重楼、麝香、防风、牛膝、升麻、葛根、前胡、南星、大戟、芍药、苦参、苍耳、当归、白芷、柴胡、桔梗、川芎、远志、木通、猪苓、黄芩、半夏、薄荷、荆芥、菖蒲、紫苏、草薢、地榆、续断、常山、山药、草乌、香薷、木贼、石斛、风藤、扁竹、葳灵仙、一枝箭、五加皮、地骨皮、麦门冬、天花粉、天门冬、桑寄生、益母草、车前子、何首乌、香附子、金银花、兔丝子、穿山甲、山查子、百部。(道光《澄江府志》卷10第6页)

药之属①：茯苓、香附、土人参、当归、天门冬、前胡、半夏、黄连、天花粉、大黄、升麻、草果、钩吻、大腹子、野薑、车前、白云参、还元参、白龙参、飞仙藤、双尾草、兰花双叶草、独叶一枝花、石胆草、迎风不动草、紫叶草、黄毛金丝草、无风自动草、剑草、鹿衔草、青霞草、石龙草、龙蛋草、石梅、地竹、贴地金、百叶尖、扫天晴明草、三仙菜、地精草、土练子、假苏、钱刺枝、青花黄叶草、龙吟草、汞草、紫背天葵、铁莲子、万年松、七星草、地缕子、绣毯簾、金刚杵、白地膏、凤尾草、胡麻饭、铁梗金缠草、水芭蕉、水毛花、水朝阳草、筋骨草、地捲草、矮陀陀、薄荷、金银花、薏苡、青皮、葶蘼、牛扁　谨案：旧《志》尚有何首乌、沙参、川芎、苦蒌、地黄、麦门冬、防风、桔梗、白芷、柴胡、南星、黄芩、乾葛、贝母、白芍、赤芍、白豆蔻、远志、石菖蒲、威灵仙、牛藤、秦艽、黄精、猪苓、泽泄、重楼、常山、薑黄、细辛、麻黄、香薷、木通、紫苏、荆芥、蒲公英、骨碎补、草决明、益母草、稀莶草、穀精草、龙胆草、木贼草、菊花、红花、旋覆花、兔丝子、史君子、金樱子、五味子、青箱子、枸杞子、补骨脂、苹麻子、覆盆子、苍耳子、石楠藤、瓜蒌仁、牵牛、楮实、枳实、枳壳、陈皮、地骨皮、桑椹、桑白皮、桑寄生、厚朴、石膏、滑石，皆滇产。(道光《云南通志稿》卷68《通省》第20页)

药，陈鼎《滇黔纪游》：太和药有一百七十七种，性良于他产。(道光《云南通志稿》卷69《大理府》第15页)

白茄、飞松子、排风藤、硫、黑药、阿魏、没药、乳香、儿茶、冰片，旧《云南通志》：俱永昌出。(道光《云南通志稿》卷70《永昌府》第27页)

杂药，常璩《华阳国志》：堂琅县出杂药。(道光《云南通志稿》卷70《东川府》第37页)

药属：半夏、菖蒲、香附、紫苏、苍耳、白芨、贯仲、葛根、车前、白芷、赤芍、当归、川芎、南星、细辛、稀莶。

---

① 属下各药，原本皆有注释，详见各药名下。

（道光《晋宁州志》卷 3 第 25 页）

药属：沙参、苦参、茯苓、当归、厚朴、南星、麻黄、白芷、枸杞、牵牛、益母、天花粉、木通、半夏、地榆、薄荷、紫苏、车前、荆芥、白芨、大戟、何首乌、桔梗、葛根、石燕、寄生、马蹄香、防风、藁本、蒲黄、防己、石菖蒲、白部、香附子、红花、地丁、藜芦、黄芩、瓜蒌、常山、草薢、仙茅、黄精、骨碎补、（牛）膝、柴胡、草乌、一枝箭、木贼、牛蒡子、威灵仙、天门冬、龙胆草、前胡、旋覆花、赤小豆、五加皮、金线重楼、豨莶草、川芎、山楂、紫草。（咸丰《南宁县志》卷 4 第 12 页）

药之属：半夏、银柴胡。（光绪《呈贡县志》卷 5 第 3 页）

药属：沙参、桔梗、黄精、土黄芪、天麻、远志、淫羊藿、仙茅、玄参、地榆、紫参、紫草、白头翁、三七、黄连、黄芩、柴胡、前胡、防风、独活、升麻、土当归、苦参、龙胆草。^{以上山草}川芎、香附子、藿香、薄荷、紫苏、艾、益母草、牛蒡、麻黄、木贼、地黄、牛膝、车前、麦门冬、酸浆、款冬、决明、王不留行、连荞、紫花地丁、水甘草。^{以上芳草}见肿消、大黄、附子、乌头、天南星、半夏。^{以上毒草}泽泻、兔丝子、牵牛、五味子、覆盆子、天门冬、百部、何首乌、山豆根、茯苓、威灵仙、木通、金银花、石斛、马兜铃、山查子、黄柏、羌活、天花粉、桑白皮、葛粉、枳实、枳壳、青皮、管仲、槐角、五加皮、茵陈、地骨皮、荆芥。^{以上杂草}（光绪《永昌府志》卷 22 第 4 页）

药之属①：茯苓、香附、土人参、牛黄、麝、鹿茸、天门冬、前胡、半夏、天花粉、芸香草、车前、地竹、七星草、水芭蕉、矮陀陀、薄荷、薏苡、藿香、荸荠、苦参、何首乌、红花、凤尾草^{谨案：顺宁尚有川芎、麦冬、防风、白芷、柴胡、南星、黄芩、乾葛、赤白芍、远志、石菖蒲、牛夕、黄精、重楼、常山、薑黄、细辛、木通、紫苏、}

----

① 属下各药，原本皆有注释，详见各药名下。

荆芥、蒲公英、骨碎补草、益母、谷精、龙胆、木贼等草。菊花、旋覆花、枸杞尖、金樱、青箱、草麻、苍耳、茴香等子。瓜蒌仁、牵牛、枳实、一支箭、五味、地骨皮、桑葚、桑白皮、厚朴、石膏、野薑、乌药蓬、莪术、金银花、当归、马兜铃、土大黄、九里光、山草菓、连翘、楮实子、续断、地榆、山羊血、熊胆、穿山甲、栀子仁、石蒌、金石斛。

（光绪《续修顺宁府志》卷13第14页）

药属：茯苓、何首乌、香附、沙参、苦参、臭参、青洋参、土人参、拐棍参、鸡爪参、竹节参、兰花参、菊花参、野薑旁

桂馥《札樸》：根似薑，叶似蕉叶，花出于，紫色，三四月间开，即药中之狗脊

车前草。此草遍地皆出，大叶细子，治一切虚烧通淋，利水疮毒，妇人难产，久服轻身延年，又止白带。子以半升炒热，盛囊护脐，暖肾生子，又治痢疾。根治大疮，叶治肺痨，汁治喉风虚疾

无风自动草《滇南本草》：此草五色，形似一枝蒿，治男妇阳痿阴冷，脱阴脱阳，一服即愈，精神百倍。附子一分，研泥为丸，入子宫内，即受孕成胎，助阳益肾，其功倍常

剑草《滇南本草》：生于深山阴处，叶似兰而直，根旁生大黄叶如车前草形，无花，根似火焰，为末治一切恶毒大疮，而致命者敷上即死

石梅草《滇南本草》：此草非山梅，亦非家梅，高仅数寸，带黄色，硬枝色黑，子甚细小，同连翘煎用，治一切大疮毒，大麻疯。子治九种胃，花能止血

地竹竹于郊野就地而生，高仅二寸，又名地余竹。治一切目疾，老眼昏花，云翳遮睛，疳疾伤寒，怒气攻冲，服之皆效。同苦蒿尖、马鞭稍尖、枸杞尖共捣为泥，遇暴赤火眼，在眼塞右鼻，右眼塞左鼻，无不神效

红花、贴地金《滇南本草》：此草生于阴处，形似车前软苗，枝上有黄绒细毛，如果数个采之，可治梅疮伤身，或鼻间见黑点，速服此草，可以救鼻，又能解一切大毒疮

土练子《滇南本草》：味甘性寒，无毒，和硃砂治惊风脐风，生于（山中），叶似地草果，中结一子，内包黑水，乌须发，再不返白。治一切湿气流痰，痫痪疮毒，十二种疯痰，颠狂跌打损伤者，服之即效。根能消积食，及痞块中膈不通、癥疝发背如神。取子煎熬硃砂成膏，治横生侧产，服下半刻，即顺生矣

假苏《滇南本草》：草似扫帚，夏末采取，治口眼歪斜，通利血脉，化瘀逐血，驱风利窍。又治跌打损伤，洗疮解毒，清目化痰，养饥恼酒。夷人作菜日食，不解痘疫，又能固齿

铁刺枝《滇南本草》：硬枝铁幹，花开细白，冬季开花，刺似铁针，生在石边，收取阴乾为末，治酒毒冲心，胃中结痛，或酒血，或酒龟在腹活动不可忍者，服之神效。根同杨梅根为末，治痿软瘫痪，忌萝蔔，每服三钱

白头翁、万年松《滇南本草》：生于青草丛中，形似佛指甲，又似瓦松，又名千里菌，治一切疔毒火毒，癣疮发背，服之即愈

紫背天葵《滇南本草》：味辛，有小毒，形似蒲公英，绿叶紫背，敷大恶疮神效，虚人服之，汗出不止，不省人事，即用甘草、绿豆汤解之，俗名紫背鹿啣草

绣毯藤《滇南本草》：生于近水处，或贴地生，或依埂生，有细叶生于藤上，治疒囊风天泡疮，三剂见功。又治鼻疳，或肺家有毒不能闻香臭者，吹之即通

金刚杵《滇南本草》：治一切单腹胀，水肿血肿，烧灰为末，冷水送下，一服即愈，若生用猛过大黄、芒硝，倘用之而泄不止，以手反冷水浸之而止

白地膏《滇南本草》：生于地上，形似虫窝，亦如白参，贴地而生。采取调醋，擦一切无名肿毒，汤火伤人，为末麻油调擦，大人痔漏，小儿生火疮，极其神效

地缨子《滇南本草》：形如缨子，贴地而生，分红绿二色，红治脱阳，绿治脱阴，皆极神效

凤尾草《滇南本草》：此草与晴明草相似，但此草枝软，多生山中有水处。采取枝叶并用，忌铁器，治一切骨碎筋断，跌打损伤，捣烂就热血敷之，效验如神。又治脱肛，又溃大毒，小儿佩之，不染蛊毒

胡麻饭《滇南本草》：软枝细叶，枝尖上结子，碎细如米，其根大而肥，熬膏服食，能碎穀，仙人多食之。子治肺痨吐血，叶治风邪入骨，口不能言，枝治头风，根能大补元气，轻身延年，乌须黑发

水芭蕉《滇南本草》：有毒，生于水旁，形小无花，似山芭蕉，而高仅尺余。采之晒干为末，遇刀伤毒破，蛇咬蝎毒，敷上即愈，虽见血封侯，箭毒刀搽之皆愈

筋骨草《滇南本草》：味辛无毒，普济方。治反胃呕吐，暖肾消肿，舒筋接骨，癣疮疥癞，五劳七伤，若跌打损伤，筋断骨折，用酒调敷

患处，枝叶煨汤，点酒服三剂即愈。生于田野间，高仅尺余，茎圆尖有齿，花开黄花，子结三稜如蓖麻子，五月五日采取，晒干为末，治风湿寒热，手足拘挛，脚气麻木，调治每服三钱，其效如神、 矮佗佗 《滇南本草》：绿叶绿梗，黑根，生在朝阳之处，溪水之边，冬不凋，春不再发。新鲜时梗内有白浆，心细菊花形，结黑子，根上结瓜，黄花有毒，不可入药。白花第一，紫花次之，治病甚多、天门冬、防风^{分杏叶、绣}^{毬二种}、柴胡、前胡、苏叶、南星、黄连^{又一种鸡}^{脚黄连}、黄芩、葛根、升麻、半夏、白芍药、赤芍药、透骨草、远志、石菖蒲、威灵仙、天花粉、黄精、猪苓、泽泻、泽兰、重楼、常山、大黄、麻黄、香薷、木通、紫苏、薄荷^{《滇南本草》：滇南火地所产}^{不同，老人常服，发白转黑}、蒲公英、骨碎补、草决明、甘菊、白菊、益母草、豨莶草、穀精草、龙胆草、千针万线草、木贼^{俗名锁}^{眼草}、金银花、旋蕾花、金缨花、兔丝子^{即黄}^{锁梅}、覆盆子^{即红}^{锁梅}、苍耳子、青箱子^{即鸡冠}^{花子}、枸杞子、补骨脂、薏苡仁、草麻仁、括蒌仁、桃仁、杏仁、枣仁、石楠藤、牵牛^{分黑白}^{二种}、葶苈、楮实子、枳壳、陈皮、厚朴、地骨皮、桑椹、桑白皮、桑寄生、石膏、滑石、当归、乌梅、川芎、茴香、石斛、王不留行^{俗名拔}^{毒散}、茵陈、仙茅、艾叶、五加皮、山楂、白芷、夏枯草、山茨菇、荆芥^{性喜湿}，田地皆宜，三四月剷地布种，其上覆以粪土，初出甚细，须勤除蔓草，既而逐节生枝，长二三尺，叶有尖，又六七月枝头叶上皆生穗，开小绀色花，结实其中，形如车前子而细，子可作种，然须新者，若隔年陈子，种之无效，枝叶穗可为药材要品。（民国《宜良县志》卷4第30页）

药材之属七十四：茯苓、鸽蚧、五加皮、龙胆草、柴丹参、黄芩、常山、蜜蒙花、何首乌、菊花参、厚朴、升麻、鸡肾参、天门冬、叶上花、沙参、柴胡、车前草、黄地榆、苎麻根、臭参、防风、黄洋参、血结、蛇床子、地丁、血籐、黑洋参、玉带草、桑白皮、木通、汉防己、鸡脚参、紫人参、大草乌、天丁、土大黄、蒲公英、马尾参、土牛夕、花椒、土荆芥、白头翁、天南星、赤地金、木瓜、申筋草、椒寄生、香附子、小郎毒、杜仲、五倍子、石菖蒲、土藿香、地石榴根、粉葛、香白芷、黄蒿本、血芥草、九子不离母、黄金、桑寄生、麦门冬、白菊花、黄不留行、断续、黑蒿本、土羌活、大青籐、绣球防风、黄连、肚拉^{俗呼抱}^{母鸡}、紫苏、槐果。谨案：上列药

材系本属医士秦宣三君文彰所查报者。（民国《嵩明县志》卷 16 第 240 页）

药类：何首乌、香附、茯苓、沙葠、青洋葠、苦葠、红花、枴棍葠、鸡爪葠、野薑、车前子、柴胡、蘇叶、黄芩、葛根、升麻、芍药、豆蔻、远志、石菖蒲、天门冬、防风、桔梗、前胡、半夏、南星、黄连、威灵仙、白头翁、天花粉、猪苓、泽兰、重楼、大黄、麻黄、香薷、木通、荆芥、薄荷、蒲公英、骨碎补、草决明、菊花、益母草、谷精草、龙胆草、三仙草、双尾草、紫叶草、锁眼草^{即木贼}、凤尾草、透骨草、地卷草、矮陁陁、金银花、旋覆花、金缨子、兔丝子、青箱子、苍耳子、枸杞子、覆盆花、补骨脂、薏苡仁、萆麻仁、括蒌仁、桃仁、杏仁、石楠藤、牵牛、葶藶、猪实、枳实、枳壳、陈皮、地骨皮、桑椹、桑白皮、桑寄生、厚朴、石膏、滑石、竹山臭参^{系土参之一种，出西区竹山一带，产岩谷间。性温，补血，舒气。新采者煮食之，味甘美。忌近铁器，野生者尤佳}、草乌、山茨菇、接骨散。（民国《路南县志》卷 1 第 51 页）

《云南路南县调查输出货物表》药材：四川省输入四百八十觔，云南省输入二百三十觔，江苏省输入四十觔，共计七百五十觔。每百觔平均价八十元。（民国《路南县志》卷 1 第 56 页）

药属八十七类：马兜苓、三七、黄连、牛耳大黄、天冬、沙参、荆芥、柴胡、当归、车前、黄芩、木通、百合^{红白二种}、薄荷、益母草、紫苏、豨莶、黄精、仙茅、威灵仙、桑寄生、金银花、香薷、木瓜、藿香、南星、冬青子、葛根、前胡、天花粉、旋覆花、黄白药、重楼、白芨、菊花、木贼、常山、谷精、五加皮、淡竹叶、赤小豆、山查、白匾豆、槐花子、桑白皮、牛旁子、大戟、紫参、苦参、龙胆草、续断、牵牛子^{黑白二种}、地肤子、何首乌、茯苓^{赤白二种}、土牛膝、茜草、枳壳、枳实、紫荆皮、萆薢、半夏、冰片叶、薑黄、灯笼花、地榆、白头翁、山药、石菖蒲、艾、蒲公英、瓦松、一枝箭、黄龙尾、野连翘、桔梗、栀子、使君子、白芥子、桂皮、砂仁、薏苡仁、覆盆子、石斛、鹿唧草、穿山甲、马金囊^{即紫槟榔，嚼之饮水，味甘除热，可治疮毒。}（民国《马关县志》卷10第8页）

药材一十九种：车前草、益母草、龙胆草、金樱子、金银花、土人参、何首乌、穿山甲、虎掌草、黄精、柴胡、防风、紫苏、桃仁、薄荷、茴香、三七、乌豆、蘇□、烟叶、辣烟。（民国《富州县志》第十四第84页）

（三）药之属九十：香附子、弥陀僧、香丹皮、木贼草、桑寄生、山茨菰、续断、防风、独活、常山、芰子、三七、百部、谷精草、五加皮、蝉退、沙仁、黄芩、龙胆草、青木香、川芎、葛根、柴胡、薏苡仁、木通、泽兰、薄荷、紫苏、石斛、葶苈、土人参、半夏、防己、金石斛、葫芦巴、桔梗、土厚朴、蓬木、茯苓、白芨、龙骨、金银花、威灵仙、燕窝、升麻、白芥子、何首乌、地骨皮、地榆、槐实、牛旁子、菊花、黄蜡、覆盆子、羊蹄根、红花、菖蒲、蜂蜜、南心、山查、黄葵子、紫花地丁、麝香、苍耳子、牵牛、荆芥、白花地丁、沙参、土秦归、旋覆花、一枝箭、黄精、花粉、陈皮、蒿本、青黛、车前子、五倍子、青皮、夏枯草、益母草、乌梅、枳殼、马兜铃、槐花、麦门冬、枳实、土黄连、粟子、天门冬。（民国《邱北县志》册3第13页）

药材：滇药之载于旧《志》者八十八，其引《滇南本草》五十一，而我邑所产不下百十种，其最特色大庄者，如黄连、贝母、知母、茯苓、蓁艽、猪苓、珠子参、麝香、熊胆、鹿茸、冬虫夏草、雪茶、秦归、厚朴、天南星、黄白皮、黄芩、粉丹皮、夏林草、木通、金银花、桔梗、柴胡、紫苏、半夏、荆芥、防风、枳实、枳壳等类，或产万斤，或产数千勋，运输外地，亦不无小补。（民国《维西县志》卷2第38页）

《昆明的草药》：昆明山谷间实多小草，能入于药者尤不少焉。若半夏、天冬、柴胡、茵陈、荆芥、防风、白芨、良姜、淫羊藿、青蒿等，尽人皆知其为方剂中药物也。有知其名而不深悉其性者，有知其用处而不能呼出其名者，此在山间，真不知有若干百十种也。然又有若干种类，人们已能知其性，能呼其名，而又不入于官药，不见于本草者。可是，一投治得当，亦可望厥疾得瘳。如千针万线草之治虚痨，双果草之治疝气，五叶草之治虚烧，八仙草之治骨蒸症，舒筋草、透骨草之治筋骨疼痛，血莽草根之消肿，还魂草之治跌打，是皆一些特效药也。山中小草之能治重病者，据余所知，已在五六十种，兹不过略举此数种而言之耳，余俱详于余之医书四种中，故不多及。至云《滇南本草》中之所列者，然有多种，非得人指认，不易辨别也。（《云南掌故》卷 16 第 530 页）

刘汝楫（腾）《腾冲本草性味异同说》：《本草》为三《坟》之一，作自神农。后人疑不载《汉书》而仅见《隋史》，遂起聚讼之端。考《素问》有歧师芦茹丸，《伤寒》载伊相乌梅方。虢世子暴病，卢医为先轩之灶、八减之汤，子同捣药，以起死闻。迨乎汉末，仲景、元化尤阐精妙。可知《本草经》之传，其来有自矣。厥后浸淫盛衍，种类日繁，分析性味，大都以本乎天者亲上，本乎地者亲下。然天之代数有寒热，地之质料分瘠饶。腾冲地僻西南金玉之域、沙石之处，水土刚强，瘴雾环生。籠徙以北，则夏有聚雪；曩拱河以南，则冬不飞霜。距不过二百余里，何其热也如此，其寒也若彼。然较其地势高卑，几达万尺有奇。故治疗之法，每较中州，同病异药。至于物产药石，尤不无同名异性、同性异味、同味异性之殊。如伤寒方，柴胡用八两，汉之一两，重今之二钱七分，八两有今之二两一分六，产于腾者味苦平而气芳辛，功专治瘴，第每服重量不过八钱。若用之不慎，则引气上越而出汗不收，引气内入而迫精外泄。因有炙制之法，以缓其性。从《大明本草》，用以补五痨七伤，益气力，润心肺，忝精髓之说治之，必至杀人。又如细辛用三两，即重今之七钱一分。世医惑于宋人之说，不敢用过一钱，恐气闭而死。产于腾者辛芳之气逊于幽、燕，虽用三两，治无他效。按《神农本草经》，大黄气味苦寒无毒，主下瘀血，破症痨积聚、留馀宿食，荡涤肠胃，推陈致新等。治产于腾者气味苦寒而辛麻，服之呕吐不止，或致杀人。是其性上越而功不下降。抑土地之薄，生植不得秉其沉厚之故与？又按：松花气味甘温无毒，主润心肺，益气，除风，止血。产于腾者味虽同而性异，多服令人舌燥便结，甚至鼻衄。盖心开窍于舌，肺开窍于鼻，与大肠复相表里。是可证其味同性异，有燥热而无滋润之功。至于红玕、翠玉、水精、血珀、虎骨、豹胎、犀角、象牙、鹿茸、麝香、熊胆、獭皮、茯苓、贝母、黄连之属，特产精良，品誉驰乎中外者也。是其性味有优劣之殊，毫厘千里，草菅人命。兹辑腾冲本草特产异同为书三篇，愿业此道者博学，审问，慎思，明辩，知周乎万物而道济天下，俾人民得遂天地之大德焉。（《永昌府文征·文录》卷28《民十》第2989页）

（药用植物）贝母、秦艽、大黄、知母、秦归、黄连、黄精、黄芩、黄耆、川芎、续断、半夏、南星、柴胡、紫苏、薄荷、香薷、荆芥、防风、草乌、艾叶、菖蒲、车前草、地不容、小黑牛、鸦片烟、牛尾七、地骨皮、枸杞子、何首翁、梅叶竹、隔山消、露丹参、佛掌参、苦楝子、五加皮、五味子、茯苓、茯神、岩参、沙参、辛参、萆薢、吴萸、杜仲、连翘、桂枝、山胡椒、金银花、灵芝草、葛根、龙须草、天斗、麦斗、牛蒡、猪苓、藿香、虎掌草、鹿啣草、鹅不食草、晃帽草、除虫菊、冬虫夏草。（《宁蒗见闻录》第2篇第68页）

药之品：半夏、苀蒌、菖蒲、常山、白芨、牵牛、乾葛、荆芥、牛膝、苦参、茵陈、山药、杜仲、当归、黄芩、薄荷、茴香、紫苏、防风、柴胡、麦门冬、香附子、天南星、天门冬、茯苓、何首乌、牛蒡子、苍洱子、车前子、地黄、万两金、凤眼草、龙胆草、桑寄子、一枝箭、白芥子、蛇床子、续随子、益母草、紫花地丁。（楚雄旧志全书"楚雄卷上"隆庆《楚雄府志》卷2第36页）

药品：半夏、瓜蒌、常山、白芨、菖蒲、牵牛、苦葛、荆芥、牛膝、苦参、茵陈、柴胡、当归、黄芩、薄荷、茴香、紫苏、防风、茯苓、天冬、香附、天南星、何首乌、牛蒡子、苍耳子、一枝箭、车前子、桑寄生、龙胆草、续随子、石斛、益母草。（楚雄旧志全书"楚雄卷上"康熙《楚雄府志》卷1第

194 页)

药物自生于山原，有柴胡、半夏之类。人工所艺，有薄荷、紫苏之类。不载《本草》者，则有小红参、鸡脚参。（楚雄旧志全书"楚雄卷上"嘉庆《楚雄县志》卷 1 第 640 页）

药类：小红蔆、鸡脚蔆^{二味不列本草}、薄荷^{以城内虎山所产为佳}、牛黄、麝香、茯苓^{有松根、蕨根二种}、柴胡、半夏、白芷、防风、紫苏、细辛、黄蘗、木通、牛膝、勾藤、枸杞、续断、藿香、车前、苍耳、香附、荆芥、丹蔆、沙参、苦参、山查、麦芽、重娄、南星、天冬、麦冬、桑寄生、桑白皮、葶苈、菖蒲^{有水石二种}、艾草、地骨皮、五加皮、葛根、益母草、葳灵仙、何首乌、芒硝、松香、马蹄香、野姜、风藤草、万两金、金银花、火麻子、桃仁、杏仁、红花、野椒、粉果根、大苦菜、草乌^{有大小二种}、打不死草。（楚雄旧志全书"楚雄卷下"宣统《楚雄县志述辑》卷 4 第 1050 页）

第十课《薄荷　排草　薏苡仁　白扁豆》：薄荷味麻，生虎山，有双耳者佳^{名楚薄}。排草味香^{名香草}。薏苡仁，滤水，去泾、消肿、除瘴，不但配药，即酒席用苡仁，亦多与白扁豆^{补中气}煮鸡鸭汤荐客。第十一课《茯苓、石膏、何首乌》：茯苓，生蕨松下土中，大者三十余斤，小者四两半斤^{名云苓}。石膏，出歪头山，点豆腐，作粉笔，又制作五色笔。何首乌，消食去闷，生土中，楚邑最多。（楚雄旧志全书"楚雄卷下"民国《楚雄县乡土志》卷下第 1354 页）

药品类：半夏、瓜蒌、常山、干葛、牛膝、天南星、柴胡、当归、黄芩、薄荷、茴香、紫苏、何首乌、苍耳子、一枝箭、车前子、桑寄生、龙胆草、续随子、白芥子、益母草。（楚雄旧志全书"双柏卷"康熙《南安州志》卷 1 第 14 页）

药品：何首乌、茯苓、紫苏、薄荷、茴香、一支箭、瓜蒌、益母草、象鼻草、土人参、金钗石斛、灯心草。（楚雄旧志全书"双柏卷"乾隆《碍嘉志书草本》第 107 页）

药之属：茯苓、何首乌、香附、土人参、苦参、丹参、菖蒲、紫苏、荆芥、黄芩、黄芪、黄精、蒲公英、红花、兔丝子、女贞子、薏以仁、枸杞子、苍耳子、鼠粘子、青皮、牛蒡子、楮实子、陈皮、地骨皮、五加皮、桑白皮、降香、麝香、茴香、艾、蕲艾、槐花、槐角、桃仁、杏仁、钩藤、柴胡、金银花、薄荷、草黄连、车前子。（楚雄旧志全书"双柏卷"乾隆《碌嘉志》第 232 页）

药属：茯苓、何首乌、沙参^{即土人参}、丫参^{一名玉竹参}、苦参、当归、天门冬、防风、白芷、柴胡、半夏、南星、黄芩、乾葛、升麻、菖蒲、天花粉、牛膝^{黑白二种}、黄精、重楼、泽兰、细辛、威灵仙、蒲公英、香薷、木通、紫苏、荆芥、益母草、木贼草、菊花、红花、陈皮、青皮、金银花、金沸草、枳实、枳壳、厚朴、桑椹、旋复花、车前子、石膏、麝香、大蓟、苍耳子、牛蒡子、白牵牛、小蓟、宫桂、三七、地骨皮、冬青子^{一名女贞子}、杜仲、草乌、桑白皮、桑寄生、地榆^{有赤白二种}、雄黄、仙茅、马蹄香、抓地龙、九里光、艾草薢、芒硝、地肤子、龙须草、穿石藤、茅根、马兜铃、金铃子、冬葵子。（楚雄旧志全书"牟定卷"道光《定远县志》第 246 页）

药品：牛黄、麝香、半夏、瓜蒌、常山、黄芩、天冬、麦门冬、南星、香附子、大苦参、小苦参、白芷、菖蒲^{有水石二种}、野姜、荆芥、柴胡、五加皮、丹参、沙参、防风、紫苏、葶苈、木通^{俗呼排风藤}、黄连、土细辛、牛膝、勾藤、枸杞、续断、地骨皮、车前子、苍耳、牛蒡子、马蹄香、金银花、桑寄生、益母草、何首乌、威灵仙、茯苓、升麻、贝母。（楚雄旧志全书"南华卷"民国《镇南县志》卷 7 第 635 页）

药品：半夏、瓜蒌、常山、黄芩、天冬、香附、南星、苦参、白芷、金银花、菖蒲、乾姜、荆芥、柴胡、益母草、紫苏、葶苈、地骨皮、牛蒡子、五加皮。（楚雄旧志全书"南华卷"康熙《镇南州志》卷 1 第 15 页）

药之属：牛黄、麝香、硃砂、半夏、瓜蒌、常山、黄芩、天冬、香附、南星、苦参、白芷、菖蒲、乾姜、荆芥、柴胡、丹参、沙参、防风、紫苏、葶苈、细辛、黄柏、木通、牛膝、勾藤、枸杞、续断、藿香、茯苓、五加皮、桑白皮、地骨皮、车前子、苍耳子、牛蒡子、金银花、马蹄香、桑寄生、益母草、何首乌、穿山甲、山楂。（楚雄旧志全书"南华卷"咸丰《镇南州志》第130页）

药品：牛黄、麝香、半夏、瓜蒌、常山、黄芩、天门冬、麦门冬、香附子、南星、重楼、大苦蘵、小苦蘵、白芷、菖蒲^{有水石二种}、野姜、荆芥、柴胡、丹蘵、沙蘵、防风、紫苏、葶苈、土细辛、黄蘖、木通^{俗呼排风藤}、牛膝、勾藤、枸杞、续断、藿香、茯苓、五加皮、地骨皮、车前、苍耳、牛蒡子、金银花、马蹄香、桑寄生、益母草、何首乌、威灵仙。（楚雄旧志全书"南华卷"光绪《镇南州志略》卷4第357页）

药之属：茯苓、茯神、荆芥、薄荷、扁木、南星、半夏、瓜蒌、蛤蚧、离娄、苦参、防风、白芷、桑寄生、天门冬、何首乌、天仙子、穿山甲、香附子、金银花、土人参、川芎、木通、当归、柴胡、黄芩、蒲黄、牵牛、重娄、山药、藁本、车前子、香白芷。（楚雄旧志全书"姚安卷上"康熙《姚州志》卷2第37页）

药之属：茯苓、茯神、荆芥、薄荷、區木、南星、半夏、瓜蒌、蛤蚧、苦参、防风、白芷、桑寄生、天门冬、何首乌、天仙子、穿山甲、香附子、金银花、土人参、川芎、木通、当归、柴胡、黄芩、蒲黄、牵牛、重楼、欵冬花、天丁、刘寄奴、茜草、山药、藁本、大黄、车前子、细辛、牛夕、杜仲、五加皮、牛蒡子、石斛、苍耳子、玉竹参。（楚雄旧志全书"姚安卷上"道光《姚州志》卷1第242页）

药之属：**故实二种**：土人参，《咸宾录》：云南姚安府产人参^{原注：即土人参}。麝香，《唐书·地理志》：姚州土贡麝香。旧《志》三十二种：茯苓、茯神、荆芥、薄荷、區木、南星、半夏、瓜蒌、蛤蚧、离蒌、苦参、防风、白芷、桑寄生、天门冬、何首乌、天仙子、穿山甲、香附子、金银花、川芎、木通、当归、柴胡、黄芩、蒲黄、牵牛、重蒌、山药、藁本、车前子、香白芷。**增补二十五种**：黄精、马尾莲、谷精草、夏枯草、益母草、王不留行、刘寄奴、萹蓄、瞿麦、露蜂房、五倍子、斑蝥、柳蠹虫、草麻子、莱菔子、麦门冬、花粉、赤白芍、赤白、地榆、莽苈、苏叶、白芥子。又有蓝花参能益乳，产妇多食之。又有小红参，皆《本草》所未载者。又有草，土人呼为葱龙把，无论腹痛、感寒诸疾，皆生取食之。间有疗病者，亦有增病者，大抵攻伐之剂也。^{雨按：州属百草岭群药皆产，土人有以剐药为业者。}（楚雄旧志全书"姚安卷上"光绪《姚州志》卷3 第564 页）

药品：茯苓一种，中国以云苓为重。而云苓尤以姚苓为最佳。近年远商常在四山采买，价值骤增，城市间须不易购。余如白芍、赤芍、升麻、防风、白芷、黄连、半夏、南星、黄芩、沙参之类，土人常掘取出境贩卖。（楚雄旧志全书"姚安卷上"民国《姚安县地志》第903 页）

药属：《唐书·地理志》：姚安，土贡麝香。《咸宾录》：云南姚安府，产人参^{原注：即土人参}。注：《滇系》：人参，出姚州及大理山中，性视辽产燥烈，不可服，土人亦不知制也。其小而修者，曰竹节参，性弥缓。又有孩儿、佛掌、珠子等名，佛掌差良。**《李通志》四十四**：茯苓、茯神、荆芥、薄荷、扁竹、南星、半夏、瓜蒌、蛤蚧、离蒌、苦参、防风、白芷、川芎、木通、当归、柴胡、黄芩、蒲黄、牵牛、山药、芍药、滑石、石膏、藁本、大戟、牛膝、独活、升麻、重蒌、远志、泽泻、地黄、车前子、香白芷、桑寄生、天门冬、何首乌、天仙子、麦门冬、薏苡仁、穿山甲、香附子、金银花。**《管志》三十二**：无芍药、滑石、石膏、大戟、牛膝、独活、升麻、远志、泽泻、地黄、麦门冬、薏苡仁等十二种，余与《李通志》同。**《王志》四十五**：无离蒌、芍药、滑石、石膏、大戟、独活、升麻、远志、泽泻、地黄、香白芷、麦门冬、薏苡仁等十二

（三）种。增土人参、款冬花、天丁、刘寄奴、茜草、大黄、细辛、杜仲、五茄皮、牛膀子、石斛、参耳子、玉竹参等十三种，余均与《李志》同。**注：茯苓**，《通志》：姚安者为上。《滇海虞衡志》：茯苓，天下无不推云南，曰云苓。先入林，不知何处有茯苓也，用铁条劘之而得，乃掘而出，往往有一枚重二三十斤者亦不之异，惟以轻重为准。已变尽者为茯苓，变而有木心存者为茯神。松林之大或连数山，或包大壑，长数十里，周百余里。劘之，必于其林，不能于林外劘也。往时林密，茯苓多，常得大茯苓。近来林稀，茯苓少，间或得大者，不过重三四斤至七八斤，未有重至二三十斤者。自安庆茯苓行，而云苓愈少，贵不可言。李时珍、汪讱庵之书尚不言云苓。云苓之重，当在康熙时，邑中茯苓产于三区，向为出品大宗。咸丰间，三区老农毕某，犁山地土中浸出白汁，甚惊异，锄视之，得茯苓，大如斛，重近百斤，后解剖分售，土人称为茯苓之王云。在沿江沿海各省，极珍视之，在姚安则触处皆是，可知其为特产也。泽泻，为人工种植品。祥云于插秧后，就秧田播种移植，为出品大宗。民国二十八年，建设局曾购种，提倡广种，收获丰，品质亦佳，后因价廉，种者渐少。近日价复奇贵，自应继续提倡，增加生产。《李通志》载有此品，明代当亦曾经播种无疑。升麻，陶宏景《名医别录》：旧出宁州者第一，形细而黑，极坚实。今惟出益州，好者细，削皮青绿色，谓之鸡骨升麻。半夏、天门冬并可出口。穿山甲，更为出口大宗。**《甘志》二十五**：黄精、马尾连、谷精草、夏枯草、益母草、王不留行、刘寄奴、扁蓄、瞿麦、露蜂房、五倍子、斑蝥、柳蠹、虫草、麻子、莱服子、麦门冬、花粉、赤白芍、赤白地榆、茅苊、苏叶、白芥子。又有兰花参，能益乳，产妇多食之。又有小红参，皆《本草》所未载者。又有草，土人呼为葱茏把，无论腹痛、感寒诸疾，皆生取食之，间有疗病者，亦有增病者，大抵攻伐之剂也。州属百草岭，群药皆产，土人有以劘药为业者谨按：葱茏把，一名白香蕾，省中名达磨枝柯，叶白、丛生，七八月间开白花，味香苦。治冷气、消膨胀、克食理气、除痧走表。炒加糖，消食、平血，又治红白痢，土人多采用之，远游英缅者，其效尤大。增补二十二：葳灵仙、紫菀、甘葛、香薷、沙参、桃仁、杏仁、龙胆草、草乌、台乌、石苍蒲、丹参、木防己、旋覆花、茵陈蒿、槐实、吴茱萸、厚朴、桑皮、金铃子、山楂、贯仲，与《李通志》所载：荆芥、南星、苦参、防风、何首乌、木通、柴胡、黄芩、山药、藁本等质品均佳，均为药物要品，与川、理产者无异。其余品类尚多，但性质较劣，兹不备载。（楚雄旧志全书"姚安卷下"民国《姚安县志》卷44 第1661 页）

药之属：茯苓、防风、桔梗、沙参、杞枸、天门冬、香附、荆芥、元参、红花、木通、何首乌、当归、黄芪、柴胡、白芍、车前、兔丝子、半夏、黄芩、干葛、薄荷、紫苏、草决明、木贼、豨莶、黄精、白芨、南星、金樱子、白芷、贝母、扁蓄、秦艽、茵陈、地肤子、前胡、麦冬、川芎、豬苓、枳壳、益母草、枳实、青皮、故纸、麻黄、葶苈、苍耳子、地榆、香薷、升麻、旋覆、麝香、生地黄、瓦松、橘皮、蒺藜、重楼、石斛、枳棋子、黄蜡、薏苡、川椒、山豆根、王不留行、天花粉、桑寄生、九里光、赤芍药、地骨皮、瓜蒌仁、黄药子、楮实子、急性子、羊蹄根、鹅不食草、泽兰、淡竹叶、马齿苋。（楚雄旧志全书"大姚卷上"道光《大姚县志》卷6 第174 页）

药类：葳灵仙、龙胆草、益母草、桑寄生、旱莲草、天门冬、覆盆子、金樱子、桑椹子、紫荆皮、金银花、仙人饭、白扁豆、土人参、何首乌、补骨脂、香附子、青箱子、川（穿）山甲、麦门冬、牛膀子、虎掌草、黄精、鬼臼、柴胡、前胡、细辛、半夏、常山、赤芍、防风、地榆、紫苏、桃仁、牛膝、黄芩、香薷、薄荷、杏仁、乌梅、灯草、苦参、木通、南星、当归、车前、虫蒌、紫参、青皮、枳实、枳壳、紫草、茴香子。（楚雄旧志全书"大姚卷上"乾隆《白盐井志》卷3 第488 页）

药之属：旧《志》五十三种：葳灵仙、龙胆草、益母草、桑寄生、旱莲草、天门冬、覆盆子、金樱子、桑椹、紫荆皮、金银花、仙人饭、白扁豆、土人参、何首乌、补骨脂、香附子、青箱子、穿山甲、麦门冬、牛蒡子、虎掌草、黄精、鬼臼、柴胡、前胡、细辛、半夏、常山、赤白芍、防风、赤白地榆、紫苏、桃仁、牛膝、黄芩、香薷、薄荷、杏仁、乌梅、灯草、苦参、木通、南星、当归、车前子、虫蒌、紫参、青皮、枳实、紫草、枳壳、茴香子。**新增三十五种**：马尾莲、黑牵牛、夏枯草、白牵牛、王不留行、刘寄奴、露蜂房、斑蝥、柳蠹虫、莱菔子、女贞子、赤白茯苓、茯神、麝香、蝉蜕、白芷、荆芥、匾蓄、瓜蒌、离蒌、天仙子、川芎、蒲黄、山药、谷精草、匾术、瞿麦、五倍子、草麻子、花粉、荞苊、白芥子、蓝花参、小红参、元参、花椒、秦椒。（楚雄旧志全书"大姚卷上"光绪《续修白盐井志》卷3第662页）

药之属：天门冬、穿山甲、何首乌、金银花、稀莶草、茯苓、重楼、砂参、黄芩、防风、黄连、荆芥、薄荷、半夏、皮硝、明矾、皂矾、一枝箭、升麻、木通、天花粉、车前子、陈皮、草乌、红花、续断。（楚雄旧志全书"元谋卷"康熙《元谋县志》卷2第59页）

药之属，则天门冬、穿山甲、何首乌、金银花、稀莶、茯苓、重楼、砂参、黄芩、防风、荆芥、薄荷、半夏、皮硝、明砚、皂矾、一枝箭、升麻、木通、天花粉、车前子、陈皮、草乌、红花、续断，而黄连尤为贱植，道周成丛，不中使用，所谓鸡脚连也，不及所产黄精为珍。（楚雄旧志全书"元谋卷"乾隆《华竹新编》卷2第229页）

药之属：木通、防风、枣仁、茯苓、沙参、当归、天门冬、香附子、苍葡（菖蒲）、荷叶、故脂、白芍、升麻、茨藜（刺蒺藜）、荆芥、薄荷、苏子、石膏、粉葛、山查、草乌、车前草、益母草、一枝箭、穿山甲。（楚雄旧志全书"元谋卷"光绪《元谋县乡土志》初稿本第336页）

药之属：天门冬、穿山甲、何首乌、冬青子、金银花、稀莶草、茯苓、重蝼、沙参、枳谷、黄芩、地骨皮、黄精、防风、荆芥、柴胡、香附、薄荷、干葛、前胡、南星、半夏、皮硝、白芷、明矾、皂矾、一枝箭、香茹、车前子、元明粉、麝香、远志、草乌、熊胆、旱莲草、升麻、木通、天花粉。（楚雄旧志全书"武定卷"康熙《武定府志》卷 2 第 82 页）

药属：天门冬、穿山甲、何首乌、冬青子、金银花、稀敛草、茯苓、重蝼、沙参、枳壳、黄芩、地骨皮、黄连、防风、荆芥、柴胡、香附、薄荷、干葛、前胡、南星、半夏、皮硝、白芷、明矾、皂矾、一枝箭、香需、车前子、元明粉、麝香、远志、草乌、熊胆、旱莲花、升麻、木通、天花粉、黄精、石斛、太极参^{出狮山巅，心有太极纹，故名}。（楚雄旧志全书"武定卷"光绪《武定直隶州志》卷 4 第 377 页）

药材类：沙参、益母草、旱莲草、透骨草、柴胡、石骨丹、淫羊霍、枸杞、山楂、紫蘇叶。（楚雄旧志全书"禄丰卷上"康熙《禄丰县志》卷 2 第 25 页）

药属：天冬、赤芍、柴胡、黄芩、沙参、半夏、益母、白芷、南星、重楼。（楚雄旧志全书"禄丰卷上"康熙《罗次县志》卷 2 第 147 页）

药属：天冬、赤芍、柴胡、黄芩、沙参、半夏、益母、白芷、南星、重楼。（楚雄旧志全书"禄丰卷上"光绪《罗次县志》卷 2 第 268 页）

药属：为菖蒲，为葛根，为荆芥，为苦参，为常山、白芨，为薄荷、茵陈，为茴香、紫苏，为柴胡、瓜蒌，为何首乌，为益母草，为车前子、一枝箭，为苍耳子，为龙胆草，为天南星，为麦冬，为茯苓，为防风，为黄芩（芩），为木贼。（楚雄旧志全书"禄丰卷上"康熙《广通县志》卷 1 第 391 页）

药用植物：有茯苓、黄芩、吴萸、香薷、黄精、防风、枸杞、柴胡、天冬、南星、沙参、扁蓄、苍耳、牛蒡、芜蔚、红花、车前草、紫苏、薄荷、荆芥、草乌、瓜蒌、升麻、葛根、艾蒿、木瓜、银花、木通、藿香、常山、厚朴、首乌、木贼、鹿衔草、马鞭草、茜草、天丁、地丁等。（楚雄旧志全书"禄丰卷下"民国《广通县地志》第 1420 页）

药类：茯苓、黄芩、独活、茵陈、龙胆、牡丹皮、五加皮、桑白皮、木瓜、防风、桔梗、葳参、商陆、白芨、土三七、何首乌、地榆、丹参、续断、萆薢、紫草、升麻、葛根、土牛膝、茴香、茜草、石斛、青香藤、赤芍药、柴胡、柴桂、半夏、木通、黄术、九里光、白芍药、黄柏皮、威灵仙。（昭通旧志汇编本乾隆《恩安县志稿》卷3第37页）

药类：黄连、黄草、菖蒲、野菊、车前、巴豆、姜黄、松脂、紫苏、木贼、苍耳、蓖麻子。（昭通旧志汇编本嘉庆《永善县志略》卷1第752页）

药属：麝香、熊胆、香附、黄精、草乌、前胡、沙参、紫蘇、荆芥、薄荷、大蓟、葛根、小蓟、苍耳、地榆、花粉、半夏、木通、牛膝、黄柏、南星、五加皮^{出芒部观音寺者更
佳，今采取已尽}、金银花、车前子、旋覆花、石菖蒲、桑白皮、九里光^{俗名十
里光}、蒲公英、益母草、龙胆草、稀薟草、桑椹子、女贞子、五棓子。（光绪《镇雄州志》卷5第58页）

药之属①：有陈艾，茎叶均与蒿类，色白，可灸百病。端午鸡鸣采之最佳，味苦温，无毒。牛蒡子，色褐，似巨胜子，味苦，辛平，主明目，补中。石苇，生山谷石上，叶背有毛。味苦平，无毒，主治通淋，利小便，除烦、下气。藁本，生山谷中，根黄白色，多节。萆薢，味苦平，无毒，主治腰背痛、阴（阳）萎、失溺、风寒、湿痹等症。杜蘅，苗似细辛，根粗，色黄白，味温，无毒，气最香。大青，叶似石竹而色青，故名。味苦，大寒，无毒。香薷，俗名小酒药花，味平，辛香，无毒。主治调中，温胃，止霍乱。地榆，叶作锯齿，色青，与榆叶类，故名地榆。根有红、白二种，味酸，微寒，主治红、白痢症。泽兰，茎方，节紫，气香味平，无毒。主治女人胎产前后百病。天麻，形如黄瓜，味辛麻，治风痹。百部，

---

① 药之属　以下内容，昭通旧志汇编本《昭通县志稿》卷五第381页同，不再辑录。

产山坡，叶尖长似竹，根多须，味甘温，无毒，主治咳嗽、上气。红蓝花，花红色，叶似蓝，俗呼红花。治蛊毒、下血，及产后诸症。茯苓，生山野，有松苓、桑苓，色白若粉，主补土益中。土茯苓，一名仙遗粮，生山野，叶如冬青，花黄，根有红、白二种，性最坚硬，俗呼金刚根。味平，温，主消毒。半夏，一名麻芋子。性麻噎喉，生熟地内，夏至第三候生叶一半，故名。制之为法夏，主治消痰、下气、止咳。土大黄，即羊蹄根也。内块较小，味苦寒，可治牛热。射干，味苦平，有毒，主治喉痺。马兰花，生于山坡，叶如薤而长，主治喉痺、肿痛等症。藜芦，生山坡，茎似葱，高四五寸。味辛苦寒，有毒，主治蛊毒，食之立吐。锁喉草，生山坡，叶似黄精而茎紫，味辛，大毒，治金疮最良。蛇含草，生山谷，一茎五叶或七叶，花有红、黄二种，主治金疮、疽痔等症。常山，叶狭长，茎有节，苗为蜀漆，有汁，根味苦。主治疟病及肚中痞块。青箱子，一名草决明。生道旁，茎直蒿，花上红下白，形如鸡冠，子黑扁，粒同苋。性苦，主治肝脏之热症。白芨，生山谷，根似菱米，有三角。味苦辛，微寒，主治恶疮。贯仲，生山谷，一名凤尾草，根大如瓜，紫黑，有毛。味苦微寒，有毒。何首乌，生山坡，味苦，微温，无毒。久服轻身、延年益寿。威灵仙，花淡紫色，茎方，叶相对。味苦温，无毒，治折伤，有铜脚、铁脚二种。牵牛子，叶青，有三尖角，花红碧色，外有白皮，裹之如球，内有子四五枚，三棱，有黑、白二种，味苦寒。马兜苓，藤蔓，附木而生，形如马铃，味苦寒，无毒，主治肿热，咳嗽。竹叶，可治齿间血出。草麻子，味辛，甘平，有小毒，治水症。木橿子，黑小如椒。骨碎补，叶着树、石上，有黄赤毛，味苦温，无毒，主破血，止血。天南星，大山有之，叶如伞，根圆如芋，味麻。土连翘，茎短、叶狭，花细瓣，如深葱，味苦、微寒，无毒。蒲公英，处处有之，俗名黄花地丁，有浆，味苦平，治乳痈最良。谷精草，生秧田中，叶细，花白而小圆，味辛温。鷰蓐草，燕窝中草也，无毒，烧灰酒服，治眠中遗溺、不觉、尿血等。夏枯草，味苦辛寒，无毒，主治瘰疬。山慈菇，味辛苦，有小毒，用醋磨敷疮肿。马勃，生湿地及腐木上，味辛平，无毒。草乌，生山谷中，根形似乌头，味甘微温，有毒，治风痹。藿香，味辛甘微温，无毒。荆芥，味辛苦温，无毒，清头目、除湿痹。紫苏，味辛温，无毒，子、梗、叶均入药用，发表、解肌、开胃、进食，并除口臭。薄荷，有苏薄荷、鱼薄荷二种，一名鸡苏，又名龙脑。紫花地丁，味甘温，主男子五劳七伤，补腰肾。茅草细莘，味辛，茎高四寸，花小色黄。白龙须，生水旁，细如棕丝，色白，味平，无毒，主风湿腰疼。土三七，其叶左三右四，味甘微苦，止血。钩藤，茎间有刺若钩，味甘微寒，无毒。瓜子细莘，叶如瓜子，根味苦。乌芋，生水中，即野荸荠也，味甘平寒，主难产。通草，棣棠花茎之瓤也，通出之可制花并入药。莱服子，味辛，无毒，可消膨胀。蔓荆子，子黑如梧子，味苦寒，无毒。罂粟子，味甘无毒，行气逐热，治反胃等。阿芙蓉，即红罂粟花之淡液，味涩，固气，治脱肛。柏子仁，味甘平，无毒，主惊悸、益气。紫桂，味甘，色赤，主治水泄。黄柏皮，色深黄，苦寒，无毒，治五脏肠胃结热。桑柏皮，白桑叶大如掌，取其皮入药用，味甘，无毒。地骨皮，枸杞根皮，味甘寒，无毒，治五内邪气。密蒙，味甘平微寒，无毒，主治青盲多泪。五棓子，又名文蛤，壳内多虫，生树叶上，味酸，主治诸疮，并染灰色。水前胡，色褐，味苦，无毒，可去身热。花椒，色红，味辛温，主邪气咳逆，又可制酱料。吴萸，色黑，形圆，味辛温，有小毒，主温中下气。寄生，生于桑树上者为佳，其余椒树、梨树亦有之，味苦平，主治腰痛。橘红，一名陈皮，子亦入药用，名为橘核，治气逆。郁李仁，味酸苦平，无毒。杏仁，味甘苦温，治咳逆。桃仁，味甘平，主瘀血。乌梅，味酸温平，主治泄痢。木瓜，味酸，温，主治霍乱、大吐下痢。山楂，味酸，止水痢，消食积等。白果，味甘，苦平，可生食，引疮、解酒、止溺。枇杷叶，味苦平，无毒，治呕吐不止。胡核，味甘平，温，生食之，香美异常，止咳。黄芩，生山上，根黄色，味苦平，清热。独活，生山上，味苦平，主治少阴心经。防风，生山上，味甘平，根细，有菊花纹。续断，即和尚头之根也，断之有轮，味苦，女科用。叔麻，生大麻根圆，味苦，切之先红后绿，主治升散。粉葛根，味甘平，根多粉，饲牛，并以发散。土牛膝，即野荞根也，有红白二种，味苦平。石斛，一名黄草，细者为金钗石斛。青香藤，即防己也，断之有轮，治小儿寒疼。赤芍药，生山上，根赤色，中有红圈，味苦，主（治）瘀血。柴胡，叶茎细，花色白，叶类竹者为竹柴胡，根为柴首，味微苦，清热解表。木通，生山上，藤长，味平，主通气。苍耳子，形圆长，有刺，味苦寒，主治疮痒。九里光，花黄，附物而生，熬膏可治目疾。天花粉，即瓜蒌根，子为瓜蒌仁，主消毒。野小苏，味辛而烈，可以发汗。车前仁，子细而黑，味苦微寒。尖贝母，生韭菜坪者最佳，色白如鸡心，味甘平，除痰湿。淫羊藿，叶成三角而尖缘有刺，味甘寒，大助元阳。莒蕨细莘，生山坡上，形如豆叶者又称豆叶细辛（莘），气味均香美。霸王鞭，根黑，花色、形类沉香木，味平无毒。马尾莲，须、根色黄，味苦，大寒。老君须，须、根色白，其味甘平微苦。摘耳根，味烈如壁虱气，开胃、进食、消积。千针万线，须根，味甘平，无毒。搜山虎，生大山上，味甘气烈，除风湿、瘫痪。过山虎，叶茎细，有毛，可泡酒，治筋骨痛。铁脚莲，叶厚，色微白，可贴脚疼，活血舒筋。水前胡，味苦平，无毒，主清热除湿。疯狗药，生凤凰山，须根味苦，患者以砂糖为引，服之立化。石菖蒲，生岩石上，又谓九节菖蒲，节有凤眼。兔丝子，即无娘藤之子，色黄而圆。一枝箭，生岩石上，一茎挺生，其形若箭，可敷疮。鱼腥菜，性寒，味苦辛，治肺痈、咳嗽带脓血者痰有腥臭、大肠热毒，疗痔疮等症。天门冬，性寒，味甘微苦，入肺润燥、止咳，生吃治偏坠、疝气及肾子肿大。金樱子，味酸微温，入脾胃，主治日久下痢，止泄。水红花子，味苦平寒，治小儿痞块积聚，疗妇人石瘕，并能明目。刘寄奴，味苦微温，治血行瘀，化痞、破结，金疮妙药。枸杞子，味甘微温，补土益气。牡丹皮，根黄白色，其生山野者呼为臭牡丹，又名木芍药。姜黄，色黄，味苦，入药用，并为染料。桔梗，生山坡，花、叶与沙参相类，根白，坚如石，味甘寒，无毒。香附子，即莎草根，生荒田中，又名雀脑香。周匝多毛，气香，为女科圣药。紫菀，味辛温，无毒。治肺伤咳逆。五皮葑，生山野，味苦微寒，无毒，主治咳逆。忍冬，一名左缠藤，即金银花。黄精，味甘平，无毒，久服轻身。茵陈，即青蒿也，味苦，主治消渴、大热。地肤子，味苦微寒，利水泄湿。鸡血藤，生大山上，有大小二种，形圆如骨，断之有汁如鸡血，味苦，主治劳伤诸症。山豆根，味苦平，解热毒，能止咽喉之痛。薤白，一名薤头，味辛温，无毒，可腌食，通利肺气。白芥子，味辛温，利肺气。法落海，叶类黄萝卜，茎红，花碎白如葱韭，味辛烈，治心肠冷痛，以韭菜坪、马鞍山产者为佳，并以制香。朝天贯，根类独活，气味辛烈，治冷气。山乌龟，形类乌龟，生于山坡，味苦烈有毒。独脚莲，形如莲瓣，一茎直生，味苦辛烈，可敷疮毒。打鼓子，叶粉白，枝蔓生，结子外壳有棱，形如橄榄核，味苦，性烈，与巴豆略同，丝为攻下之品，立效。稻竹散，生高山，须根长数寸，色黄，味微苦。平安散，色白，味平，须根丛生。以上皆常用者，或生于山泽，或生于原隰及园圃内，乡人掘之，并能蓄以为久远之计者。（昭通旧志汇编本民国《昭通志稿》卷9第265页）

药之属：益母草、女贞子、千里光、何首乌、茯苓、泽兰、香附、车前、白芨、桑寄生、前胡、黄精、天南星、半夏、地骨皮、防风、地榆、柴胡、麻黄、荆芥、薄荷、紫苏、续断、骨碎补、天门冬、破故纸、马鞭梢、木通、瓜蒌、天花粉、苦参、沙参、元参、升麻、金钗石斛、石菖蒲、五倍子、仙茅、紫草、黄芩、花椒、香茹、茱萸、木贼、桑白皮、夏枯草、山七、艾、蓖麻子、淫羊藿、大力子、青皮、厚朴、蛇床子、藁本、谷精草、匾蓄、山慈菇、白茅根、地胡椒、贝母、威灵仙、青葙、马蹄、决明、钩藤、土茯苓、紫花地丁、牛膝、川乌、干葛、黄柏、石决明、射干、丹参、姜黄、天麻、枸杞、白头翁、红曲、伸筋草、倒触伞、缩莎密^{一名砂仁}、接骨丹、茵陈蒿、百部、隔山销、矮陀子、蒲公英、独脚莲、桃仁、杏仁、李仁、乌梅、枇杷叶、酸枣仁、木瓜、金银花、罂粟花、牡丹皮、苦楝子、槐子、侧柏叶、松节、猪牙皂、白扁豆、白芥子、莱菔、山药、胡麻、薏苡仁、赤小豆、红花。（昭通旧志汇编本民国《巧家县志稿》卷 7 第 695 页）

药材类：竹柴胡、秦艽、薄荷、紫苏、陈皮、半夏、香付子、丑牛、天门冬、麦冬、桑寄生、银花、绿升、粉葛、威灵仙、何首乌、常山、黄连^{昔年关口各地多专种致富者}、槐花、莲米、山药、虫退、南星、吴茱萸、羌活、独活、黄柏、酒苓、槟榔、泡参、土参、木香、榛皮、杜仲、枳壳实、兔丝、覆盆、龟板、木通、小茴、通草、香薷、百合、车前仁、黄姜^{石溪河坝通产此物}、瓜蒌、花粉、地榆、庄黄、白芨、白芷、粉丹、山楂、竹根漆、明天麻^{以上两品皆产高山深林中，年产约数千斤，价颇贵}、栀子、使君子、荆芥、僵虫、谷精、木贼、桑皮、红枣、桔核、石斛、茵陈、丹皮、牛膝、黄柏、薏苡、油朴。此外，如稻类、豆类、蔬类、瓜类，均见《农业志》。（昭通旧志汇编本民国《绥江县县志》卷 2 第 859 页）

药类植物^{即药用}：薄荷、紫苏、荆芥、藿香、升麻、天麻、蓖麻^{盐津多可制油}、鹿衔草、土茯苓、山药、薏苡仁、枸杞^{根为地骨皮}、香附、钩藤、粉葛根、吴朱萸、花粉^{即瓜蒌根}、款冬花^{即枇杷花}、桑白皮、车前草、天门冬、蒙花^{鸡骨紫花}、木通、木贼^{即笔管草}、半夏^{土名麻芋子}、何首乌、草乌、牛膝、地榆、黄柏、黄精、黄姜、白头翁^{即白狗头}、骨碎补^{即石生姜}、夏枯草、益母草^{充蔚}、蕲艾、菖蒲、商陆、南星、红花、常山、仙茅、石苇、马勃、白芨、五倍子^{分肚倍、角倍两种，详后}、地丁草^{即蒲公英}、苦练子、泽兰、莱菔子、青箱子^{鸡冠花子}、淫羊藿、王不留行^{即对节草}、一支箭^{草药，敷治肿毒}、九里光、牙皂、烟草。（昭通旧志汇编本民国《盐津县志》卷 4 第 1695 页）

矮陀陀

万灵丹，生于朝阳之地，溪水之边，名曰矮陀陀，又曰矮槐，又曰万年青。此药树似小槐枝，冬不老，夏不枯，秋不落叶。连根带叶，采来阴干，捣为细末。每两入甘草三分，治诸般危症、伤寒、瘫痪、五劳七伤、风寒、暑湿、伤风、瘴气，不论男女小儿，风疾痰喘、男子遗精、女子赤白带下、经水不调、五脏烦热、胎气不安、产后血气攻心、心酸呕呃、损骨跛跚、肚肠蛊胀、气盛成块，一切诸般杂症，并皆治之。凡用此药，体实者用五分，体虚者用三分，随症随引而用。（《滇南本草》第 912 页李本）

矮陀陀，《滇南本草》：绿叶绿梗，黑根，生在朝阳之处，溪水之边，冬不凋，春不再茂。新鲜时，梗内有白浆，心细，菊花形，结黑子，年久，根上结瓜，黄花，有毒，不可入药。白花第一，紫花次之，治病甚多。（道光《云南通志稿》卷 68《通省》第 20 页）

艾叶

艾叶，味苦，性温。治安胎、止吐血、红崩下血、赤白带、下元虚冷。（《滇南本草》第 754 页务本）

庵茼子

庵茼子，气味辛甘，〖性〗平。主治疮痈大毒，杨梅结毒，痘疔流毒等症，其效如神。捣敷患处，亦最为有功。（《滇南本草》第 967 页范本）

八仙草

八仙草，味辛苦，性微寒。入少阳、太阴二经。治脾家湿热，诸经客热，〖虚痨、童痨〗诸痨症，虚热、烦热，筋骨疼痛。湿气伤筋，故筋骨疼。走小肠经，治五种热淋，利小便，赤、白浊，玉茎疼痛，退血分烦热，止小便血。(《滇南本草》第 208 页丛本)

拉拉藤，到处有之，蔓生，有毛刺人衣。其长至数尺，纠结如乱丝，五六叶攒生一处，叶间梢头，春结青实如粟。按《救荒本草》蓬子菜形状，颇类，云南呼八仙草，俚方用之。(《植物名实图考》蔓草卷 21 第 519 页)

白（赤）芍

白芍，味酸，微甘，性微寒，主泻脾热，止腹痛，止水泄，收肝气逆痛，调养心肝脾经血，舒肝降气，止肝气痛。赤芍：味酸，微辛，性寒，泄脾火，降气行血，破瘀血，散血块，止腹痛，散血热，攻痈疽，治疥癞疮。(《滇南本草》第 24 页丛本)

白（黄）药子

白药子，味〖微〗苦，性平。入脾、肺、肾三经。主治补中益气，敛肺〖气，兴阳道，治阳痿，止虚劳咳嗽，伤风〗日久咳嗽，良效。并治妇人白带。(《滇南本草》第 583 页务本)

黄药子，味苦，性大寒。不可入药，医马之良药也。

(《滇南本草》第585页务本)

滇白药子，蔓生，根如卵，多须。一枝五叶，似木通而微小，梢端三叶。夏开花作穗，如白花何首乌，结实如珠。考白药有数种，而说皆不晰。《滇本草》谓只可医马，不可吃，而又载兴阳道诸方。其说两歧，殆不可信。（《植物名实图考》蔓草卷23 第564页）

白地膏

白地膏，《滇南本草》：生于地上，形似虫窝，亦如白参，贴石而生，采取调醋，擦一切无名肿毒，汤火伤人，为末，麻油调擦大人痔漏、小儿生火疮，极其神效。（道光《云南通志稿》卷68《通省》第18页）

白地榆

白地榆，一名鼠尾地榆、〖鼠地榆〗。味苦涩，性〖微寒〗。治〖久〗寒、面寒疼、肚腹疼。（《滇南本草》第430页务本）

白花地丁

白花地丁，〖气味苦甘，<性>平〗。〖清热解毒，散瘀消肿〗。〖主治酒痔、血痔、牝痔、牡痔〗，痔疮生管。单剂煎点水酒服。〖医家诸药不效，服此神效〗。（《滇南本草》第688页务本）

白芨

白芨，味辛平，性微温。治痨伤肺气，补肺虚，止咳嗽，消肺痨咳血，收敛肺气。(《滇南本草》第300页务本)

白及，《本经》下品，山石上多有之。……零娄农曰：黄元治《黔中杂记》谓白芨根，苗妇取以浣衣，甚洁白。其花似兰，色红不香，比之箐鸡羽毛，徒有文采，不适于用。噫！黄氏之言，其以有用为无用，以无用为有用耶？白及为补肺要药，磨以胶瓷，坚不可坼。研朱点易，功并雌黄。既以供濯取洁，又以奇艳为容，阴崖小草，用亦宏矣。(《植物名实图考》山草卷8第179页)

白薟

白薟，味苦辛，性微寒。入脾、肺二经。收肺气。〖止痛除热〗，止血，涩大肠下血，痔漏痈疮。(《滇南本草》第476页务本)

白龙须

白龙须，一名白薇。味苦涩，性微温。专治面寒疼、肚腹酸痛、跌打损伤、筋骨疼痛。(《滇南本草》第206页丛本)

白龙须，草名，出蒙化、永昌间。有大毒，祛风发汗，软人肌骨，治痿痹最效。然每服止可二三分，至五分极矣。须以无灰酒咽之，或与乌骨鸡同煮，服后仍坐密室，三日不可风。滇人不甚用，惟女子洗足用之，云骨软易缠也。(《滇略》卷3第233页)

白龙须，生树节间，盘旋如其根。得树之精，盖亦寄生之属也。惟长于石上者，如棕丝直起，无枝叶，最为难得。刘松石呼为万缠草，治风湿、瘫痪兼腿并胫骨疼痛。擂此末一钱，酒煨，潜入密室中饮，立效。惜鸡山严酒戒，采而干之，寻酒国耳。（《鸡足山志》卷 9 第 356 页）

白牛膝

白牛膝，一名太极草，〖一名狗辱子〗，〖一名狗褥子〗，又名狗夺子。味苦酸，性温。补肝，〖行血〗，破瘀块，凉血热。治月经闭〖涩〗，腹痛，产后发热，虚烧蓐〖劳〗，室女逆经，衄呕吐血，红崩白带，尿急淋〖沥〗，寒湿气〖盛〗，筋骨疼痛，强筋舒筋，攻疮痈热毒红肿，〖痄腮乳蛾〗，男子血淋，赤白便浊，妇人赤白带下。但坠胎，孕妇忌服，水酒为使。（《滇南本草》第 342 页务本）

百部

百部，味苦微甘，性寒。入肺〖经〗，润肺。治肺热咳嗽、消痰定喘、止虚〖劳〗咳嗽，杀虫。（《滇南本草》第 565 页务本）

月牙一枝蒿，生水边，叶小对生，茎似蕨，可入药品。（民国《嵩明县志》卷 16 第 243 页）

百叶尖

百叶尖，生山中石上，绿色，一条小叶，俗呼蜈蚣草。〖味酸涩、甘。无毒〗。治一切跌打损伤，筋骨疼痛，四肢麻

木，风湿〖痿〗软。泡酒服之，其效如神。敷伤亦可。（《滇南本草》第 667 页务本）

百叶尖，《滇南本草》：生于山中石上，绿色，夷人呼为蜈蚣草，叶细小，治一切跌打损伤，筋骨疼痛，四肢麻木，风湿痿软，泡酒服之，神效无比。（道光《云南通志稿》卷 68《通省》第 15 页）

斑庄根

斑庄根，〖味苦〗微涩，性微寒。攻诸肿毒，止咽喉疼痛，利小便，走经络。治筋骨〖疼〗，痰火痿软，手足麻木战摇，五淋白浊，痔漏疮痈，妇人赤白带下。（《滇南本草》第 351 页务本）

巴豆藤

巴豆藤，生云南。巨藤类木，新蔓缭绕，一枝三叶，名以巴豆，盖性相近。（《植物名实图考》蔓草卷 23 第 577 页）

半边莲

半边莲，生水边湿处，软枝绿叶，开水红小莲花半朵，〖气味苦甘、淡 <性> 平。无毒〗。主治血痔、牡痔、牝痔、羊乳痔、鸡冠痔、〖翻〗花痔及一切疮毒，最良。枝叶熬水，洗诸毒疮癣，其效如神。（《滇南本草》第 775 页范本）

半边莲，详《本草纲目》。其花如马兰，只有半边，俚医亦用之。（《植物名实图考》隰草卷 14 第 377 页）

半夏

半夏，旧《云南通志》：呈贡者佳。（道光《云南通志稿》卷68《通省》第10页）

半夏，《云南府志》：出宜良，圆白如蜀产者。（道光《云南通志稿》卷69《云南府》第6页）

半夏，采访：出顺宁观音里。（光绪《续修顺宁府志》卷13第15页）

必提珠

必提珠根，味苦〔微〕甘〔平〕，性寒。〔无毒〕。入脾、膀胱二经。利小便。治热淋疼痛，治尿血、溺血、淋血、玉茎疼。胎坠，消水肿。（《滇南本草》第306页丛本）

萆薢

萆薢，味苦、微酸，性〔平〕。入肝、脾、膀胱经。治风寒湿气，〔经〕络、腰膝疼痛，遍身顽麻，利膀胱水道，赤白便浊。（《滇南本草》第808页丛本）

滇红萆薢，长蔓，叶光润绿厚，有直勒道，花紫红，如粟米作毯。（《植物名实图考》蔓草卷23第575页）

萹蓄

味苦，性寒。利小便，治五淋白浊，热淋瘀精，涩闭关

窍，并治妇人郁气，胃中湿热〔成〕白带之症。〔萹蓄〕〔大蓟〕水煨，点水酒服。（《滇南本草》第 57 页务本）

萹蓄，《本经》下品。……雩娄农曰：淇澳之竹，古训以为萹蓄。此草喜铺生阴湿地，美白如篸，诚善体物矣。《救荒本草》曰：扁竹，犹中州古语也。江以南皆饶，而识者益寡。《滇本草》独著其功用。按名而求，果得之。滇之草木名，多始于杨慎，此语或有所承。（《植物名实图考》隰草卷 11 第 286 页）

遍地金

遍地金，味苦涩，性寒。〔有收涩之功〕。（《滇南本草》第 86 页丛本）

薄荷

野薄荷，味辛微苦麻，性微温。上清头目诸风，止头痛眩晕发热，〔祛〕风痰。治伤风咳嗽、脑漏，鼻流臭涕，退男女虚〔劳〕发热。（《滇南本草》第 535 页务本）

南薄荷，又名升阳菜。味辛，性温。无毒。治一切伤寒头疼，霍乱吐泻，痈疽疥癞诸疮等症。其效如神。滇南处处产薄荷，老人作菜食，返白发为黑，与别省不同。（《滇南本草》第 537 页务本）

滇南薄荷，与中州无异，而茎方亦硬，叶厚短，气味微淡。《滇本草》谓作菜食，返白发为黑，与他省不同。又治痈疽、疥、癣及漆疮有神效云。（《植物名实图考》芳草卷 23 第 583 页）

薄荷，旧《云南通志》：大理者佳。《滇南本草》：滇南火地所产不同，老人常服，发白转黑。（道光《云南通志稿》卷

68《通省》第 20 页）

薄荷,《滇南本草》:滇南火地所产不同,老年常服,发白转黑。采访:顺宁虽产,不及楚雄之佳。(光绪《续修顺宁府志》卷 13 第 16 页)

薄荷,产地在城内东南,城外西北菜圃,状态为大叶下旁有小叶,产量二千斤,用途多为药材。(楚雄旧志全书"楚雄卷下"民国《楚雄县地志》第 12 第 1373 页)

不死草

不死草,形与打不死草异。硬枝小叶开黄花,根直如剑。味甘,〖性〗寒。无毒。主治跌打损伤,筋骨疼痛。(《滇南本草》第 920 页)

苍耳

苍耳,气味甘苦,性温。主治上通脑顶,下行足膝。发汗,散风湿,外达皮肤。治头痛、目暗、齿痛、鼻渊、肢痛、痹痛。疮科仙草,慎勿轻视。(《滇南本草》第 509 页范本)

草果

草果入药品,出教化三部。(景泰《云南图经志书》卷 3《临安府》第 157 页)

草果,李时珍《本草纲目》:滇、广所产草果,长大如诃子,其皮黑厚而稜密,其子粗而辛臭,正如班蝥之气,彼人皆用荳茶及作食料恒用之物。(道光《云南通志稿》卷 68《通省》第 11 页)

草果，《一统志》、旧《云南通志》：广南府出。（道光《云南通志稿》卷69《广南府》第30页）

草乌

蒙山产草乌，最毒。弘治间有周、朱二医，采此酿酒。比熟，周将以进要人，夕先尝之，迨晓，毙矣。朱则邀道侣四人共饮，二人先至饮之，主客俱毙座上，二人以后至得免。僰爨诸夷炼以傅矢，中人畜无不立死者。仇家取置衣领及冠巾中遗人，着之即脑裂头断，然其方秘不传也。（《滇略》卷3第234页）

草血竭

草血竭，一名回头草。味苦辛、微涩，性微温。〖主治〗宽中下气，消宿食，消痞块，年久坚积板硬，胃气疼，面寒疼，妇人症瘕，消浮肿，破瘀血，止咳嗽。（《滇南本草》务本第61页）

草血竭，一名回头草，生云南山石间。乱根细如团发，色黑，横生。长柄、长叶，微似石韦而柔，面绿，背淡，柄微紫。春发葶，开花成穗，如小白蓼花。《滇本草》：味辛苦，微濇，性温，宽中、消食、化痞，治胃疼、寒湿、浮肿、癥瘕、淤血。（《植物名实图考》石草卷17第436页）

茶匙草

茶匙草，味苦微辛，性温。专治面背寒疼，腰膝痛，肚腹疼，寒气痛。或为末，〖或〗煎汤，点水酒服。（《滇南本草》

第 955 页丛本）

柴胡

柴胡，味苦，〖性微寒〗，阴中阳也。入肝、胆二经，伤寒发汗解表要药。退六经邪热往来，痹癃；除肝家邪热〖劳〗热，行肝经逆结之气，止左胁肝气疼痛。治妇人血热烧经，能调月经。（《滇南本草》第 184 页务本）

滇银柴胡，绿茎疏叶，叶如初生小竹叶，开碎黄花，根大如指，赭黑色，有微馨。盖即《本草》所谓竹叶者。前人谓银柴胡以银州得名，滇以韭叶者为猴柴胡，竹叶者为银柴胡。相承如此，亦未可遽斥其妄。（《植物名实图考》山草卷 10 第 247 页）

茈胡^{茈即古柴字}。《本经》名地薰。昔谓出银州者良。凡生于西畔者，其上有白鹤、绿鹤飞翔形，其香气能上蒸云间，嗅之令人气爽，但岁仅腾气一二日，甚难相值也。地薰之名有来矣。（《鸡足山志》卷 9 第 352 页）

柴胡，嫩时采之，类前胡而稍紫，老则为柴矣。但以如柴而嫩者良。细如鼠尾者，谓之鼠尾胡，平肝气，而气多不足。其叶为芸蒿。《夏小正》仲春芸始生是也，然则《仓颉解诂》谓邪蒿类柴胡而可食，则非柴胡叶矣。今延安府谓为山菜，以饷佳宾。兹南土所产不似前胡，状如蒿根，允不堪用，惟七月开黄花，根淡赤色，人呼为茹草者良。（《鸡足山志》卷 9 第 353 页）

缠瓜草

缠瓜草，生南瓜地中，延蔓而生，细叶，白花，有心。气味甘苦，〖性〗平。主治鱼皮癫、痘风疮、鱼风疮，一切

200

〖风〗癫，洗之如神。（《滇南本草》第975页范本）

车前草

蛤蟆草，子名车前子。味苦咸，性微寒。清胃热、利小便、消水肿、通利五淋赤白便浊，〖退眼赤〗。车前子，味咸，性寒。消上焦火热，胃热、明目、利小便、分利五淋，止水泻。（《滇南本草》第243页务本）

连枝大枫草，生滇中。形似车前草，俗呼大蛤蟆叶。主治癃止痛，利水道，快小便，除湿〖痹〗，外服轻身〖耐〗老。男子伤中，女子淋〖沥〗，不饮食。养肺，强阴益精，令人有子。明目，疮赤痛。根、叶，气味甘寒，治金疮止血、鼻血、血瘕、下血、止烦下气，除小虫阴癏。叶，治泄精病及尿血。补五脏、明目、利便、通五淋。（《滇南本草》第245页范本）

车前，谓多生当道牛马迹中，是以车前得名。夫涔蹄之水，鲋鱼涸焉。涸然后车前生。其性滑肠。故《救荒本草》名之为车轮菜。则车前者，子生大叶之前，是以得名乎？《诗》采采芣苢，幽思如见矣。以叶大似牛舌，故俗称牛舌菜。《别录》谓之马舄。舄者履也，犹马践履。又名牛遗，则谓缘牛溺生之，则其叶肥大。亦名地衣，言其叶大覆地也。更名虾蟆衣，谓其叶下能藏虾蟆，故江东呼焉。（《鸡足山志》卷9第356页）

车前，《滇南本草》：名大枫草，一名虾蟆叶。此草遍地皆出，大叶细子。治一切虚烧通淋，利水疮毒，妇人难产，久服轻身延年，又止白带。子以半升炒热，盛囊护脐暖肾，生子，又治痢疾。根治大疮，叶治肺劳，汁治喉风虚疾。（道光《云南通志稿》卷68《通省》第11页）

赤地榆

赤地榆，〖一名万两金〗。味苦，微涩酸，性微〖寒〗。止面寒、背寒、肚腹痛、日久大肠下血，七天后赤白痢症。（《滇南本草》第 377 页务本）

紫地榆，生云南山中，非地榆类也。圆根横纹，赭褐色。细蔓缭绕，一茎一叶，叶如五叶草而杈歧不匀，多锯齿。蔓梢开五瓣粉白花，微红，本尖末齐。绿萼五出，长于花瓣，托衬瓣隙。结角长寸许，甚细而弯如牛角。考《滇本草》有赤地榆，与《本草》治症同。又有白地榆，味苦涩，性温，与地榆颇异。此又一种。按名而求，则悬牛首市马肉，不相应者多矣。（《植物名实图考》蔓草卷 23 第 563 页）

赤木通

赤木通，一名野蒲桃根，〖又名金刚散〗。味酸苦，性寒。利膀胱积热，消偏坠下气，走经络，定痛，散乳结肿痛，治痈疮，排脓，通利五淋、赤白便浊，止玉茎痛。（《滇南本草》第 728 页务本）

抽筋草

抽筋草，又名虫儿被单。味微苦，性凉，入肝、脾二经。消水肿，治风湿筋骨疼，水煎服。外敷疮毒，效。（《滇南本草》第 698 页）

臭椿皮

臭椿皮，味苦微辛，性微温。止妇人白带、〖崩〗血，止大肠下血。治赤白便浊，各种气痛寒痛。(《滇南本草》第734页务本)

臭灵丹

臭灵丹〖一名狮子草〗，味苦〖辛，性〗〖寒〗，有毒。阴中之阳也，治风热积毒，脏腑不和。通行十二经络，发散疮痈。五脏不和，积热成毒，生疽疖。热毒，注于血分，肌肉成疥癞。多吃牛马肉，积热成毒，〖重〗生疽疖，轻生血风癣疮。令人胸膈〖嘈杂〗，心犯作呕吐。皮〖肤〗发痒，烦热不宁。一切风〖热〗毒疮，服之良效。采得，阴干为末。每服一钱，滚水点酒服。小儿〖痘〗后赶毒不收口，臭灵丹叶贴之愈。(《滇南本草》第235页丛本)

飞廉，《本经》上品。……余至滇，见土人习用治寒热、毒疮，以臭灵丹为要药，园圃中多有之。就而审视，乃飞廉也。……今滇中所产，独茎高三四尺，叶似商陆辈，粗糙多齿，齿长如针，茎旁生羽，宛如古方鼎棱角所铸翅羽形。飞廉兽有羽善走，铸鼎多肖其形，此草有软羽，刻缺齟齬，似飞廉，故名。梢端叶际开花，正如小蓟，色深紫而柔，刺不甚放展。……《滇本草》虽别名臭灵丹，而主治与《本草》、《别录》同而加详。又别出漏芦一物，大理、昆明皆产，主治与《本草》亦相表里，而形状与《图经》各种微异，亦别图之。余既喜见诸医所未见，又以此草本生河内，乃中原弃而不用，边陲种人藉手祛患物，固有屈于彼而伸于此者，与士之知己不知己何异？特著其本名，而附《滇本草》于注，以资采订。

他时持以还吾里，按图索之，必有得焉。（《植物名实图考》
隰草卷11 第270页）

重楼

重楼，一名紫河车，一名独脚〖莲〗。味辛苦、〖微辣〗，
性微寒。〖俗云：是疮不是疮，先用重楼解毒汤。此乃外科之
至药也。主治一切无名肿毒〗。攻各种疮毒痈疽，〖发背痘疔
等症最良〗，利小便。（《滇南本草》第298页丛本）

蚤休，《本经》下品。江西、湖南山中多有，人家亦种
之，通呼为草河车，亦曰七叶一枝花，为外科要药。滇南谓之
重楼一枝箭，以其根老横纹粗皱如虫形，乃作虫蒌字。亦有一
层六叶者，花仅数缕，不甚可观，名逾其实，子色殷红。滇南
土医云：味、性大苦大寒，入足太阴，治湿热、瘴、疟、下
痢，与《本草》书微异。滇多瘴，当是习用药也。（《植物名
实图考》毒草卷24 第605页）

刺脑包

刺脑包，又名刺老苞、鹊不宿。味苦辛，性凉。入脾、肾
二经。治风湿疼、胃疼，跌打损伤。（《滇南本草》第738页
于本）

刺天茄

刺天茄，即天茄子。味苦〖甘〗，性寒。治牙齿疼，为末
搽之即愈。疗脑漏鼻渊，祛风，止头痛，除风邪。（《滇南本
草》第258页丛本）

刺天茄，滇、黔山坡皆有之。长条丛蔓，细刺甚利。叶长有缺，微似茄叶，然无定形。花亦似茄，尖瓣黄蕊，粉、紫、淡白，新旧相间。花罢结圆实，大者如弹。熟红，久则褪黄。自春及冬，花实不断。（《植物名实图考》蔓草卷23第562页）

打不死草

打不死草，生山涧中，细叶软枝，根肥而白，上有须。气味甘，〖性〗微寒。无毒。主治骨碎筋断，瘀血不散，跌打损伤，以酒为使。（《滇南本草》第935页范本）

打不死，滇中有草，似马齿苋，而叶尖茎青，盛于冬，拔之不死，折而弃之，得土复生，俗名打不死。案：即《尔雅》卷蒒草，拔心不死也。郭以为宿莽，故盛于冬。（《滇游续笔》第469页）

打不死，桂馥《札樸》：滇中有草，似马齿苋，而叶尖茎青，盛于冬，拔之不死，折而弃之，得土复生，俗名打不死。案：即《尔雅》卷蒒草，拔心不死也。郭以为宿莽，故盛于冬。（道光《云南通志稿》卷68《通省》第1页）

桂馥《札樸》：滇中有草，似马齿苋，而叶尖茎青，盛于冬，拔之不死，折而弃之，得土复生，俗名打不死。案：即《尔雅》卷蒒草，拔心不死也。郭注以为宿莽，故盛于冬。（光绪《续修顺宁府志》卷13第13页）

大腹子

大腹子，李时珍《本草纲目》：出岭表、滇南，即槟榔中一种，腹大形扁，而味涩者不似槟榔，尖长味良耳。（道光《云南通志稿》卷68《通省》第11页）

大红袍

大红袍，又名野黄豆、〖锈钉子〗。味苦微涩，性温。调经活血，止血除瘀。（《滇南本草》第714页于本）

大黄

大黄^{出苍山顶}。（正德《云南志》卷3《大理府》第169页）

大黄，旧《云南通志》：大理者佳。（道光《云南通志稿》卷68《通省》第11页）

大皮莲

大皮莲，味苦辛，性微温。性与小皮莲同。主治消瘀血而止血积疼痛，服之可效。〖妊妇忌之〗，不可妄用。（《滇南本草》第913页范本）

小皮莲，味苦微辛，性微寒。治瘀血结滞，或产后腹痛，或经期腹痛，〖散〗血块，破症瘕，发热头痛，寒热往来，有如〖疟〗状，退虚热。〖治跌打损伤，服时忌生冷、鱼、羊〗。（《滇南本草》第914页务本）

淡竹叶

淡竹叶，味〖甘淡〗，性寒。治肺热咳嗽，肺气上逆。治虚烦，发热不眠，退虚热，止烦热，煎点童便服。（《滇南本草》第829页务本）

当归

　　当归，味辛微苦，性温。其性走而不守，引血归经。入心、肝、脾三经。止腹痛、面寒、背寒〖痛，消〗痛疽，排脓定痛。（《滇南本草》第 742 页丛本）

　　土当归人药品，然比川陕所产者力少缓耳。（景泰《云南图经志书》卷 3《和曲州》第 147 页）

　　当归出施甸当归山。（正德《云南志》卷 13《金齿军民指挥使司》第 540 页）

　　当归，旧《云南通志》：临安者佳。（道光《云南通志稿》卷 68《通省》第 10 页）

　　当归，章潢《图书编》：武定军民府出。（道光《云南通志稿》卷 70《武定直隶州》第 52 页）

倒挂土余瓜

　　土余瓜，生山崖倒挂，绿叶黄花，其花按一年开一朵，结一〖台〗，梗藤棉软，至十二年根成人形。〖味甘。无毒〗。采取同云苓熬膏服之，黑发延年。（《滇南本草》第 908 页务本）

　　土余瓜，《滇南本草》：生于石上，倒挂而成，黄花绿叶，其花一年一朵，只结一台，梗藤绵软，至十二年，根成人形，夜吐白光，同云苓熬膏服之，乌须黑发，返老还童，百病不生，盖二物有夜光，久服成仙。（道光《云南通志稿》卷 67《通省》第 16 页）

灯心草

灯心草，蒸熟待干，剥取中心白瓤为灯心，甚明亮。以其灰入药，已憹懊惊悸、吹喉痹有捷效。以其色名碧玉草，以其形名虎须草。（《鸡足山志》卷9第358页）

灯盏花

灯盏花〖一名灯盏菊，细辛草〗，味苦〖辛〗，性〖温〗。小儿脓耳，捣汁滴入耳内。〖左瘫右痪，风湿疼痛，水煎，点水酒服〗。（《滇南本草》第499页务本）

地不容

地不容，味苦，性温，有毒。治一切疟疾。吐〖痰〗倒食，气虚者禁忌。吐痰甚于常山，恐伤人命。常山吐痰，有转达之能，地不容无转达之能，故尔忌用。（《滇南本草》第36页务本）

地不容，一名解毒子，《唐本草》始著录。……零娄农曰：余在湘中，按志求所谓地不容者，不可得。及来滇，有以何首乌售者，或云滇人多以地不容伪为何首乌，宜辨之。余喜得地不容甚于何首乌也，遂博访而获焉。其根、苗大致似交藤，而根扁而瘠，叶厚而圆，开小紫花。询诸土人，则曰其叶易衍，其根易硕，殆无隙地能容也，故名。或以其叶团似荷钱，而易为地芙蓉，失其意矣！考《图经》生戎州，今为安顺府，与滇接。宋版舆不及滇，故不以为滇产。（《植物名实图考》蔓草卷22第554页）

地草果

地草果，味辛酸，性微〖寒〗，入肝经，走阳明。破血破气，舒肝家郁结之气，风火眼暴赤疼痛，祛风，退翳膜遮睛，盖肝气结而翳成，散肝气而云翳自退，但肝实者可用，肝虚者忌之，治妇人奶乳闭结不通，肿胀硬疼，〖红肿成痈〗，〖并皆治之〗。地草果，开白花，绿花治眼科良；开紫花者，治奶结疼效；开黄花者，治寒气肚疼效。（《滇南本草》第44页丛本）

堇堇菜，《救荒本草》：堇堇菜一名箭头草，生田野中。……按此草，江西、湖南平隰多有之，或呼为紫金锁，又呼为紫花地丁。其结实颇似小白茄，北人又呼为小甜水茄。其叶和豝，切食甚滑。实老裂为三叉，子黄如粟，黏于壳上，渐次黑落。俚医用根治火症，功同地丁。（《植物名实图考》隰草卷12第301页）

犁头草即堇堇菜。南北所产，叶长圆，尖缺各异。花亦有白、紫之别，又有宝剑草、半边莲诸名，而结实则同。滇南谓之地草果，以治目疾、乳肿。（《植物名实图考》隰草卷12第301页）

地地藕

地地藕，味甘，性微寒。主治补养气血，疗妇人白带红崩。生新血，止尿血、鼻衄血、血淋，〖服之最良〗。（《滇南本草》第559页务本）

地骨皮

地骨皮，〖即〗枸杞根皮。味苦，性寒。治肺热劳烧，骨蒸〖发热，诸经〗客热。（《滇南本草》第 254 页丛本）

地黄

地黄^{出木}密所。（正德《云南志》卷 11《寻甸府》第 458 页）

地锦

地锦^{此与前之}地锦别，生净露下，有光。赤茎布地如锦，里谓之血风草，又曰血见愁。夫血而有知哉！血从何处愁？斯豖负涂之义，无是事而有是理耳。《释名》为地朕坤，其为血之阴乎？故为草血竭。能夜光，故名承夜。象花叶形则名酱瓣、猢狲头矣。惟雀儿喜聚，则名雀儿卧单，蚁聚则为马蚁战场，殊足笑也。（《鸡足山志》卷 9 第 355 页）

地精

地精，本仅一二尺许，叶细。花有蓝、白二种。冬月采之，可作蜜饯。（《鸡足山志》卷 9 第 351 页）

地精草

地精草，此草〖生于山中〗，形似板枝，〖枝〗上有飞藤〖缠绕，叶〗绿色，紫梗，五月开小白花在枝上，〖味辣，有毒，用火炙过方可用〗，采取阴干为末，治头风伤目，中风不语，口眼歪斜，伤寒发热，服之神效。又有一种石出之地元藤，〖与此〗形相似，而地元藤有大毒毒人，但见开黄花者，切不可采，用开白花者。（《滇南本草》第629页务本）

地精草，《滇南本草》：此草生于山中，紫梗绿叶，枝上飞藤缠绕，五月开花，细白而小，采取晒干，火煅为末，治头风攻眼，中风不语，口眼歪斜，伤寒热症，服之即愈。生石上，开黄花者，名地元藤，有毒伤人，不可误用。（道光《云南通志稿》卷68《通省》第16页）

地卷草

地卷草，生石上或贴地，绿细叶自卷成虫形。一名虫草，一名抓地松。民族地区呼为石上青苔，俗呼地卷丝，作菜食。〖味甘＜寒＞无毒〗。〖采取晒干为末听用〗，〖治鼻血效〗，治一切跌打损伤，骨碎筋断，〖手足痿软，煮酒常服即愈〗。不可生用，生则破血。（《滇南本草》第640页务本）

地卷草，《滇南本草》：或贴石而生，或贴土而生，绿叶细碎，自卷成虫，又名虫草，又云抓地松。采取晒干为末，生用破血，熟用止血，煨服，治一切跌打损伤，骨碎筋断，又止鼻血。（道光《云南通志稿》卷68《通省》第20页）

地卷草，即石上青苔湿气凝结成片，与仰天皮相似。面青黑，背白，盖即石耳之类。《滇本草》：味甘，性温，无毒。生石上或贴地上，绿色细叶自卷，成虫形。一名虫草，一名抓

211

地松，采取治一切跌打损伤筋骨如神。不可生用，生则破血。夷人呼为石青苔，治鼻血效。（《植物名实图考》石草卷17第438页）

地石榴

地石榴，味苦涩，性温凉。治〖妇人白带〗，遗精滑精，〖男子白浊，管痛，小腹疼痛〗。用根，水煨，点水酒服。（《滇南本草》第454页务本）

地石榴，采访：色红味甜。（光绪《续修顺宁府志》卷13第7页）

地缨子

地缨子，此草形似缨子一撮，贴地〖而生〗，分赤绿二色。〖味苦，性寒〗。赤丝者治脱阳，服之如神。绿丝者治脱阴，服之如神。（《滇南本草》第938页务本）

地缨子，《滇南本草》：草形似缨子，贴地而生，分红绿二色，红治脱阳，绿治脱阴，皆极神效。（道光《云南通志稿》卷68第18页）

滇白芷

白芷，味辛微甘，性温。升也，阳也，入阳明经。以辛入肺，止阳明头痛之寒邪。四时发热，祛皮肤游走之风，止胃冷腹痛、寒痛。除风湿燥痒顽痹，攻疮痈，排脓定痛。治妇人漏下、白带、散经、周身寒湿疼痛。（附白芷散）〖又名香苏白芷散〗，治四时感冒、风寒暑湿、头疼发热、乍寒乍热，止阳

明经头风疼。(《滇南本草》第 189 页务本)

白芷，《本经》上品，滇南生者，肥茎绿缕，颇似茴香，抱茎生枝，长尺有咫。对叶密挤，锯齿槎枒。翘龃翘起，涩纹深刻。梢开五瓣白花，黄蕊外涌，千百为族，间以绿苞，根肥白如大拇指，香味尤窜。(《植物名实图考》芳草卷 25 第 621 页)

滇常山

滇常山，生云南府山中。丛生，高三四尺，叶茎俱如大本。叶厚韧，而深绿，背淡青，茸茸如毛。夏秋间茎端开花，三葶并擢，一毬数十朵，花如杯而有五尖瓣，翻卷内向，中擎圆珠，生青熟碧，盖花实并缀也。花厚劲，色紫红，微似单瓣红山茶花，但小如大拇指，不易落。《宋图经》，海州常山，八月花红白色，子碧色，似山楝子而小，微相仿佛。(《植物名实图考》毒草卷 23 第 586 页)

滇藁本

藁本，味苦辛，性〖温〗。升也，寒气〖客〗于巨阳之经，风寒邪流于颠顶之上。治头风疼痛，止诸头疼，明目。(《滇南本草》第 468 页务本)

滇藁本，叶极细碎，比野胡萝卜叶更细而密，余同《救荒本草》。《滇本草》治症无异。(《植物名实图考》芳草卷 23 第 583 页)

滇厚朴

滇厚朴，生云南山中。大树粗叶，结实如豆，盖即川厚朴树，而特以地道异。滇医皆用之。（《植物名实图考》木类卷36 第 846 页）

滇芎

滇芎，野生，全如芹，土人亦呼为山芹。根长大粗糙，颇香。《滇本草》：味辛性温，发散癥疬，治湿热，止头痛，食之发病。（《植物名实图考》芳草卷 23 第 584 页）

滇兔丝子

滇兔丝，细茎极柔，对叶如落花生叶微团，茎端开紫箭子花，双朵并头，旋结细子。（《植物名实图考》蔓草卷 23 第 578 页）

滇紫草

紫草，气味甘咸，大寒。主治凉血、活血、利九窍、通二便。治心腹邪痛，消水肿，退黄胆及诸疮毒，服之可解。（《滇南本草》第 519 页范本）

紫草，《本经》中品。……湘中瑶峒及黔滇山中，野生甚繁。根长粗紫黑，初生铺地，叶尖长浓密，白毛长分许，渐抽圆茎，独立亭亭，高及人肩，四面生叶，叶亦有毛，夏开红筒

子花，无瓣，亦不舒放，茸跗半含，柔枝盈干，层蕤四垂，宛如璎珞。（《植物名实图考》山草卷7第170页）

冬虫夏草

冬虫夏草，极温补之物，藏中所产。上苗下实，形如萝卜而细小，苗实共长二寸，其实细长约寸许，有细稜，形似虫。想夏则抽条发叶为草，冬则结实如虫，故名。外皮枯黄色，其里则淡绿色，和鸡鸭猪肉煮食之，脆嫩可口。竟能已怯症，培植精神，和公鸡食最有效。（《滇南闻见录》卷下第38页）

冬虫夏草，《本草从新》：冬虫夏草，甘平保肺，益肾、止血、化痰、止劳嗽，产云、贵。冬在土中，身如老蚕，有毛能动。至夏则毛出土上，连身俱化为草；若不取，至冬复化为虫。（《植物名实图考》山草卷10第242页）

冬虫夏草，亦出迤西，云可治痨，有人送余一裹，以之分给谭甥子同，其未闻，服之有效。（《幻影谈》卷下第137页）

虫草，亦可称为虫菌，其虫完全如蚕，惟眼大而色黑，宛如蜻蜓之复眼，自胸至尾，有足六对，环节蠕动，生于县属一、二、四、五区高山浅土中，每当春雪初融，则幼虫即在土中蠕动，至立夏后气候稍温，虫已长成，渐欲出土，即被菌类细胞侵袭，而寄生于其头顶，虫乃不食不动，听此菌之荣长，迨夏至前后，则虫之精华已尽，其形虽存，而其原质已经变化，顶上之菌亦经成熟，菌长一寸五分左右，体为褐色，丝状菌系之尖端如囊状，内有棉质纤微，藏无数菌类细胞于其中，以备繁殖，惟此种菌类似为无性繁殖，故凡此类之虫，未有不生菌者，因菌形似草茎，而又生于虫之头端，故普通称为虫草，其实应称为虫菌，盖虫顶所生之物，实为菌类，而非草类也。当虫未生菌时，其色雪白如蚕，及菌既成熟后，则虫又外黄而中白，质极脆，性补益。又凡入山采虫草者，因嫌其草纤细而短，不易识别，恒将虫草数茎，用油泡熟，嚼于口中，俯

而嘘之，则见草端摇颤不已，因而掘之，即得虫草，此又不可思议之神秘物理也。（民国《中甸县志稿》卷上第 11 页）

豆蔻

又有荳蔻树，大如李，二月花，七八月熟，曝干，剥食其核，味辛香。（《滇略》卷 3 第 231 页）

独活

独活，味辛苦，性温。阴中之阳也。行十二经络。疗诸风，角弓反张，表汗，除风寒湿痹，止周身筋骨疼痛；〖又〗治两胁面寒疼痛。（《滇南本草》第 464 页务本）

云南独活，大叶，亦似土当归，而花杈无定，粗糙深绿，与《图经》文州产略相仿佛，今图之。（《植物名实图考》山草卷 7 第 161 页）

独摇草

独摇草，无风乃能独摇。《拾遗》曰：生大秦。今鸡山有之。颠若弹子，尾似鸟尾。两片开合，见人自动。愈头骨痛、头疯、遍身痒，为第一仙药。段成式《酉阳杂俎》中有舞草，闻人歌讴及抵掌，则枝叶翻舞欲狂。物之性能通于人，斯气感神遇之有道欤？（《鸡足山志》卷 9 第 356 页）

独叶一枝花

　　独叶一枝花，此草生山中有水处。〖独叶似荷，小而绿〗，独梗〖无杈〗，梗上有花，根有二子，服者延年轻身。〖味甘辛〗，〖无毒〗。主治一切诸虚百损，五〖劳〗七伤，腰疼腿痛，其效如神。取根二子，用麦面包好，入火内烧一时为末，救瘟疫。取花为末，〖擦各种毒疮即愈〗，生肌长肉。此草同〖地〗草果捣烂晒干为末，〖和〗丸，每服一钱。以扁柏叶一钱，同服之，乌须黑发。单服地草果，治胃气疼。（《滇南本草》第591页务本）

　　独叶一枝花，《滇南本草》：此草生深山中有水处，味甘，无毒，独叶似荷，小而绿，独梗无杈，顶上有花，根上有二子，食之返老还童。夜则有红光罩护，采服却病延年，救治一切大症。二子面糊炒灰，治救瘟疫危症。枝叶煮硫黄成丹，治救百病如神。捣汁点眼，瞽目能视。花为末，搽各种毒疮即愈。又同地草果、扁柏叶为末，乌须黑发，返老还童。（道光《云南通志稿》卷68《通省》第13页）

　　独叶一枝花，兰芷庵《滇南草本》：此草生深山中有水处，味甘，无毒，独叶似荷，小而绿，独梗无杈，顶上有花，根上有二子，食之返老还童。夜则有红光罩护，采服却病延年，救治一切大症。二子麵糊炒灰，救治瘟疫危症。枝叶煮硫黄成丹，治救百病如神。捣汁点眼，瞽目能视。花为末，搽各种毒疮即愈。又同地草果、扁柏叶为末，乌须黑发，返老还童。（民国《嵩明县志》卷16第243页）

鹅肠菜

　　鹅〖肠〗菜，味甘淡，性平。补中益气，消痰，止〖头疼〗，头目〖眩〗晕，利小便，治〖肝〗积肥气，止玉茎疼痛，治〖劳〗淋，赤白便浊，妇人〖赤〗白带〖下〗。昔一妇人得头晕病，每发头眩晕，眼见黑花，恶心呕吐，饮食不下，后得此方服效。鹅〖肠〗菜不拘多少，猪肚一个，煎食二次〖痊〗愈。（《滇南本草》第347页务本）

法落梅

〖法罗海〗，一名土川芎，〖又名法落梅。产东川，叶似黄莱菔，根有菊花心〗。味辛、微苦，性大温。〖入肺、脾二经〗。专治面寒、〖背寒〗、胃气、心气、肝气疼，〖肺部疼〗，两肋胀疼。用新瓦焙为末，每服一钱，热烧酒服。（《滇南本草》第740页丛本）

法落梅^{一名法落海}，《一统志》：出法戛，治心痛。《东川府志》：叶类黄莱菔，茎红花碎，白如葱，韭味，治心腹冷痛，以则补、向化里、法落海村产者为佳。（道光《云南通志稿》卷70《东川府》第37页）

防风

杏叶防风，味辛，性大温。温中散寒气，治九种胃气疼、胸腹中寒胀气疼、〖寒疝偏坠〗，截寒热往来痰疟。（《滇南本草》第192页丛本）

竹叶防风，〖产滇中最奇，治病神速〗。气味辛、微甘、平。主治烦满胁痛、头面风寒、四肢挛疼，金疮肿痛及男子一切劳病。久服补中益神，兼治左瘫右痪最良。（《滇南本草》第195页范本）

白花防风，气味甘，平，无毒。主治大风头眩痛、恶风、风邪目盲无所见、风行周身，骨节疼痛。久服轻身。（《滇南

218

本草》第 197 页范本）

串枝防风，气味辛，平。主治头晕、祛风散热，退瘟解毒。煎水洗癣疮、疥癞，最效。（《滇南本草》第 198 页范本）

防风品。入药（景泰《云南图经志书》卷 3《阿迷州》第 174页）

防风，以其性服之令人坚表气，故又名屏风。盖即铜芸、茴根之属也，各产开花之色不一。如云南则有竹叶防风，又有杏叶防风，叶与茎均淡绿色，叶有细纹，肉理润泽，与汴东、淮、浙、兖、齐及河中诸产不相似，但疗风有奇效。（《鸡足山志》卷 9 第 353 页）

百蜚，即防风也。以能御风，呼屏风。以多头节如蚯蚓头者，故又谓之百蜚。二月初采，嫩叶可食。五月开花，黄、白、青、蓝四色。根则二月采其嫩，十月采其老。又名回芸、回风草，均之一也。（《鸡足山志》卷 9 第 353 页）

飞仙藤

飞仙藤，生石岩上，叶如柳叶，开白花。〖味甘，无毒〗。采服之，延年益寿，其功不小。采花，治百病，即刻神效。此草鹿常食之，盖鹿多淫，一时还阳，故名还阳草。（《滇南本草》第 478 页务本）

飞仙藤，生云南石岩上。柔蔓细枝，长叶如柳，而瘦劲下垂，丛杂蒙茸，远视不见，柯条移植，辄不得生。《滇本草》：味甘无毒，绿叶白花，采服益寿延年，若花更妙。此草鹿多食之，鹿交多辄毙，牝鹿衔以食之即活，又名还阳草。按此草亦活鹿草之类。（《植物名实图考》蔓草卷 23 第 572 页）

飞仙藤，《滇南本草》：生于石岩上，味甘无毒，叶如柳叶，绿叶白花，采服益寿延年，返老还童，若花更妙。此草鹿多食之，鹿性最淫，日交数十次多即死，牝鹿衔此食之，牡鹿食下即活，精神如旧，又名还阳草，真仙草也。（道光《云南

通志稿》卷 68《通省》第 12 页)

茉苡

茉苡，春初生苗布地，其叶大越于人履。盖初年子落则叶不盈，匕年深根大则以渐加长。叶大至尺余，则其茎箭亦如指粗。其穗如鼠尾花，甚细而密。青淡绿色，微带赤。细若鳞鳞，其实如葶藶，赤黑色，性通利阳道。谓宜子孙者，非。（《鸡足山志》卷 9 第 356 页）

茯苓

茯苓 州南炎方山多古松，上有延丝异枝，其下必产茯苓，土人掘地二三尺许得之，以备药料。（景泰《云南图经志书》卷 3《曲靖府·沾益州》第 125 页）

茯苓 出沾益州炎方山。（正德《云南志》卷 9《曲靖府》第 383 页）

茯苓 出府西一百余里。（正德《云南志》卷 11《寻甸府》第 458 页）

茯苓 出永平县境。（正德《云南志》卷 13《金齿军民指挥使司》第 540 页）

有最巨者茯神茯苓，有长丝覆地上，援丝得其处而劚之，大者一人肩负，可胜三四枚而止。曲靖亦有之，然不数见。（天启《滇志》卷 3《寻甸府》第 118 页）

始安王赐沈约茯苓一枚重十二斤八两，约有谢表。（天启《滇志》卷 32 第 1045 页）

己卯三月二十四日……有哨房在坡间，曰松坡民哨，而无居人。此处松株独茂，弥山蔽谷，更无他木 闻其地茯苓甚多，鲜食如山药。坡名以"松"，宜也。（《徐霞客游记·滇游日记八》第 1031 页）

蔓胡桃，……始安王赐沈约茯苓一枚，重十二斤八两，约有谢表。（康熙《云南通志》卷 30 第 873 页）

茯苓^{详见松}。(《鸡足山志》卷9第352页)

伏（茯）苓，伏苓为滇中土产，医家开方，必写云苓者是也。《淮南子》云：千年之松，下有伏苓。及至云南，知系埋种土中长成，有一定时候，过时则烂，不及时则精神未足。出土之后，又须藏于密室郁蒸，出汗亦有一定分量，太少则未透，过多则已伤。此种培植之法，惟江西樟树镇人为善，业此者无他处人也。伏苓大者有五六十斤，愈大则愈佳。(《滇南闻见录》卷下第36页)

滇南之松，大利所自出。其实为松子，其腴为茯苓。……至于茯苓，天下无不推云南，曰云苓。农部旧多老松，出茯苓。清江客入山作之，先散钱帛于山氓，山氓得茯苓，必归于客，曰茯苓庄。先入林，不知何处有茯苓也。用铁条劚之。劚之而得，乃掘而出，往往一枚重二三十斤者，亦不之异，惟以轻重为准。已变尽者为茯苓，变而有木心之存者为茯神，非二物也。客言茯苓全在出汗，如肉桂，其赢绌存乎时命焉。茯苓无取其大，惟以皮带核桃纹者为佳，于是乃知古人之称劚茯苓，必劚之而始得也。松林之大，或连数山，或包万壑，长数十里，周百余里。劚之必于其林，不能于林外劚也。往时林密，茯苓多，常得大茯苓。近来林稀，茯苓少，间或得大者，不过重三四斤至七八斤，未有重至二三十斤者，客言如此。然客运累累，大半从农部至，则地之出办亦大矣，故曰滇之茯苓甲于天下也。江、浙高山亦种苓，其法：断巨松，以药涂其节而埋之，引其汁流而结茯苓。是知茯苓由松始出，故古名松腴也。衢州、龙游诸山，亦知种苓，而惟安庆为盛。大舫大客载之，曰安庆茯苓。自安庆茯苓行，而云苓愈少，贵不可言矣。李时珍、汪讱庵之书，尚不言云苓，云苓之重，当在康熙时。近来又有安庆茯苓出，想其功用不下于云苓，故行也。(《滇海虞衡志》第266页)

茯苓，旧《云南通志》：姚安者为上，寻甸、武定、楚雄者次之。檀萃《滇海虞衡志》：茯苓，天下无不推云南，曰云苓。先入林，不知何处有茯苓也。用铁条劚之，劚之而得，乃掘而出，往往有一枚重二三十斤者，亦不之异，惟以轻重为准。已变尽者为茯苓，变而有木心存者为茯神。松林之大，或连数山，或包大壑，长数十里，周百余里。斸之必于其林，不能于林外斸也。往时林密，茯苓多，常得大茯苓，近来林稀，茯苓少，间或得大者，不过重三四斤至七八斤，未有重至二三十斤者。自安庆茯苓行，而云苓愈少，贵不可言。李时珍、汪訒菴之书，尚不言云苓，云苓之重，当在康熙时。(道光《云南通志稿》卷68《通省》第10页)

茯苓，檀萃《农部琐录》：出江边各马，马地多古松，不知年，所产茯苓，夷人以铁杖剚之，往往得巨，重数十劢，频年以来，巨产俱尽，惟小者累累耳。(道光《云南通志稿》卷70《武定直隶州》第52页)

茯苓，檀萃《滇海虞衡志》：茯苓，天下无不推云南。云苓之重，当在康熙时。采访：顺宁之茯苓，出瓦屋，其质小。(光绪《续修顺宁府志》卷13第14页)

滇产茯苓，迤西之腾、永、鹤、丽、永北为多，其大者重至数十斤。其形圆，皮色如胡椒者为贵。(《幻影谈》卷下第137页)

旧《志》载：大姚产茯苓。按《史记·龟策传》作"伏灵"。谓在兔丝之下，状如飞鸟之形。新雨已霁，天静无风，以火夜烧兔丝去之，记其处，俟明掘取，即得。《淮南子》言："千年之松，下有茯苓，上有兔丝"。《典术》言："松枝入地千岁，为茯苓。望松树赤者，有之"。李时珍云："下有茯苓，则上有灵气，如丝之状。"山人亦时见之，非兔丝子之兔丝子也。宋王微《茯苓赞》云："皓苓下居，彤丝土荟，中状鸡凫，其容龟蔡。神侔少司，保延幼艾。终志不移，柔红可佩。"《仙经》言："茯灵大如拳者，佩之命百鬼消灭。"寇宗奭言："多樵斫之松根之气味，抑郁未绝，精英未沦。其精气盛者，发泄于外，结为茯苓"。此说最确。县境山皆宜松，故产茯苓，惟深林大壑之中自然生者佳。亦颇有重至五七十劢者，然皆百余年前事。近则发掘殆遍，偶有所得，不过数劢重而已。近有种者，将合抱之松，于去地丈余处，削去其皮尺余，周围如带，使精气下坠，结为茯苓，三五年亦可掘，往往有六七觔。重者惟质不坚，而气味薄耳。又有伪者，以他物杂茯苓之碎者，斫和为团，包以松皮，穴松根纳之，经年亦融结，类生成者，然尤不离乎松也。更有以他物掺和茯苓粉，筑为块，截片，以红线缠之，标其名曰"云苓"。他省药肆类然。此则伪之伪矣！若县境所产，虽不及古昔之佳，尚不至于伪。（楚雄旧志全书"大姚卷上"道光《大姚县志》卷6第174页）

茯苓，采访：姚苓楚薄，自古有声。盐丰昔隶姚州之又北乡，故茯苓一物，时为特产。产地在县东北，大都山岭绵亘，松林茂密。土人当秋冬之际、日出之初，于树之最大处寻觅之。凡结苓地，必有雾气积久不散，土色又异常滑润，挖之即得，大小不等，有一个大至八九斤、十余斤者；又或偶尔有粗肖人形者，谓之茯神，然不可多得。每年产额可达数千斤。其用途则为药材之上品，勿庸赘述。（楚雄旧志全书"大姚卷下"民国《盐丰县志》卷4第1148页）

浮萍草

浮萍草，味苦，性寒。发汗解毒，治疥癞疮癣，祛皮肤瘙痒之风。（《滇南本草》第571页务本）

葛根

葛根（味甜者甘葛，味苦者苦葛），味甘，性微寒。入阳明经。治胃虚消渴，伤风、伤暑、伤寒，解表邪，发寒热往来。湿疟、解中酒热毒。小儿痘疹初出要药。（葛根汤）治伤风、伤暑、解表邪热、发汗，小儿伤风、伤寒、痘疹初出难

223

明，发热头疼憎寒。葛花，味甘平、微苦，性微寒。治头〖目眩〗晕，憎寒壮热，解酒醒脾〖胃〗，酒毒酒痢，饮食不思，胸膈饱胀发呃，呕吐酸痰，酒毒伤胃，吐血呕血。消热，〖解〗酒毒。（《滇南本草》第 442 页务本）

葛根（其藤蔓延，根如藕状，可生者亦入药品。）（景泰《云南图经志书》卷1《嵩明州》第 61 页）

葛根（出嵩明州）。（正德《云南志》卷2《云南府》第 122 页）

葛根。（正德《云南志》卷4《临安府》第 209 页）

汞草

汞草，《滇南本草》：有大毒，不可食。生于深山中，叶有觚角，中抱一子，若鸟雀误食即死。滇南初开，夷性未化，土人多以此草杀人，却能煮铜铁成银，故志之。（道光《云南通志稿》卷68《通省》第 17 页）

狗屎花

狗屎花，一名倒提壶，一名一把抓。味苦、〖微咸〗，性寒。入肝、肾二经，升降肝气，利小便，消水肿，泻胃中湿热。治黄〖疸〗眼仁发黄、周身黄如金，止肝气疼。治七种疝气疼。白花者治妇人白带、淋症。红花者治妇人赤带、红崩、泻膀胱火热。（《滇南本草》第 252 页丛本）

附地菜，生田野。……云南生者，叶柔厚多毛，茸茸如鼠耳，俗呼牛舌头花，又名狗屎花，土医用之。（《植物名实图考》隰草卷13 第 336 页）

枸

晋郭义恭《广志》：枸，色黑，味辛，下气消谷。《史记·西南夷传》、《索隐》。（《滇绎》卷2第676页）

谷精草

谷精草，味微苦甜，性温，无毒。入肝脾二经，为清热明目之品。治喉痹、牙痛、退翳膜、散火热，疗疮疡。（《滇南本草》第798页于本）

骨碎补

骨碎补，亦寄生草也。在石名石鲮，间石杂草中名庵蔄，就地名地锦。异其生，而名称与性咸别。故术不可不慎，而孟氏之母三迁矣。江右呼猢狲薑，以攀缘于树，形似薑也。开元皇帝主伤折誉，其骨即碎，此能补之。（《鸡足山志》卷9第355页）

过山龙，一名骨碎补，似猴薑而色紫，有毛，云南极多。味苦，性温，补肾，治耳鸣及肾虚、久泻。（《植物名实图考》石草卷17第439页）

骨碎补，与猴薑一类。惟猴薑扁阔，骨碎补圆长，滇之采药者别之。（《植物名实图考》石草卷17第440页）

瓜蒌

瓜蒌，迤西各处俱有。性微寒。入肺经，化痰。〖治〗寒嗽、伤寒、结胸、解渴、止烦。要去壳用仁。重纸包好，砖压掺之，去油用。（《滇南本草》第404页丛本）

挂壁青

挂壁青，叶上有毛，开黄花，高四、五寸许。〖气味苦酸平，性寒〗，无毒。乃大寒纯阴之草也，故主大热。主治一切身热烦邪，并解诸虫、虺蛇毒伤恶气，兼治小儿游火、金疮，服之立瘥。（《滇南本草》第956页范本）

管仲

管仲，一名番白叶。味苦涩，性寒。治血崩白带、大肠下血。用新瓦焙，治面寒疼，烧酒为引。（《滇南本草》第105页务本）

贯众

贯众，即蕨薇菜根。味咸涩，性寒。祛毒，止血，解水毒。二三〖月〗间，泡水盆中。凡用，去毛，切片于火上，白酒汁醮上焙干。（《滇南本草》第5页务本）

光明草

光明草，以治赤眼及拳毛倒睫立效，故谓之光明。象形，俗名狗尾草。凡墙垣间有之。《纲目》称为阿罗汉草。时珍谓莠也，即莠之乱苗者是也。夫罗汉则具无漏之因，乌何莠之不实哉？抑行具阿兰那而转有乱苗之累哉？于以知佛以利生证觉，奈何罗汉惟图自了耶！若以佛谛灵苗儗之，则罗汉得非莠耶？修禅行者审斯，宜深长思之矣。其穗紫毛茸茸，视之有粟黄、白色，其奈不实何？虽然，能还人光明，俾观者善视哉！（《鸡足山志》卷9第356页）

旱莲草

旱莲草，一名莲草。味咸，性寒。固齿，乌须，肾虚齿疼，焙为末，搽牙龈上，痛立止。洗九种痔疮，〖良效〗。（《滇南本草》第495页务本）

诃子

诃子秋熟，味苦又甘。（正德《云南志》卷14《大候州》第598页）

诃子秋熟，味苦又甘。（万历《云南通志》卷4《大候州》第47页）

诃子，《一统志》：味苦后甘，秋熟。（道光《云南通志稿》卷69《顺宁府》第34页）

诃子，《一统志》：味苦后甘，秋热。（光绪《续修顺宁府

志》卷 13 第 6 页）

哈芙蓉

罂粟、阿芙蓉，即罂粟花也。治泻痢，脱肛不止，能涩。气味酸涩，壳寒，无毒。主治止泻痢及脱肛，治遗精、久咳、敛肺、涩肠、止心腹筋骨诸痛。（《滇南本草》第 40 页范本）

哈芙蓉，夷产也。以莺粟汁和草乌而成之。其精者为鸦片，价埒兼金，可疗泄痢风虫诸症，尤能坚阳不泄，房中之术多用之。然亦有大毒，滇人忿争者，往往吞之即毙。（《滇略》卷 3 第 233 页）

哈芙蓉者，鸦片也，亦助兴如缅铃，闽、越受其害，多成鸦片鬼矣。而滇免缅铃之祸者，以其值贵，不易得也。（《滇海虞衡志》第 50 页）

何首乌

何首乌，味微甘，性微温。古本草注云：久服延年耐寒，且味涩、苦。入肾为君，涩精，坚肾气。止赤、白便浊，缩小便。入血分，消痰毒。治赤白〖癜〗风，疮疥顽癣，皮肤瘙痒。截疟，治痰疟。（《滇南本草》务本第 59 页）

何首乌，为培补精神胜药，滇中多产，有重至数十斤成兽形者。（《滇南闻见录》卷下第 36 页）

何首乌，采访：顺宁所产甚多，老人常服，乌须黑发。（光绪《续修顺宁府志》卷 13 第 16 页）

荷包草

荷包草，味甘平，〖性〗寒，无毒。主治妇人五夜发热、虚劳等症。小儿疳热，眼目赤痛，煎汤服之，神效。久服可祛劳虫，令人肥胖。(《滇南本草》第777页范本)

红花

红花，采访：多产于江边，为血分之圣药，亦可用以染布。(光绪《续修顺宁府志》卷13第16页)

红蓝花

红蓝花，禀火与土之气，故味苦辛，〖性〗温。无毒。阴中之阳，入心肝二经，血分之药。本草亦谓之红蓝花、蓝叶红花，滇中处处有之。主治胎死腹中，凡产难者，服之易生，兼止血晕。诚胎产仙丹，女科要药也。治小儿口噤、化痘斑、凉血热、稀痘疹。多用则入心养血，行血，〖活〗血而润燥也。(《滇南本草》第489页范本)

茳草

茳草，气味咸平，无毒。主治消渴、去热、散气、消积、止痛，消痞块最良（按：茳草即蓼草）。(《滇南本草》第353页范本)

虎须草

　　虎须草，味辛微苦，性温。入肺脾二经。主治虚〖劳〗发热。服之，悦人颜色，身体健胖。服用羊蹄〖筋〗同煨食，但肺有痰火者食之，令人作喘，肺虚寒者良，肺热者忌。（《滇南本草》第802页务本）

　　虎须，类今俗呼为秧草。绿茎，圆亭如线，可以织席。其根则赤须，能伏硫砂。《序》云：硇遇赤须，汞留金鼎。（《鸡足山志》卷9第358页）

黄花草

　　黄花草，生田边。串枝，开黄花，结黑小子。味苦，性寒。主治热结火症，日夜烧不退，五经血燥，煎服立愈。（《滇南本草》第718页范本）

黄精

　　鹿竹，一名兔竹。味甘，性平，无毒。根如嫩生姜色，俗呼生姜，药名黄精，洗净，九蒸九晒，服之甘美。俗亦能救荒，故名救穷草。主补中益气，除风湿，安五脏。久服轻身延年。治五〖劳〗七伤，助筋骨、耐寒暑、益脾胃、开心肺。能辟谷、补虚、添精，服之效矣。（《滇南本草》第294页务本）

　　黄精，即戊已芝也。《瑞草经》曰黄芝，《别录》曰菟竹、鹿竹，《五符经》谓仙人余粮，又救穷草。蒙筌曰米餔，野生薑也。谓为重楼鸡格者，非龙衔唾珠者是矣。隋时羊公服之仙

去。谓天地之纯精，而倍得坤土之厚气。（《鸡足山志》卷9第352页）

黄芝，二月始生一枝，叶状似竹，稍细短，少类葳蕤。其下根如薑，盖一年一珠，如数十年则累累成串，大小相连。其花朱色可爱，然花叶均与钩吻相似，如误采之，则能杀人。真黄精初以生食则麻口，连食数日即甜而不麻矣。盖钩吻头极尖而根细，则与黄精迥别，不可不察也。用蔗糖煮或蜂蜜拌晒，然不及用黑豆和清水煮之竟月，至黑，则其甜自生为良。（《鸡足山志》卷9第352页）

滇黄精，根与湖南所产同，而大重数斤，俗以煨肉，味如山薯。茎肥色紫，六七叶攒生作层，初生皆上抱，花生叶际，四面下垂如璎珞，色青白，老则赭黄。此种与钩吻极相类，滇人以其叶不反卷，芽不斜出为辨。按《救荒本草》，钩吻、黄精，茎不紫、花不黄为异。今北产茎绿，滇产茎紫，又恶可以此为别？大抵北地少见钩吻，故皆言之不详，具见毒草类。（《植物名实图考》山草类卷10第247页）

黄连

滇连，一名云连。人多不识。生陡山，形似车前，小细子。黄色根，连结成条。此黄连功胜川连百倍。气味苦，寒无毒。主治热气目痛、背寒伤、泣出、明目、肠澼腹痛下痢、妇人阴中肿痛。久服令人不忘。治五脏冷热，久下泄澼、脓血，消渴。止心腹疼痛。除水利骨，调胃厚肠，益胆，疗口疮。治五劳七伤。益气，除烦燥，润心肺，长肉止血，天行热疾，羸瘦气急。一治郁热在中，烦燥在心，兀兀欲吐，心下痞满。主心痛逆而盛，心积伏梁。（《滇南本草》第22页范本）

怒人，采黄连为生。（乾隆《丽江府志略》卷上《种人》）

黄连，自昔药品珍雅连，密刺外匜，折之，出轻烟，中心作菊花状，而重逾数十星者，历未前闻。滇之维西、丽江、中甸，接壤打箭炉，与川为近，僳僳夷地亦产连，枝壮刺疏，色深黄，章江贾携细布绒线易之，杂雅产以货。闻庆公复节制云贵时，得数枝，皆重觔许，车为念珠，将妆饰以充贡，余颇疑之。及丙寅摄鹤庆守篆，有持一枝来售者，重十二两，索值颇昂。嗟乎！此连之形则伟矣，未知其功用之可与雅连并驾否？（《滇南新语》第 29 页）

怒子，……雍正八年，闻我圣朝已建设维西，相率到康普界，贡黄蜡八十觔、麻布十五丈、山驴皮十、麂皮二十，求纳为民，永为岁例。头人闻于别驾，别驾上闻，奏许之。犒以砂盐，官严谕头目，俱约其栗栗。迩年其人所产黄连入售内地，夷人亦多负盐至其地交易。人敬礼而膳之，不取值，卫之出自入贡以来，受约束，知法度，省志乃谓其刚狠好杀，过矣。（《维西见闻纪》第 10 页）

黄连，旧《云南通志》：丽江、开化者佳。（道光《云南通志稿》卷 68《通省》第 11 页）

黄连，《丽江府志》：出怒人界。（道光《云南通志稿》卷 69《丽江府》第 47 页）

怒人，……《丽江府志》：居怒江边，与澜沧相近，男女十岁后皆面刺龙凤花文，见之令人骇异，妇人结麻布于腰，采黄连为生，茹毛饮，好食虫鼠。（道光《云南通志稿》卷 184 第 8 页）

大黄连，生云南。大树，枝多长刺，刺必三以为族。小叶如指甲，亦攒生。结青白实，木心黄如黄柏，味苦，土人云可以代黄连，故名。（《植物名实图考》木类卷 36 第 852 页）

广南接桂、越边境，产黄连。（《幻影谈》卷下第 136 页）

黄龙尾

黄龙尾〖出滇南嵩明州邵甸里为最〗。味苦〖涩〗，性〖微〗温。调〖治妇人〗月经或前、或后，红崩白带，面寒

〖背寒〗，〖腹〗痛、〖腰痛，发热气胀〗，赤、白痢疾。(《滇南本草》第 92 页丛本)

黄毛金丝草

黄毛金丝草，生山中。绿叶贴地，上有一枝，〖或分杈〗；枝上开黄花〖如丝〗数朵。根上有大果，其甜如蜜。采之，服久，轻身益寿。(《滇南本草》第 964 页务本)

黄毛金丝草，《滇南本草》：此草生于山中，绿叶贴地，上发一枝，或分叉，黄花如丝。根下结一大果，其甜如蜜，得而食之，轻身延寿，大病即愈，老者还童，此乃仙物，不可多得。(道光《云南通志稿》卷 68《通省》第 14 页)

黄蘗

黄蘗人药品。(景泰《云南图经志书》卷 3《阿迷州》第 174 页)

黄芩

黄芩，味苦，性寒。上行泻肺火，下降泻膀胱火。男子五淋，女子暴崩，调经〖安胎〗，清热。胎中有火热不安，清胎热，除六经实火、实热。所谓实火可泻，黄芩是也。〖热症多用之〗。(《滇南本草》第 282 页丛本)

黄芩，以腹中皆烂，谓之腐肠者佳。条者谓之子芩，则鼠尾芩也。鸡山之芩，胜于姊归。(《鸡足山志》卷 9 第 352 页)

腐肠，苗长尺余，茎干粗如箸如指。叶从地四面作丛生，类紫草。又一种，独茎，叶细长，青色，两两相对，六月开紫

花，则根似知母，人亦采用。恐似芩而非芩矣。天下真赝之混，恒以伪胜，性相远矣，伤如之何！（《鸡足山志》卷9第352页）

黄芩，《本经》中品。……今入药以细者良。零娄农曰：黄芩以秭归产著。后世多用条芩，滇南多有，土医不他取也。（《植物名实图考》山草卷7第165页）

黄蓍

黄蓍品^{入药}。（景泰《云南图经志书》卷5《鹤庆府》第303页）

黄蓍，《本经》上品，有数种。山西、蒙古产者佳，滇产性泄，不入用。（《植物名实图考》山草卷7第150页）

藿香

土藿香，〖味辛，微温〗，〖治〗胃热。治小儿牙疳溃〖烂〗，出脓血，口臭嘴肿，入枯矾少许为末，搽牙根上。如刀伤流血，去矾加龙骨少许，〖搽上即愈〗。（《滇南本草》第533页务本）

藿香，嵇含《南方草木状》：藿香，榛生，民自种之，五六月采，曝之乃芬，出交趾、武平、兴古、九真。（道光《云南通志稿》卷69《曲靖府》第40页）

鸡骨常山

鸡骨常山，生昆明山阜，弱茎如蔓，高二三尺。长叶似桃叶，光韧蹙纹。开五尖瓣粉红花，灼灼簇聚，自春徂秋，相代

不绝。结实作角，翘聚梢头。囿中亦植以为玩。（《植物名实图考》毒草卷 23 第 588 页）

鸡肝散

鸡肝散，味微苦，性凉。入肝、肺二经。治感冒发热，虚烧不退。水煎服效。（《滇南本草》第 790 页于本）

鸡头实

鸡头实，始生外国，今滇中亦有之。生水中，叶大如荷钱而有刺，俗名谓之鸡头盘。叶下结实，形类鸡头。庄子谓之鸡雍，管子谓之卯菱。其茎葧之嫩者名葂蔌，人多以为菜食。气味甘平、涩，无毒。仁，主治湿痹，腰脊膝痛，补中，除暴疾，益精神，强志，令人耳目清明。开胃助气，止渴益肾，治〖小〗便不禁，遗精、白浊、带下。葂菜，鸡头茎也，气味咸甘，无毒。主治止渴，除虚热，生〖熟〗皆宜。根，气味同茎，主治小肠结气疼痛，亦治追心疝。叶，主治寒症，漏底水泻，气欲脱，服之立瘥。（《滇南本草》第 28 页范本）

鸡血藤

鸡血藤，枝干年久老者，周围阔四五寸，嫩小亦二三寸，光身与有刺者二种。叶类桂叶而大，逾其半，或盘屈地上，或缠附树间。伐其枝，津液滴出，入水煮一二次，色微红，老枝红尤甚，配以红花、当归、糯米熬成膏，以白蜜少许，和烧酒十余斤，泡其膏三四两，浸月余，饮之可去风邪潮湿、下部虚冷诸症，兼治妇女血虚等病。滇南惟顺宁一郡山中有之，而阿

度里各山中所产者尤佳。缅宁、云州亦有，但工于焚膏者甚乏其人，缘火候不到或稍过，则味与力俱减矣。（《顺宁杂著》第56页）

鸡血藤膏，产顺宁府，其藤剖之有赤汁如血，故名。刈此藤多许，勿杂他草，用文火熬之，炼成膏，深红色，以煮酒冲服，治筋骨疼痛、血脉不和之症。（《滇南闻见录》卷下第37页）

鸡血藤，《顺宁府志》：枝干年久者，周围阔四五寸，小者亦二三寸，叶类桂叶而大，缠附树间。伐其枝，津液滴出，入水煮之，色微红。佐以红花、当归、糯米熬膏，为血分之圣药。滇南惟顺宁有之，产阿度吾里者尤佳。（道光《云南通志稿》卷69《顺宁府》第34页）

昆明鸡血藤，大致即朱藤，而花如刀豆花，娇紫密簇，艳于朱藤，即紫藤耶？褐蔓瘦劲，与顺宁鸡血藤异，浸酒亦主和血络。（《植物名实图考》蔓草卷23第567页）

鸡血藤，《顺宁府志》：枝干年久者，周围阔四五寸，小者亦二三寸。叶类桂叶而大，缠附树间。伐其枝，津液滴出，入水煮之，色微红。佐以红花、当归、糯米熬膏，为血分之圣药。滇南惟顺宁有之，产阿度吾里者尤佳。今省会亦有贩者，服之亦有效。人或取其藤以为杖，屈挛古劲，色淡红，其旧时赤藤杖之类乎？（《植物名实图考》蔓草卷23第573页）

鸡血藤，旧《志》：枝幹年久者，周围阔四五寸，小者亦二三寸，叶类桂叶而大，缠附树间。伐其枝，津液滴出，入水煮之，色微红。佐以红花、当归、糯米熬膏，为血分之圣药。滇南惟顺宁有之，产阿度吾里尤佳。（光绪《续修顺宁府志》卷13第13页）

杨国翰字丹山，云州人。嘉庆庚辰科进士，官同知《鸡血膏谣》：吁嗟乎！鸡血藤，尔血即民血，尔膏即民膏。绕树悬岩踔猿猱，蟠郁毒雾熊罴嗥。利刀斫倒虬龙碎，淋漓骨肉同煎熬。云州僻乡旧产此，比来征取怜民劳。历险探危命已薄，催督供亿况复频。绎骚一焚尽樵采，一食必豚羔，童若山兮空若牢。人谓天生异藤有赤汁，吾

236

谓辛苦赤汗难汰淘。官家为名吏役饱，谁惜方物轻如毛。君不见，岁时饥寒奔命者，那堪朘剥恣饕餮？恣饕餮，动悲号，虎豹狞狞雁嗷嗷，哀声不达天听高。吁嗟乎！鸡血藤，尔血即民血，尔膏即民膏。（光绪《续修顺宁府志》卷 33 第 9 页）

鸡血藤胶，出顺宁。（《幻影谈》卷下第 137 页）

光绪二年三月十二日，晴。午后，钦宪偕王笈翁、蒋太守便衣顾寓，并至余房内清谈一时之久。将晚，陈琳川太守来送行，馈余真蒙桂一支、鸡血藤膏二匣。鸡血藤，产于云南顺宁府之阿度吾地方，取以熬膏，食之能通筋血，系妇科圣药，然在滇购买，伪者居多，即土人亦不能辨其真伪也。今陈君曾任顺宁太守，令采其藤，雇药司来署设锅熬之，故与在滇购买者，尤觉真正，洵非易得也。（《滇游日记》第 262 页）

寄生草

寄生草，味苦甘，性微温。生槐树者，主治大肠下血，肠风〖便〗血，痔漏。生桑树者，治筋骨疼痛，〖走〗筋络，风寒湿痹〖效〗。生花椒树者，治脾胃寒冷，呕吐恶心翻胃。〖又有用者〗解梅疮毒，妇人下元虚寒或崩漏。（《滇南本草》第 152 页丛本）

桑寄生草，桂馥《札樸》：顺宁各村俱有，每于枝干上无因而生，如草如藤，开黄白花，结子如莲实。《古今图书集成》：生桑上者为佳，入药为良。（道光《云南通志稿》卷 69《顺宁府》第 33 页）

剑草

剑草，有大毒。生山野间。叶似草兰花，旁生大黄叶，酷似车前草而无花。煅为末，敷恶疮，甚〖效〗。（《滇南本草》

第 953 页务本)

剑草，《滇南本草》：生于深山阴处。叶似兰而直根，旁生大黄叶，如车前草形，无花，根似火焰。为末，治一切恶毒大疮，而致命者敷上即愈。（道光《云南通志稿》卷 68《通省》第 14 页）

姜黄

姜黄^{境内所产亦入药品}。（景泰《云南图经志书》卷 3《广西府·师宗州》第 184 页）

姜黄。（康熙《云南通志》卷 12《开化府》第 227 页）

姜味草

姜味草，〖味〗辛，性大温。燥〖脾〗暖胃，进饮食，宽中下气，疗九种胃气疼痛，面寒疼，胸膈气胀，肚腹冷疼，呕吐恶心，噎膈翻胃，五积六聚，痞块疼痛，男子寒疝胀疼，妇人症瘕〖作〗痛。（《滇南本草》第 539 页务本）

接骨草

接骨草，气味辛平，〖性〗温。此草行十二经络，治跌打损伤，骨碎筋断，酒下如神。或左瘫右痪，四肢不仁，服之则愈。（《滇南本草》第 276 页范本）

接骨草，《云南府志》：出禄丰，根可熬膏为药。（道光《云南通志稿》卷 69《云南府》第 6 页）

金刚篡

金刚杵，滇中最多，人用以为墙。其性寒，通大小便、胸中食积，痞块能消。民族地区用此同荞面捣为丸，治脏结瘟病，服一丸即通泻之。（《滇南本草》第710页范本）

金刚杵，〖色青质脆，如仙人掌而似杵形，故名〗。味苦，〖性寒〗，有小毒。主治一切〖丹毒〗、单腹胀、水气、血肿之症。烧灰为末，用冷水送下，一〖次〗可消，〖不可多服〗。若生用，性同大黄、芒硝之烈。欲止〖其毒〗，双手放在冷水内即解也。民族地区呼为冷水金丹，用者须审虚实，慎之！（《滇南本草》第710页务本）

又有金刚篡，其色青，状如刺桐，性最毒。（景泰《云南图经志书》卷6《大候州》第347页）

金刚篡_{其色青，状如刺}_{桐，性最毒。}（正德《云南志》卷14《大候州》第598页）

金刚篡_{其色青，状如刺}_{桐，性最毒。}（万历《云南通志》卷4《大候州》第47页）

金刚篡，木也。出僰夷中，北胜州亦有之。青色，状如刺桐，最毒，土人种以编篱，人莫敢触。《滇程记》云：碧干而蜩芒，孔雀食之，其浆杀人是已。然以为草，误也。（《滇略》卷3第231页）

金刚篡，木也，出僰夷中，北胜州亦有之，青色，状如刺相，最毒，土人种以编篱，人莫敢触。《滇程记》云：碧干而蜩芒，孔雀食之，其浆杀人。然以为草，误。今曲江、建水至石屏处处多有之。（康熙《石屏州志》卷13第266页）

安宁州老鸦关，……其间有草名金刚锁，碧幹而蜩芒，形肖刺桐，其浆能杀人。（《读史方舆纪要》卷114第5071页）

金刚篡，绿色，无枝叶，似仙人掌而方，刺密有毒，用代

篱落。(《滇南杂记》第 51 页)

　　金刚纂，旧《云南通志》：花黄而细，土人植以为篱。又一种形类鸡冠。《谈丛》：滇中有草名金刚纂，其幹如珊瑚多刺，色深碧，小民多树之门屏间。此草性甚毒，犯之或至杀人。余问滇人，植此何为？曰以辟邪耳。唐锦《梦余录》：滇缅有木曰金刚纂，状如棕榈，枝幹屈曲无叶，到以渍水暴，牛羊渴甚而饮之，人食其肉必死。（道光《云南通志稿》卷 67《通省》第 32 页）

　　金刚杵，《滇南本草》：治一切单腹胀，水肿血肿。烧灰为末，冷水送下，一服即愈。若生用，猛过大黄、芒硝。倘用之而泄不止，以手反冷水浸之而解。（道光《云南通志稿》卷 68《通省》第 18 页）

　　金刚纂，《滇记》：碧幹而蜎芒，孔雀食之，其浆杀人。《临安府志》：状如刺桐，最毒，土人种作篱，人不敢触，建水、石屏俱有之。（道光《云南通志稿》卷 69《临安府》第 21 页）

　　金刚纂，《一统志》：色青，状如刺桐，有毒。（道光《云南通志稿》卷 69《顺宁府》第 33 页）

　　金刚纂，《旅途志》：武定马头山有金刚纂，树碧幹蜎刺，浆杀人，土人密种，以当篱落。（道光《云南通志稿》卷 70《武定直隶州》第 52 页）

　　金刚纂，《云南通志》：花黄而细，土人植以为篱；又一种形类鸡冠。《谈丛》：滇中有草名金刚纂，其幹如珊瑚多刺，色深碧，小民多树之门屏间。此草性甚毒，犯之或至杀人。余问滇人，植此何为？曰以辟邪耳。唐绵（锦）《梦余录》：金刚纂，状如棕榈，枝幹屈曲无叶，到以渍水暴，牛羊渴甚而饮之，食其肉必死。《滇本草》：金刚杵，味苦，性寒，有毒，色青。质脆如仙人掌而似杵形，故名。治一切丹毒、腹瘴、水气、血肿之症。烧灰为末，用冷水下，一服即消，不可多服。若生用，性烈于大黄、芒硝，欲止其毒，以手浸冷水中即解，夷人呼为冷水金丹。《滇记》：金刚纂，碧幹而蜎刺，孔雀食之，其浆杀人。《临安府志》：状如刺桐，最毒，土人种作篱，人不敢触。按此草强直如木，有花有叶而无枝条，叶厚绿无纹，形如勺。花生幹上，五瓣色紫，扁阔内翕。中露圆心，黄绿点点，遥望如苔藓。岭南附海舶致京师，植以为玩，不知其毒，呼曰霸王鞭。（《植物名实图考》毒草卷23第589页）

金刚纂，状如刺桐，最毒。土人种作篱，人不敢触。《滇记》云：碧幹而狷芒，孔雀食之，其浆杀人，处处有之。（咸丰《嶍峨县志》卷12第138页）

金刚纂，《一统志》：色青，状如刺桐，有毒。《谈丛》：滇中有草名金刚纂，其幹如珊瑚多刺，色深碧，小民多树之门屏间。此草性甚毒，犯之或至杀人。余问滇人，植此何为？曰以辟邪耳。（光绪《续修顺宁府志》卷13第14页）

金钱草

金钱草，味酸，无毒。生陲山，滇中甚多。叶似虎掌草，花似栗花，软枝。三年生叶一台，分一桠，桠上生花。采服〖延年〗。（《滇南本草》第946页务本）

金钱草，《滇南本草》：生于滇省陲山，味甘酸无毒。顶叶如虎掌，花如罂粟，三年生叶一台，复一年方为丫。又采花而食，寿可百岁，却病延年，真仙品也。（道光《云南通志稿》卷69《云南府》第5页）

金丝接骨草

金丝接骨草，〖味辛甘平〗。治筋骨疼痛，痰火〖痿软〗。水煎，点酒〖服，或泡酒用〗。（《滇南本草》第779页丛本）

金铁锁

金铁锁，味辛辣，性大温，有小毒，吃之令人多吐。专治面寒疼、胃气、心气疼。攻疮痈、排脓。为末每服五分，烧酒服。（《滇南本草》第51页丛本）

昆明沙参，即金铁锁，金铁锁生昆明山中。柔蔓拖地，对叶如指厚脆，仅露直纹一缕。夏开小淡红花五瓣，极细。独根横纹，颇似沙参，壮大或如萝卜，亦有数根攒生者。《滇本草》：味辛辣，性大温，有小毒，吃之令人多吐。专治面寒痛、胃气、心气疼，攻疮癥、排脓，为末五分，酒服。寒谷水寒多毒，辛温之药，或有所宜。与南安以仙茅为茶，皆因地而用，不可以例他方。扁鹊之为医，以秦、赵为别；尹赵王韩之治京兆也，宽严异辙，地与时殊，治无胶理。《丽江府志》：土人参性燥。在滇而燥，移之北，不几乌头、天雄之烈焰耶？（《植物名实图考》蔓草卷23第571页）

金樱子

金樱子，味酸涩，性微温。入脾肾二经。主治日久下痢，血崩带下，涩精遗泄，用〖时〗去子、毛，净用壳。（《滇南本草》第428页务本）

金针菜

金〖针〗菜，味甘平。治妇人虚烧血干，久服大生气血。（《滇南本草》第290页务本）

筋骨草

筋骨草，生大川石上，亦有绿叶，无花。气味甘酸，无毒，主治筋骨疼痛，湿气流痰，手战脚软，以烧酒为使立瘥。（筋骨草有二种，当细辨之）。接筋藤，形似皮条，有小叶，身上有毛，无花。气味甘，〖性〗平。主治跌打损伤，散血和血，筋骨疼痛，以酒为使，服之即愈。（《滇南本草》第671页范本）

筋骨草，生田野间。苗生于春，高尺余。茎圆，叶〖尖〗有齿。至夏抽三四穗，开黄花，结实三棱，类箆麻子。〖味甘、辛。无毒〗。五月采取，治风湿，有暖骨〖祛〗风之功，故名筋骨〖草〗，又名暖骨〖草〗，亦名接骨〖草〗。民族地区用接骨敷伤，止血〖定痛〗；治一切风湿筋骨疼痛，拘挛寒湿，脚气，遍身癣疮疥癞，泡酒〖服〗。治一切痿软痰气，五〖劳〗七伤，服之如神。入药，苗花并用。形与马鞭草大不相同；马鞭草〖叶如菊〗，紫花；暖骨草尖叶黄花，治疗亦异，用者宜审。（《滇南本草》第972页务本）

筋骨草，《滇南本草》：味甘辛，无毒，普济方。治反胃呕吐，暖胃消肿，舒筋接骨，癣疮疥癞，五劳七伤。若跌打损伤，筋断骨折，用酒调敷患处，枝叶煨汤，点酒服，三剂即愈。生于田野间，高仅尺余，茎圆，叶尖有齿，花开黄花，子结三棱，如蓖麻子。五月五日，采取晒干为末，治风湿寒热，手足拘挛，脚气麻木。调治，每服三钱，其效如神。（道光《云南通志稿》卷68《通省》第19页）

镜面草

镜面草 和敝篬煎酒服，能治月闭。（康熙《云南通志》卷12《云南府》第

226页）

镜面草，旧《云南通志》：和敝蓑煎酒服，能治月闭。（道光《云南通志稿》卷69《云南府》第6页）

镜面草，生云南圃中。根茎黑糙，附茎、附根发叶。叶极似蓴，光滑厚脆，故有镜面之名。《云南志》录之，云可治丹毒，此草性、形，大致同虎耳草。（《植物名实图考》石草卷17第437页）

假苏

假苏，一名荆芥，南方呼为姜芥。花似扫帚，夏末采之。然滇南之荆芥与别省不同，惟南荆芥【功】效不同。味辛，性温。无毒。主治口眼歪斜，通利血脉，化瘀血死血，【驱风利窍】，治头风如神。用此治跌打损伤，并敷毒疮亦效。治吐血，清目，疏风化痰，养肌，筋骨疼痛，解酒即醒，目昏，效如神。【勐笼】地区作菜【食】，令不染瘟疫；兼之，男妇老幼从不落齿，皆呼为稳齿菜。（《滇南本草》第792页务本）

土荆芥，生昆明山中。绿茎有棱，叶似香薷，叶间开粉红花。花罢结箭子，三尖微红，似紫苏葪子而稀疏。土人以代假蘇。（《植物名实图考》芳草卷23第582页）

假苏，《滇南本草》：花似扫帚，夏末采取，治口眼歪斜，通利血脉，化瘀逐血，驱风利窍。又治跌打损伤，洗疮解毒，清目化痰，养肌解酒。夷人作菜日食，不染瘟疫，又能固齿。（道光《云南通志稿》卷68《通省》第16页）

九里光

九里光，味苦，性寒。洗疥癫癣疮，【祛】皮肤风热。（《滇南本草》第241页丛本）

苦蒿尖

苦蒿尖，用细叶者。味苦辛，性温。凡尿遗不止良效。细叶苦蒿尖，捣烂挤汁点酒服。但愈后不可多服，恐收敛太甚转生他病，宜另服补气血之药。（《滇南本草》第493页务本）

苦楝子

苦〖楝〗子，一名金铃子。味苦，性寒。治膀胱疝气。根皮杀小儿寸白虫。云〖南〗生者味苦、辣，有小毒。（《滇南本草》第174页务本）

兰花双叶草

兰花双叶草，此草生山中朝阳处，形似兰花，双叶〖对生，根下微带〗黄色。冬天开草花。〖味甘，〈性微温〉。有微毒〗。主治一切眼目云翳遮睛，服之即愈。又能救一切水肿、气肿、血肿。（《滇南本草》第818页务本）

兰花双叶草，《滇南本草》：此草生于山中向阳处。味甘，有小毒。形如兰草，但大叶对生，根下微带黄色，花开冬季，夜放白光。治一切云翳遮睛，内障外障眼科皆效。久服能视千里之外，又治诸般肿胀。（道光《云南通志稿》卷68《通省》第13页）

兰花双叶草，生滇南山中，双叶似初生玉簪叶，微有紫点。抽短茎开花如兰，上一大瓣，下瓣微小，两瓣傍抱，中舌厚三四分如人舌，正圆，色黄白，中凹，嵌一小舌，如人咽，色深紫，花瓣皆紫点极浓。土医云：此真兰花双叶草也。《滇

本草》所载即此。(《植物名实图考》群芳卷 28 第 685 页)

蓝花接骨草

蓝花接骨草,气味酸甘,〖性〗平。主治筋骨疼痛,风湿麻木,半身不遂,跌打损伤。筋骨碎断者,包敷患处,可以接续,其效如神。(《滇南本草》第 722 页范本)

狼毒

鸡肠狼毒〖一名隔山消〗、一名顺水龙,虎狼之性,〖故有狼毒之名〗。味苦辣麻,性微寒,有毒,降也。主治利水道,消水肿,杀虫,攻肠胃中积滞。此药消水肿见效速。(《滇南本草》第 418 页务本)

大狼毒,白绿秆〖有〗效,紫秆无效。味苦麻,性温。有大毒,不可入药。搽疥癞疮,为细末,〖加〗花椒为末少许,或香油、或猪油调搽,避风。如不避风,令人肿〖塌〗皮。(《滇南本草》第 420 务本)

老虎刺尖

老虎刺尖,味苦,性寒。治咽喉肿痛、乳蛾。捣汁点水酒或同白酒汁服。(《滇南本草》第 127 页务本)

连翘

苍山连翘,花遍于篱落,黄色可观。(《滇游记》第 7 页)

连翘，陈鼎《滇黔纪游》：洱海连翘，花遍于篱落，黄色可观。（道光《云南通志稿》卷69《大理府》第15页）

云南连翘，俗呼芒种花。赭茎如树，叶短如柳叶而柔厚，花与湘中无异。按《宋图经》：大翘青叶，狭长如榆叶、水苏辈，湖南生者同水苏，云南生者如榆。《滇黔纪游》所谓洱海连翘，遍于篱落，黄色可观是也。滇、湖皆取茎、根用之，盖此药以蜀中如椿实者为胜，他处力薄，故不能仅用其实耳。（《植物名实图考》隰草卷11第281页）

良姜

良姜，〖味辛〗，性〖温〗。〖入脾、胃二经〗。治胃气疼、面寒疼、〖胸腹背寒疼痛〗、〖积食气胀〗。（《滇南本草》第286页丛本）

高良姜，滇生者叶润根肥，破茎生葶，先作红苞，光焰炫目。苞分两层，中吐黄花，亦两长瓣相抱。复突出尖，黄心长半寸许，有黑纹一缕，上缀金黄蕊如半米。另有长须一缕，尖擎小绿珠。俗以上元摘为盂兰供养，故圃中多植之。按良姜、山姜、杜若、草果，叶皆相类，方书所载，多相合并。岭南诸纪，述形则是，称名亦无确诂，盖方言侏㒧，难为译也。唯《南越笔记》，目睹手订，又复博雅有稽。余使粤，仅宝山一过，未能贮笼。顷以滇南之卉与《南越笔记》相比附，大率可识。其云：高良姜出于高凉，故名根为姜，子为红豆蔻，子未坼曰含胎，盐糟经冬味辛香，入馔。又云：凡物盛多谓之蔻，是子如红豆而丛生，故名红豆蔻。今验此花，深红灼灼，与《图经》花红紫色相吻合。花罢结实，大如白果有棱，嫩时色经绿，子细似橘瓤，无虑数百，香清微辛，殆所谓含胎也，老则色红。滇之妇稚，皆识为良姜花，李雨村所述，虽刺取《岭表录异》中语，然彼以为山姜，且云花吐穗如麦粒，嫩红色，则是广饶所产，与《桂海虞衡志》红豆蔻同。志云

247

此花无实，则所云为脍者，乃是花，非子也。余则以滇人所呼为定，而折中以李说。范云红豆蔻，盖即《草木状》之山姜，而《楚词》之杜若也。（《植物名实图考》芳草卷25第633页）

六阳草

六阳草，一名老鹳草。生北地者，枝硬叶细；产南方者，枝苗柔软，盖地气使然也。味甘辛、苦，性温，主行经络，治半身不遂，筋骨疼痛、痿软等症，神效，北地老鹳草，花如鸟首，故名老鹳草。老鹳草，南方老鹳草，气味辛苦，无毒，主治舒筋和血暖骨，又润筋养血，滇中太华山多生此草。（《滇南本草》第71页范本）

龙胆草

龙胆草，味苦，性寒。泻肝经实火，止喉痛，煎点水酒服。（《滇南本草》第511页丛本）

龙胆草叶细而尖，花黄白色，其味甚苦，土人五月采之，以为酒药。（景泰《云南图经志书》卷4《楚雄府》第207页）

龙胆草五月采之，为酒药。（正德《云南志》卷5《楚雄府》第245页）

龙胆草，矜贵呼为龙胆，而胆者，状其苦也。陶弘景谓根似牛膝，味甚苦。《药颂》曰：宿根，黄白色，抽根十余条。直上生苗，高尺余。主治四肢疼痛。又有山龙胆，叶如嫩蒜，细茎如小竹枝，七月开花，如牵牛花作铃铎状，青碧色，冬后结子，苗便枯矣。（《鸡足山志》卷9第354页）

陵游，龙胆草似龙葵，多生于陵，或生于隰，故又名陵游。今鸡山此草与前所谓者大异。其草龙胆生水次，苗细，抽茎不余尺，至肥亦不能二尺也。茎上有白毛，茎颠开黄花，久则变白，似俗所谓鹅奶菜花。经霜不凋，伺茎枯则花绽，其中有白绵，取其茎叶入药。山龙胆状似同蒿，叶似茴香，不似草龙胆肥。过寒凉，损胃气，滇人忌之，均于八月采，用甘草汤浴过乃用。（《鸡足山志》卷9第354页）

龙胆草，章潢《图书编》：五月采为酒药。（道光《云南通志稿》卷69《楚雄府》第26页）

滇龙胆，生云南山中。丛根族茎，叶似柳微宽，又似橘叶而小。叶中发苞开花，花如钟形，一一上耸，茄紫色，颇似沙参花，五尖瓣而不反卷，白心数点。叶既蒙密，花亦繁聚，逐层开舒，经月未歇。按形与《图经》信阳、襄州三种相类。《滇本草》：味苦，性寒，泻肝经实火，止喉痛，治证俱同。（《植物名实图考》山草卷10第246页）

龙蛋草

龙蛋草【俗名鬼核桃】，入口伤人。生山中有水处。尖叶，叶上有刺，一本数枝，子黑色。【味苦。有毒】。此草只可熬膏贴痈疽发背，其效如神。（《滇南本草》第521页务本）

龙蛋草，《滇南本草》：有大毒，入口伤人，生山中有水处。叶尖有刺，一本数枝，子黑色，有毒伤人。治一切癥疽发背，毒疮致命，熬膏擦敷，立时见效。又俗名鬼核桃。（道光《云南通志稿》卷68《通省》第15页）

龙髯

明冯时可《游鸡足山记》：……至放光寺，近寺多古木，其枝垂条，如丝如线，土人谓之树衣，或名龙髯，从树杪发，

不根土，亦开细花，登山者取佩之，辟不祥。……（天启
《滇志》卷19第627页）

龙髯，古木森阴，经数百岁遂悬垂。若线若丝，开细花，
五色茸茸，取佩之以辟不详。（《鸡足山志》卷9第358页）

树衣，亦龙髯之类，有圆丝者上有珍珠子，其扁者有肉
理，均采作菜食。又有生栗树者味淡燥，用灶灰煮后方作蔬
食。文其名为龙须，非若南海石边生者。（《鸡足山志》卷9
第358页）

楼台草

楼台草，此草生陲山中，形似艾叶，软枝独苗。〖味酸甘，
性热。无毒〗。主治一切筋骨痿软，脱阳脱阴，夜多盗汗，妇
人血崩即效。〖又治跌打损伤，接骨如神〗。取叶烧灰，治一
切小儿黑〖痘〗及顶陷，服之神效。梗，治绞肠〖痧〗、肚疼
或阴症，研末，酒服三钱，如神效。（《滇南本草》第632页
务本）

楼台草，《滇南本草》：生于滇省陲山，味甘，性热，无
毒。形如艾叶，独苗嫩枝。惟蝙蝠多觅而食之，日久变为松
鼠，人食之，能返老成童。治一切筋骨疼痛，虚弱痿软，脱阳
脱阴，自汗盗汗，妇人血崩。又治跌打损伤，接骨如神。以叶
烧灰，治小儿黑痘及痘顶不起者，服之神效。又取梗治绞肠
痧、肚痛，或阴证紧急，研末，酒服三钱，神效。（道光《云
南通志稿》卷69《云南府》第5页）

蘆会

蘆会，味苦寒，无毒。主热风烦闷，胸膈间热气，明目镇
心，小儿癫痫惊风，疗五痔，杀三虫，及痔病疮瘘。解巴豆

毒。一名讷会，一名奴会，俗呼为象胆。盖以其味苦如胆，故也。生波斯国，似黑锡。（《政类本草》卷9）

百鹊胆，一名芦荟，亦夷地草，滴脂泪而成。凝黑若锡，味苦甚，故名也。又谓之鸦览，亦名黑药。治小儿五疳最良，解巴豆毒及头癣、齿䘌。服过七分者死。（《滇略》卷3第233页）

芦荟，旧《云南通志》：出普洱。（道光《云南通志稿》卷70《普洱府》第6页）

卢会，《本草拾遗》始著录。木脂似黑锡，主治杀虫、拭癣。旧《云南通志》，卢会出普洱。（《植物名实图考》木类卷35第817页）

鹿茸

鹿茸，《一统志》：永宁土府出。（道光《云南通志稿》卷70《永北直隶厅》第44页）

鹿茸，山多产鹿，而边地尤多。鹿茸有长尺余者，通身皆血透，以酥油治之，真良药也。（《滇南闻见录》卷下第37页）

鹿茸，采访：顺郡鹿茸，产所属土司地者佳。（光绪《续修顺宁府志》卷13第15页）

鹿衔草

鹿衔草，紫背者好，〔叶团，高尺余〕，出〔落〕雪厂者效。味辛凉，性温平，〔无毒。走足少阴，添精补髓，延年益寿〕。治筋骨疼痛，痰火之症。煎点水酒服。（《滇南本草》第474页务本）

淫草，夷地淫风最甚，而物产因之。……维西有鹿衔草，

皆淫药也。(《滇南闻见录》卷下 41 页)

鹿衔草,《滇南本草》:生于山中仙品,味甘无毒,叶似鹿葱,花开黄色,枝幹极软。狐狸食之,易形而仙;麋鹿食之,交死复生;人得食之,平地登仙。(道光《云南通志稿》卷 68《通省》第 14 页)

鹿衔草,九江建昌山中有之。铺地生绿叶,紫背,面有白缕,略似戢菜而微长,根亦紫。土人用以浸酒,色如丹,治吐血,通经有效。……滇南尤多,土医云性温无毒,入肝、肾二经,强筋、健骨,补腰肾,生精液。(《植物名实图考》山草卷 9 第 224 页)

鹿衔草,《滇南本草》:生于山中仙品,味甘无毒,叶似鹿葱,花开黄色,枝幹极软。狐狸食之,易形而仙;麋鹿食之,交死复生;人得食之,平地登仙。采访:草产顺宁之蟒蜂岩石上。鹿交至死,牝鹿衔取此草,与雄鹿食之,可以复生。俗传鹿食之,是以生茸益寿。其味苦甘,其性辛温,配造为膏,为补血生精之圣药。(光绪《续修顺宁府志》卷 13 第 12 页)

麻黄

麻黄,味苦辛,性温。入肺经。治鼻窍闭塞不通,香臭不闻,寒邪入于〖太〗阴肺经,肺寒咳嗽。药苗,散寒邪而发表汗。根节止汗,实表气,固虚,〖清〗肺气,消咽〖噎,噎〗即喉中梅核之气,咽不下,〖吐〗不出是也。麻黄,气虚弱者禁用,恐汗多亡阳。(《滇南本草》第 673 页务本)

麻黄^{入药}品。(景泰《云南图经志书》卷 5《鹤庆府·顺州》第 307 页)

马鞭草

马鞭草，今处处有之。气味苦寒，无毒。主治妇人经水不通成劳，速煎此草服之愈。亦治痈疽毒冲心，服此神效。（《滇南本草》第531页范本）

马尿花

马尿花，一名水旋覆。味苦微咸，性微寒。治妇人赤白带下。生海中草地边，仙人塘、近华浦前。（《滇南本草》第284页丛本）

马尿花，生昆明海中，近华浦尤多。叶如荇而背凸起，厚脆无骨，数茎为族，或挺出水面。抽短葶开三瓣白花，相叠微皱，一名水旋覆。《滇本草》：味苦，微咸，性微寒，治妇人赤白带下。按《野菜赞》云：油灼灼，蘋类。圆大一缺，背点如水泡，一名苓菜，沸汤过，去苦涩，须姜醋，宜作乾菜，根甚肥美，即此草也。（《植物名实图考》水草卷17第442页）

马蹄香

马蹄香，一名鬼见愁。形似小牛舌，叶根黑。采枝叶入药。味苦，性寒。主治妇人午后潮热，阴虚火动，头眩发晕，虚劳可疗。晒干烧烟，可避邪物。（《滇南本草》第482页范本）

曼陀罗

曼陀〖罗〗，形绿茎碧叶，高三尺，开白花六瓣，状如牵牛花而朝开夜合，结实圆而有丁拐，中有小子。花、子，气味辛，温。有毒。主治诸风寒湿、脚气，煎汤洗之。又治惊痫及脱肛，并入麻黄叶。（《滇南本草》第 521 页范本）

毛竹叶

毛竹叶，生荒野间，形似竹叶，生一小枝，叶上有毛，俗呼〖土〗淡竹叶。〖味甘、苦。无毒〗。治妇人血虚发热，大烧成痨。服之神效。亦能利大小便，〖治〗热疾成血淋。〖服此竹叶，能分阴阳而退骨蒸劳热〗。（《滇南本草》第 835 页务本）

茅根

茅根，味甘，性寒。入胃、小肠二经。祛瘀血，通血闭，止吐血，衄血，治血淋，利小便，止妇人崩漏下血。（《滇南本草》第 605 页务本）

梅花草

梅花草，形似梅花，小朵，生石崖上。气味甘苦，无毒。治妇人血崩血块，散气，通经利水；胃中冷痛、内疝症瘕即消；食积成痞，坚硬疼痛，服之立瘥。（《滇南本草》第 969

页范本）

蜜杂杂

蜜杂杂〖一名醉仙草、一名救疾草。产滇中〗。味甘甜，性微温。入胃〖厚〗肠。止水泻日久，〖治〗赤白痢，用沙糖同煨服。〖昔滇中传染肠瘟，个个痢疾，后有医士范文公用此草同糖炒服，救万民〗。（《滇南本草》第 976 页务本）

绵大戟

绵大戟〖一名山萝卜〗，味辛、苦、辣，性微温，有小毒。治胃中年久食积、痰积，状结如胶。攻虫积，利水道，下气，消水肿，吐痰涎。（《滇南本草》第 84 页丛本）

缅豆

缅豆者，如豆蔓生，子大如栗，斑文点点，咀之傅疮良。然性迅恶，误服之，吐泻致死。（《滇略》卷 3 第 233 页）

缅铃

缅铃，相传鹏精也。鹏性淫毒，一出诸牝悉避去，遇蛮妇辄啄而求合。土人束草，衣绛衣，簪花其上，鹏翾之不置，精溢衣上，跳跃不休。采之，裹以重金，大仅如豆，嵌之于势，以御妇人，得气愈动，然秘不外售，杀夷取之始得。滇人伪者以金作蒺藜形，裹而摇之亦跃，但彼不摇自鸣耳。一云名太极

255

丸。(《滇略》卷3第236页)

缅铃，石类也，出永昌外诸土司地。取之，装入小盒，手提之即咤咤作声，殆皋厌之类也，一具值百金。或以爵精遗于石，未必然也。(《滇海虞衡志》第50页)

缅铃，檀萃《滇海虞衡志》：石类也，出永昌外诸土司地。取之，装入小盒，手握之即叱咤作声，殆皋厌之类也，一具值百金。或以爵精遗于石，未必然也。(道光《云南通志稿》卷70《永昌府》第17页)

缅茄

缅茄，枝叶皆类家茄，结实似荔枝核而有蒂。土人雕刻其上而系之，拭眼去翳，亦解疮毒。(《滇略》卷3第233页)

又有缅茄、缅虫，被以缅名者，见从来之远也。缅茄可雕为玩物，缅虫可为妇人之饰，附记以广异闻。(《滇海虞衡志》第50页)

缅茄，《滇南杂记》：缅茄出缅甸，大而色紫，蒂圆整，蜡色者佳。今云南亦有种之者，然绝不可多得。今会城以小者于蒂上刻人物鸟兽之形，殊杀风景。过滇中者多市之，滇中人亦以此赠远。(道光《云南通志稿》卷68《通省》第2页)

缅茄，《永昌府志》：可雕为玩物。(道光《云南通志稿》卷70《永昌府》第22页)

木通

木通，一名风藤草根。味淡平，性平，泻小肠经实热，即效。清利水道，功效最良。能消水肿，通利五淋白浊，小便〖癃〗闭玉关，并治暴发火眼疼痛等症。(《滇南本草》第325页务本)

风藤草，气味甘、苦，〖性〗平。主治一切风痒，筋骨疼痛，补血、和血、散血、疏风散热，一切疮疥，煎汤浴之最良。捣叶，散疮毒之肿痛。（《滇南本草》第 325 页范本）

木贼

木贼，一名节节草，一名笔管草，〖一名斗眼草〗，一名豆根草。味辛微苦，性微温。行十二经络。散肝家流结成翳，治暴赤火眼珠胀痛，退翳膜，〖消弩〗肉遮睛，〖兼〗治五淋、玉茎疼痛、小便赤白浊症。根治妇人白带淋沥，破血〖积〗，通妇人经闭，止大肠下血。（《滇南本草》第 3 页丛本）

南苏

南苏，味辛，性温，无毒。治伤寒发热，无汗头痛，其效如神。此草治一切风寒，痰涌结而霍乱转筋，咳嗽吐痰、小儿风症，定痛止喘。梗能补中益气，根能洗疮〖祛〗风，子能开胃健脾。同陈皮〖用〗，化痰疏风，作菜久食，令人白胖。〖紫〗苏叶，味辛香，性温，入脾、肺二经，发汗，解伤风头疼，定吼喘，下气宽膨，消胀消痰。苏子，止咳嗽，降痰，定吼喘，下气，消痰涎。附苏子散，治小儿久咳嗽，喉内痰声如扯锯，服药不效，用之良效，老人〖久〗咳嗽吼喘者并效。（《滇南本草》第 544 页务本）

牛扁

牛扁，李时珍《本草纲目》韩保昇曰：今出宁州，叶似石龙芮、附子等，二月八月，采根晒干。（道光《云南通志

稿》卷 68《通省》第 21 页）

牛黄

牛黄，《宋史·外国·大理传》：政和七年，大理贡牛黄。李时珍《本草纲目》陶宏景曰：牛黄多出梁州、益州。苏恭曰：牛黄，今出莱州、密州、淄州、青州、襦州、戎州。（道光《云南通志稿》卷 68《通省》第 25 页）

牛黄，《唐书·地理志》：昆州土贡牛黄。（道光《云南通志稿》卷 69《云南府》第 6 页）

牛黄，《唐书·南蛮传》：异牟寻献牛黄^{谨案：异牟寻国大理，故录于此。}（道光《云南通志稿》卷 69《大理府》第 15 页）

牛黄，《古今图书集成》：出丽江。（道光《云南通志稿》卷 69《丽江府》第 47 页）

牛黄，李时珍《本草》：牛黄多梁州、益州。（光绪《续修顺宁府志》卷 13 第 14 页）

牛膝

牛膝，一名铁牛膝，绿〖片〗有白丝者是。味酸微辛，性微温。入肝〖经〗，走经络，止筋骨疼〖痛〗，强筋舒筋，止腰膝酸麻，破瘀，坠胎，散结核，攻瘰疬，〖散〗痈疽、疥癫、血风〖疮〗、牛皮癣、脓窠〖疮、鼻渊、脑漏〗等症。（《滇南本草》第 367 页务本）

盘地藤

盘地藤，叶似荷叶，轻轻软枝，盘地而生，〖梢〗上细

258

花，根大而肥。气味甘甜。无毒。性走阳道，亦行任督二脉，通十二经络；分阴阳，利小便，除内热。久服延年益寿，生津养肺，润五脏而清六腑，乌须黑发。（《滇南本草》第 966 页范本）

皮哨子

皮哨子，味苦，性微寒。主治七疝肝症：气、狐疝，用茴香为使；水疝，用陈皮为使；余者引用橘核为使。烧灰吹鼻，治诸虫入脑，立愈。圆者属阳，治气，光者属阴，治血。（《滇南本草》第 180 页）

瓶儿草

瓶儿草，味淡，性微温。行经络，消气结，散瘰疬、〖马刀〗、结核，鼠疮溃烂，脓血不止，补气血虚弱，〖调元；搽癣疮、小儿黄水疮，妇人阴痒生虫，洗之良〗。（《滇南本草》第 960 页务本）

破故纸

破故纸^{亦入药品}。（景泰《云南图经志书》卷 3《武定府·和曲州》第 147 页）

破钱草

破钱草，一名千里光、〖一名千光草〗。味辛苦，性温。

主〖治〗发〖汗〗散诸风头痛、明目、退翳膜、利小便、疗黄〖疸〗。(《滇南本草》第466页务本)

铺地参

〖铺〗地参,又名打破碗、又名盘肠参。味苦〖平〗,性微寒。主治妇人白带,上盛下虚,水火不清,久不胎孕。(《滇南本草》第525页务本)

蒲公英

蒲公英,又名婆婆丁。味苦平,性微〖寒〗。治妇人乳结、乳痈,红肿疼痛,乳筋梗硬作〖肿〗胀,服之立效。敷诸疮肿毒、疥癞癣疮,利小便,祛风,消诸疮毒,散瘰疬结核,止小便血,治五淋〖癃〗闭,利膀胱。(《滇南本草》第769页务本)

蒲公英,即苏颂所谓金簪草也。乃孙思邈写为凫公英,《图经》僕公罂,《庚辛玉册》作鹁鸪英。举之,统以音似之耳。淮人称白鼓丁。蜀人谓耳瘢草,关中称狗乳,而云南均称黄花地丁。(《鸡足山志》卷9第357页)

蒲公草,《唐本草》始著录,即蒲公英也。《野菜谱》谓之白鼓钉,又有孛孛丁、黄花郎、黄狗头诸名。俚医以为治肿毒要药。淮江以南,四时皆有,取采良便。(《植物名实图考》隰草卷14第356页)

七星草

七星草,味甘,性寒,无毒。此草形似鸡脚,上有黄点,

260

按〖星〗度而生，或依根贴土上、或石上〖生〗。采服治沙淋、血淋、白浊、冷淋，又能包肚脐治阴症。敷名疮大毒，如神。（《滇南本草》第7页务本）

七星草，《滇南本草》：此草形似鸡脚，上有黄点，按星度而生，或贴土处生，贴石处生，总治五麻如神。（道光《云南通志稿》卷68《通省》第18页）

麒麟竭

麒麟竭^{木高数丈，叶类樱桃，脂流树中，凝红如血，为木血竭。又有白竭。}（康熙《云南通志》卷12《元江府》第227页）

麒麟竭，旧《云南通志》：木高数丈，叶类樱桃，脂流树中，凝红如血，为木血竭。又有白竭，今俱无。（道光《云南通志稿》卷70《元江直隶州》第55页）

骐驎竭，《唐本草》始著录。生南越、广州。主治血痛，为和血圣药。《南越志》以为紫铆树脂。《唐本》以为与紫铆大同小异。旧《云南通志》，树高数丈，叶类樱桃，脂流树中，凝红如血，为木血竭。又有白竭，今俱无。余访求之，得如磨姑（菇）者数枚，色白质轻，盖未必真。（《植物名实图考》木类卷35第813页）

千张纸

千张纸^{木实也，形似扁豆，其中片片如蝉翼，焚为灰，可治心气痛。}（康熙《云南通志》卷12《广南府》第227页）

千张纸，木实，形似扁豆荚，其肉片片如蝉翼，焚为灰，

可治心气，夷人①。（雍正《师宗州志》卷上第38页）

千张纸，旧《云南通志》：木实也，形似稆豆，其中片片如蝉翼，焚为灰，可治心气痛。（道光《云南通志稿》卷69《广南府》第31页）

千张纸，《广西府志》：出邱北，为草木之嘉种。《师宗州志》：木实也，形如扁豆荚，其肉片片如蝉翼，焚为灰，可治心气痛。（道光《云南通志稿》卷70《广西直隶州》第46页）

千张纸，生广西，云南、景东、广南皆有之。大树，对叶如枇杷叶，亦有毛，而绿背微紫。结角长二尺许，挺直有脊如剑，色紫黑，老则迸裂。子薄如榆荚而大，色白形如猪腰，层叠甚厚，与风飘荡，无虑万千。《云南志》云，形如扁豆，其中片片如蝉翼，焚为灰，可治心气痛。《滇本草》：此木实似扁豆而大，中实如积纸，薄似蝉翼，片片满中，故有兜铃、千张纸之名。入肺经，定喘、消痰。入脾胃经，破蛊积。通行十二经气血，除血蛊、气蛊之毒。又能补虚、宽中、进食，人呼为三百两银药者，盖其治蛊得效也。按此木实与蔓生之土青木香，同有马兜铃之名。医家以三百两银药属之土青木香下，皆缘未见此品而误并也。（《植物名实图考》木类卷36第845页）

千针万线草

千针万线草，形软枝碎叶，根似菊花参之根，一撮肥而白，又似百部，一条一条。气味甘、平，无毒。主治补肝、健脾、养肾、生血〖和〗血、退五热、降火、止耳鸣、心神不宁。能升能降，妇人最良。采服止咳血良效。（《滇南本草》第55页范本）

---

① "夷人"字下数字，原刻本、传钞本均漫漶不清。

前胡

前胡，味苦辛，性寒。阴中阳也。解散伤风伤寒发汗要药。止咳嗽，升降肝气，明目退翳，〖除〗内外之痰，有推陈治新之功。（《滇南本草》第 744 页务本）

前胡，旧《云南通志》：安宁者佳。（道光《云南通志稿》卷 68《通省》第 10 页）

罗鬼，《镇雄州志》：俗名姨妈菜，即前胡。（道光《云南通志稿》卷 70《昭通府》第 38 页）

前胡，采访：顺宁虽产，不及安宁之佳。（光绪《续修顺宁府志》卷 13 第 15 页）

钱麻

大钱麻，一名梗麻。味苦微辛，性微寒。祛皮肤风痒。吐痰、消痰、下气，止风伤肺气咳嗽，散胃痰。发散疮毒。俱用水煨或取汁服。（附案）一男子咳嗽，吐清痰涎，畏冷，夜间发热，胸膈作胀，肢体酸软，〖诸医〗皆以虚〖劳〗治之不效，一人授以此剂，神效。盖风伤肺气，痰火敛滞，以此祛风散痰，故效，〖所以，滇中多用钱麻尖，治小儿咳嗽打风，神效〗。（《滇南本草》第 456 页务本）

钱麻，气味甘，〖性〗温。无毒。主治中〖风〗不语，咳嗽吐痰。小儿惊风，一切风症，服之最良，煎水洗疮，最效。（《滇南本草》第 460 页范本）

青刺尖

青刺尖，味苦，性寒，主攻一切痈疽、毒疮，有脓者出头，无脓者立消。散结核，〖嚼细，用酒服〗。（《滇南本草》第426页范本）

青刺尖，《滇本草》：青刺尖，味苦，性寒，主攻一切痈疽、毒疮，有脓者出头，无脓者立消，散结核。按此草长茎如蔓，茎刺俱绿，春结实如莲子，生青熟紫。（《植物名实图考》蔓草卷23第576页）

青蒿

青蒿，味苦，性寒。入脾胃，去湿热，治痰火嘈杂。消痰，上清头目痰火眩晕，头晕，利小便，凉血。止大肠风热下血。退五种〖劳〗热，发烧怕冷。少年气盛者吃之，有进饮食之功，令人善饿。痰气盛者，宽中下气，倒饱，心〖嘈〗，体虚者忌之。（《滇南本草》第484页务本）

青花豆

青花豆，旧《云南通志》：可治疮。（道光《云南通志稿》卷70《永昌府》第27页）

青花黄叶草

青花黄叶草，〖生于山野间〗。花似大〖枫〗子花，绿黄

264

叶，开青花。今陑山甚多。〖味甘。无毒〗。采叶，〖洗〗眼疾；采花〖汁〗点翳眼兼散肿；采根为末，治痘封眼，神效。（《滇南本草》第951页务本）

青花黄叶草，《滇南本草》：生于山野间，花似大枫子花，叶黄绿色，花青，采枝叶煨服，治一切眼目花涩，汁点眼去翳，根为末，治痘疮封眼，神效。（道光《云南通志稿》卷68《通省》第17页）

青牛膝

青牛膝，一名紫花草，又名半边莲，又名半朵莲，又名半枝莲，〖一名半枝花〗，〖一名一枝莲〗。味辛、酸，性微寒。通经络，祛风热，凉血热。疗疥癞脓窠疮、血风癣疮、脑漏鼻渊、流涕腥臭，利小便，治五淋白浊等症。（《滇南本草》第553页务本）

青皮

青皮，旧《云南通志》：宾川者佳。（道光《云南通志稿》卷68《通省》第20页）

青苔

石青苔，生石上或土山上，形似水青苔，其性不同。〖味辛、甘〗。采取，晒干为末，能解毒药性。有中毒者，服此即愈。敷疮，功胜一笔勾。（《滇南本草》第634页范本）

水青苔，〖味〗甘平，性热。无毒。主治大小便虚冷，水泻，阴寒亦解，暖脐甚佳。采取之为末，可搽疔疮、黄水疮，

痘症顶陷亦有效。(《滇南本草》第 636 页范本)

青霞草

青霞草，生有水处向阳地方。有大叶，花似梅花，枝梗有刺。〖味酸辛〗。采取熬膏服之，〖祛病延年〗。(《滇南本草》第 950 页务本)

青霞草，《滇南本草》：生于有水处向阳地方。仙品，味酸辛，无毒，大叶青绿色，花似梅花，枝梗有刺，远视之有青霞笼罩，故名。采取熬膏服之，却病延年。(道光《云南通志稿》卷 68《通省》第 14 页)

青箱子

青箱子，即鸡冠子。味甘微苦，性微寒，入肝〖经〗，明目，泪涩难开，白翳遮睛、花凌青翳，用之良效。(《滇南本草》第 67 页丛本)

青竹叶

青竹叶，味苦，性寒，入心肺，泻火。治肺气上逆喘〖促〗，降肺气，止咳，宽中消热。〖同灯草煎服〗。(《滇南本草》第 833 页丛本)

如意草

如意草，此草生于陡山，形似小芭蕉，四叶无花，根似人

形。〖味甘苦，性寒〗。治一切虚症。以此草酒浸，名坎离酒，服之，轻身耐老。（《滇南本草》第631页务本）

如意草，《滇南本草》：生于陲山，味甘苦，微寒，形似芭蕉而小，四叶无花，根如火焰，治一切大虚大弱。采叶服之，寿可百岁，虽八旬服之生子，久服又可轻身，百病不生。根可治横死吊杀，研末，调水灌之；打死淹死，研末吹鼻，俱活，此仙草也。（道光《云南通志稿》卷69《云南府》第5页）

三七

土三七，味苦。治跌打损伤。生用破血，炙用补血。（《滇南本草》第503页务本）

三七，《广西府志》：三七，恭城出，其叶七，茎三，故名。根形似白及，有节，味微甘，以末掺猪血中化为水者真。《本草纲目》李时珍曰：彼人言其叶左三右四，故名三七，盖恐不然。或云本名山漆，谓其能合金疮如漆粘物也，此说近之。金不换，贵重之称也。生广西南丹诸州番峒深山中……按：广西三七、金不换，形状各别，《通志》俱载之，辨其非一物，《本草纲目》殆沿讹也。其所述叶似菊艾者，乃土三七，江西、湖广、滇南皆用之。《滇志》：土富州产三七，其地近粤西，应是一类。尚有土三七数种，俱详草药。余在滇时，以书询广南守，答云：三茎七叶，畏日恶雨，土司利之，亦勤培植，且以数茎蒔寄。时过中秋，叶脱不全，不能辨其七数，而一茎独蠹，顶如葱花，冬深苗芽，至春有苗及寸，一丛数顶，旋即枯萎。昆明距广南千里而近，地候异宜，而余竟不能睹其左右三七之实，惜矣。因就其半萎之茎而图之。（《植物名实图考》山草卷8第200页）

左进思《三七效用说》：三七，药物也。夫药物夥矣，金石草木之属，莫不依其类而称名。三七不出金石草木之外，独以数为名称，诚何取义乎？或曰是取孟子七年之病、三年之艾之义，以示其灵效耳。抑三七者，必种后三年始成药，七年乃完气，因之而得名，是亦一义也。但种植之难，非其他植物可比，病害繁多，尚无防避方法，种三年而不受病者甚少，四五年者已不易觏，七年者未之见也。三七之难种若此，顾其灵效则何如？夙昔使用内服则能去瘀止痛，外敷则能接骨生肌，乃伤科圣药，已为世所公认。而其效不止此也，于妇科之效乃更大。辛酉岁，予携眷居省垣，内人患痛经症，中西医均无效，予偶问西医，曰：予乡所产之三七，究其功效。云：何医？曰：三七但能行血止痛耳，譬有人负枪刀伤，得三七服之，痛可减轻半，而痊愈之期，亦可减半也。问：可治经痛否？曰：经痛非伤科，不能也。予念经痛必血瘀所致，既有行血止痛之功，又何为不可？经痛四日矣，呻吟甚苦，诸药均无效，姑以三七二枚煎汤，加白糖一匙，使服之，其痛若失，次月即受孕，于今十年有余，旧病永未发，每产后即服三七二三剂，他病亦多免，故予家重视三七甚黄金也。乡老有药物经验者，谓三七有大补气血之功。其味苦而微甘，性平而不燥，有参茸之力，无参茸之害，惜世人知者甚少，未能尽其功用，可太息也。予考三七茎叶形态，与北地人参无异，独茎无枝。播种初年，独叶无义，二年叶二，又三年叶三，又始开花结子，花序如缴子团结于茎顶，成熟时外皮朱红色，甚为美观，四年以后，叶四五义，似与人参同种，不过产地有南北之分。制法有生、熟之异，性味同而习用不同耳。以世界五洲之广，产地仅文、马、西、广、富五县之微，倘信用推广，其销场将不可限量。吾邑民其研究种法以免病害，研究制法以广招徕，以收此天赋特产之利。恐人之忽于用而疏于植也，故为说而告之。（民国《马关县志》卷10第9页）

（开、文边地）人民多种田三七，苗高尺余，喜阴，忌烈日，须用篾箦覆蔽。二三年，其根始成，愈久愈大，有每斤三四十枚者，价最贵，味似丽参；次五六十、七八十。能医跌打损伤及妇科诸症，去瘀生新，碾末蒸食，能清补云。（《幻影谈》卷下第136页）

三仙菜

三仙菜，此草生有水处，形似灰挑菜，有子，子大如天天茄大，青色。〖味甘美，无毒〗。连根、叶、〖子〗同熬成膏，每日〖清晨〗服一、二钱，延年益寿。瘫痪痿软，其效如神。作菜食之，令人肥胖。忌大蒜、儿茶。（《滇南本草》第916页务本）

三仙菜，《滇南本草》：此菜生于近水处，形如灰挑，结子如天天茄，青色可爱。采根、叶并子熬膏，每晨三钱，服之延年益寿，百病不生。瞀目久服能明，瘫痪久食自愈，作菜食肥白而胖，忌大蒜、儿茶。（道光《云南通志稿》卷68《通省》第16页）

三叶草

三叶草，味辛微苦，性微温。治疮疡肿毒，〖发〗散疮痈，〖点水酒服〗。（《滇南本草》第720页务本）

三叶还阳草

三叶还阳草，形似车前草，二苗，上有细黑子，根肥白而大。主治一切血症，性走十二经络，专补肾，乌须黑发，延年益寿。采治瘿袋，神效。子，能敷太阳，止年久偏正头风、赤眼，最效。（《滇南本草》第917页范本）

伞骨草

伞骨草，气味甘甜。主治健脾，利水通淋，妇人白带，煎汤服之最良。（《滇南本草》第827页范本）

桑白皮

桑白皮，味辛微苦，性寒。金受火制，惟桑白皮可以泻之。止肺热咳嗽。注云：肺热咳嗽，要在寅、午、戌时〖乃真〗。止喘促吼咳，消肺痰咳血，利小便，消气肿面浮，肺气上逆作喘，开胃进食，〖盖〗气降痰消则食进，非脾气虚弱。桑椹子，味甘、酸。益肾脏而固精，久服黑发明目。（《滇南本草》第150页务本）

扫天晴明草

扫天晴明草^{一名凤凰草}，《滇南本草》：此草似茴香，其叶细碎，治一切筋骨打断，刑杖不疼，外科圣药，打瘀血，攻死血，五麻白浊，疮毒劳伤，大肠下血，妇人崩症皆效。小儿佩之，能杀蛊毒，已受蛊，研末吹鼻，蛊自现出。（道光《云南通志稿》卷68《通省》第15页）

山芭蕉

山芭蕉，高尺许，气味辛苦，有毒。不可妄服，只可作外科敷疮散毒，脱管生肌，或未出头者，围边留〖中心〗，以备

出头。若脓血流出，用此为末，围未破之处，可托内疮毒之
管。其根最良。(《滇南本草》第 915 范本)

山慈姑

山〖慈姑〗，味〖甘微辛〗，性微寒。入脾、肺二经。收
敛肺气。〖消阴分之痰，止咳嗽，治喉痹，止咽喉痛〗，止血
涩血，大肠下血，痔漏疮痈之症。(《滇南本草》第 804 丛本)

山皮条

山皮条〖一名矮它它〗，又名矮陀陀。味辛辣、微苦，性
微温，有小毒。下气，〖治〗妇人气逆，肚腹疼痛，宽中理
气，胸膈肚腹膨胀，〖止〗面寒梗硬胀疼，能退男女〖劳〗烧
发热，良效。(《滇南本草》第 379 页务本)

商陆

商陆〖俗名大药〗。味辛、微苦，性微寒。有小毒。主治
利小便，消水肿，攻疮痈。有赤白二种，〖白者可用〗，赤者
不入药；然可研末，调热酒擂跌打青黑之处，神效，再贴膏药
更好。(《滇南本草》第 355 页务本)

蛇含果

蛇含草，生田野间有水处，软枝细藤，叶绿，结子色赤，
鲜艳似荔枝，鲜而润者佳。气味甘，〖性〗平。无毒。主治除

心腹邪气，湿痹，疽痔、鼠瘘、恶疮，蛇、蝎、蜂螯之毒，捣烂成膏。有中瘟疫者，服之亦解。亦治蛊毒。采叶，晒干为末，收磁瓦器内，黄蜡封口，遇小儿中虫毒者，吹鼻孔中，虫自鼻孔即出。或遇中风不省人事者，服之立苏，中瘟疫者，吹之可解。敷无名肿毒立效。（《滇南本草》第 424 页范本）

射干

射干〖又名乌扇〗。味苦辛，性微寒。有小毒。治咽喉肿痛，咽闭喉风，乳〖蛾、痄〗腮红肿，牙根肿烂；疗咽喉热毒，攻散疮痈，一切热毒等症。（《滇南本草》第 581 页务本）

麝香

麝香，出永昌及南诏诸山，土人皆以交易货币。（《云南志补注》卷 7 第 109 页）

麝香，自邕州溪洞来者名土麝，气臊烈，不及西蕃。（《桂海虞衡志·志兽》）

（云南省会）这里生长大批的麝，而且又大量捕捉，所以生产的麝香，也相应地比较多。（《马可波罗游记》卷 2 第 47 章《云南省》第 143 页）

射香^{以獐脬制之，}^{入药品。}（景泰《云南图经志书》卷 4《蒗蕖州》第 250 页）

麝^{新兴}^{州出}。（正德《云南志》卷 6《澄江府》第 277 页）

麝。（正德《云南志》卷 6《蒙化府》第 299 页）

麝香^出^{府境}。（正德《云南志》卷 9《姚安府》第 407 页）

麝^{府州}^{俱出}。（正德《云南志》卷 10《鹤庆府》第 426 页）

麋乡，乌蛮别种，……畜牛羊，产射香。（《增订南诏野

272

史》卷下第 32 页）

麝香，三迤俱有，收贮甚难，须用酒润之，候干，裹以皮，用锡盒贮之，严密封固，无使泄气。滇中人云：系狸猫之肾。按《正字通》：狸有数种，一种香气袭人，名曰香狸，不闻其肾即麝香也。又麝如小鹿，其脐有香，为人所迫，自剔其香，亦不言麝之肾也。狸猫属，麝鹿属，截然两种。狸肾之说，未知何如，姑存以俟知者。（《滇南闻见录》卷下第 37 页）

麝香，出于滇南。麝别详于《志兽》，兹特著其香。香多有假，而李石以三说辨其真，谓"鹿群行山中，自然有麝气，不见其形为真香。入春，以脚踢入水泥中藏之，不使人见为真香。杀之取其脐，一鹿一脐为真香。"此三真者尽之矣。然前二真，得之良难，亦无所据以信于人，惟取脐为有据。然脐亦有作伪者，所谓刮取血膜，杂糁皮毛者是也。香客收麝，必于农部之鼠街。余居农部久，未尝过而问之，即以于役行，未尝将一麝，恐以香气惹人寻索耳。（《滇海虞衡志》第 82 页）

麝，亦鹿类而有香。《范志》云："自邕州溪洞来者名土麝，气燥（臊）烈，不及西番。"谓云南也。是知滇麝甲于天下。李石云："天宝中，渔人献水麝，诏养之。滴水染衣，衣敝而香不散。"夫有山獭，即有水獭，有山麝独无水麝乎？但不易得，得之且不识耳。（《滇海虞衡志》第 167 页）

麝，樊绰《蛮书》：麝香，出永昌及南诏诸山，土人皆以交易货币。马端临《文献通考》：政和七年，大理贡麝香。檀萃《滇海虞衡志》：《范志》云"自邕州溪洞来者名土麝，气臊烈，不及西番。"谓云南也，是知滇麝甲于天下。（道光《云南通志稿》卷 68《通省》第 26 页）

麝，《唐书·地理志》：姚州土贡麝香。（道光《云南通志稿》卷 69《楚雄府》第 26 页）

麝，章潢《图书编》：新兴州出。（道光《云南通志稿》卷 69《澄江府》第 27 页）

麝香，谢肇淛《滇略》：麽些蛮出。（道光《云南通志稿》

卷69《丽江府》第47页）

麝，檀萃《滇海虞衡志》：《范志》云"自邕州谿峒来者名土麝，气臊烈，不及西番。"谓云南也。是知滇麝甲于天下。（光绪《续修顺宁府志》卷13第14页）

神黄豆

又有神黄豆，调水饮，能解小儿豆毒，然亦不甚验也。（《滇略》卷3第233页）

神黄豆，产于普洱府，形如槐子，小儿服之，能使痘花稀朗。王尚书《池北偶谈》云：用箭瓦火焙去其黑壳，碾末，小儿以白水下之，可永除豆毒。服法：以每月初二、十六为期，半岁半粒，一岁一粒，递加，至三岁服三粒，则永不出豆矣。能解先天之毒，故名为神。且生于瘴盛之乡，尤属奇效。（《滇南闻见录》卷下第37页）

神皇豆树，普洱、永昌俱出，而以普洱为佳。浙友每言痘疹流行，但得神皇豆一粒，供养迎之，所过之街，痘疹不作，已作者无不安稳，无夭陨者。邹经元客普洱久，习于刁氏，言此豆树为神农手种，只一株，近南海边，有天生石城，城无居人，惟神皇豆树。树极高大，一年开花，一年结实。实时，役三百人往，行三月始抵树，树豆角已满，抛石击之，纷纷落地，收载以归，非大力者不能主此役也。角圆而轻，长三四尺，每节一豆。因遗予一角，予藏之以济人急，至尽。而经元南返不复来。此事为从来所未言，因志之所广异闻。经元善谈荒远事，予每乐听之，今不能悉记。若使当时闻一书一，可作一册《南荒志》，闻其已殁，质无矣，无与言之矣。（《滇海虞衡志》第274页）

神黄豆，《一统志》：稀痘，药中用之。檀萃《滇海虞衡志》：普洱、永昌俱出，而以普洱为佳。浙友每言痘疹流行，但得神黄豆一粒，迎之供养，所过之街，痘疹不作，已作者无不安稳，无夭殇者。邹经元客普洱，言此豆树为神农手种，只一株，近南海边，有天生石城，城无居人，惟神黄豆树，树极高大，一年开花，一年结实，实后，役三百人往，行三月始抵树，树豆角已满，抛石击之，纷纷落地，收载而归，非大力者不能主此役也。角圆而轻，长三四尺，每节一豆。《思茅厅采访》：豆有二种：春华秋实，大树者叶大花红，豆长尺余，大而圆，名虎尾；小树者叶细花黄，豆长三寸余，细而圆，名鼠尾。（道光《云南通志稿》卷70《普洱府》第6页）

神黄豆，《永昌府志》：食之则痘稀。（道光《云南通志稿》卷70《永昌府》第27页）

狮子草

狮子草，其根有九头，故名九头狮子草。味苦、辛，性温，有毒，阴中之阳药也。主治风热积毒，脏腑不〖和〗。通十二经络，散疮痈，退黄疸。积热注于血分，肌肉成疥癞疮疾，或多食牛马，积热成疮，或杨梅结毒，一切风热等症，服之神效。（《滇南本草》第794页范本）

石胆草

石胆草，生石山上，贴石而生。〖蓝〗花，形似车前草。〖味甘，无毒〗。采取〖同文〗蛤为末，乌须〖黑发〗，永不返白，其效如神。采取〖叶〗，捣烂敷疮，神效。（《滇南本草》第529页务本）

牛耳草，生山石间。铺生，叶如葵而不圆，多深齿而有直纹隆起。细根成簇，夏抽葶开花。治跌打损伤。湖南谓之翻魂草。《滇本草》谓之石胆草。云生石上，贴石而生，开花形似车前草，味甘无毒。同文蛤为末，乌须良。叶捣烂，敷疮神

效。(《植物名实图考》石草卷16第417页)

石胆草,《滇南本草》：生于深山石壁,贴石而生,形如车前,花似兰花而瓣圆。采取同文蛤为末,乌须黑发,其效如神,生捣敷疮亦验。(道光《云南通志稿》卷68《通省》第13页)

石耳

石耳,《鹤庆府志》：形如木耳,生感极清之气,久食延年。(道光《云南通志稿》卷69《丽江府》第47页)

石风丹

石风丹,旧《云南通志》：出景东,生石上,能疗疮毒。(道光《云南通志稿》卷70《景东直隶厅》第40页)

石膏

第二十六课《石膏》：石膏,盐属矿物也。形状不一,或菱形,或纤维形。菱形之粗大者为板状石膏,致密者为雪花石膏,其成分为硫酸石灰,原属水成岩,多产火山近处。吾邑气炎热,产者甚佳。第二十七课《续上》：石膏之用途甚广,可为医药,可制造模型,有吸收力,有膨胀性,故最适于用。粉笔之原料亦石膏也。且含有硫酸,用为葱蒜之肥料尤宜。(楚雄旧志全书"元谋卷"光绪《元谋县乡土志》修订本卷下第400页)

第十一课《茯苓 石膏 何首乌》：石膏,出歪头山,点豆腐,作粉笔,又制作五色笔。(楚雄旧志全书"楚雄卷下"

民国《楚雄县乡土志》卷下第 1354 页）

石瓜

石瓜，李时珍《本草纲目》：出芒部地方，其树修幹，树端挺，叶肥滑如冬青，状似桑，其花浅黄色，结实如缀，长而不圆，壳裂则子见，其形似瓜，其坚如石，煮液黄色。章潢《图书编》：出芒部府，树生，坚如石，治心痛。（道光《云南通志稿》卷 70《昭通府》第 38 页）

石胡荽

石胡荽附，鸡山幽僻地，故易繁衍。孙思邈谓僻地乃易生。以辛薰不堪食，故俗呼为鹅不食草。又其茎中有细线，谓之为鸡肠焉。即天胡荽，即野芫荽也。（《鸡足山志》卷 9 第 355 页）

石斛

石斛，味甘淡，性平，升〖也〗，阴中之阳也，平胃气，能壮元阳，升托，发散伤寒。石斛汤，〖昔〗有一女子，因〖身染风感寒〗平素阴血虚弱，寒邪伏于〖三〗阴经，形如劳症。用石斛汤退劳热，反作头疼发热，烦渴饮水，身热如火〖烙〗，服后剂，身出酸汗，汗后身凉，又用滋阴降火汤〖痊〗愈。（《滇南本草》第 820 页丛本）

《石斛花》：花中有石斛，我为尔根愁。姚魏虽豪逞，还须土一抔。（《担当诗文全集·橛庵草》卷 6 第 259 页）

石斛，其草丛生，如筹之插斛。生石者为佳，是以得名。

诗人志怨，慨于杜兰，谓即金钗者是也。其性耐久，故齐谚有之曰：千年不死润石斛。而昔人胡名之为禁生者，何耶？以其能自生，则人不能禁其生之谓矣。在石又名石蓬，累累者名侣麦，茎大名雀髀，统之又名林兰，其盖木斛耳。（《鸡足山志》卷9第354页）

金钗，花开金黄色，小朵，颇类虎头兰。生石上者良，生木者性浮，鸡山尽生岩石间，故甚佳。清玉茎，中热，采之入酒，又可煎汤，饮则解渴沁心。（《鸡足山志》卷9第354页）

林兰，生木端。亦有金钗者，则名金钗木斛，此开紫花，小朵，微带蜜香气，性耐久。（《鸡足山志》卷9第354页）

侣麦，累累相连，似大枣核形，其大愈茨菇，其蒜颠惟抽一叶。其性冷，不宜入药。（《鸡足山志》卷9第354页）

雀髀，如竹。其节生叶，稍似扁竹。其叶亦在茎头，递节间生，服之令人气闷。（《鸡足山志》卷9第355页）

金钗石斛，性喜燥，植屋上更茂盛。（《滇南杂记》第51页）

金钗石斛，石斛，草本，茎长数寸，深黄色，花亦黄，五月开，滇中人家墙头屋角多栽之。杨升庵先生诗云：满城几日黄梅雨，开遍金钗石斛花。（《滇南闻见录》卷下第37页）

石竹，顺宁山石间，有草，一本数十茎，茎多节，叶似竹叶，四五月开花，纯黄，亦有紫、白二色者，土人谓之石竹。案：即石斛也，移植树上亦生。（《滇游续笔》第468页）

王宏祚《蕴斋石竹赋》：余以樗栎之质，寄枋榆之棲，避性遯奇，惭宋人之燕宝，山窗不改，忝高适之龙钟，羡小山丛桂之篇，效老圃寒花之作，为赋《蕴斋石竹赋》。赋曰："惟剡溪之名贤，锡马曹之嘉训，遘余居之常闲，字余斋以为蕴，蕴之为义，大矣哉！尝闻身之自炫者，身之灾；物之多文者，物之病。惟川媚兮珠藏，乃山辉兮玉润，彼岩壑兮匪逃，爰市朝兮大隐。雉惜采兮尾僬，麝遗山兮身稳，是以桂下之史，若婴漆园之吏，如木鄿侯之骨珊珊，孔父之步踽踽，此为青琐之下务，亦抑黄门之绮角。若夫深藏博观之人，怀道秉节之士，既知雄而守雌，更避躍而求蠖，不处锐而处钝，不为目而为腹。吾懼夫皎皎者易汙，磽磽者易缺，聊逍遥於刘梦得之陋室，偃仰於杜少陵之茅屋，将於此斋柱笏支颐，用坎坎以伐輻，代食维宝，尚蹇蹇以縻禄，敢云君子之居，窃比愚公之谷，扬子有言矣，神既瞵夫高明，人多指乎美服，审容膝之易安，较衡门而自足。人皆知吾道之迂，吾亦安入官之朴。惟蕴斋之庭，径不能三，尺不盈六，难栽卷阿之桐，并鲜栗里之菊药，彼他山之石，乞此邻家之竹，虽非一邱一壑之胜，逸丁维篈维谷之逐客，亦知夫石之可爱乎！其润如璧，其气如虹，年老袭丈人之号，飞来名璪子之通，黄石卧縠城之畔，响石产灵壁之中，既阴阳之互异，亦醒醉之不同。渔阳将军试其神射，郁林太守载此清风，既叱羊而化虎，伊变雀而蟠龙。坡公作临皇之供，米芾呼阴陵之翁，出仇池以漱齿，生泰岱以荡胸，可刻燕以钱鱼，并占雨以下风。吾其收寸肤之泽于天姥，被五色之文于充宗，是以有取于石也。至若竹之为物，风吹疏韵，露滴新篁，赋朝云于淇澳，听夜□于潇湘，一竿两竿之劲，紫筠绿云之香，寄相思于南浦，怀美人于西堂，谁吹箫兮引凤？羌操瑟兮求凰？是不必鄠杜之材，素称陆海渭川之种，浸誇蓬壶，吾其取嶰谷之音谐乎。律吕照临川之笔，媲乎珊瑚，若夫柯亭之笛，琢於蔡邑；黄州之楼，记於东坡。王猷之栏，可憩可咏，严光之竿，或啸或歌，聚七贤之放旷，招六逸之婆娑，以至摩诘弹琴而长啸，葛翁植杖而成林。兔起鹘落，展文与可之画，有斐如箦，问卫风人之吟，亦何必封墨台之国，作池上之篇哉！辞曰：白石齿齿兮，堪为印友；篆竹青青兮，难忘此君。集芙蓉以为裳兮，采薜荔以为裙，老冉冉以将至兮，恐不立此修名。"（《滇系·艺文八之十七》第86页）

石竹，徐炬《事物原始》：石竹，青节绛花，枝柔叶细。旧《云南通志》：五色错杂，凡十余种。（道光《云南通志稿》卷67《通省》第36页）

石竹，桂馥《札樸》：顺宁山石间，有草，一本数十茎，茎多节，叶似竹叶，四五月开花，纯黄，亦有紫、白二色者，

土人谓之石竹。案：即石斛也，移植树上亦生。（道光《云南通志稿》卷69《顺宁府》第34页）

五色石斛，旧《云南通志》：出禄劝普渡河石壁，绀红者佳。檀萃《农部琐录》：金钗石斛，本为珍药，而出禄劝之普渡河石壁者，独备五色，尤为诸品之珍。大抵五色齐全，究以绀红深者为佳耳。（道光《云南通志稿》卷70《武定直隶州》第52页）

石竹，桂馥《札樸》：顺宁山石间，有草，一本数十茎，茎多节，叶似竹叶，四五月开花，纯红，亦有紫、白二色者，土人谓之石竹。案：即石斛也，移植树上亦生。（光绪《续修顺宁府志》卷13第18页）

开、文边地产金石斛，俗称黄草，皆野生也。（《幻影谈》卷下第136页）

石黄

牂牁郡，……夜郎出雄黄、雌黄。（《后汉书》志23《郡国五》第3510页）

丽水城，……其次有雄黄，蒙舍川所出。（《云南志补注》卷7第104页）

石黄 ^{可为颜料，俱出}罐盱图山内。（景泰《云南图经志书》卷5《蒙化府》第298页）

石黄、雄黄^{俱石母山出}。（正德《云南志》卷6《蒙化府》第299页）

蒙化府，……石母山，城北七十里，出石黄及雄黄。（《读史方舆纪要》卷118第5199页）

石中黄，见于《抱朴子》。滇山尽石，其黄往往有之。蒙化石母山，出石黄。（《滇海虞衡志》第45页）

石黄、雄黄，樊绰《蛮书》：雄黄，蒙舍川所出。《蒙化

府志》：石母山出。（道光《云南通志稿》卷70《蒙化直隶厅》第41页）

石莲花

石莲花，一名卷柏，一名回阳草。味苦，性寒。通月经，〖破瘀血〗，破症瘕，消血块，难产催生效。〖烧酒为使〗。（《滇南本草》第1页务本）

石莲花，一名不死草。生石岸上，似侧柏叶形。气味辛平。主治五脏邪气、女子阴中寒热痛、症瘕、血闭、结子。久服轻身和颜色。生用破血、炙用止血。（《滇南本草》第1页范本）

石鲮

石鲮，以穿石而生得名，居第一。用青盐炒以擦牙，甚妙。石庵蔺次之。在树者端破血，补折伤，无益于肾。惟生于石者，用猪肾夹煨，空心食，耳鸣立愈，可知补肾也。均状若藤，而不能长，大如指，浑身生黄绒毛，刮毛用。（《鸡足山志》卷9第355页）

石梅

石梅，〖生石上〗，此草非山梅、〖亦非〗家梅也。山梅树大，石梅树小，仅高〖数寸至〗尺余。叶黄色，梗硬黑色，子甚〖细〗小。〖味酸，无毒〗。采叶为末，每服三钱，用苦连翘汤下，治一切〖大疮毒〗、大麻〖风〗、〖诸般〗癫疾，神效。采子食之，治九种气疼。采花止血，敷伤处，皆效。

（《滇南本草》第 627 页务本）

石梅，《滇南本草》：此草非山梅，亦非家梅。高仅数寸，带黄色，硬梗色黑，子甚细小，同连翘煎用，治一切大疮毒、大麻疯。子治九种胃气，花能止血。（道光《云南通志稿》卷 68《通省》第 15 页）

石蒜

石蒜，俗谓之婆婆酸，谓闻其气则皱眉，类之。其叶可贴疮，根捣之杀蛆虫。敷围毒疮甚良，必露疮口，虑其毒转入疮也。（《鸡足山志》卷 9 第 353 页）

老鸦蒜，即石蒜也。以生于石间者良。《图经》为一枝箭，盖滇呼一枝箭则为马鞭稍。味苦，解喉舌热毒并大肠热，可以作蜜饯。今老鸦蒜茎类鹿葱花，叶如蒜叶，白花，红蕊，吐长须，与一枝箭全不相似。又谓类金灯花，亦不似，用者宜别之也。（《鸡足山志》卷 9 第 353 页）

石韦

石韦，气味苦平，毒。去叶上毛用。主治劳热邪气，五癃闭不通，利小便水道，止烦下气，通膀胱，〖治淋〗。（《滇南本草》第 9 页范本）

石韦附，即石蘭。蔓延于石，故又名石皮、石鞭也。鸡山阴崖有之。叶大近尺，小类杏叶，阔寸许，柔韧如皮，背有黄毛，凌冬不凋。为劳热、五癃、益精之要药。生瓦上者谓瓦韦，背有金点者名金星草，各有主治。（《鸡足山志》卷 9 第 355 页）

石癣

白地〖膏〗，生山地上，形似虫窝，亦同白森，或敷贴于石上，色白。性冷。采取敷大恶疮、无名〖肿〗毒、汤火伤，调醋搽之如神效。或为末，调麻油搽痔疮。民族地区治小儿生火，调麻油搽，火即散。又治〖臁〗疮如神效。(《滇南本草》第638页务本)

石油

石油，自石缝流出，臭恶而色黑，可搽毒疮。(景泰《云南图经志书》卷6《缅甸军民宣慰使司》第345页)

石油，自石缝流出，臭恶而黑色，可涂毒疮。(康熙《云南通志》卷27《缅甸宣慰使司》第526页)

石油，章潢《图书编》：缅甸宣慰司出，自石缝流出，臭恶色黑，可搽毒疮。(道光《云南通志稿》卷70《永昌府》第27页)

树包

树包，诸树生包，包内有水，乃树之津液。气味甘甜，〖性〗平，无毒。主治五劳七伤，诸虚百损，肺痈热毒。亦治中风口眼歪斜偏枯之症。〖染发。久服轻身延年〗。又取包烧灰，治恶疮疔毒，敷之即散。此水用磁器盛之，黄蜡封口〖备用〗。(《滇南本草》第952页范本)

双果草

双果草，味苦微甘，性寒。治膏淋白浊，利小便，止腰疼，疝气疼。（《滇南本草》第786页务本）

双尾草

双尾草，此草生水边，形似芦柴，叶似兰叶，〖色带土黄，分双尾，以此得名〗，味甘辛，〖无毒〗。治一切大麻〖风〗，癫疾诸〖毒〗疮，无名〖肿〗毒、痈疽发背，服之如神。取双尾草一斤，熬成膏，服之，乌须黑发；兼治一切阴虚火盛，妇人干血〖劳〗症，小儿〖虚劳〗，先天不足。取根，煮酒，治一切痰火脚气、手痿软，或中风不语，半身不遂，早、午、晚饮三杯，神效。取叶，掺铜器如银，其叶解〖诸〗毒药。（《滇南本草》第625页务本）

双尾草，《滇南本草》：此草生于水傍，味甘辛，无毒，形似芦钗，尖如兰，色带土黄，尾分双尾，以此得名。主治麻疯大癫，发背癫疽，服之即愈。又熬膏，能乌须黑发，兼治阴虚火盛，妇人、小儿虚劳，又治痰火、痿软、中风，其效如神。叶掺铜如雪，解诸毒。（道光《云南通志稿》卷68《通省》第12页）

水芭蕉

水芭蕉，生水内，短小无花，形似山芭蕉。此蕉只高尺余，所以不同。有大毒。采为末，若逢刀剐〖伤，毒破〗疮，或遇蛇〖咬，蝎〗毒，〖敷上即愈〗。或中见血封喉之毒箭，

剐患处，先用此药搽上，用刀剐之不疼，此乃麻药之神也。（《滇南本草》第624页务本）

水芭蕉，《滇南本草》：有毒，生于水旁，矮小无花，似山芭蕉，而高仅尺余。采之，晒干为末，遇刀伤毒破，蛇咬蝎毒，敷上即愈，虽见血封喉，箭毒刀毒，擦之皆愈。（道光《云南通志稿》卷68《通省》第19页）

水朝阳草

水朝阳草，味甘辛，无毒。生水内，似鼓〖槌〗草，包叶，初生子，花朝阳，叶尖长大，梗紫绿绵软，独苗。采取煮硫磺成汞，研粉，红色为丸，不论百病，服此硫磺丸神效。一名万宝丹，一名纯阳丹，此丹救一切百病，药到病安，其效如神。（《滇南本草》第230页务本）

水朝阳草，《滇南本草》：生于水内，形似鼓锤草，抱叶而生，花子朝阳，叶尖长大，色紫独苗，采取同硫磺煮成汞如粉，水红色，蜜合为丸，百病皆医，又名纯阳丹，救一切大小疾病，药到便安，其效甚速。（道光《云南通志稿》卷68《通省》第19页）

水朝阳草，生云南海边。独茎柔绿，叶如金凤花叶而肥短，细纹密齿。梢端开花，黄瓣如千层菊，大如小杯。繁心孕实，密叶承跗，掩映蓼浦，欹侧金盆泽畔，缛绚不亚江南菰芦中矣。《滇本草》：味甘辛，无毒，性热。似鼓锤草包叶而生花，子朝阳生，故名。采煮灵砂成丹，名纯阳丹，救一切病，其效如神云。（《植物名实图考》水草卷17第444页）

水金凤

水金凤，味辛，性寒。洗湿〖热〗、筋骨疼痛、疥癞癣

疮。(《滇南本草》第 76 页丛本)

水金凤，生云南水泽畔。叶、茎俱似凤仙花叶，色深绿。《滇南本草》：味辛，性寒，洗筋骨疼痛、疥癫癣疮，殆能去湿。夏秋时，叶梢生细枝，一枝数花，亦似凤仙，而有紫、黄数种，尤耐久。(《植物名实图考》水草卷 17 第 443 页)

水毛花

水毛花，有〖大〗毒。〖此草生于水中〗，形似毛铃梅花叶。采取〖晒干为末，用〗作麻药，剐疮不疼，或剐尿结。先搽此药，剐之不疼。(《滇南本草》第 918 页务本)

水毛花，《滇南本草》：有大毒，此草生于水中，似毛有花，采取晒干为末，用为麻药。凡割尿结大毒，先以此药擦上，再不知疼，神效已极。(道光《云南通志稿》卷 68《通省》第 19 页)

水毛花，生滇海滨。三棱，丛生，如初生荞蒲，高二三尺。梢下开青黄花，似灯心草微大，一茎一花。根如茅根。(《植物名实图考》水草卷 17 第 443 页)

水芹菜

水芹菜，味辛微苦，性微〖寒〗。能发汗，与麻黄同功。〖治妇人白带，又能损目〗。(《滇南本草》第 470 页务本)

酸浆草

酸浆草，气味酸，〖性〗微温。主治痈疽发背大毒、肾肿茎痛等症。服之，可以破血、消肿、通利甚妙。(《滇南本草》

286

第 256 页范本)

酸饺草

酸饺草，味酸涩，性寒。止久泻〖肠滑〗，赤、白痢疾、或〖休〗息痢，〖用沙糖同煎服〗。（《滇南本草》第 74 页丛本）

天花粉

解毒草，一名天花粉，外科药。此草用法不同本草，治梅疮〖攻〗鼻，红肿陷落，用此草常服之，可以解毒，而红肿之处自消，一切疮症，服之，无不神效。（《滇南本草》第 406 页范本）

天花粉，旧《云南通志》：富民者佳。（道光《云南通志稿》卷 68《通省》第 11 页）

天花粉，采访：顺宁虽产，不及富民之佳。（光绪《续修顺宁府志》卷 13 第 15 页）

天门冬

地龙松，即天冬草也。以霜月其根始肥，故《本草》名为天冬。高尺许，叶细。世人但知其根之力，而不知其枝叶之功，胜于其根十倍。气味甘辛苦，〖性〗平，无毒。专治一切九种气疼，肾气下陷，睾丸肿大，不拘左右子肿，服之。此草引火归元，气归气海，疼痛〖即〗消。久服此草，入炼〖和〗丸，每一日一丸，能五〖脏〗调〖和〗，六腑清润，延年益寿，乌须黑发，令人耳目清明，面似童颜色。（《滇南本草》

第563页务本）

天门冬附，万岁藤，其叶绿毛油油，可以作架。其花黄细，甚香。《抱朴子》谓之为颠棘，即地门冬、筵门冬耳。在东岳名淫羊藿，盖淫羊藿乃仙灵脾也；在中岳名天门冬；在西岳名菅松；在北岳名无不愈；在南岳名百部，盖百部乃与百合同功，非门冬也。以其叶似髦，有细棘，故名天棘、颠棘者是也。越人名浣草，秦蜀间皆名蘩音门冬。今鸡山多作蜜饯。其麦门冬细如麦带，苦殊浙产。（《鸡足山志》卷9第352页）

天门冬，旧《云南通志》：富民者佳。（道光《云南通志稿》卷68《通省》第10页）

天门冬，采访：顺宁虽产，不及富民之佳。（光绪《续修顺宁府志》卷13第15页）

天门精

天门精，一名天名精。禀天地清淑之气，故味甘而辛，〖性〗寒。无毒。专疗伤折、金疮，拔肿毒疔痈，〖兼〗能下气，〖祛〗瘀血，除血瘕，利小便，逐积水，除结热，止渴烦，追小虫，去湿痹，逐痰涎，止吐血，敷治蛇螫毒诸伤。嚼于口内，可疗缠喉风。（《滇南本草》第758页范本）

贴地金

贴地金，〖生于阴处〗，形似车前草，生软苗一枝，枝上有黄绒细毛数〖撮〗。〖味甘。无毒〗。主治杨梅疮伤鼻，或鼻上先有细点现出，〖速〗服此药，可救鼻不伤也。又解一切疮毒，神效。（《滇南本草》第954页务本）

贴地金，《滇南本草》：此草生于阴处，形似车前，软苗，枝上有黄绒细毛，如果数个，采之，可治梅疮伤鼻，或鼻间见

黑点，速服此草，可以救鼻。又能解一切大毒疮。（道光《云南通志稿》卷68《通省》第15页）

铁刺枝

铁刺枝，一名刺枝。〖硬枝〗铁梗，开小白花，冬秋无花，似铁钉刺，多出石傍。味苦，无毒。采取晒干为末，治酒毒冲心，胃中结疼，或〖成〗酒虫、酒龟，在腹内作痛不能忍者，服之效。取杨梅根同此刺枝根共为末，治瘫痪痰软，每服三钱，用无灰酒下，神效。忌萝卜。（《滇南本草》第726页务本）

铁刺枝，《滇南本草》：硬枝铁干，花开细白，冬季开花，刺似铁针，生在石边，收取阴干为末，治酒毒冲心，胃中结痛，或酒虫，或酒龟，在腹活动不可忍者，服之神效。根同杨梅根为末，治痿软瘫痪，忌萝卜，每服三钱。（道光《云南通志稿》卷68《通省》第17页）

铁梗金缠草

金缠菜，〖一名〗铁梗金缠子。生有水处。〖叶小梗硬〗，故曰铁梗。根生一软枝，枝上有黄子，四月采子，八月采〖根〗，九蒸九晒熬成膏。〖味酸，无毒〗，能辟谷。作菜，盐炒，久服令人面容〖肥白〗，能补肾添精，大补元气，稳齿乌须，延年益寿。子放于酒内，一时，其酒即化为水，即将此水治筋骨疼痛，神效。（《滇南本草》第948页务本）

铁梗金缠草，《滇南本草》：生于有水处，叶小梗硬，有软枝，枝上结子色黄，有嫩藤缠绕，四月采子，八月采根，九蒸九晒，熬膏服食，辟谷延年，作菜常服，面目肥白，百病不生，补肾益精，坚牙固齿，乌须黑发，筋骨疼痛，其效如神。

（道光《云南通志稿》卷68《通省》第19页）

铁莲子

铁〖莲〗子，此〖草黑子，淡黑根〗，形似乌饭果，软枝无叶。味甘酸，无毒，主治一切酒毒成疾。治中膈存痰，胸中痞块食积，周身疼痛，吐酸冷水；或因酒色成痨，发者肾气崩疼，服数剂即愈。（《滇南本草》第959页务本）

铁莲子，《滇南本草》：黑子，淡黑根，形似乌饭果，软枝无叶。治酒食积痰吐酸，浑身疼痛，酒色过度，肾气奔疼即效。（道光《云南通志稿》卷68《通省》第17页）

铁色草

铁色草，冬至后生，叶几似旋覆花。至三四月乃开花，作紫白色，状似丹参花，作穗，亦结子。至五月遇夏便枯，当于四月采。拌之以芝油、蜳油，可生食。今滇人多以自秋便生，经冬便悴，春开白花，或以对节叶生，开淡紫小花，其穗中无子者妄为夏枯草，大非。（《鸡足山志》卷9第356页）

铁线草

铁线草，〖生田边旷野间，软枝串地延蔓而生，秆细而赤，恰似铁线，故名铁线草〗。味甘微苦涩，性平。〖入肝〗，筋骨疼，行经络，半身不遂，手足〖痉〗挛，痰火痿软，筋骨酸疼，泡酒用之良效。〖捣烂敷疮可愈〗。（《滇南本草》第599页务本）

葶苈

甜葶〖苈〗子，又名麦蓝菜。味苦辛，性寒。主〖治〗下气、定喘消痰、利小便、消水肿，疗面皮浮肿。（《滇南本草》第 686 页务本）

葶蓫，旧《云南通志》：大理者佳。（道光《云南通志稿》卷 68《通省》第 20 页）

葶蓫，《本经》下品。郑注《月令》蘼草，荠，葶蓫之属。《尔雅》：蕇，葶蓫。注：一名狗荠。今江西犹谓之狗荠。李时珍谓有甜、苦二种，此似因《炮炙论》赤须子味甘而云然也。零娄农曰：《滇本草》，葶蓫一名麦蓝菜，生麦地。余采得视之，正如荠，高几二尺，叶大无花权。醃为蔬，脆而不甘，与荠味殊别。其花实亦似荠，盖即甜葶蓫也。（《植物名实图考》隰草卷 11 第 281 页）

葶苈，采访：顺宁虽产，不及大理之佳。（光绪《续修顺宁府志》卷 13 第 16 页）

铜线草

铜线草，生荒地大水边，形同铁线，红润而圆，粗若筋，长尺余。气味甘甜。走肝经。能活血、生血、养血，点酒散血。专治跌打损伤，骨碎筋断，筋骨疼痛，除湿祛风，解热，治痿软痰火，同酒煮服，最效。骨断，捣敷患处能接；打伤之处，敷之亦愈。又能治疮毒。即年久筋骨疼痛，煎服立瘥。或服过升药，筋骨冷者，服之能暖。亦能解水银之毒。〖烧灰存性为末，酒服，治疗疮毒〗。（《滇南本草》第 831 页范本）

透骨草

透骨草，味辛〖香〗辣，性温。有小毒。子，治痰火筋骨疼痛，泡酒用之良。其根、梗，洗风寒湿痹，筋骨疼〖痛〗，暖筋透骨，〖熬水洗之〗。（《滇南本草》第 472 丛本）

土茯苓（金荞麦）

土茯苓，一名冷饭〖团〗，子名仙遗〖粮〗。味苦微涩，性平。治五淋、〖赤〗白浊，兼治杨梅疮毒。（《滇南本草》第 702 页务本）

土茯苓（光菝葜）

土茯苓，气味甘淡，无毒。主治食之当谷不饥，调中止泄，健行不睡，健脾胃，强筋骨，去风湿，利关节，杨梅疮，服之最良。或误服轻粉、水银毒，周身筋骨疼痛，同〖防风〗、银花、白鲜皮煎服，月余神效，轻则半月。滇中方可用。（《滇南本草》第 806 范本）

土黄连

土黄〖连〗，〖一名〗石妹刺。味苦，性大寒。泻小肠〖经〗实火、胃中实热、利小便、止热淋痛、牙根肿痛、咽喉疼痛、小儿乳蛾、乍腮。（《滇南本草》第 32 页丛本）

土黄芪

土黄〖芪〗，一名〖芪〗菜叶。味辛微甘，性温。生福建、四川者，主于补气。土生者，主于破结气，下中气，止气疼，散〖瘀血，祛〗痰，消瘿瘤。生吃令人泻，〖蜜炒用〗。（《滇南本草》第414页务本）

土连翘

土连翘，硬枝，碎叶，黄花。味苦，性寒。主治五经实热可散，讽诵伤喉可解，咽喉痛而少阴火逢之，一剂效如神。妇人乳结，小儿热，〖疟〗腮疼痛，用之立瘥。采花叶敷火疮热毒，最良。（《滇南本草》第89页范本）

云南连翘，俗呼芒种花。赭茎如树，叶短如柳叶而柔厚，花与湘中无异。按《宋图经》：大翘青叶，狭长如榆叶、水苏辈，湖南生者同水苏，云南生者如榆。《滇黔纪游》所谓洱海连翘，遍于篱落，黄色可观是也。滇、湖皆取茎、根用之，盖此药以蜀中如椿实者为胜，他处力薄，故不能仅用其实耳。（《植物名实图考》隰草卷11第281页）

土练子

土练子，〖生于山中〗。其叶似地草果，叶〖中结〗一大子。子内〖有〗黑水，染须发即黑。〖味甘，性寒。无毒〗。主治一切湿气流痰、〖风〗癫、四肢〖疮毒〗，小儿大疮、胎毒。取子，烧灰〖存性〗，酒服，治七十二症疯痰，若遇狂疯乱打人者，服之即愈。根，能消〖积〗食、消痞块中膈不通。

293

叶，敷疮、疽痈发背如神。此〖草〗一分，能治小儿脐风噤嘴，惊风吐泻。（《滇南本草》第 909 页务本）

土练子，《滇南本草》：味甘性寒，无毒，和硃砂治惊风、脐风。生于山中，叶似地草果，中结一子，内包黑水，乌须发，再不返白。治一切湿气流痰，瘰癞疮毒，十二种风痰，颠狂跌打者，服之即效。根，能消积食、及痞块中隔不通、癣疽发背如神。取子，煎熬硃砂成膏，治横生倒产，服下半刻，即顺生矣。（道光《云南通志稿》卷 68《通省》第 16 页）

土牛膝

土牛〖膝〗，味酸，治疗疮痈疽，〖捣烂〗敷患处，亦能打胎，同猪肉煨食之，能明目。红牛膝，一名相牛膝，〖一名杜牛膝〗，又名鸡豚草，〖又名鸡豚膝〗，味酸、辛，性微寒，阴也，降也，入肝脾二经，行十二经络，〖行血，破瘀血、血块、凉血热〗，治妇人〖室女经行月事之期〗，恶寒怯冷、发热、腹痛、胸胁气胀，错经妄行、吐血、衄血、咳痰带血，此由阴虚火盛，虚火逼血以致妄行，治宜〖滋〗阴降火。（《滇南本草》第 363 页务本）

土千年健

土千年〖健〗，一名乌饭子，又名千年矮，又名米饭果，〖即乌饭果根〗。味酸，性温。治寒湿伤筋。〖此药能〗舒〖经〗活络，〖筋挛骨痛〗，痰火瘘〖软〗，半身不遂，〖手足顽麻〗，〖脚痛。酒为使，神效〗。（《滇南本草》第 199 页丛本）

土余瓜

土余瓜，一名龙蛋草（非真龙蛋草也，真者已序于前）。生山中有水处，叶似小蓟，根大而肥。气味甘美。同茯苓捣为丸，治水肿、气肿、血肿、单腹膨胀，服此即消。久服延年益寿。采叶敷痈疽发背、疔毒神效。即杨梅结毒，服七剂神效。忌发物生冷。（莫将倒挂土余瓜认为土余瓜，可配茯苓为使，最良）。（《滇南本草》第907页范本）

瓦草（滇白前）

瓦草，一名白前。味苦辛，性寒。开通关窍，清肺热，利小便，治热淋。（《滇南本草》第49页丛本）

滇白前，白前，《别录》已载。诸家皆以根似细辛而粗直，叶如柳、如芫花，陶隐居以用蔓生者为非是，然按图仍不得其形。滇产根如沙参辈，初生直立，渐长茎柔如蔓。对叶，亦微似柳，茎、叶俱绿，叶亦软。秋开花作长蒂，似万寿菊；蒂端开五瓣银褐花，细碎如蓊；又有一层小瓣，内吐长须数缕，枝繁花浓，铺地如绮。《滇本草》：瓦草，一名白前，味苦辛，性寒。开关窍，清肺热，利小便，治热淋，主治亦相类。（《植物名实图考》山草卷10第245页）

瓦松

瓦松，又名佛指甲。味甘微辛，性微寒。〖治〗咽喉肿痛，消乳〖蛾〗，行经络，风寒湿痹筋骨酸痛，洗〖疮湿热毒〗。新鲜瓦松，不拘多少，捣烂，加清水搅浊后，澄清，去

渣不用。能用酒者，点酒服；不饮酒者，点醋服。（《滇南本草》第 47 页务本）

王不留行

王不留行，一名拔毒散，味苦，性寒，治妇人乳汁不通、乳痈、乳结红肿，消诸疮肿毒，治小儿尿血，血淋，祛皮肤〖瘟〗痒，消风解热。梗、叶，细末醋调，敷痈疽疮溃散。小年药，又名拔毒散，〖一名扒毒散〗，治一切疮毒肿痛，为末，醋调敷。（《滇南本草》第 416 页务本）

王不留行，《本经》上品。《宋图经》谓之剪金花。《救荒本草》：叶可炒食，子可为面食。今从之。《蜀本草》所述，乃俗呼天泡果，又名灯笼科，囊似酸浆而短，实青白，不红，南方极多。又一种附于后。（《植物名实图考》隰草卷 11 第287 页）

威灵仙

威灵仙，味辛苦，性温。行十二经络。治胸膈中冷寒气痛，开胃气，能治噎膈，寒湿伤筋骨，止湿脚气。烧酒煎服，祛脾风，多服损气。（《滇南本草》第 233 页务本）

葳参

葳参，一名玉术。味甘微苦，性平、微温。入脾，补气血，补中健脾。脾经多气多血，故气血双补。脾、胃为人之〖总〗统，后天根本，〖灌〗溉经络，长养百〖骸〗。脾、胃盛而资以为生者是也。蒸露三次晒干〖用〗。（《滇南本草》第

296 页丛本）

萎蕤，即《本经》女萎，上品。……按：近时所用萎蕤，通呼玉竹，以其根长白有节如竹也，与黄精绝不类。其茎细瘦，有斑圆绿，丛生，叶光滑深绿，有三勒道，背淡绿凸文。滇南经冬不陨，逐叶开花，结青紫实，与《尔雅》异。（《植物名实图考》山草卷 7 第 155 页）

乌药

乌药，一名臭牡丹。味辛苦，性温。消胸膈肚腹胀，下气，利小便，消水肿，止气逆腹痛。〖乌药〗花，治妇人红崩，点水酒煨服。（《滇南本草》第 269 页丛本）

无风自动草

无风自动草，味咸酸，〖性温〗无毒。主治男子精寒，妇人血虚而子宫久冷，不能受胎。以附子一分，此草一分共为细末，〖研泥为丸〗，入于子宫，可受孕也。男子一服而精暖也。亦能治虚症脱阳，肾气崩散，服之即效。〖兼治风湿疼，点水酒服〗。（《滇南本草》第 784 页务本）

无风自动草，《滇南本草》：此草五色，形似一枝蒿，治男妇阳痿阴冷，脱阴脱阳，一服即愈，精神百倍，附子一分，研泥为丸，入子宫内，即受孕成胎，助阳益肾，其功倍常。（道光《云南通志稿》卷 68《通省》第 14 页）

五倍子

五倍（子），系蚜虫寄生于盐肤树上，食其叶汁，成囊状之虫瘿中藏。蚜虫之卵有角凸出者，称角倍；长圆无角者，称肚倍。工业上以制墨水及黑色染料、中西药用为收敛剂，功用同没石子。盐津江西各乡出产较多。每年夏季，乡人多借闲暇，遍向上林草莽巉崖峡谷注意搜寻，持竿打取，每日所得无定。归家用沸水略煮、晒干，集少成多，销售于宜宾，裨益农村经济，亦非浅鲜。（昭通旧志汇编本民国《盐津县志》卷4第1697页）

五加皮

五加皮，味苦辛，性温。入肺、〖肾〗，治腰膝酸疼、疝气、筋〖骨〗拘挛、小儿脚软。（《滇南本草》第182页丛本）

五加皮，《镇雄州志》：出芒部观音寺者更佳，今采取已尽。（道光《云南通志稿》卷70《昭通府》第39页）

五味草

五味草，一名金钩如意草。味有五，故名五味，性微寒。祛风，明目退翳，消散一切风热、肺劳咳嗽、发热、肝〖热劳烧〗怕冷，走筋络，治筋骨疼、痰火等症。（《滇南本草》第42页丛本）

五味子

五味子^{南宁县碌碑村出}。（正德《云南志》卷9《曲靖府》第383页）

298

五叶草

五叶草^{能治毒疮，入彝方者携以自随，如嚼此草}无味，知中蛊毒，急服其汁而吐之即解。（康熙《云南通志》卷12《云南府》第226页）

五爪金龙

五爪金龙，即五爪藤。〖生山野中，叶五片并生，开绿色小花，结果似葡萄〗。味辛，性温。入肝、肾二经。消炎肿，接筋骨，止血，治风湿疼痛。（《滇南本草》第730页于本）

五抓刺

五抓刺，硬枝，枝上生叶，叶五抓，绿红色。主治伤寒，不问阴症似阳症，〖阳症〗似阴〖症〗、传经，不传经，服之即愈。（《滇南本草》第736页范本）

希仙

希仙，惟宾川州之大龙王庙者真，而鸡山当水潮湿处亦产，茎方有毛，对节对叶，紫梗，叶似苍耳，开花亦类之。花上亦微粘粘渍蜜。其茎圆，即野猪豨矣。而《本草》转谓圆茎为真，何耶？昔张咏《进希仙表》云此草金棱银线，素茎紫荄，对节而生，颇同苍耳，是矣。但圆梗、方梗未别，不免致人以疑。又以地菘为豨仙，愈大谬。（《鸡足山志》卷9第357页）

豨莶草

〖豨〗莶草，味苦，性微〖寒〗，有小毒。治诸风风湿症，内无六经形症，外见半身不遂，口眼歪斜，痰气壅盛，手足麻木，痿痹不仁，筋骨疼痛，湿气流痰，瘫痪痿软，风湿痰火，赤白〖癜〗风，须眉脱落等症。根，治妇人白带。（《滇南本草》第 548 页务本）

豨莶，服之可希仙也。鼻癍，捣白果作丸，即以银杏汤服，立效。盖散风清肺、除热之药。又名虎膏，以能透骨去疯痰故。久服，轻身耐老也。然类之者数种，采宜慎之。《韵书》楚人呼猪为豨，然有猪豨、狗膏、粘糊，皆非豨莶，其详审焉。（《鸡足山志》卷 9 第 357 页）

细辛

细辛，白花者可用，紫花者不入药。味苦辛，性温。阴中〖之〗阳也。祛风明目，止头风〖疼〗，疗牙齿〖疼〗，攻痈疽毒疮。（《滇南本草》第 690 页务本）

夏枯草

夏枯草，有白花夏枯、有益母夏枯。味辛微苦，性寒。入肝经。治肝热，〖除〗肝风、暴赤火眼，目珠〖夜〗胀痛。外障可用，内障不可用。开肝郁，行肝〖气〗。（《滇南本草》第 271 页务本）

麦穗夏枯草，开紫花者形如麦穗，〖又名〗铁线夏枯草。味苦、微辛，性微温。入肝经，〖祛〗肝风，行经络。治口眼

300

歪斜，止筋骨疼，舒肝气，开肝郁。治目珠〖胀〗痛，消散瘰疬，〖周身结核〗，手足、周身节骨酸疼。（《滇南本草》第280页丛本）

夏枯草，夏枯秉纯阳之气，补厥阴血脉之虚。《本经》名乃东，谓驾青帝则草生也。其色如铁，故名铁色，即燕面之谓也。又谓之夕句，则未详其所谓。（《鸡足山志》卷9第357页）

仙人骨

仙人骨 在州东南二十里，山产煤炭，中有碎石如朴硝，人掘而粉之，以敷疮疾，立效，俗传仙人曾化于此。（万历《云南通志》卷3《楚雄府》第7页）

仙人骨，出楚雄之吕合驿。相传南诏时，张、王二生遇吕仙于此，王得度上升，张不能从，愤而死，埋骨山中，化为石，莹彻如水晶，傅一切疮疡立愈。详见《杂略》。（《滇略》卷3第233页）

仙人骨，镇南州之西，有平冈，产仙人骨，云为仙蜕所遗，色白，类鸡骨，食之愈诸疾。余每过此，命童子拾各盈掬，几尽矣，不转瞬，琅琅复生，有心取之，又无所见。周栎园《书影》所载，汀州蓝田之蜡烛峰，下产糯米，色白，杂沙砾中，若经火微煅，能治心痛，亦取之无尽。正与此同其异。（《滇南新语》第5页）

鲜子

陇川宣抚司，……鲜子。镇康御夷州，……鲜子 大如枣，味酸。（《图书编》卷89）

鲜子、诃子，俱出土司地方。《明统志》云：镇康州鲜子

大如枣，味酸。（《滇海虞衡志》第 253 页）

鲜子，《一统志》：镇康州出，大如枣。章潢《图书编》：陇川出。镇康州鲜子大如枣，味酸。（道光《云南通志稿》卷 70《永昌府》第 23 页）

萱草

漏芦，一名芦葱，又名萱草，又名宜男花。味甘、平，性寒。治乳结红肿硬痛，乳汁不通，乳痈乳岩，攻痈疮。滇中产者，其性补阴血，止腰疼，治崩漏，止大肠下血。（《滇南本草》第 292 页务本）

萱草，《诗》："焉得谖草，言树之背。"谓怀母忧思，不能自遣也。以萱草能忘人忧耳，故一名合欢，一名疗愁，一名宜男。鹿得食之，则窍通利肥泽，故又名鹿葱。鹿葱花，采其花晒干，即金针菜。然李九华《延寿丹书》云：嫩苗为蔬，食则动风。其花食之，令人昏愚遗忆。其忘忧者，此谓耶！以处处有之，不具论其花叶形状。（《鸡足山志》卷 9 第 336 页）

香附子

昔张敬佐观音平罗刹之害，观音命细奴罗为王，张大王争功，诉之。观音命王于宾居，日享三百余祀。……后王苦祀烦，食多病饱。观音于庙前掘香附子，食以消之。（《云南古佚书钞·白古通记》第 66 页）

香附，〖味辛，性微温。调血中之气也，则有推行之意。开郁气而调诸气，宽中消食，止呕吐，和中养胃，进食。气血调而阴阳固守，忧郁开而疾病不生，开郁调气要药，女人之至宝也〗。（《滇南本草》第 304 页丛本）

香附子。（正德《云南志》卷 2《云南府》第 122 页）

九鼎香附，宾川州九鼎山庙中，产香附子，大如榄核，中心横切，作红白太极图如绘，故用者奇而重之。（《滇南新语》第3页）

香附，旧《云南通志》：宾川者佳。（道光《云南通志稿》卷68《通省》第10页）

附子，陶宏景《名医别录》：生犍为山谷，冬月采为附子，春月采为乌头。常璩《华阳国志》：堂琅县有附子。（道光《云南通志稿》卷70《东川府》第37页）

香附，采访：顺宁香附虽多，不及宾川之佳。（光绪《续修顺宁府志》卷13第14页）

香薷

香薷，味苦辛，性温。解表除邪，治中暑头疼，暑泻，肚肠疼痛，暑热咳嗽，发汗，〔温胃和中〕。（《滇南本草》第542页务本）

象鼻草

象鼻草，生云南，一名象鼻莲。初生如舌，厚润有刺，两叶对生，高可尺余，边微内翕。外叶冬瘁，内叶即生，栽之盆玩，喜阴畏暵，盖即与仙人掌相类。《云南府志》：可治丹毒。产大理者，夏发茎，开小尖瓣黄花如穗，性凉，敷汤火伤良。（《植物名实图考》石草卷17第434页）

象鼻草，《云南府志》：可治丹毒。（道光《云南通志稿》卷69《云南府》第6页）

小白菊

小白菊，气味苦辛，〖性〗平。无毒。主治能明目而清头风。久服可以头无眩晕疼痛，目无〖障〗翳，兼除胸中烦热，安肠胃，利五脏，调四肢。作枕可以明目。（《滇南本草》第760 页范本）

小（大）蓟

小蓟，二月生苗，〖叶嫩色黄〗，高二三〖尺〗许，开红、蓝花，有刺，俗呼为鸡脚刺，处处有之。气味甘温，无毒。根养精保血，破宿血、生新血、暴下血，全疮或血崩，捣汁服之立瘥。作菜食，除风热。夏月烦热不止，取汁服之可解。（《滇南本草》第218 页范本）

大蓟，高尺余，二月生苗，开红、蓝花，有刺。处处有之，俗呼为青刺蓟。气味甘温，无毒。主治女子赤、白沃、安胎、止吐血、鼻衄。令人肥。捣汁，止崩中漏下立瘥。叶，治肠痛、腹腻、瘀血作晕、扑损，生研酒下，或童便亦可。又治恶疮疥癣，同盐研罯注之。（《滇南本草》第220 页范本）

大蓟，《别录》中品。……零娄农曰：……滇南生者，高出人上。疗瘰者，饵根比参耆焉。（《植物名实图考》隰草卷11 第293 页）

小九牯牛

小九牯牛，味辛苦，性寒。走肝经，筋骨疼，通经络，破血，散瘰疬〖结核〗，攻痈疽红肿。〖痈疽生于二肩，或在脊骨第七、八、九节上，或瘀在肩井穴上，加苦连翘服之〗，有脓者出头，无脓者消散。治跌打损伤，为末，敷患处，三日后则全好矣。（《滇南本草》第 345 页丛本）

小仙草

小仙草，味辛苦，性微温。发散疮痛，走经络，痰火筋骨疼痛，手足痿软，除风湿寒热。煎点水酒服。（《滇南本草》第 623 页务本）

小一枝箭

白头翁，滇中最验。如白〖薇〗而柔细稍长，茎上有毛。《本经》名野犬人。气味苦，无毒。主治温疟，狂症，寒热，症瘕积聚，气瘿，逐疗金疮，鼻衄，止毒痢，赤痢，腹痛，齿痛，百节骨痛，一切风气邪热，暖腰膝。滇中多明目退〖翳〗，解杨梅毒疮，解汞毒入筋骨疼痛。（《滇南本草》第 227 页范本）

雄黄

雄黄入药品。（景泰《云南图经志书》卷 5《蒙化府》298 页）

绣球防风

绣球防风，味苦淡平，无毒。主治杨梅结毒，痈疽发背，无名肿毒。洗癣疮，疥癞良。其子同地草果为末，用黑羊肝煎

汤，治小儿疳〖积〗眼眦最效。（《滇南本草》第 278 页范本）

绣球藤

绣球藤，生山中有水处。其藤贯串，有小细叶一撮，生于藤上。〖味苦，性微寒，无毒〗，主治一切下部生疮，肾囊风痒，洗之神效。治〖天疱疮〗，〖焙干细末，撒疮上〗，三剂神效，俗呼杨梅结毒。又烧灰治〖鼻〗疳疮，吹入鼻中。或中毒于肺，鼻不能闻〖香臭者〗，〖吹〗之，鼻窍即通。（《滇南本草》第 677 页务本）

绣球藤，生云南。巨蔓逾丈，一枝三叶。叶似榆而深齿。叶际抽葶，开花如丝，长寸许，纠结成毬，色黄绿。《滇本草》亦有此藤，而图说皆异，盖又一种。此藤开四瓣紫花，心皆粉蕊，老则迸为白丝，微黄。土医或谓为木通，以为薰洗之药，主治全别。（《植物名实图考》蔓草卷 23 第 567 页）

绣毬籘，《滇南本草》：生于近水处，或贴地生，或依埂生。有细叶生于藤上，治肾囊风、天泡疮，三剂见功。又治鼻疳，或肺家有毒，不能闻香臭者，吹之即通。（道光《云南通志稿》卷 68《通省》第 18 页）

续断

续断，《本经》上品，详《唐本草注》及《宋图经》。今所用皆川中产。……川中所产，往往与《本草》剌戾。今滇中生一种续断，极似芥菜，亦多刺，与大蓟微类。梢端夏出一苞，黑刺如球，大如千日红花苞，开花白，宛如葱花。茎劲，经冬不折，土医习用。滇、蜀密迩，疑川中贩者即此种，绘之备考，原图俱别存。（《植物名实图考》隰草卷 11 第 268 页）

牙齿草

　　牙齿草，一名牙拾草，〖生田中〗。味苦涩，性寒。止赤白痢疾，大肠下血、妇人红崩漏下，恶血。(《滇南本草》第557页务本)

　　牙齿草，生云南水中。长根横生，紫茎，一枝一叶，叶如竹，光滑如荇，开花作小黄穗。(《植物名实图考》水草卷17第445页)

羊耳朵

　　羊耳朵叶，味酸苦，性微温。花入官〖药〗，名蜜蒙花。入足厥阴，祛风明目退翳。一切眼科将军，最良，《别经》序之。此本草序其枝叶之功。采叶研末，治一切疮痈疔毒，溃烂生管，不能生肌，渗此神愈。久年阴疮无脓血者，搽此神效。采根、叶、花共晒干研末，入血竭、冰片为刀伤药甚佳。采皮研细末入磁瓦器中，随带身边，遇小儿生肝虫目翳，口蚀黑晕，用此一捻吹入鼻中，可救。此草名为虫见死草，以此草能化肝中之虫为水也。(《滇南本草》第203页范本)

羊肝狼头草

　　羊肝狼头草，生云南太华山。细根独茎，如拇指粗，淡黄色，有直筋。每节四枝，节如牛膝而大，有深窝。枝生膝上，四杈平分，茎如穿心而出，就枝生叶，如蒿而细，平匀如齿。花生窝中，左右各一，如豆花，黄色上蠹，草中具奇诡者。《本草》：狼毒，以性如狼，故名。滇中毒草，亦多与以狼名，

观其名与形，知非佳草矣。（《植物名实图考》毒草卷23 第587 页）

羊奶地丁

羊奶地丁，味苦，性微寒。入肝经，退热。治寒热往来，子午潮热，〖发〗散风寒，解汗。（《滇南本草》第630 页务本）

羊蹄根

羊蹄根，一名土大黄，即秃叶。一名天王叶。气味甘滑，性寒无毒。主治肠风下血，大便秘结不通。一治小儿五疳肚大、筋青、黄瘦，大伤脾胃，化虫，下虫最良。又解诸鱼毒，可以作菜，同煮食良。采根，晒干为末，敷马刀、石痈、疔毒、癣疮、疥癞、痈疽、瘰疬等症。用醋为使，破烂用油调搽，神验。采叶，贴太阳穴，治暴赤火眼疼痛效。（《滇南本草》第63 页范本）

野蒿

野蒿，味苦，〖性〗平。塞鼻止血，破血散血。血瘤、血鼠、血风等症最良。（《滇南本草》第756 页范本）

野姜

野姜，根似姜，叶似蕉叶，花出叶旁，紫红色，三四月

开，即药中之狗脊。（《滇游续笔》第469页）

野姜，桂馥《札樸》：根似姜，叶似蕉叶，花出叶旁，紫红色，三四月开，即药中之狗脊。（道光《云南通志稿》卷68《通省》第11页）

野棉花

野棉花，一名满天星。形似耳风，小叶白毛花。味苦，性寒，有毒。下气，治小儿寸白虫、蛔虫犯胃、疳〖积〗等症。随引经药为使。（《滇南本草》第20页范本）

野棉花，《滇本草》：味苦性寒，有毒，下气、杀虫：小儿寸白虫、蛔虫，犯胃用，良。此草初生，一茎一叶，叶大如掌多尖叉，而深绿，背白如积粉，有毛，茎亦白毛茸茸，夏抽葶，颇似罂粟，开五团瓣白花，绿心黄蕊，楚楚独立。花罢蕊擎如毬，老则飞絮，随风弥漫，故有棉之名。（《植物名实图考》毒草卷23第586页）

叶下花

叶下花，状似蕨，花在叶下，可入药剂去瘀。（民国《嵩明县志》卷16第243页）

一支箭

大一支箭，味甘微苦，性〖温〗阴也。滋〖阴〗润肺，止肺热咳嗽，除虚痨发烧，〖五劳可疗〗。攻疮毒，利小便，〖洗疮神效〗。止咳血。（《滇南本草》第223页丛本）

薏苡

薏苡，旧《云南通志》：临安者佳。（道光《云南通志稿》卷68《通省》第20页）

薏苡，采访：顺宁虽产，不及临安之佳。（光绪《续修顺宁府志》卷13第16页）

茵陈

金钟茵陈，味苦，性寒。〔利小便〕。疗胃中〔湿热〕，痰发黄、或眼仁发黄、或周身发黄，消水肿。服后忌豆。（《滇南本草》第267页丛本）

茵陳其色青绿，枝叶香辣，土人用以和蒜而啖之，医家采以为药。（景泰《云南图经志书》卷1《嵩明州》第61页）

茵陳其色青，叶香辣，土人用以和蒜而啖之，医家采以为药。（正德《云南志》卷2《云南府》第122页）

阴行草，产南安。……滇南谓之金钟茵陈，既肖其实形，亦闻名易晓。主利小便，疗胃中湿，痰热发黄，或眼仁发黄，或周身黄肿，与茵陈主疗同。其嫩叶绿脆，似亦可茹。（《植物名实图考》山草卷10第238页）

茵芋

茵芋，气味辛苦，性温，有小毒。专治一切风湿麻木，手足拘挛，筋骨疼痛，左瘫右痪，用酒为引，其功甚佳。（《滇南本草》第732页范本）

淫羊藿

淫羊〖藿〗，味微辛，性微温。入肝肾二经，兴阳治痿，强筋骨。用剪剪去边上刺，羊油拌炒。（《滇南本草》第34页务本）

兴阳草，生山中，月白绿叶，上有粉霜，边上有刺，根类阳物。味辛，性温。入足少阴、足厥阴二经。主治凡阳事不举、痿缩不升、久无子嗣者，服之可以兴阳治痿，其应如响。采草去刺为末，如桐子大，每服三钱，可以复有子嗣。（《滇南本草》第34页范本）

淫羊藿，《本经》中品。《救荒本草》详列各名，叶可炒食。……《救荒本草》云密县山中有之，滇大理府亦产，不止汉中诸郡，郤车而载。（《植物名实图考》山草卷8第174页）

迎风不动草

迎风不动草，生山中，独茎数枝，〖绿叶〗，开黄花。采取治瞖目。（《滇南本草》第945页务本）

迎风不动草，《滇南本草》：此草生于山中，独茎，黄花绿叶，迎大风而不动，专治目疾，虽瞖目服之能明，极其神效。（道光《云南通志稿》卷68《通省》第13页）

鱼眼草

鱼眼草，味苦，性寒。治小儿脏腑积热、〖风热〗。小儿泻绿水者，捣汁，乳炖服，或捣汁点水酒服。截疟神效。

（《滇南本草》第 225 页务本）

远志

苦远志，味甘微苦，性微寒。入心、肝、脾三经，养心血，镇惊宁心，定惊悸，散痰涎，疗五痫，角弓反张，惊搐，口吐痰涎，手足战摇，不〖省〗人事。缩小便，治赤、白〖便〗浊，膏淋，滑精不禁，点滴不收，良效。（《滇南本草》第 692 页务本）

甜远志，味甜，性微温。主补心、肝、脾、肾，滋补阴血，补养精神，润泽形体，止面寒腹痛，止劳热咳嗽，治妇人白带腰痛，头眩耳鸣，男〖妇〗虚损，洵为要药。（《滇南本草》第 965 页丛本）

甜远志，生云南太华山。独根独茎，长叶疏齿。……李时珍分大叶、小叶。《滇本草》分苦、甜。苦即小叶，甜即大叶耳。补心血、定惊悸，主治略同。但《本经》只言味苦，《滇本草》苦远志治证，悉如古方，甜者仅云同鸡煮食。盖苦能降，甜惟滋补耳。（《植物名实图考》山草卷 10 第 246 页）

月下参（小草乌）

月下参，味苦平，性温热。治九〖种〗胃气疼痛，此药能开胃健脾，消宿食，止面寒背寒，胸〖膈〗噎食，宽中调胃，痞满〖肝积〗，左右胁痛，呕吐作酸。（《滇南本草》第 679 页务本）

月下参，生云南山中。细茎柔绿，叶花又似蓬蒿、蒌蒿辈，又似益母草而小。发细葶，擎菁葵宛如飞鸟昂首翘尾，登枝欲鸣。开五瓣蓝花，上三匀排，下二尖并，内又有五茄紫瓣，藏于花腹，上一下四，微吐黄蕊，一柄翻翘，色亦蓝紫，盖即《菊谱》双鸾菊、乌头一类。滇人以根圆白多细须，为月下参。《滇本草》：味苦平，性温热。治九种胃寒气痛，健脾消食，治噎宽中，痞满肝积，左右肋痛，吐酸。其性亦与乌头相近。(《植物名实图考》毒草卷 23 第 586 页)

小草乌，生云南山中，与月下参同。无大根，有毒，外科用之。(《植物名实图考》毒草卷 23 第 587 页)

芸香草

芸香草，一名【挖耳草】、【一名毛叶芸香草】，又名毛叶草。味苦微辛，性寒。阴中阳也，可升可降。泻诸经实热客热，解肌表风寒、清咽喉热毒肿痛、风火牙痛、乳【蛾】、【疟】腮、排脓溃散、伤风头痛、虚【劳】骨蒸、小儿惊风发搐，角弓反张。(《滇南本草》第 486 页务本)

韭叶芸香草，味辛微苦，性微寒。治山岚瘴气，不服水土，有感冒，风寒暑湿，【或冒】四时不正之气，【头疼发热】，乍寒乍热，体困酸软，寒热往来，似疟非疟，或发瘴疟，胸【膈】膨胀，饮食无味，肚腹疼痛，呕吐、水泻等症。【逢水毒可解，此草上有白毛者真，若无者非是，须辨之】。(补注)昔武侯入滇，得此草以治烟瘴，此草生永昌、普洱、顺宁、茶山地方，形如兰花，但叶有细白毛，且如韭叶，但韭叶则软，芸香草硬。(《滇南本草》第 596 页务本)

【倮罗芸香草】，味微苦，性微寒。在表症，清六经实火，解表邪，发汗甚速。消乳蛾、【疟】腮硬肿，攻疮疡红肿，清散出头，有脓者溃破，无脓者红肿退散；并退男妇【劳】热。(附方)治腋汗狐臭，将新鲜挖【倮罗】芸香草挟腋下，其臭汗自止。【补注〈倮罗芸香草〉与毛叶云香草根叶一同，叶微黄色，鼻〈闻〉有香草香味，毛叶云香草无香草香味】。(《滇南本草》第 961 页务本)

【蛤蟆芸香草】，味苦，性大寒。泻六经客热，退男妇诸

般虚热劳热，治有汗骨蒸烦热，退子午潮热。（《滇南本草》第 974 页丛本）

张澍《杂记》：孟获之兄名节，以芸香草解军士哑泉之毒。（中华书局《诸葛亮集》引）

芸香草，《一统志》：出昆明，有二种：一名五叶芸香，能治疮毒，入夷方者携之，如嚼此草无味，便知中毒，服其汁吐之自解；一名韭叶芸香，能治瘴疟。（道光《云南通志稿》卷 69《云南府》第 5 页）

芸香草，《一统志》：此草有二种，一名五叶芸香，能治疮毒，入夷方者携之，如嚼此草无味，便知中毒，服其汁吐之自解；一名韭叶芸香，能治瘴毒。（光绪《续修顺宁府志》卷 13 第 15 页）

泽兰

泽兰，一名红秆草。生有水处，绿叶红秆，高二三〖尺〗许，软枝。感土泽之气，故味苦甘而入血分，兼得春气，故微温。无毒。主治身面、四肢湿气肿，破瘀血，去症瘕，散头风，行血。（《滇南本草》第 501 页范本）

珍珠草

珍珠草，味辛，性温。治面寒疼，新瓦焙〖干〗为末，热烧酒服。（《滇南本草》第 53 页丛书

瓜槌草，一名牛毛黏，生阴湿地及花盆中。高三四寸，细如乱丝，微似天门冬而小矮，纠结成簇。梢端叶际，结小实如珠，上擎累累。瓜槌、牛毛，皆以形名。或云能利小便。云南谓之珍珠草。俗方以治小儿乳积。（《植物名实图考》隰草卷 15 第 387 页）

珍珠一枝蒿

珍珠一枝蒿，味苦，性寒。利小便，泻膀胱积热，除五淋，治便浊，发散疮毒。(《滇南本草》第958页丛本)

真矮它它头

真矮它它头，讹传矮它它。多产于西番国，独滇中逆水亦有。而今错认山皮条为矮它它；〖山皮条则有小毒。苦寒，下气〗。真矮它它头，软枝大叶，无花，叶上生黑子。气味甘辛。无毒。入十二经络，通五脏，润六腑，生津益气，有人参之功效。(《滇南本草》第962页范本)

治疫草

治疫草①，释曰：草碧绿蓏蕤然，形似珊瑚枝，其颠皆秃，枝上类松针，若毛若刺，多产于石上。采之，虽经百日，其绿色不异生时。百日外，渐黄渐作金色矣。朝山者采归，悬诸门，治瘟疫如神。病甚者，洗浴立效。其汤淡然无味，咸谓为仙草。斋映曩者登鸡足，胡僧于迦叶殿崖次，传以异草，叶甚厚，经冬不凋。投酒服之，能健阳气。其味似人参，然以强阳，遂不果用。爱此知鸡足多灵药矣，并记之。又延蔓于高树颠，可以已牛马疾，则似茑萝而长矣。(《鸡足山志》卷4第181页)

治疫草^{详见异迹}。(《鸡足山志》卷9第358页)

---

① 书中有图一幅，可参。

竹帚子

竹帚子，即地肤子。味苦，性寒。利膀胱小便积热，洗皮肤之风，疗妇人诸经客热，清利胎热，妇人湿热带下用之良。（《滇南本草》第 65 页务本）

竹帚草，形似扫帚，叶似竹而嫩。老时，其叶脱落，可以为帚扫地。子即地肤子也，气味苦寒，无毒。主治赤、白痢疾，烧灰调服甚佳。一治眼目疼痛，煎汤洗之；一治大肠热泄泻；一治妇人五烧之热。兼能和气、涩肠胃、解一切恶疮之毒。（《滇南本草》第 65 页范本）

紫背草

紫〖背〗草，一名山苦菜。味苦，性寒。解发表汗，〖退〗诸经客热，〖劳〗烧发热，攻疮疥、脓窠疮，凉血，解热毒。又子午发热，面黄，形体消瘦，午刻后怕冷作寒，手足冷麻，头疼，饮食无味，不思饮食；申刻五心烦热，烦渴，饮茶水，遍身热如火〖灼〗，咳嗽吐痰，三更以后，微汗方凉。头晕耳鸣，心慌怔忡，先吃此药，身有大汗，热止后，吃健脾滋阴之药，〖痊〗愈。（《滇南本草》第 765 页务本）

紫背双叶草

紫背双叶草，生江边有水处，或大海边亦有之。叶似梅花五瓣，根结二果，果上有须。〖气味甘辛、苦，性寒、平〗。无毒。主治肌肤如柴，能生血和血，肥肌健脾理中，久服延年益寿，亦治噎食转食反胃，养脾生精润肺；小儿疳疾目盲，化

316

痰、定喘，安神。亦治气瘿、食瘿，痰结成袋，或因水生瘿袋，嚼之即散。(《滇南本草》第 971 页范本)

紫背天葵草

紫背天葵草〖俗呼紫背鹿含草〗，味辛，有小毒，形似蒲公英，绿叶紫背，采取晒干，捣烂为末，敷大恶疮，神效，若〖误〗服之，汗出不止，不知人事，速用〖菉豆〗、甘草解之。又，天葵，味苦辛，性寒，散诸疮肿〖毒〗，攻痈疽，排脓，定痛。治瘰疬，消散结核，治妇人奶结，乳汁不通，红肿疼痛，乳痈、乳岩，坚硬如石，服之，或溃或散。(《滇南本草》第 767 页务本)

紫背天葵，《滇本草》：……。按此草，昆明寺院亦间植之。横根丛茎，长叶深齿，正似凤仙花叶，面绿背紫，与初生蒲公英微肖耳。夏开黄花，细如金线，与土三七花同，盖一类也。(《植物名实图考》毒草卷 23 第 590 页)

紫背天葵，《滇南本草》：味辛，有小毒，形似蒲公英，绿叶紫背，敷大恶疮，神效，虚人服之，汗出不止，不省人事，即用甘草、绿豆汤解之，俗呼为紫背鹿衔草。(道光《云南通志稿》卷 68《通省》第 17 页)

紫花地丁

紫花地丁，味苦，性寒。破血，解诸疮毒。攻痈疽肿毒。治疥癫癣疮，〖九种痔疮〗，消肿。(单方)治小儿走马牙疳，溃〖烂〗〖腥臭〗，用：紫花地丁〖根，不拘多少，用〗新瓦焙为末，搽溃〖烂〗处愈。(《滇南本草》第 694 页丛本)

瓜子金，江西、湖南多有之。一名金锁匙，一名神砂草，一名地藤草。高四五寸，长根短茎，数茎为丛，叶如瓜子而长，惟有直纹一线，叶间开小圆紫花，中有紫蕊，气味甘。俚医以为破血、起伤、通关、止病之药，多蓄之。云南名紫花地丁。（《植物名实图考》隰草卷 15 第 383 页）

紫金锭

紫金锭，旧《云南通志》：出丽江，以雪山水和药为之，敷肿毒奇效。（道光《云南通志稿》卷 69《丽江府》第 47 页）

紫金皮

紫金皮，味辛苦，性温。有毒。入肝脾二经，行十二经络。治筋骨疼痛，风湿寒痹，麻木不仁，瘫痪痿软，湿气流〖痰〗，〖暖筋，止腰疼；治妇人血寒腹痛〗，吃之良效。〖炙〗用烧酒炒。（《滇南本草》第 724 页丛本）

紫菀

紫〖菀〗，味苦辛，性温。苦走心，心主血，止血养血；辛走肺，多功于肺。治咳嗽、痰气喘促、补肺、阴虚痨嗽、衄血、咳血、阴虚、痰上带血丝。（《滇南本草》第 507 页务本）

紫叶草

紫叶草，形似薄荷，黄紫叶，无花，破心看之，〖枝〗如灯草〖绵〗软。〖味辛，无毒〗，〖主治一切目疾，暴发火

318

眼〗。采枝叶熬水洗眼，退内〖障〗、外〖障〗，一切云翳，洗之如神。（《滇南本草》第 970 页务本）

紫叶草，《滇南本草》：此草形似薄荷，叶带黄色而紫，无花无果，枝如灯草绵软。主治一切目疾，暴发火眼。内外诸障，云翳遮睛，采枝叶熬水，洗之皆效。（道光《云南通志稿》卷 68《通省》第 14 页）

参类

苦参，味苦，性大寒。凉血，解热毒，疥癞脓痍疮毒最良。疗皮肤瘙痒、血风癣疮、顽皮白屑，肠风下血便血。消风，消肿毒，消痰毒。（《滇南本草》第 139 页丛本）

紫参，味苦甘平，性微温。通行十二经络。〖治〗风寒湿痹，手足麻木、腿〖软〗战摇、筋骨疼痛、半身不遂、久年痿〖软〗、〖远年〗流痰。〖为〗活络强筋温暖筋骨药酒方中要剂。（《滇南本草》第 212 页丛本）

沙参，味甘，性平微寒。入肺〖经〗，能补肺气，以及六腑之阴气。肺气盛则五脏六腑之气皆盛。性微寒，故补阴气。肺热者，〖可〗以代人参用，刮去皮，铜锅蜜炒。（《滇南本草》第 247 页务本）

杏叶沙参，又名荠苨。根茎似人参，叶不同，又似桔梗，但无心，与沙参异种。味甘，性微寒。入心、肺二经。利中气，治干咳，解百药毒。中蛊毒，用杏叶沙参煨水，红糖引服解。（《滇南本草》第 249 页于本）

兰花参，味甘微苦，性〖平〗。入心、脾二经，〖甘入脾、苦入心〗。补虚损，止自汗、盗汗，除〖虚〗热。〖盖〗烦劳则心家虚热生〖焉〗。以参之甘益元气，而虚热自除也。夜多不寐，睡卧不宁。心生血、脾统血，心脾血虚，神不敛志，所以自汗、盗汗也。〖能生血，使脾健而统血。心神散乱者，服之最良〗。止妇人白带。（《滇南本草》第 250 页丛本）

黑阳参〖又名黑元参〗。味苦微甘，性微寒。滋养真阴、调血、除热。退诸虚劳热、利小便、治血淋、膏淋。（《滇南本草》第 517 页丛本）

珠子参，味甘微苦，性温平。止血生肌，服之无甚功效。今人假充鸡〖肾〗参，误矣。古土方：用珠子参为末，捻刀伤疮，收口甚速。（《滇南本草》第 513 页务本）

黄参，滇中昭通最多，细叶黄花，软枝，根大而肥，陆山亦有，气味甘，〖性〗微温，无毒，主治补五脏，安精神，定魂魄，止惊悸，除邪气，明目，开心益智，久服，轻身延寿，疗肠胃中冷，心腹鼓痛，胸胁逆满，霍乱吐逆，调中，止消渴，通血脉，〖破〗坚积，令人不忘；一治五劳七伤，诸虚百损，消胸中痰多呕哕，补五脏六腑，保中守神，治肺痿及痫症，冷气上逆，伤寒不下饮食，虚梦纷纭者加之，止烦燥，变酸水，消食开胃，调中治气，杀金食药毒，治肺脾阳气不足，肺气虚促，短气少气，补中暖中，泄心脾胃肺中邪火，止渴，生津液；一治男妇一切虚劳，发热自汗，眩晕头痛，反胃吐食，痎疟，滑泻久痢，小便频数、淋沥，中风中暑，痿痹，吐血、嗽血、下血，血淋血崩，胎前产后，诸病立瘥。（《滇南本草》第 696 页范本）

土人参，味甘，〖性〗寒。补虚损〖劳〗疾。妇人服之补血。（《滇南本草》第 700 页务本）

双叶参，又名萝卜参。味苦回甜，性平。〖入肝、肾二经〗主治男子肾虚、腰脊痛、遗精，妇女经闭〖腹痛〗。（《滇南本草》第 752 页永和本）

还阳参，一名天竹参、一名万丈深、一名竹叶青。味甘平，性大温。〖无毒〗。治诸虚百损，五劳七伤，气血衰败，头晕耳鸣，心慌怔忡，妇人白带漏下，肝肾虚弱，任督二脉损伤，〖其应如响〗。如肺热者忌用，吃之，〖恐动火燥热〗，令人咳血〖或〗痰上带血丝，或出鼻血，〖烦燥不安〗。（《滇南本草》第 762 页丛本）

菊花参〖一名金钱参〗，形似菊花，贴地而生，采取用之。味甘、〖苦〗。无毒。〖专治五劳七伤，诸虚百损，形休羸瘦，五心发烧等症，最良〗。煮鸡食补血。煮猪肉食补肾。煮羊肉食补气。单食此参，退虚烧热症，神效。（《滇南本草》第 771 页务本）

土参，味甘平，性微温。治损伤气血，调养元气，五劳七伤，诸虚百损，益气滋阴。（补注）沙参、土参，枝叶相同，但根不同。沙参根〖皮粗〗，体轻；土参根〖皮细〗，体重。土参根小，沙参根大。（《滇南本草》第 773 页丛本）

羊肚参，味苦辛，性微温。〖无毒。性走足厥阴，养血〗，〖补肝，强筋骨〗，舒经活络。治手足〖痿〗软，半身不遂，流痰血〖痹〗等症。（风、寒、湿气合而成痹，血虚不仁而为痹。）筋骨疼痛，湿气走注，〖疬疥〗、风痛。木瓜为使，烧酒为引。〖久服生血养血，延年益寿〗。（《滇南本草》第 781 页务本）

丹参，味微苦，性微〖寒〗。色赤〖象〗火。入心经。补心生血，养心定志，安神宁心，健忘怔忡，惊悸不寐，生新血，去瘀血，安生胎，落死胎。一味可抵四物汤补血之功。（《滇南本草》第 796 页丛本）

鸡肾参，形如鸡肾，故名。〖叶如蛤蚂叶，绿色，初生无秆，铺地，中发一秆，开白花，根生一对雌雄果，皮薄。今市所卖，乃珠子参，用之无功。为末，可作刀疮药〗。味甘、微辛，性温。〖无毒〗。治虚损劳伤气血，凡肝肾虚弱者，用之最良。（《滇南本草》第 823 页务本）

盘龙参，又名绶草。味甘，性温。入肺、肝、肾三经。滋阴补虚，治腰脊痛、遗精，诸虚百损。（《滇南本草》第 825 页于本）

人参，生山谷中，滇南所产者，肥大润实。春生苗，多在深山阴处。初生时，小者三四寸许，一桠五叶，叶细小。至十年生十数枝，枝上细叶。长至三十年，其根有变人形者，故曰人参。〖味＜甘＞，微温。无毒。君药也〗。主补五脏，安神定魄，止惊除邪，明目，开心益智，久服轻身延年。疗腹鼓痛，胸胁逆满，霍乱，调中。止〖消〗渴。治五〖劳〗七伤，虚损痰弱，止〖呕哕〗，保中守神，消胸中痰，治肺痿及痈症，冷气上逆，〖伤寒不下食。治肺胃阳气不足〗，肺气虚弱。（《滇南本草》第 905 页务本）

土人参，生陲山谷，同辽东。其根形状如玉竹而润实，春生苗，产于深山背阴湿润处，初生小者三四寸许，一桠五叶。四五年后生两桠五叶，未有花，至十年后生桠五叶。年深者四桠各有五叶，中心生一茎，俗名百尺杵。三月、四月有细花如粟，蕊如丝，紫白色。秋后结子，或七八枚如豆大，青〖熟〗自落，根如人形者，乃年深浸渐长成者。气味甘，微温。无毒。君药也。（《滇南本草》第 905 页范本）

双尾参，叶似地草果，开白花，根分双尾，似人参形。生山中大川中，滇中陲山亦有。气味甘、甜，〖性〗微寒。无毒。专治男妇老幼一切风痰昏迷，五癫或怔忡，如有人捕捉之状。久服，消痰镇惊，安神定魄，用之效。即气癫、色癫可解。一治妇人生一胎后，久不生产，服之暖宫，调血，顺经，亦可妊也。一治胎前产后，血积冲心，神效。采叶，治小儿惊风，即七日内外皆愈。（《滇南本草》第 921 页范本）

凤尾参，产滇中陲山，细叶软枝，根似人参形，十年可成人形。采根用，气味甘，〖性〗微寒。走十二经络，散寒，祛三肿。（《滇南本草》第 922 页范本）

白云参〖俗呼还阳参〗，〖一名白奶参〗。独枝，绿黑叶，根肥嫩，内有〖乳〗汁，只可用根。〖味甘、苦。无毒〗。〖入肺、肝、肾三经〗。同猪肉煮食，主人大生气血，补〖肾〗添精。又妇人干血〖劳〗，食之〖更〗效。（《滇南本草》第 929 页务本）

白龙参，生山中，有藤，藤上有叶，叶下有小黄花，根大而〖肥〗白，〖其形如参〗。〖味甘。无毒〗。采取服之，延年益寿。同猪肉煮食，暖肾添精。同牛肉煮食〖补〗气。同羊肉煮食，补气止汗。同鸡肉煮食，治痨病。生服令人白胖。妇人食之，止盗汗，治白带；男子〖肾虚皆效〗。（《滇南本草》

第931页务本)

对叶参，味甘苦，〖性〗平。无毒。主治九种气痛，筋骨寒冷，症瘕，酒积食积，痰火瘀血作痛。以酒为使，最为神效。（《滇南本草》第933页范本）

平尔参，味甘平，性温。无毒。治脾气弱，中气不足，饮食无味，五劳七伤，肢体酸软，虚热畏寒，面黄消瘦。此药调治精神，养荣气血，补中气。但脾胃中如有积痰，或有寒湿者服之，令人发水肿。若服后周身肿满，即煎苦菜汤食之，令小便利数次，其肿自消。（《滇南本草》第934页丛本）

血参，此参按七十二候，生七十二叶，每叶下开一小黄花。十年，根肥似人形。滇中性燥，产辽东性寒。采根，用糯米蒸透，红润色。主治骨间寒热，惊痫邪气，接续阳气，定五脏，救蛊毒；除胃中伏热时气，温热泄痢，去肠中小虫，益肝胆气，止惊惕。久服益志不忘，轻身耐老。客忤疰气热狂，明目，止燥烦；治疮疥，去目中之黄及睛赤肿，瘀肉高起，痛不可忍。退肝经邪热，除下焦湿热之肿，泻膀胱火。疗咽喉痛，风热盗汗。（《滇南本草》第941页范本）

鸡尾参，叶似鸡尾，绿色，软小枝，无花，根似人形，人多不觉。〖味甘辛，性寒〗。无毒。主治眼目不明，或内〖障〗、外〖障〗，云〖翳〗遮睛，小儿疳疾雀盲，化虫除痞，或肚大筋青；亦〖治〗妇人五夜虚烧，骨蒸热。此药服之立瘥。（《滇南本草》第943页范本）

还元参，生有水处。形似竹笋，初出包叶而生，出一软苗，苗上开黄花，其根似人参，有横直纹。〖味甘而美。无毒〗。采根久服，令人白胖，延年益寿。民族地区常作菜用，呼为牛菜。因牛食此草而生牛黄，故曰牛生草。（《滇南本草》第944页务本）

人参，出姚州及大理山中，性视辽产燥烈，不可服，土人亦不知制也。其小而修者曰竹节参，性弥缓。（《滇略》卷3第234页）

己卯正月十一日……上午，赴复吾招，出茶果，皆异品。

有本山参，以蜜炙为脯。又有孩儿参，颇具人形，皆山中产。
（《徐霞客游记·滇游日记六》第934页）

己卯九月初五日，雨浃日。买土参洗而烘之。（《徐霞客游记·滇游日记十三》第1207页）

土人参，出方山，体轻而性燥，不入药料。（楚雄旧志全书"大姚卷上"康熙《大姚县志》第18页）

人参，谓根类人形，乃有神效，故谓之皱面还丹，盖神草也。《广雅》称海腴，盖以辽海外者为最。今鸡山所产，气味颇似，但浮而不坚，医称为沙参，多走肝分。然《本草》谓沙参即知母，则是此参，盖所谓鬼盖、地精之属，力虽薄，然补真气有效。（《鸡足山志》卷9第351页）

佛手参，中甸产参，花叶如辽阳，而根类人手，必五指，味微苦而甘胜，颇益脾，气弱者食之，转致中满。（《滇南新语》第17页）

珠葠，茎叶皆类人葠，根皮质亦多相似，而圆如珠，故云。奔子栏、栗地坪产之，皆在冬日盛雪之区，味苦而性燥，远不及人葠也。（《维西见闻纪》第13页）

佛掌葠，奔子栏产之，茎叶稍类葠，而根形如佛掌，质性又在珠葠之下。（《维西见闻纪》第13页）

永北、宾川之间产珠参，大者如莲子，小如梧子，红黄色，似人参。以糯米拌蒸之，晶莹可爱，味苦中带甘，亦似参性宜补。疑偏于热，土人以为性凉，《本草》所未载，未知何如也。（《滇南闻见录》卷下第37页）

张汉《人葠赋》：或人有问张子，曰：天地之性人为贵，人，阴阳之会也，五行之秀也。有药曰葠，署以人衔，拟之不于其伦乎？张子曰：是非若所识也，杂史所记说有征焉，吾为子赋之："原夫物维神草，品号土精，象垂天则瑶光毓质，形在地则玉体横陈；味咀甘而尝苦，性背阳而向阴。虽凡药有其一体，伊谁氏以为后身？具体而微，类僬侥之三尺；拔萃而出，冠本草之伍。参，金井玉阑，黄白于焉。在鼎三桠五叶，参伍合以成文。鬼盖何称？避风日以就湿；人衔有意，循阶级以淯升。讵土木之形骸，肉芝比贵；乃驱使乎草木，黄耆同登。象其质则直为东箭，倍其价则重比南金。或曰：葠者，浸也，浸年岁以自润。或曰参者，参也，参天地以成能。或曰：参者，森也，形骈拇而枝指。或曰：参者，生也，力起死而回生。或曰：参者，差也，具有参差之状。或曰：人者，仁也，本以仁物为心。于是重尔仙胎，人得其秀，相彼全体，用乃如神。阮孝绪之感通，鹿为前导；上党山之神契，人每闻音。考月池之佳傅，溯石勒之，先征以应地，则黄中之通。理以占斗，则紫气之上腾。购新罗之奇珍，杉函入贡；重高丽之品赞，椵树相寻。皱面九还丹，胜垂缨之玉竹；中心百尺杵，貌承露之金茎。其为气也，浩然无是则馁，彼取精也多矣。与物为春，病苟伤烦，引入浑沌之谱；渴者甘饮，可嚼元和之津。面则晬而背则盎，耳加聪而目加明。苟屏气之不息，用摄神而自宁。役茯苓马兰，臂身使臂；避土酥皂荚，若参与辰。如其面兮不同，莫乱之以薺苨；久其材兮勿蠹，宜养之以细辛。至若精神所见，辉媚所蒸，丐沾海胰，有残膏賸馥；饮流涧沚，如杞浸菊淫。故搔首无童山之象，以卜家匪穷发之民。吾乃顾名思义，触类引伸，於彼三百六属中，人为倮蟲之长焉，知二十八宿内，参非白虎之星。问姓曰参，岂祝融之苗裔？其色惟白，或少皞之司分。以纱笼中人调元者，萧相国曰参可辟；药笼中物储材者，狄梁公以参称彼。夫号物有万，即象命名。隰则有苓，似龟为藏六之状；山言采杞，如犬闻吠百之声。矧是参也，帅气斯充，使百年可以还少；践形惟肖，胡千岁不化为婴？若夫神皋孕秀，帝里含英；萃山云兮长白，沐水德兮太青。托根则贡矢之乡，宣尼曾识拓封。则陈畴之圣，箕子所君，盛于兴朝。既人归而天与生此王国，亦人杰而地灵；用葆太和之元气，亦需道久而化成。彼中岳之黄精失贵，抑太行之紫团匪珍。讵比撷如怡之堇荼，卜周原之维膴。吞连珠之薏苡，应姒氏之初兴，又何羡夫久视长生，九节之蒲名尧韭；充饥益气，六稜之蓍出羲陵。"客於是喟然叹曰：甚矣！人之义尊矣，参之德备矣，有物如参，无竞维人，而后而今，吾不敢

轻人，吾不敢少参。（《滇系·艺文八之十七》第 88 页）

土人参，旧《云南通志》：蒙化者佳。《滇南本草》：生山谷之有穴情者，惟滇所产易肥大明润，但初春生苗多在阴处，一丛五叶，出自南方，其性多燥，叶最细小，夜有白光笼罩者是也。（道光《云南通志稿》卷 68《通省》第 10 页）

还元参，《滇南本草》：生于山中有水处，味甘淡，无毒，形似竹笋，初出叶苞中抽出嫩苗一枝，上开黄花，其根横直有纹，宛如人参，服之益寿延年，功胜人参。（道光《云南通志稿》卷 68《通省》第 12 页）

白龙参，《滇南本草》：生于山中仙品，味甘无毒，有藤微枝，枝上生叶，叶下开花，色黄而小，根大而肥，其形如参，采食，益寿延年，同猪肉食，固精助肾，同牛肉补气益血，同羊肉养气生津，同鸡治虚痨，退久热，生食令人白胖，妇人经带、男子肾虚皆效。（道光《云南通志稿》卷 68《通省》第 12 页）

白云参，《滇南本草》：味甘苦，性温，无毒力微，独枝无叉，叶黑绿色，根微而嫩，内有乳汁，土名还阳参，独取根用，其根亦似人参，同鸡与猪肉食之，气血双补，益肾添精，惟妇人虚劳，食之更效。（道光《云南通志稿》卷 68《通省》第 12 页）

土人参，《咸宾录》：云南姚安府产人参。《大姚县志》：土人参，出方山，体轻而性燥，不入药料。（道光《云南通志稿》卷 69《楚雄府》第 26 页）

小红参、鸡脚参，《楚雄县志》：药物，不载《本草》者，有小红参、鸡脚参。（道光《云南通志稿》卷 69《楚雄府》第 26 页）

珠蓑，余庆远《维西闻见录》：茎叶皆类人蓑，根皮质亦多相似，而圆如珠，故云。奔子阑、栗地坪产之，皆在冬日盛雪之区，味苦而性燥，远不及人蓑。（道光《云南通志稿》卷 69《丽江府》第 47 页）

佛掌蓑，余庆远《维西闻见录》：奔子阑产之，茎叶稍类

葨，而根形如佛掌，质性又在珠葨之下。（道光《云南通志稿》卷69《丽江府》第47页）

菊花葨，旧《云南通志》：出巧家，叶似菊花，性同人葨。（道光《云南通志稿》卷70《东川府》第37页）

土党参，生云南。根如参，色紫，花蔓生，叶茎有白汁，花似奶树花而白，盖一类。（《植物名实图考》蔓草卷23第581页）

土人参，《滇南本草》：生山谷之有穴情者，惟滇所产易肥大明润，但初春生苗多在阴处，一丛五叶，出自南方，其性多燥，叶甚细小，夜有白光笼罩者是也。采访：顺宁所产极多，不及蒙化之佳。（光绪《续修顺宁府志》卷13第14页）

苦参，采访：产石岩际，味苦性热，俗云有人参之功。（光绪《续修顺宁府志》卷13第16页）

鸡肾参，《滇南本草》：味甘微辛，性微温，治虚损劳伤气血，形似鸡肾，故名鸡肾参。肝肾虚弱，用之良。单方治虚损劳伤，煮鸡肉食，或煮猪肉、牛肉亦可。（民国《嵩明县志》卷16第243页）

参之属：[①] 有昭参，生山坡，茎高尺许，筒状，花冠色蓝，叶细根肥，味甘平，大补气血，壮阳滋肾水，人咸宝之。鸡爪参，生山坡，一茎挺生药，细长，花红色，成纽丝状，其根如鸡爪，味甘平，气温，主治补虚弱、壮筋骨。沙参，生山坡，叶花茎与桔梗相类，叶背有毛，根肥质松，味甘平，气温，主治肺气和中。刷把参，一茎直生，一根三叶，根无分枝。味甘而香，产韭菜坪大山。瓶耳参，生山坡，根赤色，切之有纹，味甘气平，主治补土益中，并疗疮肿。小丹参，色赤，俗称山杬（槟）榔，味苦平，主生血，为女科要药。大丹参，色赤，中通，形如骨节，味苦平，能活血通经，去陈瘀，生新血，亦女科不可少之药也。紫参，生于阴地，叶有长

---

① 此条，昭通旧志汇编本民国《昭通县志稿》卷五《物产·药材》第383页同，不再辑录。

柄，春暮根间出茎，花六瓣，粉红，其根有节，色紫黑，味苦辛，主消积聚，通九窍，和大小便，疗唾血、衄血，止渴、益精等诸症。仙茅参，味甘平，无毒，根有绒毛。葳参，一名玉术，性平，味甘微温，补中气，健脾胃，蒸露三次晒干用。敬母参，味甘平，无毒，久食可轻身延年。苦参，性大寒，味苦，凉血、解热，皮肤搔痒、疮疡要药。并治肠风下血，消风痰肿毒等症。竹节参，根长色赤，形如竹节，肥实质厚，味甘，健胃平气，益气血。青洋参，味甘微苦，可治疯狗咬伤症。豆叶参，形如豆叶，又称对叶参，味甘温，治血气虚弱，调精养神。双肾参，叶形椭圆，物极象形。味甘微苦，治肾气虚弱。土党参，根条肥大，味甘微苦，主治补土益中。马尾参，生韭菜坪，须根色白。黄龙参，长须根，色赤而白，一茎挺生。竹叶参，高四寸，叶如竹叶，须根色白，味甘。附：竹根薯，形同竹节，味甘苦，功用同广三七等。明薯，色赤，味微苦，有凤眼，形状与丽参同。以上皆补剂品。（昭通旧志汇编本民国《昭通志稿》卷9第267页）

昭参，生韭菜坪山壑中，茎高尺许，花色蓝，形如筒，叶细长，根粗肥，所云昭参即其根也。味甘，用时洗净，先置糯米中蒸熟，夜露檐际，如是者数次，即成补剂，有丽参之功，大补气血，壮阳滋肾，人咸珍之。（昭通旧志汇编本民国《昭通县志稿》卷5《各种特产》第388页）

十一、果之属

综述

云南出甘橘、甘蔗、橙、柚、梨、蒲桃、桃、李、梅、杏，糖酪之类悉有。《太平御览》卷九百六十六《果》三引。(《云南古佚书钞·云南行记》第 26 页)

荔枝、槟榔、诃黎勒、椰子、桄榔等诸树，永昌、丽水、长傍、金山并有之。(《云南志补注》卷 7 第 103 页)

果属：梅、橙、栗、梨、柿、杏、藕、桃、李、楂、野荔枝。(嘉靖《寻甸府志》卷上第 31 页)

果之属三十七：桃、梨、梅、杏、李、林禽、樱桃、石榴、枇杷、无花果、柿、羊枣、红枣、扬（杨）梅、唐求子、猩猩果、多罗密、扶留一名蒌子，生点苍山背者极佳，以和槟榔食之。嵇含《南方草木状》云：槟榔树，高十余丈，皮似青桐，节如桂竹，下本不大，上枝不小，调直亭亭，千万若一，森秀无柯，端顶有叶，叶似甘蕉，条派间（开）破，仰望眇眇，如插丛蕉于竹杪，风至独动，似举起羽扇之扫天，叶下系数房，房缀数千（十）实，实大如桃李，天生棘，重累其下，所以御卫其实也，味苦涩，剖其皮，鬻其肤，熟而贯之，坚如干枣，以扶留藤、古贲灰所食则滑美，下气消谷。滇产者皮嫩而香美胜广产，故连皮嚼，京师中贵人最重之，相馈以为上品。茂林中书歌曰：槟榔扶留，可以忘忧。今郡不糜此物，间有移植者亦不实，以地无炎瘴故也。又俞益期与韩康伯书：槟榔，信南游之可观。子既非常，木亦特奇。大者三围，高者九丈，叶聚树端，房栖叶下，华秀房中，子结房外，其曜（擢）穗似黍，其缀实似谷，其皮似桐而厚，其节似竹而概（概），其内空而外劲，其屈如覆虹，其申如缒绳，本不大，未不小，上不倾，下不斜，稠直亭亭，千百若一。步其林则寥郎（朗），庇其荫则萧条，信可以长吟，可以远想矣。性不耐霜，不得北植，必当遐树海南辽然万里弗过长者之目，自令人恨深、核桃、银杏、栗子、松子、茶子、椎栗、香橼、柑橙、桐子、木瓜、海棠果、蒲桃、土荔枝、余甘子、山罂子、蒟酱 稽含《南方草木状》云：蒟酱，荜茇也。有司马君实（光）送张寺丞诗："汉家尺（吏）五道，置史抚南夷。欲使文翁化，兼令孟获知。盘堆为（蒟）酱实，歌杂竹技（枝）辞。"（嘉靖《大理府志》第 72 页）

果之属十六：桃、梨、梅、杏、李、林禽、羊枣、无花果、唐水子、柿、杨梅、栗子、松子、菱角、石榴、茨菇。（万历《赵州志》卷 1 第 25 页）

果之属二十七：杏、梅、桃、李、梨、栗、柿、榴、花红、香橼、橘、核桃、松子、林檎、木瓜、枇杷、樱桃、葡萄、莲子、羊枣、橙、唐求子、杨梅、土荔枝、无花果、椎栗、金罂子。（万历《云南通志》卷 2《云南府》第 13 页）

果之属三十三：桃、梨、梅、杏、李、栗子、柿子、林禽、樱桃、石榴、枇杷、羊枣、红枣、杨梅、扶留、核桃、银杏、松子、茶子、椎栗、香橼、柑橙、桐子、木瓜、蒲桃、海棠果、土荔枝、余甘子、山罂子、金罂子、唐求子、猩猩果、多罗蜜。（万历《云南通志》卷 2《大理府》第 33 页）

果之属二十六：桃、李、杏、柿、栗、橘、橙、柑、榴、梨、龙眼、林檎、葡萄、枇杷、胡桃、樱桃、杨梅、莲子、松子、荸荠、梧桐、木瓜、鸡嗉、枣、槟榔、花红。（万历《云南通志》卷 2《临安府》第 54 页）

果之属四十六①：葡萄、枣、栗、槌栗、核桃、松子、梅、杏、李、梨、樱桃、柿、羊妳柿、丁香柿、花红、林檎、郁李、石榴、橄榄、芡实、香圆、木瓜、枇杷、葛根、杨梅、橙、橘、柑、银杏、黑果、诃子、芭蕉仁、羊桃、波罗密、酸枣、榧、米酥、线枣、鸡头、山楂、茭连。（万历《云南通志》卷 2《永昌府》第 68 页）

果之属二十一：梅、桃、杏、李、枣、梨、栗、松、柿、橙、橘柑、榴、枇杷、猩猩、胡桃、葡萄、橄榄、樱桃、木瓜、香橼、狮头柑。（万历《云南通志》卷 3《楚雄府》第 8 页）

---

① 四十六　按文意为四十一。

果之属二十七：梅、桃、李、杏、梨、柿、栗、橙、石榴、樱桃、葡萄、核桃、白果、花红、木瓜、松子、杨梅、棠梨、郁李、羊枣、林檎、山渣、橘子、苦楮、羊桃、猩猩、海棠。（万历《云南通志》卷3《曲靖府》第15页）

果之属十八：李、杏、梅、梨、枣、胡桃、杨梅、石榴、桃、栗子、葡萄、松子、羊枣、甘蔗、橄榄、香圆、林檎、柿子。（万历《云南通志》卷3《澄江府》第23页）

果之属二十二：桃、梨、李、栗、柿、柯子、松子、榛子、枇杷、葡萄、胡桃、杏、梅、榴、奈、楂、山荔、株栗、茶子、木瓜、栘柂、橄榄。（万历《云南通志》卷3《蒙化府》第28页）

果之属二十八：桃、李、杏、梅、柑、橘、橙、梨、柿、石榴、香橼、胡桃、海棠、橄榄、羊枣、木瓜、杨梅、林檎、鸡栗、枇杷、松子、栗子、榧子、甘蔗、棠梨、芭蕉果、无花果、樱桃。（万历《云南通志》卷3《鹤庆府》第37页）

果之属二十：梅、桃、李、杏、梨、枣、栗、蓁、橙、橘、柿、樱桃、橄榄、核桃、杨梅、花红、木瓜、葡萄、石榴、松子。（万历《云南通志》卷3《姚安府》第46页）

果之属六：杏、梅、桃、李、梨、栗。（万历《云南通志》卷3《广西府》第52页）

果之属十一：梅、橙、栗、梨、柿、杏、藕、桃、李、楂、野荔枝。（万历《云南通志》卷4《寻甸府》第4页）

果之属十三：杏、梅、桃、李、柿、梨、橙、橘、核桃、栗子、杨梅、松子、橄榄。（万历《云南通志》卷4《武定府》第9页）

果之属十：桃、李、杏、梅、栗、柿、茶果、木瓜、橄榄、芭蕉。（万历《云南通志》卷4《景东府》第12页）

果之属七①：桃、杏、李、梅、枣树、抹猛^{又名羊桃}。（万历

---

① 七　按文意为六。

《云南通志》卷4《元江府》第15页)

果之属五：林檎、松子、榧子、多桫、山楂子。（万历《云南通志》卷4《丽江府》第19页)

果之属十九：桃、梨、梅、杏、李、柿、石榴、枇杷、猩猩、多罗密、铗核桃、粟、木瓜、茶子、橙、香缘、橄榄、余甘子、桐子。（万历《云南通志》卷4《顺宁州》第24页)

果之属二：南枣、土瓜。（万历《云南通志》卷4《镇沅府》第30页)

果之属十五：桃、梨、李、杏、樱桃、石榴、枇杷、松子、木瓜、花红、栗子、柿子、羊枣、杨梅、唐球子。（万历《云南通志》卷4《北胜州》第33页)

果之属二：藤果、羊桃。（万历《云南通志》卷4《者乐甸长官司》第37页)

果有桃，以富民为佳，大如茗碗，味比萍实。晋宁之梨，秋霜后，色若益而鲜，味若增而甘，至深冬而不绝。杏、梅、李、栗、郁李、柿、榴、银杏、花红、多榓（又名山花红，其味酸涩。《蜀都赋》所称"楠桃函列"，即此）、香橼、橘、核桃、松子、来禽、木瓜、枇杷、樱桃、葡萄、羊枣、橙、杨梅、酸角（形如皂荚，味酸，食之多病瘵，亏容貌）、土荔枝、无花果、椎栗。（天启《滇志》卷3《云南府》第113页)

果曰香柑、银杏、山樱、多罗蜜、苴甘（亦名土橄榄，四季皆实，即余甘子，可柔金。宋虞雍公有《鹅梨帖》云："河朔鹅梨五十枚，南诏余甘子一桶。上方尊俎，报答春光之胜，亦或一助。"即此）。以上多宾居所产，如香附子、香柑等类，色色俱佳。（天启《滇志》卷3《大理府》第114页)

果有荔枝（列郡不再睹）、甘蔗（最佳，取其精化以为糖，供全省需用）、石榴（冠他产）、通海山楂（又双绝也），又有槟榔、羊桃、红果。（天启《滇志》卷3《临安府》第115页)

果为茨实、诃子、黑果、榧米、苏绵枣、酸枣、波罗蜜、羊乳柿、丁香柿。（天启《滇志》卷3《永昌府》第115页)

果之属，香橼，子甚巨。（天启《滇志》卷3《楚雄府》

第 116 页）

梨、榛、苦储、草果、野葡萄，果也。梨，为胜擅迤东之品。（天启《滇志》卷 3《曲靖府》116 页）

果之属，如枣，如羊枣，如香橼，而松、柿、胡桃，诸郡所不及。梨，不让曲靖。又有面梨，取入瓮中，积草覆而压之，润熟如面。橘，与宾居伯仲之间。（天启《滇志》卷 3《澄江府》第 117 页

果之诃子、枇杷。（天启《滇志》卷 3《蒙化府》第 117 页）

果曰海棠、鸡栗、榧子、芭蕉、无花果。（天启《滇志》卷 3《鹤庆府》第 117 页）

果实六。（天启《滇志》卷 3《广西府》第 118 页）

果有青檎、朱李、丁香柿^{即羊枣}。（天启《滇志》卷 3《武定府》第 118 页）

果之抹猛，其树高大，叶长如掌，实类芭蕉，熟于炎月，味杂甘酸，核可为小小木鱼，微击之，有声久。有波罗蜜果，有红绵、铁叶两种。（天启《滇志》卷 3《元江府》第 119 页）

果类，猩猩，即酸枣，其仁入药，补心血。桐子，或是岩松，或是梧实，不敢知。（天启《滇志》卷 3《顺宁府》第 120 页）

己卯正月十一日……上午，赴复吾招，出茶果，皆异品。……又有桂子、又有海棠子，皆所未见者。大抵迤西果品，吾地所有者皆有，惟栗差小，而枣无肉。松子、胡桃、花椒，皆其所出，惟龙眼、荔枝市中亦无。（《徐霞客游记·滇游日记六》第 934 页）

果属：梅、杏、李、桃^{旧志以富民为最，今滇池海口者佳}、樱桃、枣^{宾川者佳}、栗、柿、梧实、梨^{省城晋宁者佳}、石榴^{黑盐井者佳}、奈、橘、柑^{俱大理宾川者佳}、松子、瓜子^{大理迤渡者佳}、^迷余甘、葡萄^{丽江者佳}、银杏、锁梅、杨梅、花红、羊枣、木瓜、桃、香橼、核桃^{大理漾濞者佳}、林檎、榛子、枇杷、橙、无花

果、山查、锥栗。（康熙《云南通志》卷12《通省》第224页）

果之属：樱桃、葡萄、蘋果、李、梅、杏、桃、梨、花红、香元。（康熙《晋宁州志》卷1第14页）

果之属：梅子、松子、橄榄、石榴、桃、李、杏、葡萄、核桃、樱桃、杨梅、郁李。（康熙《嶍峨县志》卷2）

果部：梅、桃、樱桃、羊枣、胡桃、梨、李、杏、柿、栗、藕、橘、石榴三种、葡萄、梧桐子、枇杷果、杨梅。（康熙《石屏州志》卷4第79页）

果部：梅、桃、樱桃、羊枣、梨、李、杏、柿、石榴、葡萄、花红、胡桃。（康熙《通海县志》卷4第18页）

果：松实、栗子、柿、杨梅、桃、梨、梅、杏。（康熙《富民县志》第27页）

桃、杏、李、石榴、梅、梨、竹、薯、芋、靛出民和乡。（康熙《路南州志》卷2第36页）

果之属：梅子、杏子、核桃、樱桃、杨桃、火杨梅、桃子、地杨梅、李子、葡萄、玉李、石榴。（康熙《新平县志》卷2第321页）

果之属：梅、杏、李、桃、栗、棃、枣、柿、樱桃、石榴、梧桐子、杨梅、火梅、橘、柑、香橼、山查、锥栗、锁梅、林檎、橙、丁香柿、葡萄、橄榄、花红、松子、瓜子、核桃。（康熙《新兴州志》卷5第32页）

果部：梨、山查、梅、棠梨、橙、栗、胡桃、石榴、花红、李、桃、杏、木瓜。（康熙《罗平州志》卷2第7页）

果属：梅、杏、李、桃、樱桃、枣、栗、柿、桔、梧实、梨、石榴、柰、柑、松子、瓜子、余甘、葡萄、银杏、镇梅、杨梅、花红、羊枣、木瓜、桃、香橼、核桃、林檎、橙、榛子、枇杷、无花果、山楂、锥栗、马金囊。（康熙《元江府志》卷1第664页）

果之属：胡桃、柿子、梅子、杨梅、桃子、杏子、李子、

334

石榴、柑子、枣子、棃、橙子、葡萄、樱桃、松子、木瓜、橄榄、香橼、茨菰、橘子、山查。……（河阳县）果木：锥栗、羊枣。（新兴州）果木：丁香柿、大梅、林檎、锁梅。（路南州）果木：核桃、花椒。（江川县）果木：榛、花红、樸。（康熙《澄江府志》卷10 第5、9页）

果之属二十种。（康熙《平彝县志》卷3 第96页）

果：木瓜又名护圣瓜、樱桃、梅有数种、杨梅、杏、桃大小数种，而黄者为最佳、李大小数种、梨有数种、蘋果、花红、林檎、栗子出漾濞、柿子有四种、丁香柿即软枣、无花果不花而实，结于枝叶之交，乾者可治喉痹，《滇略》名曰古度、白果、石榴、核桃、山查、锁梅黄黑二种者即覆盆子、枇杷、松子、葡萄、香橼有二年者更香美、锥栗小而可食、多樣。（康熙《蒙化府志》卷1 第39页）

果：杨梅、林檎、花红、木瓜、樱桃、梅、杏、李、桃、柿、丁香柿、栗、白果、山查、松、核桃、石榴、香橼、葡萄、枇杷、锁梅、锥栗、多樣、余甘、梨。（康熙《顺宁府志》卷1 第29页）

柑橘、松子、橄榄。（康熙《鹤庆府志》卷12 第24页）

果属：松子、栗子、葡萄、飞松出腾越外野人界、梅、李、梨、核桃、锥栗、樱桃、枣、柿、渴梨出腾越、棕仁出腾越、花红、林檎、郁李、石榴、杏、橄榄、甘蔗、香橼、木瓜、枇杷、葛根、杨梅、橙、柑、银杏、黑菜、诃子、芭蕉仁、羊桃、波罗蜜实大如梨，味酸，出潞江、水平、酸枣、羊枣俗呼软枣、榧子、米酥、绵枣、鸡头、山查、菱、藕、荸荠、莲实、无花果、榛子、梧实、茨菰。（康熙《永昌府志》卷10 第3页）

果类：松实、栗子、杨梅、桃、梨、梅、杏。（雍正《富民县志》卷上第30页）

果属：绿石榴、橘红种自广来、蜜波罗、酸角、芭蕉果、甘蔗、香橼、三奈子。（雍正《阿迷州志》卷21 第255页）

果：梅子、杏子、李子、桃实、橘子、柑子、橙子、柿子、梨子、石榴、葡萄、樱桃、胡桃、莲子、松子、杨梅、橄

榄、木瓜、花红、枣子、山查、锥栗、栗子、荔枝。（雍正《建水州志》卷2第7页）

菓之属：桃、李、梅、杏、梨、柿、橙、桐子、石榴、樱桃、林檎、杨梅、核桃、栗子、落地松、葡萄、红枣、木瓜、香橼、瓜子、土荔子、松子、橄榄。（乾隆《弥勒州志》卷23第115页）

果：梅子、李子、桃实、杏子、橘子、柑子、橙子、柿子、梨子、葡萄、石榴、林檎、花红、胡桃、粟子、松子、小枣、木瓜、白果、土荔枝、金婴子。（乾隆《陆凉州志》卷2第27页）

桃子、杏子、李子、梅子、梨、沙果、杨梅、木瓜、黄覆盆、紫覆盆、松子、落花生、西瓜子、石榴、洋桃、映山红、橄榄、栗子、核桃、榛子、山楂、野菱角、无花果。（乾隆《东川府志》卷18第2页）

果属：梅、杏、桃、李、栗、黎、枣、柿、橘、柑、樱桃、石榴^{有红白酸甜四种}、梧桐子、杨梅、香橼、橘红、山查、锥栗、榛子、锁梅^{有黄黑二种}、林檎、橙子、小柿、葡萄、橄榄^{大者即盐榄，出八寨，俗名青果}、花红、松子、瓜子、核桃、佛手柑、绛桃、碧桃、陖桃、波斯桃、金橘、黄柑^{出漫江}、多衣果、波罗蜜^{出新现永平}、十年果^{出新现，十年一结，味酸甜}、红果、槟榔、芦子。（乾隆《开化府志》卷4第29页）

果属：核桃、栗子、松子、梅子、莲子、杏子、桃子、李子、柿子、梨甜酸各种、花红、樱桃、葡萄、香橼、榛子、杨梅、荸荠、菱角、石榴、木瓜、枣、柑、蔗、山楂。（乾隆《赵州志》卷3第56页）

其果实则梅、杏、李、桃、栗、樱、柿、松子、飞松、莲子、梨、核桃、棕仁、石榴、花红、杨梅、木瓜、香橼、蕉子、橄榄、救军粮、甘蔗、波萝密、佛手、落花生、罂粟子、竹鼠、菱、藕、芡、荠。（乾隆《腾越州志》》卷3第27页）

果部：梅、桃、樱桃、羊枣、胡桃、梨、李、杏、柿子、

栗、橘、石榴、松子、瓜子、葡萄、梧桐子、杨梅、橄榄、枇杷果、藤子果、酸荚。（乾隆《石屏州志》卷3第35页）

果属：桃、李、杏、梅、杏桃、梨、栗子。（乾隆《河西县志》卷1第128页）

果之属：有梅（刺盐二种）、杏、桃（有十数种，以路居乡襄红桃为最）、李（有数种，以金河为最）、梨（有十数种，以父母土木瓜梨为最，养牛寨马尾红次之）、林檎（有酸、甜二种，甜者俗名花红）、樱桃（有甜苦二种）、石榴（有甘酸二种，甘者花有红白，子有大小，红绿银之不同）、柿、软柿（一名软枣）、橘（有圆扁二种）、柚、佛手柑、橙、香橼、栗（俗呼板栗）、榛（俗称锥栗）、松子、核桃、银杏、木瓜、荸荠、杨梅、橄榄（本名余甘子，土人谓之橄榄，味亦如之）、枣（只糠粃一种）、葡萄、西瓜（少有种者，种亦不佳）、甘蔗（产溥分乡者为天下冠）、附糖、糖稀、落地松（一名落花生）、莲、芰。（乾隆《黎县旧志》第13页）

果属：核桃、瓜子、栗子、松子、梅子、杏子、李子、桃子、石榴、杨梅、樱桃、橄榄、荸荠、茨菰、雪梨。（乾隆《丽江府志略》卷下第39页）

瓜果异，滇之香橼佛手，大倍闽粤而不香，瓜、梨、杏、枣、樱桃、苹果之类，味俱淡，有黄果类柑，亦然。惟元江之荔枝、阿弥之绿石榴、晋宁之天生梨，差堪沁齿牙。回忆中原佳品，盖渺渺瑶池也。（《滇南新语》第10页）

桃，以富民白皮为上品，榴则重乎阿迷，梅、杏、李、柿、枣、栗虽多，不闻有所著名也。著名，则地方官民之累矣。（《滇海虞衡志》第235页）

果之属四十一：梅（有山梅、盐梅二种）、杏、李（有荆、山、麦、熟、苦李数种，郭义恭《广志》：戎州之李，肉熟而皮犹绿。杂考李紫色极肥大，味甘如蜜，南方之李，以此为最）、桃、梨、枣、栗、石榴、胡桃、松子、瓜子、葵子（一名朝阳子）、木瓜、西瓜、黄果、香橼、佛手柑、橙、奈（即频婆果。檀萃《滇海虞衡志》：频婆果南中最少，而滇出盈街）、柿、蒲萄、林檎（即花红）、枇杷、甘蔗、落花生、梧实、银杏、橄榄、山楂、樱桃、余甘、锥栗、杨梅、锁梅、多橢（俗说橢为衣）、救军粮（俗曰火把果。山野弥望，绿叶白花红果极繁，五六月熟，酸甘可食）、荸荠、茨菰、菱角、莲子、藕、芡实、都念子（即软枣）。（道光《昆明县

志》卷2第2页）

《论果之属》：会城五果，梅为上，次李与桃，又次梨，枣为最下，土不宜也。县人皆不谙藏果法，故过时则不可得。檀萃《滇海虞衡志》曰：蒲萄，滇南最佳，然不能乾而货于远。樱桃、杨梅、枇杷、木瓜、榛榓、银杏亦然，惟杨梅尚有酒浸之者耳。檀萃《滇海虞衡志》：松子，为滇果第一，中州所产，细不中嗷，必资于关东，三稜而黄。滇所产色黑，面圆而底平，其松身似青铜，叶五鬣七鬣而深浓，高不过一二丈，此结松子之松也。毬长一尺，火煨而剥之，儿童争唅如包谷，然成熟时，价不甚高，市升仅数十钱市中松子，有生、熟二种。山樝，巨亦甲天下，树高大如柞栎，查饯查膏尤佳县人呼山查曰山林果，查饯曰山林红，亦曰元红。都念子，倒捻子也，树高丈，或二三丈，叶如白杨，枝柯长细，子如小枣，捵如软柿，头上有四叶如柿蒂，捻其蒂而食，谓倒捻子，讹为都念，外紫内赤无核，土人呼为软枣。枳椇子，滇人呼为枴枣，李时珍《本草纲目》：枡拱，俗称鸡距，蜀人之称桔枸、棘枸，滇人之称鸡橘子，巴人之称金鉤，广人之称结留子，散见书记者皆枳椇。（道光《昆明县志》卷2第11页）

果类：梅、桃、柿、羊枣、梨、李、石榴、羊梅、杏、樱桃、松子、核桃、山查。（道光《昆阳州志》卷5第13页）

果属：核桃、龙眼、杨梅、荸荠、石榴、佛手柑、芭蕉实、葡萄、木瓜、橄榄、香橼、山查、枣子、甘蔗、蔆角、柿子、梅子、橘子、杏子、毛栗、沙果、落花生、林檎、桃、梨、柚、栗、橙、藕、柑。（道光《广南府志》卷3第2页）

果之属：芦实出江外、密多罗一名打锣锤，以其形言。出江外瘴乡，味甘美，多食即能染病。（道光《新平县志》卷6第22页）

果之属：梅子、松子、橄榄、石榴、香橼、佛手柑、桃、栗子、李子、杏子、荸荠、葡萄、核桃、杨梅、梨、黄锁梅、救军粮、土瓜、黄果。旧县志（道光《续修易门县志》卷7第168页）

果之属：胡桃、柿子、梅子、杨梅、桃子、杏子、李子、

石榴、柑子、枣子、梨、橙子、葡萄、樱桃、松子、木瓜、橄榄、香橼、茨菰、橘子、山查。（道光《澄江府志》卷10第5页）

果之属①：梅、李、桃、梨、松子、香橼、佛手柑、黄果、奈、林檎、蒲萄、石葡萄、甘蔗、梧实、甘露子、落花生、羊枣、山楂、救军粮、荔枝、龙眼、优昙钵、都念子、菱、慈姑、荸荠_{谨案：茨菰，名凫茈。乌芋，名荸荠，不得以凫茈、荸荠合为一，檀氏盖误。又案：旧《志》尚有杏、栗、榛子、木瓜、西瓜、郁李、橙、柿、银杏、樱桃、杨梅、多榻、芡实、锥栗、锁梅，皆滇产。花红，即林檎。旧《志》复出余枣等，入各处专产。}（道光《云南通志稿》卷67《通省》第18页）

荔枝、槟榔、诃黎勒、椰子、桄榔，樊绰《蛮书》：诸树，永昌、丽水、长傍、金山并有之。（道光《云南通志稿》卷69《丽江府》第45页）

荔枝、槟榔、诃黎勒、椰子、桄榔，樊绰《蛮书》：诸树，永昌、丽水、长傍、金山并有之。（道光《云南通志稿》卷70《永昌府》第22页）

橙、橄榄、蔗，《一统志》：皆芒市出。（道光《云南通志稿》卷70《永昌府》第22页）

果属：桃、李、杏、梅、梨、栗、蘋果_{今改为田渐少}、花红、杨梅、橄榄、樱桃、葡萄、核桃、石榴、茨茹、山查、柿子、香橼、羊枣。（道光《晋宁州志》卷3第25页）

果属：梅、杏、李_{有荆山、麦熟数种}、桃、梨、木瓜梨_{特产}、枣、栗、石榴、胡桃、松子、瓜子、木瓜、西瓜、香橼、橘、柑_{又一种佛手柑}、橙、奈、柿、葡萄、林檎、花红、银杏、枇杷、甘蔗、梧实、落花生、羊枣、樱桃、山楂、杨梅、多榻_{俗讹槪为衣}、救军粮_{山野弥望绿叶白花，红子极繁，五六月熟，酸甘可食}、荸荠、茨菰、菱角、莲子、藕、枳棘子_{俗名拐枣}、蘋婆。（咸丰《南宁县志》卷4第11页）

果之属：林檎、花红、核桃、栗、杏、梨、李子、平果。

---

① 属下各果，原本皆有注释，详见各果名下。

（光绪《呈贡县志》卷5第2页）

果属：梅、杏、桃、李、梨、棠梨。_{以上花}樱桃、柿、杨梅、枇杷、花红、橄榄、山楂、葡萄、枣、米酥、木瓜。_{肤果}安石榴_{花见花属}、栗、榛子、松子、核桃、诃子、银杏、橘、柑、香橼。_{以上壳属}莲子_{花见花属}、藕、甘蔗、菱、芡、荸荠、慈姑。_{以上水果}西瓜、香瓜。_{以上瓜果}无花果、波罗密。_{以上花实}（光绪《永昌府志》卷22第2页）

菜之属 ①：甘蔗、橄榄、猩猩果、柑、香橼、诃子、梅、李、桃、梨、杏、枇杷果、波罗、香芭蕉、酸角、羊桃、锥栗、林檎、白木瓜、辣子、山胡椒、地石榴、无花果、核桃、松子、落花生、石榴、山楂、荸荠_{谨案：顺宁尚有葡萄、梧实、桑子、花红、菱角、琐梅、柿子、羊枣、杨梅、佛手柑、桑子、橙子、樱桃红白二种。}（光绪《续修顺宁府志》卷13第6页）

果属：梅_{有山梅、盐梅二种、《唐书·南蛮志》：自夜郎、滇池以西有桃李}、杏、银杏、桃_{有早桃、香桃、白花桃、黄心桃、青梅、绵核桃、离核桃数种}、李_{有荆山、麦熟、苦李数种。郭义恭《广志》：戎州之李，肉熟而皮犹绿。《杂考》：李，紫色，极肥大，味甘如蜜，南方之李以此为最}、奈_{郭义恭《广志》：南方多奈，收切曝乾作脯，蓄积为粮，谓之蘋婆粮。檀萃《滇海虞衡志》：蘋婆果，南中最少，而滇出盈街}、郁李、樱桃_{有红白二种，红为苦樱，白子甘可食}、梨_{有宝珠梨、清水梨、马尾梨、金宝梨、酸梨、麫梨、麻梨数种}、枣、石榴_{各处皆宜而骆家营梅子村、任家营、陈官营等处产者基多，斫条插土中即活，三年可以成树，二三月间开红花如裙，七月间成熟。有银皮、黑蕚皮二种，银皮色红而皮厚；黑蕚皮色褐而皮薄，中有子数百粒，分八瓣，上五下三，子附瓤如蜂房，方圆斜正，密接无间，相衔处有薄膜界之，色红味香，亦有绿色者，每年发往邻近各县贵卖。又有种子皮色同而味甚酢者，名曰酸石榴}、松子_{李时珍《本草纲目》：松子大如柏子，惟辽海及云南者子大如巴豆可食，谓之海松子。又，海松子出辽东及云南，其树与中国松树同，惟五叶一丛者，毬内结子，大如巴豆，而有三棱，惟一头尖耳，久收亦油。《格物总论》：松子二种，海松生新罗如小栗，三角，其中仁食美，东夷食之当果。云南松子，巴豆相似，味不及也。檀萃《滇海虞衡志》：松子为滇果第一，中国所产，细不中噉，必资东京，三棱而黄。滇所产色黑，面圆而底平，其松身似青铜，叶五蠇七蠇而深浓，高不过一二丈，此结松子之松也。毬长一尺，火煨而剥之，儿童争噉如包谷，至成熟，价不甚高，市升仅数十钱}、瓜子、葵子、优昙钵_{檀萃《滇海虞衡志》：优昙钵，一名无花果。李时珍出杨州及云南，折枝插成，树如枇杷，实出枝间，如木馒头，其内虚软，盐渍压扁充果实。又文光果、天仙果、古度子之属，皆不花而实者也。《滇南本草》：无花果，硬枝铁杆，处处皆有，子绿无花，治一切无名肿毒、癰瘤发背，便毒鱼口，乳结痘毒。遇冬种破烂者麻油调擦，神效无比，外科之神药也}、落花生_{檀萃《滇海虞衡志》：落花}

---

① 属下各果，原本皆有注释，详见各果名下。

生，为南果中第一，以其资于民用者最广。宋元间与绵花、番瓜、红薯之类，粤估从海上诸国得其种归之，呼绵花曰吉贝，红薯曰地瓜，落花生曰地豆，滇曰落地松 、木瓜、黄果橘柚之类也、香橼、佛手柑檀萃《滇海虞衡志》：香橼，佛手柑之大者，直如斗，重三四斤，皆可切片以摆盘。二物经霜不落，在枝头历四五年，秋冬色黄，开春回青，吴学使应梅诗"硕果何曾怕雪霜，树头几载历青黄"是也、橘、柚、柑、橙、林檎刘桢《京口记》：花红、葡萄李时珍《本草纲目》：葡萄有紫白二色，西人及太原以南国多林檎皆作葡萄乾，货之四方。蜀中有绿葡萄，熟时色绿。云南所出者大如枣，味尤长、石葡萄《滇南本草》：生于石壁，倒挂而成，高仅一二尺，亦如家葡萄而小如乌饭果样，采取服食，返老还童，乌须黑发。又治小儿痘疮，发痘助浆，陷者能取，濫者能平，奇效异常、甘樜、梧实王象晋《群芳谱》：梧桐，四月开花，嫩黄小如枣花，坠下如醭，五六月结子，荚长三寸许，五片合成，老则开裂如箕，名曰囊鄂，子缀其上，多者五六，少者二三，实如黄豆。云南者更大，皮绉，淡黄色，仁肥嫩，可生啖，亦可炒食、柿、羊枣郭璞《尔雅注》：羊枣，实小而圆，紫黑色，俗呼为羊枣、都念子檀萃《滇海虞衡志》：都捻子者，倒捻子也，树高丈余，或二三丈，叶如白杨，枝柯长细，子如小枣，挼似软柿，头上有四叶如柿蒂，捻其蒂而食，谓倒捻子为都念，外紫内赤，无核，土人呼为软累、枳椇子俗名拐枣，形曲如弓。《滇南本草》：拐枣又名天藤，味甘微寒，无毒，治一切左瘫右痪，风湿麻木，舒筋骨，解酒毒，泡酒多效，化小儿疳虫，健脾养胃，物易得而化、枇杷、荸荠檀萃《滇海虞衡志》：乌芋、凫茈，俗呼荸荠。滇产有大如盃者，比栗为大。盖滇无兕栗，故地栗为洪耳、橄榄、山楂县人呼山楂曰山林果，楂伐曰山林红，亦曰元红。檀萃《滇海虞衡志》：查巨亦甲天下，树高大如柞栎，查伐查膏尤佳、救军粮俗名火把果，山野弥望，绿叶白花，红子极繁，五六月熟，酸甘可食、馀甘、锥栗、榛子、杨梅、锁梅草实也，分黄紫二种，似桑椹而短，味亦似之，其采以三月。又有草丛生山径，白花若薇，子赤，四五月间，行者茹之，谓之救军粮、桑椹、多橶俗讹橌为衣、芡实、菱角、白果、莲子、慈姑俗作茨菰，慈姑、乌芋，滇皆有之，同江乡，《纲目》以入果部。慈姑一根，岁生十二子，根如慈母之乳诸文，故以名之。一名白地栗，谓地栗之白者，别于凫茈之黑也。霜后叶枯，乃练结，旋掘为果。又有一种山慈姑 。（民国《宜良县志》卷4第25页）

果之属三十六：梨、柿有大小之分、樱桃、香橼、无花果、蘋果、桃有绵核、离核二种、橙、黄果、花红、酸木瓜、林檎、李、楂、皂果、枇杷、海棠果、橄榄、杏、石榴、松子、桑葚、小玉梨、花椒、梅、杨梅、土瓜、拐枣、救军粮、木瓜果即凉粉果又名冰果、栗、葵子、荸荠、棠梨、锁梅、白泡。（民国《嵩明县志》卷16第240页）

果类：梅、杏、李有荆山、麦熟、苦李数种、桃、梨、枣、栗、石榴、胡桃、松子、瓜子、葵子、木瓜、黄果、香橼、柿、蒲萄有绿紫二种、林檎即花红、无花果、甘蔗、落花生、橄榄、山楂、杨梅、救军粮俗名火把果、莲子、都念子即软枣、荸荠、多橶俗讹橌为衣。（民国《路南县

志》卷1第50页）

果之属三十五：红枣、林檎、樱桃、柑橙、栗子、海棠果、石榴、柿子、葡萄、梅子、梅（杨）梅、核桃、松子、罂粟、无花果、甘蔗、桐子、菱藕、木瓜、桃李、荔枝、柚子、龙眼、芭蕉果、拐枣、落花生、枇杷、山楂果、黎、橄榄、杏、荸、蒟酱、多橅、香橼、救军粮。（民国《邱北县志》册3第14页）

果属四十四类：梅、杏、桃、李、栗、黎、枣、柿、橘、柑、樱桃、石榴^{有红白酸甜四种}、梧桐子、栗、杨梅、香橼、橘红、山查、锥菜、榛子、锁梅^{有红黑二种}、林檎、橙子、小柿、葡萄、橄榄^{大者即盐榄，出八赛，名青果}、花红、松子、瓜子、核桃、佛手柑、绛桃、碧桃、陂桃、波丝桃、金橘、黄柑^{出漫江}、黄果、芭蕉果、多衣果、波罗蜜、荔枝果、十年果^{十年一结，果味酸甜}、油红果^{可以榨油}、油黑果^{亦榨油}、槟榔、芦子。（民国《马关县志》卷10第4页）

园蔬：园蔬一项，种类甚多，因四季天□不同，所产□各有分别。兹采其为食品之上选，名列如次。果树之属二十二种：桃、李、青梨、黄梨、琵琶、龙眼、荔枝、黄皮果、扁桃、柚、橘、柑、橙、花烘、葡萄、核桃、板栗、芭蕉、石榴、梅、波萝、山楂。（民国《富州县志》第十二第77页）

果一十八种：桃、李、梨、橘、柿、橄榄、佛手柑、菠萝、木瓜、香橼、胡桃、枇杷、橙、石榴、冬梨、□栗、梧桐、柑子。（民国《富州县志》第十四第84页）

菓子：见称于为宦为商者梨也、八大杏仁也。邑之梨，以沿河沿江所产为味美，与大理雪梨相伯仲，若省垣宝珠、天津雪梨则不及我邑所产也。若八大杏仁，种亦来印度，味美香甜，远销外地。（民国《维西县志》卷2第38页）

《呈贡之果品》：云南气候从来温和，而在附近昆明百里内外之地处，尤无大暑大寒，以是，此百里内之果物，不独较三迤为佳为多，即与湘、桂、川、黔等省相较，亦佳而多矣。然此百里内之果物，又以呈贡一邑之所产出者为最盛。呈贡之果子树，有人云，当在四五万株，余曰，亦或许有之。其种植最蕃之处，莫如附近滇越铁路一带之果子园。夏秋时，一望林树森森，果实累累，真不知树有若干万千株，果实有若干万担也！呈贡之果实，种类极夥，若桃、李也，若梨、杏也。若奈子（滇人呼为苹果）、林檎（滇人呼为花红）也（《本草纲目·果部》"奈"，李时珍集解："奈与林檎，一类二种也。树实皆似林檎而大。"俗名花红，一名沙果，苹果与奈不同），若柿子、山楂也，若枇杷、樱桃也，以及其它酸甜果品，无不应有尽有，多而又多。顾在一切果品成熟时，种园人大都摘取而担往小板桥之市场售卖。出产桃时，日必有桃数百挑在市，出产梨时，日必有梨数百担在市。即花红、苹果、柿子、山楂等，亦必日有百数十挑在市售卖。如余所说，呈贡之桃与梨何其如此之多也！盖滇中之梨，种类极多，有宝珠梨、雀梨、麻梨、清水梨、棕包梨、小乌梨、木瓜梨、螃蟹梨、拐枣梨、面梨、蜜梨、火把梨等，自夏迄冬，俱有所产焉。桃亦有五六种之多，如棉核桃、离核桃、黄金桃、柏香桃、金弹子等。其产生之期，可从五月而至八月，此残而彼熟，竟绵绵而不绝。呈贡人之从事于果园者，直有五六千家，于上述之各种果木，又无不种植。所以年中能有此浩大之出产数。有人计云：呈贡一邑，其一年所出之果实，当不下五万担，此种产量亦大可观焉。以论果品，在夏当夸桃、李、梅、杏，于冬则数橘、柚、柑、橙。省垣百里内外之梅、杏俱不大佳。李惟鸡血李差可以食，金沙李转酸而不甜。樱桃亦不甚甘芳，枇杷则核大而肉薄。橘、柚、柑、橙在结果时最喜霜雪，气候常温之地，转不相宜。以是昭通、东川等处所产之橘、柚、柑、橙，果实硕大，气香而味甜也。故丹橘、黄橙，实为呈贡果园中所缺。呈贡果园中之果实，当以宝珠梨及桃子、苹果为最佳。宝珠梨，虽不如天津牙（鸭）梨之细嫩，而果汁则较牙（鸭）梨充足，其甜味亦过之，复结实硕大。桃子中以蜜桃、柏香桃两种为最可口。云南苹果固不如北平西山所产之香甜，而皮色却能与之争胜。但是近年来，在夏秋两季，昆明市上所陈之桃、梨、苹果、花红等，亦远不如数十年前出产之盛矣。只以苹果一项而论，在六七十年前，不止出产数多，而果实亦大，更不仅售卖者多，而价值亦廉，记得余为儿童时，在每年之六七月间，为苹果出数最盛之时，行于街前，随在皆见村人担挑苹果售卖，其大及茶碗口者只值铜钱十文一枚，其次值五六文或二三文不等。时有特别硕大者，则大如一小饭碗口焉，此则近四五十年来市面上绝不之见也。今日市面上售卖之苹果，有大如小儿拳者，索价亦至千元，噫，殆人参果也！其出产数之少欤？抑纸币之购买力弱欤？亦两有之也！云南自入于民国战争时代，军队大都横行，凡经过果木园林，无不扳枝折树，果木之被摧残者多矣！出产数量一低，市面货物自然稀少。彼一般好吃果品之人，见一苹果，如见宝物，且不论其生熟，不论其大小好坏，总以买到手而送入腹内为快愉。此如是而彼亦如是，争相购致，物价又焉有不昂者耶！论此辈人，从肤浅处言，自是重在口腹；从深刻处推求，似过此时日，即无机会得享受此物也。故不能谓之为馋，谓之为饿，是以前途日短，而又时不我留也，嗟嗟！虽然，呈贡果品近日出产之少，实由于往昔之摧残过甚也。今云培植，而十年树林，又岂易云哉！此笔于民国卅二年（1943）八月。（《云南掌故》卷10第310页）

《元江州之气候恶劣》：……最出名的只元江槟榔一物，其次，所属的因远坝子内出产点紫米，再其次，则是点酸荔枝、酸饺（角）、吗（麻）檬果等不足贵重之食品耳。（《云南掌故》卷14第448页）

《陈鹏九之果园》：省垣四周，水绕山环，而群山万壑，大都墓冢累累，若作谐语，是不种树而种人。至于平地高原，自是树艺五谷。城市之间，即有空地，一般人又喜种植花草，以增兴趣，故在近城之二三十里内，果实林树实稀少焉。市上所售果品，什九来自外县，本地出品，恐无十分之一。在清代之末，有黔人陈鹏九氏，自东瀛肄业归来，大醉心于实业，就黑龙潭侧之山凹中，购得荒地若干，长达数里，宽逾里余，雇人开垦种植。积二十余年之经营，成就果园一大片，若桃、李、梅、杏，若梨、柿、橙、橘，若枇杷、苹婆，若林檎、樱桃，与夫棕榈、楸桐，诚满山盈谷。闻其种成之树，实万有余株，在十数年来，年中出产之果实，已在五六百挑矣。陈又在山中养蜂蓄蜜，种薯制糖，以是操劳服务之人常有五六十名。知其作为者，无不称之为莳艺界中巨擘，而陈亦以大实业家自命。就事而论，陈实具资本，穷心思，尽劳力而扩充生产者，似无病于国、无害于民也。讵意年来出产日盛，获利较丰，于是象以有齿而焚身，祸可从天而降。斥为剥削者，似也，然藉人劳力，亦有相当报酬，终于剥削两字不适合。谓为大地主，亦似也，然种植果木，非地弗托，而况是购荒山荒地而开垦之。世界国家，亦只有教人增加生产，实无一是不许扩充实业者。而某年，陈则以生产太盛，获罪而死，亦云奇矣。陈死究不足惜，惟事以得人而见兴，以失人而致败。陈死去，后之者，又能否为陈之经营整理乎？否则一年凋伤，两年枯槁矣。度一二十年后，或者果园又将变为棘丛矣，是则真足以惜。（《云南掌故》卷 16 第 530 页）

（果实类）梨子、桃子、胡桃、李子、蘋果、林檎、松子、西瓜子、朝阳子、花红、杏子、梅子、柿子、橘子、香橼、佛手柑、柚子、枳、海棠果、枇杷果、石榴、小枣、杨梅、橄榄、芭蕉果、白果、落花生、延寿果、葡萄。（《宁蒗见闻录》第 2 篇第 66 页）

果之品：余甘子、山莲子、琵琶果、猩猩果、香橼、狮头柑、红梅、胡桃、林擒、葡萄、莲实、茨菇、荸荠、木瓜、橄榄、樱桃、西瓜、花椒、羊奶、榛、枣、杏、梨、橙、桔、栗、梅、蔗、藕、茭、柿、桃、李、松。（楚雄旧志全书"楚雄卷上"隆庆《楚雄府志》卷 2 第 35 页）

果品：葡萄、木瓜、枇杷、柿、荸荠、西瓜、茨菇、樱桃、石榴、菱角、松实、香橼、梨、杏、桃、李。（楚雄旧志全书"楚雄卷上"康熙《楚雄府志》卷 1 第 193 页）

果类：梨^{有九种}、李^{有三种}、柿^{有二种}、桃、杏、梅、榛、枣^{有二种}、杨梅、荸荠、菱角、石榴、樱桃、林檎、花红、葡萄、胡桃、板栗、松子、瓜子、海棠果、枇杷果、芭蕉果、黄果、橘子、佛手柑、仙人果、塔柿、山查、橄榄、木瓜、香橼、无花果。（楚雄旧志全书"楚雄卷下"宣统《楚雄县志述辑》卷4第1049页）

第二十五课《梨、李、桃、杏、葡萄、梅、柿》：梨、李^{名不一}，花白色，桃、杏，花红色，皆有香，结实酸甜不一。葡萄，花绿色，实熟味甜带酸。梅花有红、白、绿各色，花谢始放叶，结实虽熟，味亦酸。世以葡梅煮酒为美，今则梨、桃、杏、李亦可酿酒，且以蜜浸桃、梅为佳品。柿，花淡黄色，实熟味甜，露干有霜如粉，名柿霜。第二十六课《林檎、花红、石榴、芭蕉、橄榄》：林檎、花红，枝叶相似，花淡白色，结实亦相似，熟时红色，味酸甜清香。石榴，花红，子分格，又分红白，有酸有甜。芭蕉，草本，枝叶肥大绿阴，花黄绿色，结实，去外黄皮，食之味甜。橄榄，柯小，花淡白色，叶细，结果味酸，能回味微甜。第二十七课《板栗、香橼、黄果、桔、柑》：板栗，树，叶长，花黄白色，结实，外壳有刺，去壳又有紫硬皮，细皮包之，味甜。香橼，枝有刺，花紫白色，结实黄色，清香。黄果、桔、柑，花淡黄、白色，结实亦黄色，味亦清香，有酸有甜。桔、香橼，蜜浸谓之蜜饯。柑如手指，谓之佛手柑。（楚雄旧志全书"楚雄卷下"民国《楚雄县乡土志》卷下第1358页）

果品类：木瓜、西瓜、荸荠、茨菰、石榴、松实、香橼、梨、杏、桃、李。（楚雄旧志全书"双柏卷"康熙《南安州志》卷1第13页）

果品：桃、梨、石榴、葡萄、拐枣、西瓜、樱桃、香橼、金橘、黄果、佛手柑、玉李、梅、甘蔗、黄刺梅。（楚雄旧志全书"双柏卷"乾隆《碍嘉志书草本》第107页）

果之属：桃、李、杏、梅、桔、柑、橙、柚、香橼、木瓜、佛手柑、柿、梨、枣子、枣、石榴、胡桃、樱桃^{有山樱、家樱}、葡萄、松子、瓜子、落花生、栗、榛、橄榄、山楂、柿子、花红、苹果、菱角、西瓜^少、荸荠、慈菇、莲蓬、郁李、棠梨。（楚雄旧志全书"双柏卷"乾隆《碍嘉志》第 231 页）

果属：梅、杏、桃、李、梨^{有雪梨、木瓜梨、黄酸梨、冰梨}、枣、栗、柿、石榴、松子、榛子、菱角、佛手柑、香橼、葡萄、花红、樱桃、杨梅、枇杷、橄榄、山楂、锥栗、救军粮、水梳果、郁李、苹果、柑子、桔、荸荠、茨菇、木瓜。（楚雄旧志全书"牟定卷"道光《定远县志》第 245 页）

果品：松子、香圆、梨、杏、梅、桃、栗、榛、李、柿、木瓜、花红、樱桃、橄榄、石榴、荸荠、茨菇、杨梅。（楚雄旧志全书"南华卷"康熙《镇南州志》卷 1 第 14 页）

果之属：梨、柿、桃、李、杏、梅、榛、石榴、葡萄、木瓜、山楂、羊枣、核桃、香橼、松子、樱桃、花红、橄榄、杨梅、荸荠、苹果、甘蔗、枣、橘、柚、橙、水菱角、佛手柑。（楚雄旧志全书"南华卷"咸丰《镇南州志》第 129 页）

果品：梨、桃、柿、李、杏、梅、榛、安石榴、葡萄、木瓜、木桃、木李、山楂、塔柿、胡桃、香橼、海松子、樱桃、林檎、余甘子^{俗误呼橄榄}、杨梅、荸荠^{皮黄而嫩，味极甘，与他处产者不同}、蔗糖^{出阿雄乡，色赤黄，十枚一束，味极甘，与他处产者不同}、棘子、橘、柑、橙、菱、佛手、海棠。（楚雄旧志全书"南华卷"光绪《镇南州志略》卷 4 第 356 页）

果品：梨、桃、杏、李、梅、柿、榛、安石榴、葡萄、木瓜、木桃、木李、山楂、塔柿、胡桃、香橼、佛手柑、海松子、樱桃、花红、林檎、杨梅、余甘子^{俗呼橄榄}、桔、柑、橙、海棠、荸荠^{皮黄红而嫩，味极甘，与他处产者不同。}（楚雄旧志全书"南华卷"民国《镇南县志》卷 7 第 634 页）

果之属：梅、桃、李、杏、梨、枣、栗、榛、橙、橘、柿、樱桃、花红、木瓜、葡萄、石榴。（楚雄旧志全书"姚安卷上"康熙《姚州志》卷 2 第 37 页）

果之属：梅、桃、李、杏、梨、枣、栗、榛、橙、桔、柿、樱桃、花红、木瓜、葡萄、石榴、苹果。（楚雄旧志全书

"姚安卷上"道光《姚州志》卷1第242页)

果之属：故实三种：龙目，乐史《太平寰宇记》：姚州产龙目，似荔枝食之_{雨按：山中有木，结实形似荔枝，土人}，谓之鸡嗉子。疑即所谓龙目也。馀甘子，袁滋《云南记》：泸水南岸有馀甘子树，子大如弹丸许，色微黄，味酸苦，核有五稜，其树枝如柘枝，叶如小夜合叶。《通志》原注：泸水南岸当属姚州、大姚、白井诸处。馀甘子，橄榄之类。木槵子，《广舆记》：姚州产木槵子，圆净，可为念珠。《一统志》：菩提子，俗名木槵子，可为念珠，圆净胜他产。世传高泰祥死节，一女流亡民间，未知兄弟所在，手植此树，以卜存亡，九植咸苦，久之，尽得今存者九族雨按：俗名草素珠。

旧《志》十六种：梅、桃、李、杏、梨、枣、栗、橙、榛、橘、柿、樱桃、花红、木瓜、葡萄、石榴。增补十五种：牛奶柿，《本草》以为即"君迁子"是也。土人呼为塔柿。按寇宗奭云："塔柿大于诸柿。"则传呼之误耳。毛柿，即"野柿"也，有毛，亦可食。梨，有冰梨，俗呼"雪梨"；火把梨，以星回节熟，故名；冬梨，至冬乃熟；茶皮梨、脂麻梨，皆以色名；雀梨，可生啖，亦可蒸食；黄酸梨、水匾梨，皆梨之下品者雨按：乡人多蒔梨，有恃以为生者。无花果，不花自实。慈菇，俗呼尾果，可以作蔬。棠梨子，生青味酸，熟黑可食。救饥粮、黄托盘，实皆小而圆，可以备荒。（楚雄旧志全书"姚安卷上"光绪《姚州志》卷3第562页）

果品：姚安果实之属，以梨桃为大宗。城南三边冲、大屯一带居民，各有梨园、桃园，种蒔有法，接换有方，所产之梨枫，颗大味美。每岁七八九月日，入城市售卖者不下数百担。运往镇南、牟定者亦多，土脉所宜，亦生计所资也。（楚雄旧志全书"姚安卷上"民国《姚安县地志》第903页）

果属：《太平寰宇记》：姚安产龙目，似荔枝木_{《甘志》注：山中有，结实形似荔枝，土人食之，谓之鸡嗉子，疑即所谓龙目也}。袁滋《云南记》：泸水南岸，有余甘子树，子大如弹丸许，色微黄，味酸苦，核有五稜，其树枝如柘枝，叶如小夜合叶_{《通志》注：泸水南岸当属姚州、大姚、白井诸处。余甘子，橄榄之类}。《广舆记》：姚安产木槵

348

子，圆净，可为念珠。《一统志》：菩提子，俗名木槵子，可为念珠，圆净胜他产。世传高泰祥死节，一女流亡民间，未知兄弟所在，手植此树，以卜存亡，九植咸苗，久之，尽得今存者九族《甘志》注：俗名苦薏薏珠。《李通志》二十：梅、桃、李、杏、梨、枣、栗、蓁、橙、橘、柿、樱桃、橄榄、核桃、杨梅、花红、木瓜、葡萄、石榴、松子谨按：《李通志》物货属载：姚安产花椒，应附载此。《管志》十六：无橄榄、核桃、杨梅、松子四种，余与《李通志》同。《王志》十七：增蘋果，余与《管志》同。《甘志》增十四：牛奶柿，《本草》以为，即君迁子是也，土人呼为塔柿。按寇宗奭云：塔柿大于诸柿，则传呼之误耳。毛柿，即野柿也，有毛，亦可食。梨，有冰梨，俗呼雪梨；火把梨，以星回节熟，故名；冬梨，至冬乃熟；茶皮梨、脂麻梨，皆以色名；雀梨，可生啖，亦可蒸食；黄酸梨、水扁梨，皆梨之下品者。无花果，不花自实。棠梨子，生青味酸，熟黑可食。救饥粮、黄托盘，实皆小而圆，可以备荒。增补三十二：吾姚有双套梅子，果实二三并生，形虽存而不脱，想系接枝变化。桃，有连核桃、离核桃、黄杨桃等种。黄杨桃，味甘质脆，桃中佳品。李，有牛心李、金砂李、青脆李等种。梨，有早到梨、豆辛梨、江边梨、硬皮梨数种。九区近产刺梨一种，味甘质软，当名蜜疏梨，普洒亦产，此梨惟成熟期稍迟。石榴，有红皮、黑皮、绿皮三种。枣，有小枣、羊枣、拐枣三种。此外，如香橼、枇杷、山楂、木瓜、海棠、木梭果、面果子、黑果罗、栽秧果等，亦可食。弥兴，近亦产白果。《王志》载：有蘋果，《甘志》遗漏，现产量渐多，色、香、质、味并佳，近多运输出境。尚有林檎，形较小，皮色白绿，质较蘋果坚密，味纯同。葵花子，俗名朝阳子，产量亦多。邑中果实要首推南区桃、李，年可出五千余担；花红千余担，蘋果三十担。果认真培壅，产量尚可增一、二倍。锁北乡之大石洞、土窝铺等处，年产核桃二三百万枚出售，并大量种植板栗，产量亦丰谨按：邑中蘋果出产尚多，顾纯系土种，质软汁少，难制罐头，故无由推广。近经济农场多植美种，质脆汁富，堪以改接，若能采此新种移接旧砧，则姚安品种之改良，自不难成功，以运销远地也。又四山栗树中，有相（橡）豆子可磨面饲豕，惟性稍热，须加荞稗。

普洱人民有采数石至十余石者。枫树子、粉牌叶树子（黑果罗）、山石榴子均富油质，镇北乡人民多采取榨油。惟粉牌子油不可食，食则呕吐。（楚雄旧志全书"姚安卷下"民国《姚安县志》卷44第1658页）

果之属：梅、杏、李麦熟李、金沙李、黄皮李、牛心李、桃矮桃、寿桃、碧桃、黄杨桃、白心桃、扁桃、、樱桃、枣、蘋果、柿牛奶柿、梧实、梨雪梨、面梨、火把梨、芝麻梨、水扁梨、小雀梨、茶皮梨、黄酸梨、、栗、石榴、橄榄、橘子、柑、松子、瓜子、葡萄、锁梅即覆盆子、又名乌藨、杨梅、花红、羊枣、木瓜、多衣类木瓜而小、香橼、核桃、佛手柑、林檎一名来禽、榛子、枇杷、无花果、山柤、橙、锥栗、拐枣、鸡膝子一名山荔枝、救军粮。（楚雄旧志全书"大姚卷上"道光《大姚县志》卷6第172页）

果类：梅、桃、李、杏、梨、榛、橘、橄榄、佛手柑、柿、羊枣、木瓜、花红、葡萄、樱桃、海棠果、香橼、林檎、核桃、栗子、松子、梧桐。（楚雄旧志全书"大姚卷上"乾隆《白盐井志》卷3第488页）

果之属：旧《志》二十二种：梅、桃、李、杏、梨、榛、橘、柿、橄榄、佛手柑、羊枣、木瓜、奈俗名花红、葡萄、樱桃、海棠果、香橼、栗子、松子、胡桃俗呼核桃、梧桐子、林檎。**新增十七种**：石榴较他处大而甜、无花果、苹果奈之属、冰梨、雀梨、茶皮梨、棠梨子、银杏俗呼白果、水匾梨、火把梨以星回节熟、故名、脂麻梨、冬梨至冬乃熟黄、酸梨品之下者、小枣、橙、牛乳柿即本草之君迁子、俗呼塔柿、毛柿即野柿、有毛、亦可食。（楚雄旧志全书"大姚卷上"光绪《续修白盐井志》卷3第661页）

果之属：瓜子、栗子、石榴、橄榄、酸枣、酸角、乌木果、葡桃、核桃、黄果、羊枣、香橼、橙子、桃、梨、梅、杏、李、甘蔗、砂糖。（楚雄旧志全书"元谋卷"康熙《元谋县志》卷2第59页）

果之属：则橙、栗、枣、榴、橄榄、酸角、乌木果、葡萄、胡桃、黄果、香橼、桃、梨、梅、杏、李，皆常产也，而惟落地松、甘蔗为最。落地松者，长生果也，实巨于粤产。郊郭之外，半皆蔗田，以榨糖，霜月夜风，辘轳转声如高滩骤雨，令人凄绝。又有果果罗者，黑而甘，其生满山，可以御荒，比救军粮云。（楚雄旧志全书"元谋卷"乾隆《华竹新编》卷2第228页）

果之属：松子、瓜子、栗子、柿子、石榴、橄榄、杨梅、樱桃、胡桃、黄果、木瓜、羊枣、香圆、桃、梨、梅、杏、李。（楚雄旧志全书"武定卷"康熙《武定府志》卷2第82页）

果属：松子、瓜子、栗子、柿子、石榴、橄榄、杨梅、樱桃、胡桃、黄果、木瓜、羊枣、香橼、桃、梨、梅、杏、李，桑椹、落花生^{均出元谋县}、橙。（楚雄旧志全书"武定卷"光绪《武定直隶州志》卷4第377页）

果品类：石榴、小梨、桃、杏、梅、柿、李子。（楚雄旧志全书"禄丰卷上"康熙《禄丰县志》卷2第24页）

果属：栗子、杨梅、桃、杏、李、梨、茨菇、荸荠、花红、万寿枣、柿子、梅子。（楚雄旧志全书"禄丰卷上"康熙《罗次县志》卷2第147页）

果属：栗子、杨梅、桃、杏、李、梨、茨菇、荸荠、花红、万寿枣、柿子、梅子。（楚雄旧志全书"禄丰卷上"光绪《罗次县志》卷2第267页）

果属：为木瓜，为香橙，为梨，为梅，为杏，为桃，为李，为柿，为核桃，为石榴，为松子，为荸荠。（楚雄旧志全书"禄丰卷上"康熙《广通县志》卷1第390页）

果品：石榴^{有甘酸二种。接因水灾，遂罕有。}、桃、杏、梨、柿。（楚雄旧志全书"禄丰卷上"康熙《黑盐井志》卷1第600页）

果木：县属所产之果品甚多，中以梨：有红梨、麻梨、冬梨、花红梨、黄酸梨、硬头梨、早稻梨、小雀梨、大西梨等十余种。桃：有离胡桃、绵胡桃、红心桃、黄桃、羊屎桃等。李有金沙李、麦熟李、牛心李、鸡血李、黄李等。柿有大柿、野茅柿、丁香柿三种。梅有大小雨三种。栗有独栗、双栗、三栗。杏有梅杏、桃杏为多。石榴有红白子二种。橄榄、花红、林擒、枇杷、樱桃、无花果、酸木瓜次之。香橼。苹果。葡萄有纽子葡萄、牛奶葡萄两种。橙子、黄果等，亦间有之。（楚雄旧志全书"禄丰卷下"民国《广通县地志》第 1419 页）

果类：桃子、杏子、李子、梨、栗、核桃、松子、花红、林青、石榴、梅子、阴（樱）桃、阳桃、堂（棠）梨、黄覆盆、紫覆盆、栽秧果、艳山红、山杏子、山楂、海棠梨、羊奶子、拼果、野菱角、无花果。（昭通旧志汇编本乾隆《恩安县志稿》卷 3 第 36 页）

果类：梅、桃、李、梨、栗、杏、柑、橙、橘、柚、柿、松子、核桃、橄榄、枇杷、荔枝^{产副官村西二十里许，只二株}。（昭通旧志汇编本嘉庆《永善县志略》卷 1 第 752 页）

果属：梅、山杨梅、杏、石榴、李^{有牛心、江自、鸡血数种}、桃有^{碧桃、乌桃、米桃、金桃数种}、梨^{有黄皮、青皮数种}、栗、胡桃、木瓜、柑、橙、山楂^{俗名山里红}、茨果、贫婴果^{俗名救军粮}、葡萄。（光绪《镇雄州志》卷 5 第 56 页）

果之属：有梅，味酸，乌梅入药用。桃，有黄白红三色，产八仙营者大而微酸。李，有江安、麦熟、鸡血、红、黄、野李等。杏，色红，味甘，仁可入药。栗，有板栗、毛栗二种。毛栗较小，外有壳，多刺，内壳色赤。枣，仅有小者。梨，有黄、青、磨盘、香、面、螃蟹等名，中以大小黄梨为多，四乡均产，味美，而能久搁，至冬春之间，乡人咸挑往远处贩卖，上至滇省，下及叙、渝，味尤香甜，惜无人装罐头。邑人常如松以黄梨制膏，服之能润肺止咳、清热化痰，贩运滇川，颇能销售。橄榄，亦名谏果，苦后回甘。枬枣，有枝桠，果如赘疣，味甘，能解宿酒。柿，色红，味甜，用制柿饼。软枣，如柿而小，味甘美异常。海棠，色红，生时濇（同涩），熟时味甜而香。棠梨，形如黄梨而小，生时濇，熟时甘。枇杷，内质薄而核大，色黄，味甘，性温。石榴，味有甘而微酸者。花红，形类蘋果而小，色红，味极香美。林檎，与花红同类，味甘而稍大。蘋果，味甘，气尤香美。杨梅，味酸，有刺。无花

352

果，不花而实，形类小橙，入药用，可以下乳汁。樱桃，色红，味美，四乡盛产。葡萄，有紫绿二种，味甘美。核桃，青壳内有硬壳，肉分四瓣，味香美。山林果，味酸，晒之为山渣（楂），销售四川，入药用。桑葚，色紫红，味甘，可以泡酒。紫覆盆，俗呼泡耳，味甘色紫。黄覆盆，又称黄锁眉，味甘色黄。地白泡，味甘，色白。红泡儿，又谓蛇泡儿，不可食。救兵粮，俗称豆金粮，实红，小扁，子黑，味涩，经霜则甜，可以充饥。羊奶子，形如羊奶，味甘而酸。栽秧果，有红黄二色，熟时味甘，栽秧时食之。沙棠果，色黑，味甘，其圆若珠，可以泡酒。荸荠，一名凫茈，味甘，性善毁铜、消食。落花生，一名长生果，香松悦口，故又名花松。鸡膝子，形如鸡膝，味甘微酸。酸多液，形圆而红，味极酸。皂荚，嫩时，取其肉可用为食品。槐实，去其子作蜜食。老娃果，花白，结实圆而长，可以榨油。菱角，产菱角闸，可以生食。羊桃，形圆，味甘，根皮有粘性，为造纸必需之原料。枸杞，色红，俗谓爬墙茨，味甘，果入药用。寿星果，形圆，色红，俗谓洋辣子。（昭通旧志汇编本民国《昭通志稿》卷9第262页）

　　果之属：有桃，有红黄二种。李，有麦熟李、鸡血李等。杏，核可入药。栗，有板栗、毛栗二种。梨，有青黄二种，四乡多产之。橄榄，又名谏果，先苦后甜。拐枣，泡酒治病。柿，制柿饼，治肺病。软枣，似柿而小。花红，似蘋果而小。蘋果，味甜气香。杨梅，味酸，能入药，止泻。樱桃，色红，味美。葡萄，有紫绿二色。核桃，分硬壳、软壳。山林果，晒干称曰山渣（楂），入药用。地白泡，色白，味甘。救兵粮，俗名豆金粮，味甘，可充饥。栽秧果，有黄红二色，栽秧时食之。沙棠果，色黑，味甘，泡酒治病。皂荚，嫩时可入席。菱角，产菱角闸，可食。羊桃，形圆，味甘，根皮有黏性，为造纸原料。（昭通旧志汇编本民国《昭通县志稿》卷5第381页）

　　果之属：梅、李、杏、桃、梨、榴、栗、葡萄、花红、橄榄、茅栗、橡子、木瓜、郁李、桔、柑、橙、香橼、酸角、

枣、无花果、冰子、元元、胡桃、银杏、榛、梧桐子、佛手柑。(昭通旧志汇编本民国《巧家县志稿》卷7第695页)

果类:桃、李、杏、梨、橘、橙^{俗呼黄果}、柑^{即大木柑}、柚、柿、梅、枣、拐枣、栗^{俗呼板栗}、胡桃^{一名核桃}、桃李^{人工配接之种}、樱桃、葡萄、花红、苹果、石榴、枇杷、龙眼^{又名桂圆}、荔枝、香橼、皂仁、白果^{一名银杏}、佛手柑、木瓜、杨梅。(昭通旧志汇编本民国《盐津县志》卷4第1694页)

白桃子

白桃子,俗名白脬。气味甘微酸,〖性〗平。主治肺痈咳嗽,清痰解热,凡血风疮及筋骨疼痛,皆能疗治。(《滇南本草》第712页范本)

槟榔

(交州)槟榔大如枣,色青如莲子。彼人以为贵异。婚族好客,辄先进此物。若邂逅不设,用相嫌恨。《齐民要术》卷十《槟榔》条、《艺文类聚》卷八十七《果部》下、《太平御览》卷九百七十一《果部》八、《太平寰宇记》卷一百七十《交州风俗》条引。《类聚》、《寰宇记》引有节文。(《云南古佚书钞·南中八郡志》第11页)

槟榔,树高十余丈,皮似青桐,节如桂竹,下本不大,上枝不小,调直亭亭,千万若一,森秀无柯,端顶有叶,叶似甘蕉,条派开破,仰望眇眇,如插丛蕉于竹杪,风至独动,似举羽扇之扫天。叶下系数房,房缀数十实,实大如桃李,天生棘,重累其下,所以御卫其实也。味苦涩,剖其皮,鬻其肤,熟如贯之,坚如干枣。以扶留藤、古贲灰并食则滑美,下气消

谷。出林邑，彼人以为贵，婚族客必先进，若邂逅不设，用相嫌恨。一名宾门药饯。(《南方草木状》卷下)

平琴州有槟榔，树如棕榈，高七八尺，无枝柯，上有十许叶。正月结房，一房二百余子。花甚香，每生即落一箨，箨堪为扇。至五月熟，大如鸡子。以海蠢壳烧作灰，名曰蛤贲灰，共扶留藤和而嚼之，香美，除口气。久食，令人齿黑。故南人有雕题、黑齿之俗。《天中记·槟榔类》引。《太平御览》卷九百七十一《果》八引作："平琴州有槟榔，五月熟。以海螺壳烧作灰，名为奔蛤灰，共扶留藤和而嚼之，香美。"盖节文。(《云南古佚书钞·云南行记》第25页)

云南有槟榔，花糁极美。《太平御览》卷九百七十一《果》八引。(《云南古佚书钞·云南行记》第25页)

云南有大腹槟榔，在枝朵上色犹青，每一朵有三二百颗。又有剖之为四片者，以竹串穿之，阴乾则可久伫。其青者亦剖之，以一片蒌叶及蛤粉卷和嚼，咽其汁，即似减涩味。云南每食讫则下之。《太平御览》卷九百七十一《果》八、《增广笺注简斋诗集》卷二十七《又和大光》诗注、《本草纲目》卷三十一《果部·大腹子》条引。(《云南古佚书钞·云南行记》第25页)

云南多生大腹槟榔，色青犹在枝朵上，每朵数百颗。云是弥臣国来。《太平御览》卷九百七十一《果》八引。案：此条与上条当是一条，而引者分引之。(《云南古佚书钞·云南行记》第26页)

槟榔，树高十余丈，临安、广南诸郡有之。叶如芭蕉，花如金粟，实如桃李，土人四剖其房，并实干而贯之。食者佐以石灰及扶留。扶留，蒌子也，似桑椹而绿，味辛烈，其功消宿食，祛瘴疠，故闽、广人亦啖之。但闽、广人于槟榔去皮而啖实，于蒌啖叶而弃子，此为异耳。(《滇略》卷3第228页)

嵇含《南方草木状》云："槟榔，树皮似青桐，节如桂竹，下本不大，上枝不小，稠直亭亭，千万若一，森秀无柯。端顶有叶，仰望眇眇，如插丛蕉于竹杪，风至独动，似举羽扇之扫天。叶下系数房，房缀数十实，实大如桃李，天生棘，重累其下，所以御卫其实也。味苦涩，剖其皮，鬻其肤，熟如贯之，坚如干枣。以扶留藤、古贲灰并食则滑美，下气消谷。出林邑，彼人以为贵，婚族客必先进，若邂逅不设，用相嫌恨。一名宾门药饯。"《云南记》云："槟榔，树如棕榈，高七八丈，无枝柯，上有十许叶。正月结房，一房二百余子。花甚香，每生即落一箨，箨堪为扇。至五月熟，大如鸡子，以海蠡壳烧作灰，名曰蛤贲灰，共扶留藤嚼之，香美，除口气，久食，令人齿黑。"俞益期与韩康伯笺云："槟榔木，大者三围，高者九丈，叶聚树端，房栖叶下，华秀房中，子结房外。其擢穗似黍，其缀实似檝。其皮似桐而厚，其节似竹而概。其中空，其外劲，其屈如覆虹，其伸如缒绳。步其旁则寥朗，庇其荫则萧条。"此分明画槟榔图也。（天启《滇志》卷 32 第 1045 页）

槟榔 一名仁频，树高数丈，旁无附枝，正月作房，从叶中出，一房百余实，大如核桃，剖干和芦子、石灰嚼之，色红味香 。（康熙《云南通志》卷 12《元江府》第 227 页）

槟 榔 嵇含《南方草木状》云：槟榔树，皮似青桐，节如桂竹，下本不大，上枝不小，稠直亭亭，千万若一，森秀无柯，端顶有叶，仰望眇眇，如插丛蕉于竹杪，风至独劲，似举羽扇之扫天，叶下系数房，房级数十实，实大如桃李，天生棘重累其下，所以御卫其实也。味苦涩，剖其皮，鬻其肤，熟如贯之，坚如干枣，以扶留藤、古贝灰并食则滑美，下气消谷。出林邑，彼人以为贵，凡客客必先进，若邂逅不设用，相嫌恨。一名宾门药饯。《云南记》云：槟榔，树如棕榈，高七八尺，无枝柯，上有十许叶，正月结房，一房二百余子，花甚香，每生即落一箨，箨堪为扇，至五月熟，大如鸡子，以海蠡壳烧作灰，名曰蛤贝灰，共扶留藤嚼之，香美除口气，久食令人齿黑。俞益期与韩康伯牋云：槟榔，木 者三围，高者九尺，叶聚树端，房栖叶下，华秀房中，子结房外，其擢穗似黍，其缀实似大 檝，其皮似桐而厚，其节似竹而概，其中空，其外劲，其屈如覆虹，其伸如缒绳，步其旁则寥朗，庇其荫则萧条，此分明画槟榔图也。土槟榔，状如槟榔，孔穴间得之，新者犹软。相传蟾蜍，天也不常有之，主治疮。《云南志》云：紫槟榔，状类白荳蔻，嚼涂恶疮甚效，或食一枚，饮冷水即无所伤，俗云马金囊。（康熙《云南通志》卷 30 第 873 页）

槟榔，树高十余丈，临安、广南诸郡有之，叶如芭蕉，花如金粟，实如桃李，土人剖其房并实，干而贯之食，佐以石灰及扶留。扶留，蒌子也，消宿食，祛瘴疬。产临安建水、元江诸处。（康熙《石屏州志》卷 13 第 266 页）

清李廷柏 邑人《槟榔无柯》（五律）：岭南传异种，滇徼产梹榔。独幹亭亭秀，孤枝特特芳。盘根无别杪，错节自成行。点碧非凝露，渥丹讵惹霜。香生花满蒂，珠缀子盈房。不为勤芟

刈，宁关剪斧戕。嶰桐高百尺，汉柏矗千章。应附包茅贡，馨闻远帝乡。（雍正《建水州志》卷14第12页）

乾隆^{丙辰名
试鸿博}张汉《滇槟榔赋》：罗盘之甸，礼社之江^{槟榔产元江
府,江名礼
社,宋为
罗槃甸}。玉台诸峰之侧，银生节度之邦^{城西玉台山二十五峰颇苍
秀,唐属银生府节度使}。距羲叔南交之宅^{南距交
阯甚近}，邻禹贡黑水之疆^{西瞰澜沧江
即黑水}。酷暑兮同十日之并出，穷冬兮睇百里而无霜^{地暑甚,
无霜雪}^冬。爰生嘉种，厥号槟榔。宜蛮烟与瘴雨，亦负阴而抱阳^{陶贞白云阴为大
腹子,阳为槟榔}。彼其劲节参天，亭亭独立。不蔓不枝，春华秋实^{树如棕
本甚直}^一。黄英龚龚兮穗结云垂，香雾噀人兮众香之国^{花如苗穗香甚
烈,中之即瘴}。丹枫江上夕阳红，朱树蟠根同一色^{下有草
名血树}。紫气氤氲丽质凝^{又名紫
槟榔}，累累绿珠纷可摘。尔乃登之绮席，盛以琼盂。手劈混沌之窍，中含太极之图。既同条而共贯，亦外枯而中腴。砺金错以平分，宛鱼符兮半璧。抵摩尼之一串，复蟀甲兮衔珠^{分为两半,以细
紫藤贯仁成串}。佐以扶留之实，采诸哀牢之墟^{芦为扶留藤,合唼
之,出永昌府者佳}。夺炎帝司天之色，借娲皇炼石之余^{佐以石灰少许,
色殷红可爱}。白应受采，赤岂近朱。饵丹砂与白石，比勾漏以何殊。邓郁细餐云母屑，季伦怒击珊瑚裂。吐吞绛雪咀流霞，歙成石壁桃花赤。晕红粉兮云英，宛琼浆兮载啜。燕支未点绛唇殷，玳瑁微斑纤指涅。唾珠满地赤水凝，咳玉九天红冰结。吐袖遥添莱缀斑，舐毫淡染江花酥。赤瑛盘里，比樱桃以犹鲜。探春宴中，薄杏花兮红雪。第其色以荔枝为奴，降其精岂乘龙之血。试傅粉之何宴，汗涩然以潮生^{唼之
微汗}。近含香之苟，令载齿颊以犹馨^{自唼
不觉香,闻
唼异香
甚}。祛青草黄梅之瘴^{南方春为青草瘴,夏
黄梅瘴,槟榔可辟}，回冰天雪窖之春^{唼之
暖}。其沉醉也，入醉乡而非酿，顿逊国可以无花；其解醒也，起玉山于既颓，兴庆池可以无草；其破闷也，似卢仝之茗战，腋底风生；其疗饥也，似王质之窥枰，山中得枣^{《鹤林玉露》著其德
有四:醒能使醉,
醉能使醒,饥能
使饱,饱能使饥}；其为体也，与玉帛为庭实；其为质也，与榛栗为宾从^{滇人以
此为礼}。榷之者与仙掌龙团，赋诸王室；蒔之者，与渭川千

357

亩，列为侯封以园多为富。_{蒔者成园，园有长，}至若珠崖儋耳，同名别类_{粤中有槟榔}。紫不可以夺朱，亦偷香而避味。著奇效于药笼，致三虫之引退。味由苦而得甘，乃君子之所贵。然而产南越者，时见歌诗，仙药录，注命名之别_{长为槟，员为榔，又有仁频、槟门、螺果、蒳子诸名}。异物志，珍口实之宜_{志载其形甚详，且云珍为口实}。玉为案兮珠为盘，得肩吾之佳语。凤之卵兮龙之乳，亦东坡之丽词。仁频异名，出诸《上林》之赋，《鹤林玉露》，注彼四德之奇。喜南游之逢朱子，如佳士之得品题_{朱文公有食槟榔诗}。何滇产之尤僻，乃题咏之独希。岂迁其地不能为良_{独宜炎方}，抑远其物不以入贡。长者之目兮未邀，为俞益期之隐痛_{俞益期答韩康伯笺详言槟榔之妙，末谓辽然万里，弗遑长者之目，自令根深云。}吾重吾之偏嗜兮，与羊枣而并传。为特阐其幽芳兮，比茶经与橘酒颂。（乾隆《石屏州志》卷6第72页）

槟榔^三系。滇省瘴疠最盛，名目甚多，春夏之间，槟榔花开，香气甚浓，其瘴最毒，元江、普洱一带，甚至不可行走，而槟榔又系解瘴之物，滇人无不常食者。子母之相悬如此，得毋犁牛骍角之谓欤！滇之槟榔与粤中所产异，粤中槟榔坚实而无味，以形如鸡心者为佳。滇之槟榔色赤而质嫩，售者带壳劈为二，用索子串就，约二十枚一提，俗名壳儿槟榔。初入口味涩，咀嚼久之，则甘滑可口。土人以石灰和食，云去其涩也，常服者唇齿皆赤色，吐沫亦赤，殊不雅观，且石灰性燥烈，不宜食。其壳之里层，揭之与槟榔共嚼，亦可治涩也。滇省土风，每遇客至，必供槟榔，或主人手奉，或以纸摺为小匣盛之，小厮捧盘奉客，客取槟榔，还置纸匣于盘。若主人缺于供，则传为笑谈，客却之亦见怪。婚礼纳聘以槟榔代他省之茶，或千计或百计，俱用红绿纸包之装条盒中，以示丰盛。凡有吉凶事故，宾朋宴会，及年节酬应，以办置槟榔为要务云。（《滇南闻见录》卷下第36页）

槟榔盒，见于《范志》，想以为异而志之，而今滇中常有此盒，不以为异。（《滇海虞衡志》第120页）

其地高原旷野，土产槟榔，种蒔如中国农桑，蒏时杀犬洒

血污之。此谓元江摆夷，亦诞甚矣。（《滇海虞衡志》第327页）

槟榔树，《临安府志》：树高十余丈，皮似青铜（桐），节如斑竹，叶如芭蕉，花如金粟，实累累缀于房中，土人剖其实，贯以藤，风戾而食之。佐以扶留及石灰，消宿食，祛瘴疠。（道光《云南通志稿》卷69《临安府》第21页）

槟榔，贾思勰《齐民要术》：《南方草木状》曰槟榔三月华，包仍连著实，实大如卵，十二月熟，其色黄，剥其子，肥强不可食，去其子并壳，取实曝干之，以扶留藤、古贲灰合食之，味甚滑美，亦可生食，最快好，交趾、武平、兴古、九真有之。（道光《云南通志稿》卷69《曲靖府》第37页）

槟榔，旧《云南通志》：一名仁频，树高数丈，旁无附枝，正月作房，四月开花，一房百余实，大如核桃，剖干合芦子、石灰嚼之，味香美，且宽中消胀。（道光《云南通志稿》卷70《元江直隶州》第54页）

黄炳堃《沅江槟榔树》（七绝二首）："一枝一叶实垂垂，耸立擎天独木支。品占南镇夸异味，槟榔江畔旧名驰。""嘉木苍苍无附枝，秋风果熟子离离。南边备得笼中物，良药何妨苦口施。"（《永昌府文征·诗录》卷40《清三十》第1510页）

波罗蜜

丽水城又出波罗蜜果，大者若汉城甜瓜，引蔓如萝蔔。十一月十二月熟。皮如莲房，子处割之，色微红，似甜瓜，香可食。或云此即思难也。南蛮以此果为珍好。禄卑江左右亦有波罗蜜果，树高数十丈，大数围，生子，味极酸。蒙舍、永昌亦有此果，大如甜瓜，小者似橙柚，割食不酸，即无香味。土俗或呼为长傍果，或呼为思漏果，亦呼思难果。（《云南志补注》卷7第104页）

波罗蜜，树高五六丈，不花而实，结于枝间，有软刺礧砢，大有余斤，剥去外皮，内肉层叠如橘，食之香甜。味甘香，性平，无毒。止渴、解酒不醉，益气，令人悦泽。核中仁，煮炒食之，补中益气，轻健不饥。久服乌须黑发，延年固齿。老人服之，步履如少。妇人服之，生血、和血，退骨蒸之烧，百病不生。（《滇南本草》第148页范本）

波罗蜜，生交趾南番诸国，今岭南、滇南亦有之。（《本草纲目》卷31）

波罗密^{形如瓜，其味甘，出溪处旬。}（景泰《云南图经志书》卷3《临安府》第157页）

婆罗蜜^{树实大如瓜，八月熟，味甘酸。}（正德《云南志》卷3《大理府》第169页）

波罗蜜^{实大如瓜，味甘酸。}（正德《云南志》卷13《金齿军民指挥使司》第540页）

波罗密，形如瓜，短瓣，攒生如碗，其味黄者甘，赤者酢。潞江及亏容夷地所产。（《滇略》卷3第229页）

波罗密树，如荔枝树，稍大，皮厚叶圆。有横纹小枝附树身，上生一枝，含数实，花出大如斗，皮亦似荔枝有刺，类佛首螺髻之状。肉如蜂房，近子处可食，与熟瓜无异，而风韵过之。子如肥皂核大，亦可炒食，味似豆。春生秋熟，交人珍之。今临安属县亦有。（天启《滇志》卷32第1045页）

波罗密树^{如荔枝树，稍大，皮厚叶圆。有横纹小枝附树身，上生一枝，含数实，花出大如斗，皮亦似荔枝有刺，类佛首螺髻之状。肉如蜂房，近子处可食，与熟瓜无异，而香美过之。子如肥皂核大，亦可炒食，味似豆。春生秋熟，交人珍之。今临安属县亦有。}（康熙《云南通志》卷30第874页）

婆罗蜜，安南名曩伽结，波斯名婆那娑，拂林名阿萨嚲，南方番国产也，而云南早有之。考《前明统志》永昌土产婆罗蜜，实大如瓜，味甘酸。想《统志》亦因郡邑志而载之者，必实有此果也。《范志》桂海既有此果，滇海岂其独无？而《滇志》及《新永昌志》俱遗之，何其阙也？果之巨者无如椰子。婆罗蜜，梵语味甘也。李时珍云："今岭表、滇南亦有之。树类冬青，高五六丈，叶极光净，实出枝间，大如冬瓜，重五六斤。剥去层皮，味极甜美。"予客岭表见之多，居滇竟未见也。又不花而果者，有独婆罗蜜也。（《滇海虞衡志》第245页）

波罗蜜果，樊绰《蛮书》：丽水城出，大者如汉城甜瓜，引蔓如萝葡。十一月、十二月熟。皮如莲房，子处割之，色微红，似甜瓜，香可食。或云此即思难也。南蛮以此果为珍好。禄匿江左右亦有波罗蜜果，树高数十丈，大数围，生子，味极酸。（道光《云南通志稿》卷69《丽江府》第45页）

波罗蜜，李时珍《本草纲目》：生交趾、南蕃诸国，今岭南、滇南亦有之。树高五六丈，类冬青而黑润倍之，叶极光净，冬夏不凋，树至斗大方结实，不花而实，出于枝间，多者十数枚，少者五六枚，大如冬瓜，外有厚皮裹之，若栗球上有软刺礧砢。五六月熟时，颗重五六觔，剥去外皮，壳内肉层叠如橘囊，食之，味极甘美如蜜，香气满室，一实凡数百核，核大如枣，其中仁如栗黄，煮炒食之甚佳。《思茅厅采访》：树大数围，枝叶蔓延，不花而实，实不结于枝而缀于干，大如瓜而长形，质类杨梅，熟则内如瓜瓤，以匕箸食之，味香甘，中有子数十粒，如栈豆，可煮食。（道光《云南通志稿》卷70《普洱府》第4页）

波罗蜜，樊绰《蛮书》：永昌有波罗蜜，果大者如甜瓜，小者似橙柚，割食不酸，即无香味，土俗或呼为长傍果，或呼为思漏果，亦呼为思难果。旧《云南通志》：实大如梨，味甘微酸。（道光《云南通志稿》卷70《永昌府》第22页）

波罗蜜，樊绰《蛮书》：蒙舍亦有此果，大者如甜瓜，小者似橙柚，割食不酸，即无香味。（道光《云南通志稿》卷70《蒙化直隶厅》第42页）

蜜多罗，旧《云南通志》：树高数丈，实从干生，大如冬瓜，色似杨梅，香甘迥异。（道光《云南通志稿》卷70《元江直隶州》第55页）

波罗蜜，详《桂海虞衡志》，《本草纲目》始收入果部。

不花而实，两广皆有之。核中仁如栗，亦可炒食，滇南元江州产之，三五日即腐，昆明仅得食其仁，其余多同名异物。《粤志》谓无花结果，或生一花，花甚难得，即优钵昙花。可备一说。（《植物名实图考》果类卷31 第734 页）

菠萝

露兜子，产广东，一名波罗，生山野间，实如萝葡，上生叶一簇，尖长深齿，味、色、香俱佳，性热。按《岭南杂记》：番荔支大如桃，色青，皮似荔支壳而非壳也，头上有叶一宗，擘开白穰黑子，味似波罗蜜，即此也。又名番娄子。形如兰，叶密长大，抽茎结子，其叶去皮存筋，即波罗麻布也。果熟金黄色，皮坚如鱼鳞状，去皮食肉，香甜无渣。六月熟。（《植物名实图考》果类卷31 第735 页）

波罗，采访：出云州锡腊，俗名打锣，椎根，叶似地涌金莲而厚劲寸许，长尺馀，边有刺如锯，实自苗中生，皮纹麟起，熟时色丹黄，大于盌而少长若槌，故名，味甚香美，可月馀，顶有丛芽，分种之无不生者。（光绪《续修顺宁府志》卷13 第7 页）

板栗

栗子 州西之山非一，俱产栗子，其实小而味甘，胜于他郡之产也。（景泰《云南图经志书》卷3《曲靖府·罗雄州》第135 页）

栗 出罗雄州，实小而味甘，胜于他州所产。（正德《云南志》卷9《曲靖府》第383 页）

戊寅九月二十一日，……太平老僧煮芋煨栗以饷。（《徐霞客游记·滇游日记三》第800 页）

戊寅九月二十四日……城中市肆，与广西府相似。卖栗者，以火炙而卖之。（《徐霞客游记·滇游日记三》第 809 页）

椑子

椑子，赋于《吴都》，与留子并著。李时珍曰：椑、留二果名，留一作刘。三月著花结实，七八月熟，色黄甘酢。生交、广、武平、兴古诸郡。夫兴古则今曲靖府也。刘子出于曲靖，则椑子亦同与御霜矣。（《滇海虞衡志》第 248 页）

橙

橙子，味辛苦，性温。入厥阴肝经，阴也。行厥阴滞塞之气，止肝气左肋疼痛，下气，消膨胀，行阳明乳汁不通。理皮，即黄果皮。味辛苦，性温。入脾、肺、肝三经，主降气宽中，破老〖人〗痰结，痰如胶者效。化痰定喘。止咳下气，功甚于广〖陈〗皮。补胃和中，力不及广〖陈〗皮。昔李姓男子患积痰，结核于咽喉中，与梅核相似，喉中有碍，吐咯不出，咽之不下，似有似无，有时阻滞。（补注）〖按〗此，〖症〗因肝气不舒，忧思气〖郁〗，结成梅核，〖偶〗着气动怒即发。李姓患此〖病〗十余年，用药不效，后得此方治好。（《滇南本草》第 172 页丛本）

橙，宋开宝间，士大夫尚橙有胜于橘，谓其可熏衣香而去汗湿，可入酱，可作鲊，可为料和羹，可作汤解醉，可蜜可饴为钉，可和葅醯入沸则香气馥郁也。故美其名曰金毬子，又曰鹄壳。《埤雅》曰：橙，即柚属，可登而成之也。圆橙，仅如胡桃大，然愈小者愈佳，作橙丁极妙，取皮入料尤佳。狗头橙，青后能黄，圆身，至颠稍长，类狗头，微有臭气，心酸甚，惟削皮入料，亦香越。（《鸡足山志》卷 9 第 327 页）

颠茄

戊寅十二月初六日……复循底西行，见壁崖上悬金丸累累，如弹贯丛枝，一坠数百，攀视之，即广右所见颠茄也^{志云：枝中}有白浆，毒甚，土人炼为弩药，著物立毙。（《徐霞客游记·滇游日记五》第888页）

都桷子

都桷子，生广南山谷，高丈余，子如鸡卵，亦似木瓜，以盐酸沤食。（《滇海虞衡志》第249页）

都桷子，檀萃《滇海虞衡志》：生广南山谷，高丈余，子如鸡卵，亦似木瓜，以盐酸沤食。（道光《云南通志稿》卷69《广南府》第30页）

都念子

都念子者，倒捻子也。树高丈，或二三丈，叶如白杨，枝柯长细。子如小枣，抑似软柿。头上有四叶如柿蒂，捻其蒂而食，谓倒捻子，讹为都念。外紫内赤，无核，土人呼为软枣，弃之而不食。省城果铺收而以蜜渍之，遂列宴盘，是知美在所渍也。农部署前有一株，予每坐其下，以为软枣而已耳，今乃知为都念，能无念之乎？（《滇海虞衡志》第250页）

都念子，檀萃《滇海虞衡志》：都念子者，倒捻子也。树高丈，或二三丈，叶如白杨，枝柯长细。子如小枣，抑似软柿。头上有四叶如柿蒂，捻其蒂而食，谓倒捻子，讹为都念。外紫内赤，无核，土人呼为软枣，弃之不食。省城果铺收而以

蜜渍之，遂列宴盘，是知美在所渍也。（道光《云南通志稿》卷67《通省》第23页）

都咸子

都咸子，生广南山谷间，树大如李，子如指。取子及皮叶干之，以作饮，极香美。（《滇海虞衡志》第251页）

都咸子，檀萃《滇海虞衡志》：生广南山谷间，树大如李，子如指。取子及皮叶干之，以作饮，极香美。（道光《云南通志稿》卷69《广南府》第30页）

榧子

榧子^{出本州求仁甸乡，入果品。}（景泰《云南图经志书》卷5《剑川州》第307页）

榧子、松子。（正德《云南志》卷10《鹤庆府》第426页）

榧实，一名玉山果，由坡公发明之也。《尔雅》："柀，黏。"柀转为斐，斐转为棐，棐别为榧。黏省为杉，其有实也曰榧子。《陶公别录》曰："榧实生永昌，柀子生永昌山谷。"予于滇筵每食榧子，询之，则自永昌贩来者也。其木柏本，杉叶而松理，肌细软，堪为器用。乃思古人之棐几，用此木为之也。实壳薄，不似松子坚硬，可生啖，亦可焙收，一树可收数十斛，江西玉山有之。能治小儿虫疾。坡公诗："彼美玉山果，餐为金盘实，驱出三彭虫，已我心腹疾。"玉山果由此名也。柀叶似杉，绝难长，结榧实，而木理有文采，为特异杉耳。金沙江峒板，皆杉板也，想即柀木也欤？柀生于荒谷，人迹罕到。锯其板，内有龙脑香，则其外之发为榧子，岁收数十斛，又何足奇？以江乡习见之木料，绝不经意，今乃于边远记

365

载而得之。甚哉！为学之道，不可不随处留心也。（《滇海虞衡志》第 258 页）

榧子，旧《云南通志》：出剑川，能乌须。（道光《云南通志稿》卷 69《丽江府》第 46 页）

榧子，陶宏景《名医别录》：榧实生永昌，彼子生永昌山谷。陶宏景曰：彼子，一名㮕子，从来无用者，古今诸医不复识之^{罗愿《尔雅翼》：本草木部有榧实，又有彼子，皆出永昌，而误在虫部，盖彼字当从木作㮕，即是榧也。}（道光《云南通志稿》卷 70《永昌府》第 23 页）

凤尾蜃

凤尾蜃，产山外绝壁间，似凤尾，丛结合抱而中含，圆实数枚，红润可食，今亦不可多得。（楚雄旧志全书"禄丰卷下"康熙《琅盐井志》卷 1 第 1047 页）

柑橘

甘橘，大釐城有之，其味甚酸。穹赕有橘，大如覆杯。《御览》卷九百六十六《果部》三"橘条"引此书，改"甘桥"为"甘橘"。（《云南志补注》卷 7 第 104 页）

橘子皮，味苦辛，性温。行气，消痰，降肝气，治咳嗽、治疝气〖等症〗。（《滇南本草》第 170 页丛本）

黄柑^{圆大而黄，表里俱甘，}异于他郡之产者。（景泰《云南图经志书》卷 3《曲靖府》第 120 页）

黄柑^{圆大而黄，表里俱}甘，俱南宁县出。（正德《云南志》卷 9《曲靖府》第 383 页）

狮头柑^{即蜜桶之类，状如狮头而色黄，有大如碗者，味最甘。金橘色黄而味甘。}（正德《云南志》卷 12《北胜州》第 498 页）

大理宾川之黄柑，色味甚佳，大者如碗，谓之狮头柑。旧《志》谓北胜州产，非也。自秋及春皆啖之。(《滇略》卷3第229页)

狮头柑，旧《志》云：北胜州有狮头柑，状如狮头，其色黄，大如碗，其味最甘。邓川州有猩猩果，高数丈，春花秋实，果如弹丸，色如血，味酸可食。(天启《滇志》卷32第1046页)

己卯四月初十日……桥西逾坡西北下，路旁多黄果，即覆盆子也，色黄，酸甘可以解渴。(《徐霞客游记·滇游日记九》第1050页)

柑出云州，俗名黄果。(康熙《顺宁府志》)

狮头柑 旧《志》云：北胜州有柑，状如狮头而色黄，大如碗，其味最甘。 (康熙《云南通志》卷30第874页)

橘，云之五色为庆云，一色而外黄内赤，非烟非雾为卿云。以橘实亦外黄内赤，香雾郁郁纷纷者似，故谓之橘。其性能与地移故，北则为枳，南则为橘矣。宋韩彦直著《橘谱》三卷，详橘之义焉。谓产苏州、台州者为上，西则荆、湘，南则闽、广，而皆不如温州者为最。不知滇之宾川州者，香甜浮大，尤美耳。考橘品十有四，今宾川州其实柑之属，柑品有八，则以宾川州为最矣。金橘，如胡桃子大，黄赤色，瓤中多子，霜后微有甜意，究遇酸，不受食。黄柑，山中虽植接，未若宾川州者佳，以蜂蜜蔗饴，煮作橘饼。(《鸡足山志》卷9第326页)

太和县，……黄柑产宾川者，大如盌。(《滇游记》第7页)

黄果，宾川州产黄果，与广橙相似，早食则微酸，摘而藏之至春时，则甘美异常，一种清和之味，真沁人心脾也。食之之法，剖去外层，皮中有数大瓤，每瓤又揭去其里皮，其肉分颗如数百小瓤，食之无渣，味不减于洞庭红也。向见渔洋先生《居易录》亦志其美，并云蜀中多黄果树，而不结实，能愈癣。当非一种。(《滇南闻见录》卷下第35页)

橘，景东产橘，形小而味美，与浙西衢州橘相似。（《滇南闻见录》卷下第 35 页）

黄果出迤西，橘、柚之类也。滇人名之黄果。（《滇海虞衡志》第 238 页）

黄果大如柑，味美，产浪穹县者尤佳。（《云南风土记》第 50 页）

黄果，檀萃《滇海虞衡志》：黄果，出迤西，橘柚之类也，滇又名之为黄果。（道光《云南通志稿》卷 67《通省》第 20 页）

甘橘，樊绰《蛮书》：大釐城有之，其味酸，宁睒有橘，大如覆栢。黄柑，陈鼎《滇黔纪游》：黄柑，产宾川者大如盌。（道光《云南通志稿》卷 69《大理府》第 13 页）

柑，《顺宁府志》：出云州，俗名黄果。糖制之成橘饼。（道光《云南通志稿》卷 69《顺宁府》第 32 页）

柑，刘氏《类山》：北胜州有柑大如碗。李京《云南志》：北胜州有狮头柑，状如狮头而色黄，其味最甘。（道光《云南通志稿》卷 70《永北直隶厅》第 43 页）

柑，旧《志》出云州，俗名黄果。糖制之成橘饼。（光绪《续修顺宁府志》卷 13 第 6 页）

《卡瓦山闻见记·生活》：……卡瓦山出产品之输出者，雅片、紫胶为最多，余在孟定耿马猛角市上，见野卡植物油求售，竹节为筒盛之，价以每节计，其质未纯，滤不净也。余在猛董见土人榨油机，与内地所用者同。卡瓦山所产水果，质美且数量最多者为柑子，与暹罗舶来者同。价廉，现银一元，合国币五角，即可购六七十枚。闻土人云：最贱时一元可得一百二十枚，负而至者，或三日程，所得仅其运费。张成瑜记野卡地遍山黄果树，如入黄金世界，将来交通发达，输出亦可观也。（《滇西边区考察记》第 3 篇第 17 页）

黄果，产妥上，色黄，形似球，约有碗大，味甘香，二千余担，食品。（楚雄旧志全书"双柏卷"民国《摩刍县地志》第 296 页）

橘，常绿灌木，亦谓之柑，高丈余，枝有刺，叶作长卵形，端尖，柄有翼片。春时开花，色白五瓣，花落结实，初冬成熟，实扁圆，色红类珊瑚，皮薄易剖，味甜。本县民国十年前曾有保隆乡八里、仁里乡花咽沱、盐井镇王家坝及县附近各地试种，早已成林结实，色味与宜宾产者无异。唯培壅欠土，每年产量无几。盖橘树每年须雇久谙种橘者用剪凿剔除枯老枝丫与刺，又以铜丝透取蠹类，于冬季或春间松除根际，灌以粪类，复壅其土，树周杂草铲除务尽，橘始繁茂，结实累累。本县如能推广种植，不难生利倍蓰矣。（昭通旧志汇编本民国《盐津县志》卷4第1696页）

橄榄

泸水南岸有余甘子树，子如弹丸许，色微黄，味酸苦，核有五棱。其树枝如柘枝，叶如小夜合叶。《太平御览》卷九百七十三《果》十引。（《云南古佚书钞·云南行记》第24页）

橄榄，味甘酸，性平。治一切喉火上炎、大头瘟症。能解湿热春温，生津止渴，利痰，解鱼毒、酒积滞，神效。（《滇南本草》第90页务本）

橄榄蛮云苴甘，色黄可食，四季皆有之。（景泰《云南图经志书》卷3《武定府·禄劝州》第151页）

余柑子形如穗子，其色赤绿，而味似橄榄。（景泰《云南图经志书》卷4《楚雄府·镇南州》第215页）

闽、广有橄榄，又有余甘，二物味相似，而形迥异。橄榄长大，两头纤，余甘圆小而短，树亦不同。滇有余甘，蜜而饯之，土人亦谓之橄榄。（《滇略》卷3第229页）

永昌府腾越州，……马峰山，州东十五里，又州东六十里有橄榄坡，产橄榄。今橄榄坡驿置于此。（《读史方舆纪要》卷118第5194页）

太和县，……土橄榄生篱落间，如龙眼，色红黄，味同闽中青橄榄。（《滇游记》第7页）

橄榄，蒙化、顺宁山中有小木，高数尺，叶如青棠叶，结实似山楂，淡绿色，有回味，微酢，土人谓之橄榄。案《玉篇》："橄榄果，本出交趾。"《三辅黄图》：汉武帝破南越，得橄榄百余本，即此是也。又有椭圆如鸡子者，色青，谓之青果，其木颇大。（《滇游续笔》第469页）

橄榄，《梅圣俞集》中谓青果，以色论也。王元之比之忠言逆耳，世乱乃得思之。以其初入口酸涩，久久乃回甜味，故南人名之为忠果，亦曰谏果也。（《鸡足山志》卷9第327页）

榆甘，产闽、广间者，长而两头尖，肉多，和盐蜜堪食，即青果也，亦不甚酸。今山产小而圆，大酸，苦涩。盖榆甘之属，以其如橄榄，能回甜味，误名之耳。（《鸡足山志》卷9第327页）

土橄榄，小如山查，青色，六棱，初食涩，回味颇甘，土人呼为橄榄，盖谬假其名耳。树高丈许，叶密细，仅分许。（雍正《师宗州志》卷上第39页）

顺宁各山乡最热处，产有橄榄，形质与闽、广间迥别。圆如小柿，大者如龙眼，小者如羊枣。细纹六瓣，核亦六棱，三棱坚硬微高，三棱平浅稍伏。树身无甚高大者，一株每两三枚。亦有矮株丛生，离披纷杂，一枝上旁出数十细梗，梗皆比密碎点。类细圆丝辫，两面排列对偶，果贴梗而结，在叶之上层，食之酸涩，回转有清润之味，饭后食二三枚，啜茗随之，更觉甘美，且能通胃气。其以橄榄名者，或即因其有回转之味也。（《顺宁杂著》第55页）

青果，橄榄，一名青果，滇中间有携至者。而本地另有一种野果，其形圆，色黄绿，如龙眼大，土人名之曰青果。以之点茶，颇有橄榄香味。（《滇南闻见录》卷下第36页）

橄榄，江边瘴地俱有之。叶如狗骨，子如苦楝，小儿喜食之，恐非真橄榄，大抵桪子、榴子之类耳，故其味酸。（《滇海虞衡志》第239页）

橄榄，陈鼎《滇黔纪游》：太和土橄榄，生篱落间，如龙眼，色红黄，味同闽中。青橄榄，产宾川者大如盌。（道光《云南通志稿》卷69《大理府》第13页）

余甘子，袁滋《云南记》：泸水南岸有余甘子树，子大如弹丸许，色微黄，味酸苦，核有五棱，其树枝如柘枝，叶如小夜合叶^草。谨案：泸水南岸，当属姚州、大姚、白井诸处。余甘子，橄榄之类。又《本草》苏颂言：余甘子，戎、泸州蛮界山谷有之。则今东昭、曲靖亦当有也。（道光《云南通志稿》卷69《楚雄府》第25页）

橄榄，《顺宁府志》：一名余甘，形圆。桂馥《札樸》：蒙化、顺宁山中有小木，高数尺，叶如青棠叶，结实似山樝，淡绿色，有回味，微酢，土人谓之橄榄。案《玉篇》：橄榄果，本出交阯。《三辅黄图》：汉武帝破南越，得橄榄百馀本，即此是也。又有椭圆如鸡子者，色青，谓之青果，其木颇大。（道光《云南通志稿》卷69《顺宁府》第32页）

土橄榄，《师宗州志》：小如山查，青色，六稜，初食涩，回味颇甘，土人呼为橄榄，盖谬假其名耳。树高丈许，叶密细，仅寸许。（道光《云南通志稿》卷70《广西直隶州》第46页）

余甘，檀萃《农部琐录》：出金沙江边，叶碎如狗骨，实圆如楝子，味不甚佳，此地人呼为橄榄也。（道光《云南通志稿》卷70《武定直隶州》第51页）

橄榄，旧《志》一名余甘，形圆。桂馥《札樸》：蒙化、顺宁山中有，小木，高数尺，叶如青棠叶，结实似山樐，淡绿色，有回味，微酢，土人谓之橄览。案《玉篇》：橄榄果，出交阯。《三辅黄图》：汉武帝破南越，得橄榄百馀本，即此是也。又有椭圜如鸡子者，色青，谓之青果，味酸苦，土人谓苦李，多其本颇大。（光绪《续修顺宁府志》卷13第6页）

海棠果

海棠果，《一统志》：剑川州出，类花红而小，味酸。（道光《云南通志稿》卷69《丽江府》第46页）

核桃

胡桃。（正德《云南志》卷 2《云南府》第 122 页）

己卯八月十四日……郡境所食所燃皆核桃油。其核桃壳厚而肉嵌，一钱可数枚，捶碎蒸之，箍搞为油，胜芝麻、菜子者多矣。（《徐霞客游记·滇游日记十二》第 1186 页）

核桃，《释名》以汉张骞使西域得此桃，爱之以上一字得名。然产之陕、洛者则然矣。昔滇即在西域之身毒国内，以观音、文殊开教，始改今大理为妙香城，后即谓之妙香国耳。刘恂《岭表录》云：南方有山胡桃，皮厚坚大，少瓤多肉，即今深山中悉产之，以槠柳接之，即大而壳薄，肉美可食矣。绵核桃，树大若椿，年深则大不可伦，春初生叶，三月开花似栗，花穗淡黄，浅绿色，其实至秋始熟，外之绿壳沤烂之而后核出，敲去核之硬皮，则其中四瓣合生皆肉，食之香胜松子仁，且能益肾补腰腧也。蜜核桃，皮甚薄，肉最白，食之甜也。铁核桃，乃山中自产，惟榨之作油，食甚美。（《鸡足山志》卷 9 第 325 页）

太和县，……胡桃皮薄如纸。山桃皮厚，可榨油。（《滇游记》第 7 页）

核桃^{出路南州堡。}（康熙《路南州志》卷 2 第 36 页）

合桃（按核桃）树甚多，壳甚薄，内肉亦薄，不如亳桃。当其鲜时，摘净里皮，其色洁白，其质脆嫩，其味甘美愈于乾者。（《滇南闻见录》卷下第 35 页）

核桃，以漾濞江为上，壳薄，可捏而破之。（《滇海虞衡志》第 238 页）

胡桃，陈鼎《滇黔纪游》：太和胡桃，皮薄如纸。（道光《云南通志稿》卷 69《大理府》第 13 页）

山桃，陈鼎《滇黔纪游》：太和山桃，皮厚，可榨油。（道光《云南通志稿》卷 69《大理府》第 13 页）

核桃，《古今图书集成》：出新兴州堡。（道光《云南通志稿》卷69《澄江府》第27页）

核桃，檀萃《滇海虞衡志》：以漾濞江为上，壳薄，可掐而破之。（道光《云南通志稿》卷70《蒙化直隶厅》第41页）

核桃，采访：有厚壳、薄壳二种。（光绪《续修顺宁府志》卷13第8页）

第二十二课《核桃树、水冬瓜树、漆蜡树》：核桃产哨地，花淡绿色，叶似栗，团形，实有绿皮，去皮，又有硬壳，去壳可榨油供食料。水冬瓜，大数围，木与核桃木皆起菊花细纹，制桌面或圆方盘极佳。漆与蜡树颇有利息，尚未遍种。（楚雄旧志全书"楚雄卷下"民国《楚雄县乡土志》卷下第1357页）

黑果罗

黑果罗，檀萃《华竹新编》：黑而甘，其生满山，可以御荒，比救军粮。（道光《云南通志稿》卷70《武定直隶州》第51页）

鸡嗉子

猕猴桃，《寻甸州志》：一名鸡嗉子，象形也。（道光《云南通志稿》卷69《曲靖府》第39页）

鸡嗉子，檀萃《农部琐录》：树高盈丈，绿叶重阴，其实红堆众皱，颇似荔枝。盖山鸡垂嗉丹臆兰翠者也，马分中弥望盈山，徒供鹦鹉之粮，未有采而食之者。（道光《云南通志稿》卷70《武定直隶州》第51页）

番荔支，……雾娄农曰：《滇志》以入果品，而人不甚食，其肤亦肖荔也。昔人作同名录，大抵皆慕古人之人，而以其名为名；有名其名而类其人者，有绝不类其人者。志同名志，盖深求其同、不同，而恐人之误于同也。若斯果及鸡嗉子之微相肖者，虽欲附端明诸公之谱，以幸存其名，乌可得耶？（《植物名实图考》果类卷31第737页）

麂目

麂目，鬼目也，兴古郡亦出之。树高大如棠梨，叶似楮子，大如木瓜，小如梅、李，蜜浸食佳。（《滇海虞衡志》第249页）

鬼目，嵇含《南方草木状》：鬼目，树大者如李，小者如鸭脚子，二月花包，仍连著实，七八月熟，其色黄，味酸，以蜜煮之，滋味柔嘉，交趾、武平、兴古、九真有之。刘欣期《交州记》：鬼目出交趾、九真、武平、兴古诸处，树高大似棠梨，叶似楮而皮白，二月生花，仍连著子，大者如木瓜，小者如梅、李，而小斜不周正，七八月熟，色黄味酸，以蜜浸食之佳。（道光《云南通志稿》卷69《曲靖府》第38页）

救军粮

赤阳子，生大川平野间，坟园多以为墙，今处处有之。枝大有刺，结细子，色赤甚繁。一名救军粮，一名火把果。主治妇人产后百病淹缠，或瘀血成块，血崩等症。服之如神。（《滇南本草》第117页范本）

又有草，丛生山径，白花若薇，子赤可啖。四五月间，饥者茹之，谓之救军粮。（《滇略》卷3第230页）

救军粮，旧《云南通志》：山野弥望，绿叶，白花红子，极繁，五六月熟，酸甘可食。（道光《云南通志稿》卷67《通

省》第22页）

救军粮，檀萃《农部琐录》：树高及人，叶细如瓜子，白花红子，酸甘可食，山野弥望，武侯南征，军士采食之，故名。（道光《云南通志稿》卷70《武定直隶州》第51页）

梨

梨，滇南处处皆有，种类殊别，皮有厚薄。乳梨，味香，治中风。消梨、花梨、桑梨，治吐血。棠梨，润肺止咳。御儿梨，治肝火目痛。茅梨，治胃寒。蜜梨，治小儿吼。赤梨，治大疮，敷患处。雪梨，治热嗽，止渴。实，味甘、微酸。梨者，利也。其性下行流利也。切片治汤火伤处，贴之如神。亦能治中风不语，寒症热疾，大小便不通，或胃中痞块食积，霍乱吐泻，小儿偏坠，疼痛即止。但味甘不可多食。取汁服之，定喘止咳。青梨，治痨伤腰痛，叶，敷疮。皮，敷发背疔疮。（《滇南本草》第121页务本）

梨，滇中有数种。味甘酸平，寒，无毒。麻梨，治腹痛。雪梨，治吐血。清水梨，治小便不通。雀梨，治定喘化痰。长蒂梨，利小便及便中带血。桑梨，治妇人虚症。面梨，补中。宝珠寺内玉儿梨，久服轻身延年，化痰止咳，生津止渴。老梨，主治疟疾暑症。（《滇南本草》第121页范本）

戊寅九月初七日……流上横小桥西度，有一老人持筐卖梨其侧，一钱得三枚，其大如瓯，味松脆而核甚小，乃种之绝胜者，闻此中有木瓜梨，岂即此耶？（《徐霞客游记·滇游日记三》第787页）

己卯七月初五日……其北者为薛庄，其南者为马庄，其树皆梨柿诸果。（《徐霞客游记·滇游日记十一》第1132页）

梨，昔人称梨为快乐，以其脆腻香甜，入口则意快，解暑、解酒则情快耳。又名宗果，为众果之所宗，又名玉乳蜜父，则誉其味之甘美矣。鸡山之梨不胜宣城，然寒霜古雪中，自生香冽,殊与他产者异也。甜梨,言其味也,但肉坚渣浊,不耐啖。海东梨,肉理最粗,大有及升者,惟收至冬,差可食。水匾梨,多液,亦稍脆,但酸不堪食。雪梨,肉细多水,如雪融融然寒彻于口,又芬香可人意,今种绝矣。蜜梨,味似蜜,肉理亦细,今亦无其种。木瓜梨,皮色红,状似木瓜,味少酸,藏之久,亦颇堪食。秤锤梨,俗谓火把梨,当六月末即熟,色亦红润,滇俗以六月廿四燃火炬,缘其熟于兹时,是以得名。以上花均淡白色,初开时,其端带微红,凡梨花不以少为玩,惟数十百株合栽作园,则香雪飘空,大畅清赏。(《鸡足山志》卷9第325页)

梨至有七觔重者。(《滇游记》第7页)

梨,楚雄雪梨松脆异常,弹指欲碎,入口甘美,咀嚼无渣滓,雅与雪相似,较北地秋白梨更佳。闻云龙州民间有一种梨,尤胜于楚雄,但所产甚少,惧酬应之弗给,不敢售于外,上游鲜有知者。曲靖木瓜梨,以形似故名,质粗,佳者味亦美,其余梨之种类不一,酸涩者多。(《滇南闻见录》卷下第35页)

梨,两广无而滇最多。楚雄之梨,黑似坏者,乃系本色,味佳也。(《滇海虞衡志》第234页)

梨,旧《云南通志》:晋宁者佳。檀萃《滇海虞衡志》:梨,两广无而滇最多。楚雄之梨,黑似坏者,乃系本色,味佳也。陈鼎《滇黔纪游》:太和梨,有七斤重者。(道光《云南通志稿》卷67《通省》第19页)

梨,《南宁县志》:有木瓜梨。《宣威州志》:有香面梨。(道光《云南通志稿》卷69《曲靖府》第39页)

梨,采访:有冬梨、密梨、黄皮梨,以云州产者为佳。(光绪《续修顺宁府志》卷13第6页)

李

李子，味甘酸。治风湿、气滞血凝。叶治金疮，水肿。不可多食，伤损脾胃。（《滇南本草》第 115 页务本）

李，梵书称李为拘陵迦。天下李以嘉庆子为最，而鸡足山中自产李，白花，其果如鹅子黄悬日，累累然若金弹，一啗之，其水入口仅一滴许则香甜，再入口者酸皱眉矣，余皆栽接而成。金沙李，脆而多水，食惟此最佳，色黄而多细赤点。麦熟李，当麦秀之祁祁而此熟矣，果色红黄，上有赤细点，袖之则香盈襟抱。牛心李，大径茶瓯，深紫红黑色，味酸多甜少。粉李，其果上有粉色，绿黄交错，味不甚甜。以上皆白花，不足玩。郁李，赤若朱樱，大亦称之，花千叶，有糁微红及纯白二种。山李，味转美，岂弃掷于道路之谓耶？详见《李论》。（《鸡足山志》卷 9 第 322 页）

醉李，蒙化诸山中有木，大者合抱，屈曲不材，结实似李，小如樗枣，六月熟，土人呼醉李，余谓即櫵李。（《滇游续笔》第 468 页）

清陈金珏《蒙署花卉杂咏二十一首·李》（七绝）：琐碎幽姿傍雪梅，云霞为蒂玉为台。东君分得隋宫巧，虚拟鹅翎剪出来。（康熙《蒙化府志》卷 6 第 53 页）

李，郭义恭《广志》：李，戎州所出，肉熟而皮犹绿。《杂考》：江南建宁有均亭李，紫色，极肥大，味甘如蜜，南方之李，此实为最。旧《云南通志》：有荆山、麦熟、苦李数种。（道光《云南通志稿》卷 67《通省》第 19 页）

醉李，桂馥《札樸》：蒙化诸山中有大木合抱，屈曲不材，结实似李，小如樗（樗）枣，六月熟，土人呼醉李，余谓即櫵李。（道光《云南通志稿》卷 70《蒙化直隶厅》第 42 页）

荔枝、龙眼

　　犍为僰道县，出荔枝。《艺文类聚》卷八十七《果部》下引。（《云南古佚书钞·南中八郡志》第8页）

　　元和十四年三月，……南宾郡当峡路之深险处也，花木多奇，居易在郡，为《木莲荔枝图》，寄朝中亲友，各记其状曰："荔枝生巴、峡间，形圆如帷盖。叶如桂，冬青；华如橘，春荣，实如丹，夏熟。朵如蒲萄，核如枇杷，壳如红缯，膜如紫绡，瓤肉莹白如雪，浆液甘酸如醴酪。大略如此，其实过之。若离本枝，一日而色变，二日而香变，三日而味变，四五日外，色香味尽去矣。"（《旧唐书》卷166《白居易传》第4352页）

　　龙眼，主治养血安神，长智敛汗，解蛊毒，去五脏邪气，开胃益脾。小儿未断乳者忌食。采壳为末，作刀伤药，收口最速。采叶晒干为末，敷搽小儿七星处，出痘疮时只出数点。而又解胎毒。又与小儿服叶七枚最良。采核为末，治瘰疾可散。（《滇南本草》第176页范本）

　　荔枝，味甘微酸，性温无毒，止烦渴，美颜色，通神健气。鲜者极甘美，食之令人不厌，虽多亦不伤人，惟食之过饱，鱼汤尤良。〖干者〗经火焙，过多食，发虚热动血，令牙痛口疼，火病人尤忌之。一治呃逆不止，荔枝七个，连皮核烧存性为末，白汤调下，立止。核用慢火烧，存性为末，酒服，治心痛，即小肠疝气疼痛，服一二钱亦愈。食荔枝过度，用蜜浆解之，此苏颂之说也，《本草纲目》载之。至鱼汤尤良，余未敢信，或传写之误耶？余按闽中食荔枝过度，有用其壳浸水饮者，有以壳烧存性浸水饮者，有酱油一杯饮者。（《滇南本草》第178页范本）

　　荔枝，临安有二树，其一近北山寺，大可合抱；一在王参戎墅，仅六寸径耳。熟以三月，形味皆劣于闽、广。又有龙眼

一株，味皆差似岭南。然此三树之外，土人百计种之，不育也。（《滇略》卷3第229页）

《蜀都赋》曰：旁挺龙目，侧生荔枝。……《华阳国志》：江州县有荔枝园，至熟二千石，常设厨膳，命士大夫共会树下，食之。《南裔志》曰：龙眼、荔枝，出朱提南广县、犍为僰道县，随江东至巴郡江州县，往往有荔枝，树高五六丈，常以夏生，其实赤，可食。龙眼似荔枝，其实亦可食。（《蜀中广记》卷63）

荔支、龙眼，古书出于川、滇。《左赋》称蜀之前"旁挺龙目，侧生荔枝"，谓滇南也。唐宋时，嘉、戎多有荔枝，白乐天守忠州，写图以寄京师交好。今不闻川有荔支，惟滇之元江，尚不得辞其名。每年以进各衙门，而累不免，恐后来元江亦告无矣。龙眼绝不见。（《滇海虞衡志》第237页）

荔枝、龙眼，《千顷斋集》：元李京《云南志》土獠以采荔枝贩卖为业。则滇南亦有荔枝也。然早摘味酸，不堪嚼。余友邓汝高视滇学时，黔国以饷所尝啖者。檀萃《滇海虞衡志》：荔枝、龙眼，古书出于川、滇。《左赋》称蜀之产（前）"旁挺龙目，侧生荔枝"，谓滇南也。唐宋时，嘉、戎多有荔枝，白乐天守忠州，写图以寄京师交好，今不闻川有荔枝，惟滇之元江，尚不得辞其名，每年以进各衙门，而累不免，后来元江亦告无矣。龙眼绝不见。（道光《云南通志稿》卷67《通省》第23页）

龙目，乐史《太平寰宇记》：姚州产龙目，似荔枝。（道光《云南通志稿》卷69《楚雄府》第25页）

龙眼、荔枝，刘逵《蜀都赋注》南裔志曰：龙眼、荔枝生朱提南广县。（道光《云南通志稿》卷70《昭通府》第39页）

荔枝，旧《云南通志》：仅数本，味酸肉薄。（道光《云南通志稿》卷70《元江直隶州》第55页）

荔支，《开宝本草》始著录，以闽产者佳。江西赣州所属定南等处，与粤接界，亦有之。其核入药。零娄农曰：吾至滇，阅《元江志》，有荔支。适粤中门生权牧其地，访之，则曰邑旧产此果，以诛求为吏民累，并其树刈之，今无矣。余谓之曰：粤人闻人言荔支，辄津津作大嚼状。今元江物土既宜，足下何不致南海嘉种，令民以法种之，俟其实而尝焉。其日曝火烘者，走黔、湘以博利，浸假而为安邑枣、武陵橘，非劝民树艺之一端乎？则应曰：元江地热瘴甚，牧以三年代，率不及期而请病。其仆㛃以热往，以衬归者相继也，亦何暇作十年计乎？且滇亦大矣，他郡皆无，此郡独有，园成而赋什一，民即不病，而筐篚之费，驮负之费，供亿馈问无虚日，不厉民将焉取之！余恍然曰：一骑红尘，诗人刺焉，为民上者，乃以一味之甘，致令草木不得遂其生乎。噫！（《植物名实图考》果类卷31 第720页）

林檎、花红

花红果，气味甘酸，平寒。主治性走足阳明、厥阴二经。治妇人肝郁、脾虚作胀。生食令人生痰，吐酸水黄痰。小儿勿多食。采叶煎服，治一切眼目青盲，或火眼膜翳最效。用烧酒泡食，治足软。过三十岁，加苹果同食，可轻身；或筋骨疼痛，泡酒煮，每日饮三杯佳。忌同鱼腥食。（《滇南本草》第101页范本）

时珍曰：林檎，即奈之小而圆者。其味酢者即楸子也。其类有金林檎、红林檎、水林檎、蜜林檎、黑林檎，皆以色味立名。（《本草纲目》卷30）

林檎。（正德《云南志》卷11《丽江府》第475页）

花红，形与吾地同，但家食时，疑色不称名。至此则花红之实，红艳果不减花也。（《徐霞客游记·滇中花木记》第738页）

己卯六月二十五日……北邻花红正熟，枝压墙南，红艳可爱。摘而食之，以当井李 此间花红结子甚繁，生青熟红，不似余乡之熟辄黄也。余乡无红色者，"花红"之名，俱从此地也。

（《徐霞客游记·滇游日记十》第 1130 页）

林檎，王右军称樱桃苦李曰给藤，而以林檎冠其端。林檎良佳果矣，以味美，致禽来食，故以得名。藏器曰：文林郎果，多生渤海间，而南人呼榅桲。花红^附，始总是用榅桲栽接成。林檎则水多而酸甜相半，清香似酒人口边气。今花红皮色极红，鲜时亦有水，久则沙矣。其蘋果、青果则南中少，皆其类耳。（《鸡足山志》卷 9 第 326 页）

苹婆果，南中最少，而滇出盈街，花红、林禽亦然。（《滇海虞衡志》第 234 页）

林檎，刘桢《京口记》：南国多林檎。檀萃《滇海虞衡志》：花红、林檎，滇中亦夥。（道光《云南通志稿》卷 67《通省》第 20 页）

林檎，檀萃《滇海虞衡志》：花红，滇中亦多^{谨案：林檎似花红而椭圆，质较嫩，味较香。}（光绪《续修顺宁府志》卷 13 第 7 页）

刘（留子）

《南方草木状》兴古有果名刘，三月花，七月熟，其色黄，其味酢。（《滇略》卷 3 第 231 页）

留子，薛莹《荆扬异物志》：留子树生交广、武平、兴古诸郡山中，三月著花，结实如梨，七八月熟，色黄味甘酢，而核甚坚。（道光《云南通志稿》卷 69《曲靖府》第 38 页）

蒌叶、蒟酱

蒌叶^藤^{蛮云缅姜}，叶如葛蔓附于树，可为酱，即《汉书》所谓蒟酱是也。结实似桑椹，皮黑肉白，味辛，食之能御瘴疠。（景泰《云南图经志书》卷 6《金齿军民指挥使司》第 326 页）

蒌叶^藤^{叶似葛蔓附于树，可为酱，即《汉书》所谓蒟酱也。实似桑椹，皮黑肉白，味辛，合槟榔食之，御瘴疠。}（正德《云南

志》卷13《金齿军民指挥使司》第540页）

明张志淳《南园漫录》称：蒟酱即芦子，云南民间俗呼蒌子为芦子也。（钱古训《百夷传》第73页）

蒟酱^{蒟音矩，《唐本草》}。释名蒟子《广志》。土荜茇^{食疗}。苗名扶恶、土蒌藤^{土荜茇}。^{时珍曰：按嵇含云，蒟子可以调食，故谓之酱，乃荜茇之类也。故孟诜食疗，谓之土荜茇。其蔓叶名扶留藤，一作扶□，一作浮留，莫解其义。蒌则留字之讹也。}集解^{恭曰：蒟酱生巴蜀中。《蜀都赋》所谓流味于番禺者，蔓生，叶似王瓜而厚大光泽，味辛香，实似桑椹，而皮黑肉白，西戎亦时来求，细而辛烈。交州、爱州人家多种之，蔓生，其子长}

大，苗名浮留藤，取叶，合槟榔食之，辛而香也。颂曰：今藜州、岭南皆有之。昔汉武帝使唐蒙晓谕南越，越王食蒙以蒟酱，曰：此出番禺城下。武帝感之，遂开牂牁、越嶲也。刘渊林注《蜀都赋》云：蒟酱缘木而生，其子如桑椹，熟时正青，长二三寸，以蜜及盐藏而食之，辛香，与苏恭所说大同小异。盖渊林所云乃蜀产，苏恭所云乃海南者。尔今惟贵荜茇，而

不尚蒟酱，故鲜有用者。季珣曰：《广州记》云出波斯国，实状若桑根，紫褐色者为尚，黑者是老根不堪，然近多黑色，少见褐者，黔中亦有形状、滋味一般。时珍曰：蒟酱，今两

广、滇南及川南、渝、沪、威、茂、施诸州皆有之，其苗谓之蒌叶，蔓生依树，根大如箸，彼人食槟榔者，以此叶及蚌灰少许，同嚼食之，云辟瘴疠，去胸中恶气。故谚曰：槟榔浮

留，可以忘忧。其花实即蒟子也。按嵇含《草木状》云：蒟酱即荜茇也，生于蕃国者大而紫，谓之荜茇；生于番禺者小而青，谓之蒟子。《本草》以蒟易蒌子，非矣。蒌子，一名

扶留，其草形全不相同。时珍窃谓蒟子蔓生，荜茇草生，虽同类而非一物，然其花、实、气味、功用则一也。嵇氏以二物为一物，谓蒟子非扶留，盖不知扶留非一种也。刘歆期《交

州记》云扶留有三种：一名獲留，其根香美；一名扶留，其藤味亦辛；一名南扶留，其叶青味辛，是矣。今蜀人惟取蒌叶作酒麴，云香美。修治^{斅曰：凡采得后，以刀刮去}

粗皮，捣细，每五钱，用生薑自然汁五两，拌之，蒸一日，曝干用。根、叶、子气味辛温，无毒^{时珍曰：气热味辛，阳也，浮也。}

主治下气，温中破痰^{《唐本》}，咳逆上气，心腹虫痛，胃弱虚泻，霍乱吐逆，解酒食味^{李珣}，散结气，心腹冷痛，消谷^{孟诜}，解瘴疠，去胸中恶邪气，温脾燥热^{时珍}。（《本草纲目》卷14）

唐蒙使南越，食蒟酱，问所从来。曰："道西北牂牁。"今临安、大理俱有之，即荜茇也。其实似蒌子，土人以和五味。宋司马光《送张寺丞》诗："汉家尺五道，置吏抚南夷。欲使文翁化，兼令孟获知。盘堆蒟酱实，歌杂竹枝词。"《本草》、《通鉴》诸注及张志淳《南园漫录》，皆以蒌子为蒟酱，误矣。然蒌子一名扶留，而扶留有三种，荜茇与焉，见《广州记》，二者名亦相通，但今所合槟榔食者，的非蒟耳。（《滇略》卷3第228页）

己卯七月十三日……半里，涉其底，底亦甚平，森木皆浮空结翠，丝日不容下坠^{山上多扶留藤，所谓蒌子也。此处尤巨而长，有长六丈者。又有一树径尺者，细芽如毛，密缀皮外无毫隙。}

（《徐霞客游记·滇游日记十一》第 1149 页）

芦子，出腾境最多，盖达有芦子山，张南园谓即蒟酱。吴《志》云：其说难信。然张说不可易也。盖蒟蒻，二物：蒟苗似天南星，其形可恶，而根大倍于芋魁，有似盆盎者，以石灰水浸之，治如豆腐，煮食，俗名鬼庙，一名庙头，盖鬼者魁之讹，蒻转读为鸟，又讹庙耳；蒟者乃藤，本缘树而生，子如桑葚，熟时正青，长二三寸，以蜜藏而食之，黔、滇人以合槟榔食，但不知为酱耳。（乾隆《腾越州志》卷 11 第 12 页）

《阿昌传》：……时诸山未知开田，树木丛杂，多产芦子，行商采之获利，客商益众。又四五世至早疆，麚王段氏遣人抚之，疆降，受其诰命，岁有常贡。商贾有不归者，教夷人开田，有喇鲁习其法，于是始有田亩，积岁屡丰。（《云龙记往》第 169 页）

蒌，本为蒟，《蜀都赋》注：蒟，酱也。缘树而生，子如桑椹，熟时正青，长二三寸，以蜜调而食之，辛香温，调五脏味。注意似以蒌子捣烂，蜜调之为蒟酱，犹今之杏酱也。列于酱豆，以蘸各肴馔而食之，不言和嚼槟榔也。此蜀人之食法也。至注《吴都》之扶留曰：藤也，缘木而生，味辛可，食槟榔者断破之，长寸许，以合石贲灰与槟榔并咀之，口赤如血，始兴以南皆有之。似当日断椹以和食，不用叶。留者蒌也，故实曰蒌子，叶曰蒌叶。粤食今不用子而用叶。断槟榔破为两片，每片裹蒌叶，叶抹蚝灰，谓之一口。每宴会，则取数百口列于中座，佐以盒灰。今滇俗犹粤，大重槟榔茶，不设则生嫌怅。但无蒌叶，惟剪蒌子杂槟榔片和灰食，此吴人之食法也。元江又分芦子、蒌叶而二之，谓芦子产山谷中，蔓延丛生，夏花秋实，干之以为货。则是今芦子伴食干槟榔，且以助染缸者也。蒌叶家园遍植，叶大如掌，累藤于树，无花无实，冬夏常青。采叶和槟榔食之，味香美，则犹粤人卷叶以食鲜槟榔者也。然皆蒟也。蒟分两种，一结子以为酱，一发叶以食槟榔。海滨多叶，而滇、黔无叶，以其子代之。或作芦，或作蒌，其义一也，京师亦然。槟榔既入果部矣，蒌应相随，故次

383

槟榔而志之。(《滇海虞衡志》第 243 页)

蒟,刘逵《蜀都赋》注:蒟,蒟酱。缘树而生,其子如桑椹,熟时正青,长二三寸,以蜜藏而食之,辛香温,调五藏。乐史《太平寰宇记》:益州蒟酱,如今之大荜茇。李时珍《本草纲目》:蒟酱,今两广、滇南及川南、渝、泸、威、茂、施诸州皆有之,其苗谓之蒌叶,蔓生依树,根大如筯,彼人食槟榔者,以此叶及蚌灰少许,同嚼食之,云辟瘴疠,去胸中恶气。故谚云:槟榔浮留,可以忘忧。其花结实即蒟子也^{郭义恭《广}

志》:"蒟子,蔓生依树,子似桑椹,长数寸,色黑,辛如姜,以盐酝之,下气消榖。"段玉裁《说文解字注》:《史记》、《汉书》有枸酱,左思《蜀都赋》、常璩《华阳国志》作蒟,《史记》亦或作蒟。据刘逵、顾微、宋祁诸家说,即扶留藤也,叶可用食槟榔,实如桑椹而长,名蒟,可为酱,《巴志》曰:"树有荔支,蔓有辛蒟。"然则此物藤生缘木,故作蒟,从艸,亦作枸,从木,要必一物也。许君《木部》有枸字,云可为酱,于《艸部》又有蒟字,盖不能定而两存之。谨案:蒟即芦子,亦作蒌子,其叶为蒌叶,各处俱有,惟元江独多,《永昌府志》以为鸡蒌,说殊未确。《蜀都赋》蒟、蒻并称,观刘逵《注》,则蒟与蒻为二物,旧《志》以蒟蒻为一物,又云俗名鬼庙,皆非。又于元江等处芦子、蒌叶俱平列,不知其即为蒟酱也。(道光《云南通志稿》卷 67《通省》第 14 页)

蒟酱^{一名扶留},嵇含《南方草木状》:蒟酱,荜茇也。《汉书·西南夷传注》师古曰:子形如桑椹,缘木而生,味尤辛。今石渠则有之,食读曰饮。《一统志》:扶留,一名蒌子,出点苍山。《文选》所谓东风扶留^{谨案:蒟酱,已见统产,兹取其在大理者再录之,意有专重,非重出也。}者再录之,意有专重,非重出也。(道光《云南通志稿》卷 69《大理府》第 10 页)

芦子,旧《云南通志》:出云州^{谨案:芦子即蒟酱,见统产及大理,以后出处仍载,不复述。}(道光《云南通志稿》卷 69《顺宁府》第 31 页)

芦子,旧《云南通志》:出普洱。《思茅厅采访》:出整宰山,芳香异于他产。(道光《云南通志稿》卷 70《普洱府》第 3 页)

蒌叶藤,《一统志》:叶似葛蔓附于树,可为酱,即《汉书》所谓蒟酱也。实似桑椹,皮黑肉白,味辛,合槟榔食之,可御瘴疠。旧《云南通志》:产与元江同。《腾越州志》:盏达有芦子山,州境植者,近边夷寨为多。(道光《云南通志稿》卷 70《永昌府》第 26 页)

芦子,《景东厅志》:叶青花绿,藤蔓相生,长数十丈,每节辄结芦子，每条长四五六寸，大如手指，味辛暖而香，和胃除寒，散热祛瘴，染皂家以为上色。产于深山老林中，缅宁、思茅各山皆有，以产于景东者为第一。（道光《云南通志稿》卷70《景东直隶厅》第39页）

芦子，旧《云南通志》：产山谷中，蔓延丛生，夏花秋实，土人采之，日干收货。（道光《云南通志稿》卷70《元江直隶州》第54页）

蒌叶，旧《云南通志》：家园遍植，叶大如掌，累藤于树，无花无果，冬夏长青，采叶合槟榔食之，味香美 檀萃《滇海虞衡志》：

蒌，本为蒟，蒟酱也。缘木而生，子如桑椹，熟时正青，长二三寸，以蜜调而食之，辛香温，调五藏味。刘渊林《蜀都赋》注意似以蒌子捣烂，蜜调之为蒟酱，犹今之杏酱也。列于酱豆，以蘸各馔馔而食之，不言和嚼槟榔，此蜀人之食法也。至注《吴都》之扶留曰：藤也，缘木而生，味辛涩，食槟榔者断破之，长寸许，以合石贲灰与槟榔并咀之，口赤如血，始兴以南皆有之。似今日断椹以和食，不用叶。留者蒌也，故实曰蒌子，叶曰蒌叶。粤食今不用子而用叶。断槟榔破为两片，每片裹蒌叶，叶抹蜃灰，谓之一口。每晏会，则取数百口列于中座，佐以盆灰。今滇俗犹粤，大重槟榔茶，不设则为嫌怅。但无蒌叶，惟剪蒌子杂槟榔片合灰食之，此吴人之食法也。元江又分芦子、蒌叶而二之，谓芦子产山谷中云云。则是今芦子拌食干槟榔，且以助染缸者也。云蒌叶家园遍植云云，则犹粤人卷叶以食鲜槟榔者也。然皆蒟也，蒟分两种：一结子以为酱，一发叶以食槟榔。海槟多叶，而滇黔无叶，以其子代之。或作芦，或作蒌，其义一也。（道光《云南通志稿》卷70《元江直隶州》第54页）

蒟酱，《唐本草》始著录。按《汉书·西南夷传》：南粤食唐蒙蜀枸酱，蒙归问蜀贾人，独蜀出枸酱。颜师古注：子形如桑椹，缘木而生，味尤辛，今石渠则有之。此蜀枸酱见传纪之始。《南方草木状》则以生番国为荜茇，生番禺者谓之蒟，交趾、九真人家多种，蔓生，此交、滇之蒟见于纪载者也。《齐民要术》引《广志》、刘渊林《蜀都赋注》，皆与师古说同。而郑樵《通典》乃云状似荜拨，故有土荜拨之号。今岭南人但取其叶食之，谓之蓼，而不用其实，此则以蒟子及蒌叶为一物矣。考《齐民要术》扶留所引《吴录》、《蜀记》、《交州记》，皆无即蒟之语，唯《广州记》始以扶留为蒟。但《交州记》扶留有三种，一名南扶留，叶青味辛，应即今之蒌叶；其二种曰稬扶留，根香美；曰扶留藤，味亦辛。《广州记》所谓花实即蒟者，不知其叶青味辛者耶？抑藤根香辛者耶？是蒟子即可名扶留，而与蒌叶一物与否，未可知也。诸家所述蒟子形味极详，而究未言蒟叶之状。宋景文《益部方物略记》蒟赞云：叶如王瓜，厚而泽。又云，或言即南方扶留藤，取叶合槟榔食之。玩赞词并未及叶，而或谓云云。盖阙疑也。唐苏恭说与郑渔仲同，苏颂则以渊林之说为蜀产，苏恭之说为海南产，李时珍则直断蒟、蒌一物无疑也。夫枸独出蜀一语，已断定所产。流味番禺，乃自蜀而粤，故云流味，非粤中所有明矣。余使岭南及江右，其贲灰、蒌叶、槟榔三物，既合食之矣。抚湖南，则长沙不能得生蒌，以乾者裹食之；求所谓芦子者，乌有也。及来滇，则省垣茶肆之累累如桑椹者，殆欲郐车而载，而蒌叶又乌有也。考云南旧志，元江产芦子，山谷中蔓延丛生，夏花秋实，土人采之，日干收货。蒌叶，元江家园遍植，叶大如掌，累藤于树，无花无实，冬夏长青，采叶合槟榔食之，味香美。一则云夏花秋实，一则云无花无实，二物判然，以土人而纪所产，固应无妄。余遣人至彼，生致蒌叶数丛，叶比岭南稍瘦，辛味无别，时方五月，无花跗也。得芦子数握，土人云，四五月放花，即似芦子形，七月渐成实。盖蒌叶园种，可栽以饷；而芦子产深山老林中，蔓长故但摘其实。《景东厅志》：芦子叶青花绿，长数十丈，每节辄结子，条长四五寸，与蒌叶长仅数尺者异矣。遍考他府州志，产芦子者，如缅宁、思茅等处颇多，而蒌叶则唯元江及永昌有之，故滇南芦多而蒌少。独怪滇之纪载，皆狃于郑渔仲诸说，信耳而不信目为可异也。《滇海虞衡志》谓滇俗重槟榔茶，无蒌叶则剪蒌子合灰食之。此吴人之食法，夫吴人所食乃桂子，非芦子也。又以元江分而二之为蒟有两种：一结子以为酱，一发叶以食槟榔。夫物一类而分雌雄多矣，其调停今古之说，亦是考据家调人媒氏。然又谓海滨有叶，滇、黔无叶，以子代之，不知冬夏长青者，又何物耶？盖元江地热，物不蛀则枯叶，行数百里，肉瘠而香味淡矣。芦子苞苴能致远，干则逾辣，滇多瘴，取其便而味重者饵之，其植蒌则食蒌耳。岭南之蒌走千里，而近至赣州，色味如新，利在而争逐，亦无足异。芦子为酱，亦芥酱类耳，近俗多以番椒、木橿子为和，此制便少，亦今古之变食也。《本草纲目》引嵇氏之言，《本草》以蒟为蒌子，非矣，其说确甚，后人辄易之，故详著其别。盖蒟与荜茇为类，不与蒌为类。朱子《咏扶留诗》:"根节含露辛，苕颖扶援绿。蛮中灵草多，夏永清阴足。"形容如绘。曰根节、曰苕颖，曰清阴，独不及其花实，亦可为《云南志》之一证。《赤雅》：蒟酱以荜茇为之，杂以香草；荜茇，蛤蒌也。蛤蒌何物也，岂以蒌同贲灰合食，故名耶？抑别一种耶？《滇黔纪游》：蒟酱乃蒌葫所造，蒌葫则非子矣，蒌故不妨为酱。又李时珍引《南方草木状》云：《本草》以蒟为蒌子，非矣。蒌子，一名扶留草，形全不同。今本并无此数语。《唐本草》始著蒟酱，嵇氏所谓《本草》，当在晋以前，抑时珍误引他人语耶？染皂者以芦子为上色，《本草》亦所未及。（《植物名实图考》芳草卷25 第636 页）

蒌叶，生蜀、粤及滇之元江诸热地。蔓生有节，叶圆长光厚，味辛香，蓻以包槟榔食之。《南越笔记》谓遇霜则蒌，故昆明以东不植。古有扶留藤，扶留急呼则为蒌，殆一物也。医书及传纪，皆以为即蒟，说见彼。滇之蒌，种于园，与粤同，重芦而不重蒌，故志蒌不及粤之详。茎味同叶，故《交州记》云：藤味皆美。（《植物名实图考》芳草卷25 第638 页）

芦子，《云南通志》：出云州，即蒟酱也。李时珍《本草纲目》：蒟酱，今两广、滇南及川南、渝、泸、威、茂、施诸州皆有之，其苗谓之蒌叶，蔓草依树，根大如筋。彼中人食槟榔者，以其叶及石灰少许，同嚼食之，云辟瘴疠，去胸中恶气，下气消穀。故谚云：槟榔浮留，可以忘忧。其花结实，即蒟子也。（光绪《续修顺宁府志》卷13 第20 页）

《蜀都赋》刘渊林注六条：蒟，蒟酱也，缘树而生，其子如桑椹，熟时正青，长二三寸，以密藏而食之，辛香温，调五脏。案裴駰引《汉书音义》，枸木似榖树，叶似桑叶。司马贞引刘德云，长二三寸，殆即今之芦子。蒻，草也，其根名蒻，头大者如斗，其肌正白，可以灰汁煮则凝成，可以苦酒淹食

之。蜀人珍焉。(《滇绎》卷1第670页)

尹梓鉴《蒟酱考》：曹春林著《滇南杂志》，据《通志》谓蒟酱之名见于《史记》，注释亦明矣。因宋周益公偶失记，而妄对蒟酱之名，顾益显此物为永昌所产。《蜀都赋》所谓缘木而生，其子如桑椹，长二三寸是已。生时深绿色，日干即黑。云南槟榔合滤净石灰嚼之有香味，呼为芦子。广西以三赖及蒌叶共食，乾硬无味。按芦子出腾越，最多，盏达有芦子山。张南园谓蒟酱。吴志云，其说难信。然张说不可易也。盖蒟、蒻，二物。蒟苗似南星子，其形可恶，而根大倍于芋魁，有似盆盎者，以石灰水浸之，治如豆腐煮食。俗名鬼庙，一名鬼头。盖鬼者魁之讹，蒻转读为鸟，又讹庙耳。蒟者乃藤本，缘树而生，子如桑椹，熟时正青，长二三寸，以密藏而食之。黔滇人以合槟榔食，但不知为酱耳。又考后魏高阳太守贾思勰所撰《齐民要术》卷十云：《吴录·地理志》曰，始兴有扶留藤，缘木而生，味辛，可以食槟榔。《蜀记》曰：扶留木，根大如箸，视之似柳根。又有蛤名古贲，生水中，下烧以为灰，曰牡蛎粉。先以槟榔著口中，又取扶留藤长一寸，古贲灰少许，同嚼之，除胸中恶气。《交州记》曰：扶留藤有三种，一名稷扶留，其根香美；一名南扶留，叶青味辛；一名扶留藤，味亦辛。顾微《广州记》曰，扶留藤缘树生，其花实即蒟也，可以为酱。余读族叔虞农氏《鸡菱歌》云："文武火熬之，成酱是为蒟。"又云："南园号知言，乃以芦子诂，芦子臭且辛，厥酱如何取？自非和槟榔，未堪滋含咀。"又证之字书，蒟音矩，《说文》：果也。《本草》：蒟酱。《南方草木状》：蒟酱，荜茇也，生于番禺，小而青，谓之酱。《通志》：蒟酱曰浮留。又《本草》：蒟蒻（蒻音弱）一名鬼芋。《酉阳杂俎》：蒟蒻根大如碗，至秋叶滴露，随滴生苗。《辞源》：蒟，蔓草名，产于岭南。其嫩叶谓之蒌叶，土人食槟榔者，以此叶及蚌灰少许同嚼之，以为可辟瘴疠。实蒟子，可以调食，亦称蒟酱。蒟蒻，亦名蒚蒻，多年生草，多产蜀中，高二尺余，叶为掌形复叶，花单性，根圆如球，可为食品。制法：采根洗净，以酽灰汁煮沸水洗，更煮五六遍，即成冻脂，切丝调食，状如水母丝。与蒟酱之蒟不同。《文选·蜀都赋》：蒟蒻茱萸。注：蒟，酱也；蒻，草也。则蒟、蒻，本为二物。杨慎《丹铅总录》谓蒟酱即蒟蒻，误。又蒟酱注：蒟子也可作酱，以调食，故称蒟酱。左思《赋》云：蒟酱流味于番禺之乡，亦称枸酱。综观各书所论，皆未精确。如蒟酱合石灰或古贲粉以之嚼槟榔，则其味辛辣，且根非团块，不能作酱调食。若能和石灰可嚼槟榔者，当是扶留，非蒟蒻也。《通志》所云浮留即扶留之转音，亦即滇南所呼之芦子，细藤缘墙壁而生。野产者多在丛生之灌木或石堆上，根老无团，不可食。如《交州记》有三种，一种野生不结实，叶老辛辣而涩；一种结实，其实如桑椹，长可三四寸，粗如中指或小指，深绿色，剖半晒干成黑色。家栽者或食其嫩叶，或食生实，无者只食干实，味辛辣恶臭。余在缅，见缅彝人所和槟榔石灰嚼为嫩叶，不结子，味辛稍辣，而无恶臭。全国男妇皆嚼之，客来以此相敬，为缅中出产自用。大庄谓能以蜜制藏食，如此辛恶，则更非是。若蒟苗似南星，其根大倍于芋魁，治如豆腐，俗名鬼鸟，或名菎蒻，根圆如球，可为食品，制成冻脂，又何谓与蒟酱之蒟不同耶？蒟酱既为食品，定不能以之和石灰而嚼槟榔。果此物为腾越俗呼之鬼鸟或魁蒻，即鬼庙转音昆明呼木芋豆腐。非藤生，单茎直立，初生有托叶包之，高二尺许，似南星。茎端发三支、四支，复叶二三对，大者或又生小支，叶尖为单叶。根形圆如芋魁。然茎稍淡红，有斑点，似一种大憨蛇皮。所以此种蛇腾人即呼之为鬼鸟蛇。夏时生长，无花，冬季不取，茎自萎败，埋伏土中，明夏复发苗而老根腐，复生新团根，一年稍大一年。若取其根，削去外皮，洗净切成大片，熟煮取出，以臼捣溢，置大盆缸中，用手搅匀抿平，取相当淡石灰水由上浸之。少则溢不结硬，多则灰气，臭味不佳。约数时许，即冻如老豆腐，嫩而柔韧。复切成大块，再煮之，即可煎食，置数日不坏。此即鬼鸟之制法。遍园圃皆生，不假种植力。设切取根上发苗处一片，埋之土内，明年亦可以生。此物生时如南星，捣溢可治无名肿毒。

若煮稍生，用手搅之，手必觉麻痒。不加石灰水或过少，食之亦能麻口舌。云南各地产一种菌类，有青白二种，皆产于山野间，六七月雷鸣后则生，生或十余朵，或二三十朵，大如碗，似伞盖。其茎与叶白色。煎煮食脆而不滥，味极香美，因白嫩甘美如鸡脖肉，俗呼鸡葽。据虞农叔所言，蒟音雉，或为鸡之讹。若蒟蒻为鸡葽，熬之取汁，名曰鸡葽油，贮之瓶内以调味，胜过酱油，不见作之为酱也。果蒟根如球，或似芋魁，似盆盘，则与腾俗所呼之鬼鸟（去声）相合。虞农叔所制者，似是鸡葽油，非蒟酱也。但诸家所云，似以一物而为二名，虞农叔则混二物而为一名。又以蒟蒻、莒蒻较腾所呼之鬼鸟，其音又不同。观《辞源》所绘蒟蒻，形同莒蒻，其根茎叶均同鬼鸟。又谓蒟酱与莒蒻为二物，或者他处原属二种物体。鸡葽菌、鬼鸟与扶留名芦子等植物，余皆见过食过。鬼鸟冻与鸡葽油皆亲制过。谓蒟酱为鸡葽酱，鬼鸟为芦子，余识谫陋，未敢妄断。又《汉书·西域传》赞云：感枸酱竹杖，则开牂舸、越嶲。似此物仅为滇黔有。惟以所知者表而出之，以俟博物君子考焉。（《永昌府文征·文录》卷27《民九》第2953页）

马金囊

马槟榔，即马金囊、〖水槟榔，其仁有纹，盘旋似太极图，又名太极子〗。味〖微苦涩、回甜〗，性凉。〖入肺、脾二经〗。清热解烦渴。子入药，嚼之，饮水愈甜，治咽喉炎。（《滇南本草》第684页琴本）

时珍曰：大腹子出岭表、滇南，即槟榔之一种。腹大形扁而味涩者，不似槟榔尖长味良耳，所谓猪槟榔者是矣。盖亦土产之异，今人不甚分别。（《本草纲目》卷31）

时珍曰：马槟榔，生滇南金齿、沅江诸夷地。蔓生，结实大如葡萄，紫色，味甘。内有核，颇似大枫子而壳稍薄，团长斜扁不等。核内有仁，亦甜。（《本草纲目》卷31）

390

马槟榔 一名马金囊，又名马金南，状类白荳蔻，嚼之饮冷水则无所伤，或云细嚼以涂毒疮亦效。（景泰《云南图经志书》卷3《元江府》第196页）

紫槟榔 即马金囊，安南长官司出。（正德《云南志》卷4《临安府》第208页）

马槟榔 一名马金南，又名马金囊，状类白荳蔻，嚼之饮冷水即无所伤，若嚼以涂恶疮亦效。（正德《云南志》卷11《元江府》第488页）

紫槟榔 即马金囊，状类白荳蔻，嚼涂恶疮甚效，或食一枚，饮冷水即无所伤。（正德《云南志》卷13《金齿军民指挥使司》第540页）

马金囊，其味似文官果而非，文官果树生，而此蔓生也，咀之饮水，留甘不散。一云傅恶疮良。（《滇略》卷3第229页）

土槟榔，状如槟榔，孔穴间得之，新者犹软，相传蟾蜍天也，不常有之，主治疮。《云南志》云：紫槟榔，状类白荳蔻，嚼涂恶疮，甚效，或食一枚，饮冷水，即无所伤，俗云马金囊。（天启《滇志》卷32第1045页）

马金囊 即紫槟榔，嚼之饮水，味甘除热，又可敷毒疮。（康熙《云南通志》卷12《开化府》第227页）

马金囊，生大石岩上。石屏境内龙朋、云台里间有之。元江极广，一名槟榔，状如槟榔，孔穴间得之，新者犹软。相传蟾蜍矢也，不常有之。主治疮。《云南志》云：紫槟，状类白豆蔻，嚼涂恶疮甚效，或食之一枚，饮冷水即无所伤。即马金囊也。谢在杭《滇略》云：其味似文官果，蔓生而非树生也，咀之饮水，留甘不散。（康熙《石屏州志》卷13第265页）

马金囊 一名马槟榔，蟾蜍矢也。状类白荳蔻，涂恶疮，治痘有效。州人张汉云：文官果与马金囊颇肖，文官木本，囊藤本也。囊甘于文官耳。因谓：有马有金囊富也，文官贵也。戏为句曰：文官果无遗味，马金囊有回甘。乃知贵不如富，荣名厚实须参。（乾隆《石屏州志》卷8第13页）

槟榔有数种，滇南所产惟壳槟榔，穿之成串以相遗。但半壳，细剥壳，裹以灰食之。然非树生，乃出藤本，藤缘崖行，实累累相悬为槟榔。第槟榔本出高树，蒌子乃出藤蔓，原各殊，今壳槟榔出于藤，其藤大抵扶留之别种，其实气味颇似槟榔，故以壳槟榔名之，实非槟榔也。按藤生为马槟榔，一名马金囊、马金南、紫槟榔，李时珍谓生金苗、元江诸夷地，蔓生，结实大如葡萄，紫色，味甘，内有核，颇似大风子而壳稍薄，圆、长、斜、扁不等。核内有仁，亦甜。凡嚼，以冷水送下，其甜如蜜，亦不伤人，又治产难如神。而今滇人食马槟榔，不用冷水而用蒌灰，殆以马槟榔为广槟榔矣。况广槟榔亦非真槟榔，乃大腹槟榔、猪槟榔也，出岭表、滇南，即槟榔中一种，腹大形扁而味涩者，不似槟榔尖长而味良。彼中皆呼为槟榔，并藤灰同食，则又以大腹子为真槟榔矣。《云南记》云："大腹槟榔每枝有三二百颗，青时剖之，以蒌灰同食，即减涩味。"而非马金囊之壳槟榔也。槟榔以出交、爱为真，从洋船至，所谓海南鸡心槟榔也。以供客敬，而入药则用圆扁之大腹槟榔也。滇之迤南，与交、爱邻，诸土司之中，应出真槟榔，而皆由海舶入广。其遗滇食者，则马金囊也。而蒌灰和食以矜重，不亦误乎？又按《明统志》载："永昌土产紫槟榔、马金囊，状类白豆蔻，嚼涂恶疮甚效，或食一枚，饮水即无所伤。"则是犹未敢通行食之比槟榔也。《滇志》谓元江出槟榔，审其形，似即《云南记》所谓大腹槟榔也。夫古记且于大腹辨之严，不使统同混称，况以蔓生之马金囊争目为壳槟榔，以混于木生者乎？故详考之以蹟其实焉。（《滇海虞衡志》第240页）

马槟榔^{一名马金囊}，李时珍《本草纲目》：生滇南金齿、元江诸夷地，蔓生，结实大如葡萄，紫色味甘，肉有核，颇似大枫子而壳稍薄，团长斜扁不等，核内有仁，亦甜。（道光《云南通志稿》卷70《永昌府》第23页）

马金囊，旧《云南通志》：即紫槟榔，嚼之，饮水味甘，可治疮毒。章潢《图书编》：出安南^{谨案：互详永昌府}。（道光《云南通志稿》卷70《开化府》第33页）

马槟榔，《明一统志》：土人呼为马金囊。李时珍《本草

纲目》：生滇南金齿、元江诸夷地。（道光《云南通志稿》卷 70《元江直隶州》第 55 页）

蔓胡桃

蔓胡桃：《酉阳杂俎》曰："蔓胡桃出南诏，大如扁螺，两隔，味如胡桃，或言蛮中藤子也。"（天启《滇志》卷 32 第 1045 页）

蔓胡桃《酉阳杂俎》曰：蔓胡桃出南诏，大如扁螺，两隔，味如胡桃，或言蛮中藤子也。（康熙《云南通志》卷 30 第 873 页）

蔓胡桃，段成式《酉阳杂俎》：蔓胡桃出南诏，大如扁螺，两隔，味如胡桃，或言蛮中藤子也。旧《云南通志》：出江川。（道光《云南通志稿》卷 69《澄江府》第 27 页）

梅

红梅，味酸，〔性〕寒。治一切瘟疫、暑热、头痛发热，服之神效。（《滇南本草》第 109 页务本）

食货曰盐梅膏，差可录。（天启《滇志》卷 3《永宁府》第 120 页）

梅，性能合群味，故和羹焉，真为调燮之助矣。深山中老凌霜雪，枯干抽新，乃真高士也。然接之者，名偕花异。陆机多智，不识楠梅。如其见之，端倍桥舌。奇峰梅，瓣厚如碾玉楮，蒂红似胭脂，惟单瓣者尤佳，双套者不及。玉剪梅，瓣酟酟如剪玉，却能结实，其实种之即成单瓣，惟接之始全也。三义梅，一花三实，爱以得名，非若《诗·摽有梅》其实七兮，而后及三之谓也。绿萼梅，以萼绿故名，然翔云寺一株，其萼油油然倍绿。孤山雪，在九莲寺之寄寄斋后，年代越叶榆之唐梅，其古拙尨大迈伦，不以年深减花姿，开时则雪香飘逾山

393

谷。照水梅，以花面俯下欲照水，似媚其姿耳。硃砂梅，赤夺丹砂，香含霜雪。宝珠梅，其心有一珠，花瓣含而实之，如嵌也。磬口梅，团团类磬口，循俗称也，惟山多野梅，韵以天胜，难以名状。梅实，少投以灰，入坛中，日凭风雨摇之，听其味至则洗其灰，方入蜜，食之良佳，谓风雨梅。带核敲碎，欲取核之香透其肉，然后以蔗糖并投醋中套之，待其晒少干，即收入瓶中，谓之醋梅，少加雕饰，去核，作扁饼子，或不去核作毬子，或切片为飣餖，以甜多酸少者美，谓蜜梅干也。（《鸡足山志》卷 9 第 323 页）

梅，旧《云南通志》：有山梅、盐梅二种。（道光《云南通志稿》卷 67《通省》第 18 页）

采访：有山梅、盐梅二种。（光绪《续修顺宁府志》卷 13 第 6 页）

缅石榴

缅石榴，《思茅厅采访》：树如紫薇，叶稍大，面青背赤，白花，其实似林檎，生则绿，熟则白，肌肉酥软，味甘，子细如沙在泥，依稀难辨。（道光《云南通志稿》卷 70《普洱府》第 5 页）

抹猛

抹母 其树高大，而叶长如掌，其实与芭蕉实相似而差短，熟于夏月，其味甜酸，而性则温。（景泰《云南图经志书》卷 3《元江府》第 196 页）

羊桃 夷称抹猛而长，其味酸甜。（景泰《云南图经志书》卷 4《者乐甸长官司》第 258 页）

抹猛 一名羊桃，树高大，叶长如掌，实与芭蕉相似而差短，熟于夏月，味甜酸，而性则温。者乐甸亦出。（正德《云南志》

卷 11《元江府》第 488 页）

羊桃《元江志》，见^{夷称抹猛，}。（正德《云南志》卷 12《者乐甸长官司》第 518 页）

抹猛，果也，形如小猪。夷谓果曰抹，猪曰猛。又谓之株母。树高大，叶长如掌，实与芭蕉相类而差短。夏月熟，味甘酸。《滇程记》曰：色类樱桃，形如橄榄。（《滇略》卷 3 第 229 页）

抹猛果^{树高丈余，叶大如掌，}_{熟于夏月，味甘。}（康熙《云南通志》卷 12《元江府》第 227 页）

抹猛果，《他郎厅志》：俗名打锣槌，树高丈余，叶大如掌，熟于冬月，味甘香。《思茅厅采访》：打锣槌，叶似珠兰而厚劲，宽寸许，长尺余，边有刺如锯，实自苗中出，皮纹鳞起。熟时色黄，大于盆，而少长若槌然，故名。味甚美，刈而插于瓶，香可月余，顶有丛芽，分种之，无不生者。（道光《云南通志稿》卷 70《普洱府》第 3 页）

抹猛果，旧《云南通志》：形如木瓜，熟于夏月，味酸。（道光《云南通志稿》卷 70《元江直隶州》第 55 页）

羊桃，章潢《图书编》：夷称抹猛，其味酸甜，出者乐甸长官司。（道光《云南通志稿》卷 70《镇沅直隶州》第 56 页）

羊桃，章潢《图书集成》：夷称抹猛果，其味酸甜。旧《通志》：形如木瓜，熟于夏月，味酸。（光绪《续修顺宁府志》卷 13 第 7 页）

枇杷

南安县出好枇杷。《太平御览》卷九百七十一《果部》八引。（《云南古佚书钞·南中八郡志》第 8 页）

枇杷，味甘平。治肺痿痨伤吐血、咳嗽吐痰、哮吼。又治

小儿惊风发热，神效。(《滇南本草》第 99 页务本)

枇杷叶，味苦辛，性寒。入肺，止咳嗽，止喘促，消痰。久咳，喉中如〖曳锯〗之声，肺有顽痰，结在肺中，痰丝随风气升降，故有吼喘之声。枇杷叶入肺，能斩断顽痰丝，消散吼喘〖止气促〗。〖果治哮喘、小儿惊风发热效〗。(《滇南本草》第 99 页丛本)

枇杷果，采访：白花，黄实，年结二度。(光绪《续修顺宁府志》卷 13 第 7 页)

苹果

苹果，气味甘、微酸，无毒。主治脾虚火盛，补中益气。同酒食治筋骨疼痛，用蜜酿，久服延年之品也。小儿不可多食，多食发疳〖积〗。搽疮红晕可散。烧灰存性治水中之毒，亦能醒脾清神，人多爽怀。采叶贴火毒疮或汤火，烧灰调油搽之最良。皮能治反胃吐痰。(《滇南本草》第 105 页范本)

滇中花果，与中原无异，独绝无蘋果，尔然果之属小而不甘，花之属开而不香，总以山石崇隆，地气浅薄，不能酝为奇芳，结为厚味耳。(《南中杂说》第 41 页)

苹婆果，产于晋宁、呈贡间，香美与北地所产无异。(《滇南闻见录》卷下第 35 页)

苹婆果，南中最少，而滇出盈街。(《滇海虞衡志》第 234页)

奈，郭义恭《广志》：西方多奈，收切曝干作脯，蓄积为粮，谓之频婆粮。檀萃《滇海虞衡志》：蘋婆果，南中最少，而滇出盈街。(道光《云南通志稿》卷 67《通省》第 20 页)

奈，《汉武内传》：仙药之次者，有圆邱紫奈，出永昌。(道光《云南通志稿》卷 70《永昌府》第 27 页)

葡萄

宛左右以蒲陶为酒，富人藏酒至万余石，久者数十岁不败。俗嗜酒，马嗜苜蓿。汉使取其实来，于是天子始种苜蓿、蒲陶肥饶地。及天马多，外国使来众，则离宫别观旁尽种蒲陶、苜蓿极望。（《史记》卷123《大宛列传》3173页）

《上林赋》：樱桃蒲陶，隐夫薁棣。楂梸荔枝，罗乎后宫，列乎北园。（《史记》卷117第3028页）

云南多干蒲萄。《太平御览》卷九百七十二《果木》九引。（《云南古佚书钞·云南行记》第26页）

葡萄，味甘酸，性微温，无毒。主治筋骨湿痹，益气力，令人肥健，治痘症毒，其走下之性，渗水道，利小便。胎气上冲，煎汤饮之即下。不宜多食。昔李太白酿酒，常饮此可轻身耐老，但服而有益者，惟每日临卧时饮三杯，多则不效。采叶贴无名肿毒，最良。（《滇南本草》第160页范本）

山葡萄，味甘酸，性平无毒。主治清火益气，消渴，悦颜色，不可多食。（《滇南本草》第163页范本）

葡萄，时珍曰：云南所出者，大如枣，味尤长。（《本草纲目》卷33）

清陆绍闳《葡萄花》（五古）：骞传海内植，汉代初不识。蔓延若虬龙，飞扬无羽翼。至今多流株，直夺万花色。暮春修禊时，忽见新枝苗。轻风拂座来，清芬绕书帙。寻芳仰绿阴，微黄丛如织。碎朵不能分，约之数千亿。糁糁落阶前，未扫顷先失。高洁惟自持，远彼飞尘沕。羯鼓纵相催，但觉香无匹。上苑非不尊，何妨长蓬筚。世态尚炎凉，奇葩亦太息。诗人少其吟，搦管留残幅。（康熙《嵋峨县志》卷4）

藏葡萄，藏中所产葡萄，与西北葡萄乾同。滇中出痘者，取其核煮汤饮之，能使痘颗起发。又有藏枣、藏杏，亦以为有益于痘花。想藏中无出花之症，所产物能解先天之毒，理或然

也。(《滇南闻见录》卷下第 38 页)

葡萄，滇南最佳，然不能干而货于远。樱桃、杨梅、枇杷、木瓜、榛、榧、银杏亦然，过时则不可得，惟杨梅尚有浸之者耳。(《滇海虞衡志》第 239 页)

蒲萄，李时珍《本草纲目》：蒲萄有紫、白二色，西人及太原、平阳皆作蒲萄干，货之四方。蜀中有绿蒲萄，熟时色绿。云南所出者大如枣，味尤长。檀萃《滇海虞衡志》：蒲萄，滇南最佳，然不能干而货于远，樱桃、杨梅、枇杷、木瓜、榛、榧、银杏亦然，过时则不可得，惟杨梅尚有酒浸者耳。(道光《云南通志稿》卷 67《通省》第 20 页)

葡萄，《一统志》：出府境者佳。旧《云南通志》：出江外。《丽江府志》：出中甸。(道光《云南通志稿》卷 69《丽江府》第 46 页)

山楂

山楂，味甜酸、性寒。消肉积滞、下气、吞酸、积块。(《滇南本草》第 97 页丛本)

查，巨亦甲天下，树高大如柞栎，查饯、查膏尤佳。(《滇海虞衡志》第 233 页)

山樝，檀萃《滇海虞衡志》：查巨亦甲天下，树高大如柞栎，查饯、查膏尤佳。(道光《云南通志稿》卷 67《通省》第 22 页)

山樝，檀萃《滇海虞衡志》：查巨亦甲天下，树高大如柞栎，查饯、查膏尤佳。采访：顺宁产者不佳。(光绪《续修顺宁府志》卷 13 第 8 页)

韶子

韶子，生广南，叶、子皆如栗，有柿刺。肉如猪肪，核如荔枝。《范志》以为山韶子，其藤韶子大如凫卵，则柿也，软枣之类也。（《滇海虞衡志》第251页）

韶子，檀萃《滇海虞衡志》：生广南，叶、子皆如栗，有柿刺，肉如猪肪，核似荔枝。《范志》以为山韶子，其藤韶子大如凫卵，则柿也，软枣之类也。（道光《云南通志稿》卷69《广南府》第30页）

石榴

南诏石榴，子大，皮薄如藤纸，味胜于洛中。石榴甜者谓之天浆，能已乳石毒。（《酉阳杂俎》卷18）

石榴，味甘酸涩，性微温，无毒。子白而大者，名水晶榴，味甘美。压丹毒，杀三尸虫，治咽喉燥渴。多食伤肺，伤牙而生痰。酸者止痢，一治遗精。如服别药，不可食之。采皮，同水金凤熬水，荡洗周身两膀，可强筋壮骨，力胜百人。《洗髓经》载此方。采叶，煎洗痘风疮及一切风癞最良。（《滇南本草》第80页范本）

石榴境内山地多石榴树，其所产石榴，亦胜于他境。（景泰《云南图经志书》卷3《武定府·禄劝州》第150页）

明杨应霈《三瑞赠言序》："……及莅句町之二年，庭榴有五实、四实一蒂者，二三粒蒂不可胜数。出示吴别驾，云晋代此地曾驿献一蒂六榴，正叹以今方昔尚输其一，俄窥树，为六者且三。……"（天启《滇志》卷24第811页）

《酉阳杂俎》又曰：石榴，一名丹若。南诏石榴，子大，皮薄如藤纸，味绝于洛中。（天启《滇志》卷32第1045页）

399

柘榴，因张骞入中国，滇有柘榴，亦不自张骞始。（天启《滇志》卷32第1045页）

《开口石榴》（七绝）：家家有粟奈饥何，桃李从旁感慨多。世事而今难下口，石榴那得不呵呵。（《担当诗文全集》卷7第362页）

柘榴^{柘榴，因张骞入中国，}滇有柘榴，亦不自张骞始。（康熙《云南通志》卷30第873页）

石榴，一名丹若。南诏石榴，子大，皮薄如藤纸，味绝于洛中。《博物志》云：张骞为汉使外国十八年，得涂林安石榴种。石屏山耻水湄所在多有之，红锦丹砂，令人可爱。（康熙《石屏州志》卷13第266页）

清陈金珏《蒙署花卉杂咏二十一首·石榴》（七绝）：唾艳倾阳安石榴，朱盘捧出火云浮。众中多子甜于蜜，翻讶金衣热眼偷。（康熙《蒙化府志》卷6第51页）

清姜维藩^{楚雄}《安石榴》（七律）：谁将红萼植天家，汉使携来赏物华。赐出上方惟白马，动人春色在名花。丹砂蕴石含珠粒，绿叶攒红笼绛纱。尽道吹嘘栽翰苑，谁知天半遍朱霞。（楚雄旧志全书"楚雄卷上"康熙《楚雄府志》卷10第550页）

清顾琳《春初见榴花》（七古）：春光何事早天涯，正月迷城榴已花。入眼疑生枝上火，盈眸惊见树头霞。天桃比拟惭无色，红杏逡巡羞见华。自是绿云团彩缬，梅珠点点不须夸。（雍正《阿迷州志》卷24第377页）

毛振翱《翠景轩十二截·榴花》（七绝）：绿映苍苔血染枝，艳人正及雨残时。红裙妒杀卿谁爱，未便轻教丽女和。（雍正《师宗州志》续编第1页）

石榴，遍地皆有，花甚繁茂，结子亦佳，然只桃花红而已。惟阿迷州之石榴有绿色者，子大而味甘，非寻常石榴可比数也。余于信丰见广东石榴，色大红，至云南见阿迷石榴，色淡绿，真双绝也。五华书院有石榴一株，花甚繁茂，结子酸而不中食，良楛之不同科，有如斯也夫！（《滇南闻见录》卷下

第 34 页）

石榴，段成式《酉阳杂俎》：南诏石榴，子大，皮薄如藤纸，味胜于洛中。又云甜香名天浆，能已乳石毒。旧《云南通志》：有四季开者。（道光《云南通志稿》卷 67《通省》第 30 页）

榴，檀萃《滇海虞衡志》：榴则重乎阿迷。（道光《云南通志稿》卷 69《临安府》第 20 页）

石榴，采访：有子大色白、子细色红二种，其味皆甜，又有子细色红味酸一种。……榴花，采访：有花大不结实者。（光绪《续修顺宁府志》卷 13 第 8、10 页）

石葡萄

石葡萄，味甘无毒。形似家葡萄，亦非野间所有，乃生于石上。高尺余，软枝倒挂，子如小乌饭果。采食，乌须黑发之圣药也。治小儿〖痘〗疮，乌头顶陷，或烂痘蛊痘，服之立效。（《滇南本草》第 162 页务本）

石蒲萄，《滇南本草》：生于石壁，倒挂而成，高仅一二尺，亦如家蒲萄，而小如乌饭果样。采取服食，返老还童，乌须黑发。又治小儿痘疮，发痘助浆，陷者能起，滥者能平，奇效异常。（道光《云南通志稿》卷 67《通省》第 20 页）

柿子

柿花，味甘平，种类甚多。其性走脾、肺二经，滋润五脏。治一切呕吐、吞酸流液。金柿治反胃，米柿治大肠下血，水柿治咳嗽吐痰。或干柿烧灰存性，蜜〖丸〗滚水下。柿霜治气隔不通，柿蒂治气隔反胃。柿皮贴疗疮无名肿毒。经霜叶敷臁疮。花晒干为末，治痘疮破烂搽之。树皮入〖麝〗香一钱，包腹治阴证。金柿，味甘，俗呼牛心柿。采此果千百枚晒干，火煅炼蜜丸如弹子大，每服一丸，开水送下。久服轻身健脾，百病不生。(《滇南本草》第201页务本)

〖柿〗，味甘涩，性温，无毒。主治和脾，润心肺，通耳鼻，消痰嗽，止渴，清火热，止血。用火煅作饼者，性温。能止痢疾，亦能润喉清音而杀虫。多食可去面上奸及腹中宿血。外有黄柿、红柿、酥柿、朱柿、牛奶柿，其性冷，不可多食。绿柿寒冷，去胃热，利水。柿霜消痰止嗽，忌同蟹食。(《滇南本草》第202页范本)

戊寅十月二十六日……余浴既，散步西街，见卖浆及柿者，以浴热，买柿啖之。(《徐霞客游记·滇游日记四》第854页)

松子

云南有大松子，如新罗松子。《太平御览》卷九百五十三《木》三引。(《云南古佚书钞·云南行记》第26页)

《海药》云：云南松子似巴豆，其体不厚，多食发热毒。松子味甘美，大温无毒，主诸风，温肠胃，久服轻身，延年不老。(《证类本草》卷23)

松子 树皮无龙鳞而稍光滑，枝上结松球，大如茶瓯，其中含实有二三百粒者。(景泰《云南图经志书》卷1《云南府》第4页)

松子 巨津州出。(正德《云南志》卷11《丽江府》第475页)

松子。(正德《云南志》卷2《云南府》第122页)

三窠山 在府治南四十里三窠关上，旧有古松三窠，夜霁殊异，土囊误以为金银气，掘枯其一。(万历《云南通志》卷3《姚安府》第45页)

太和县，……榛松皆不下辽东，但味淡少逊耳。(《滇游记》第7页)

纳楼茶甸长官司，……通曲山，……又松子山，在司南一里，

山多产松子而名。(《读史方舆纪要》卷 115 第 5108 页)

松子，为滇果第一。中国所产，细不中啖，必资于关东，三棱而黄。滇所产色黑，面圆而底平。其松身似青桐，叶五鬣七鬣而深浓，高不过一二丈，此结松子之松也。球长一尺，火煨而剥之，儿童争啖如包谷。迄至成熟，大担而塞于街。值不甚高，市升仅数十钱。(《滇海虞衡志》第 232 页)

松子，李时珍《本草纲目》：松子大如柏子，惟辽海及云南者子大如巴豆，可食，谓之海松子。(又)海松子出辽东及云南，其树与中国松树同，唯五叶一丛者，毬内结子大如巴豆而有三棱，惟一头尖耳，久收亦油。《格物总论》：松子二种，海松子生新罗，如小栗，三角，其中仁香美，东夷食之当果；云南松子，巴豆相似，味不及也。檀萃《滇海虞衡志》：松子为滇果第一，中国所产，细不中啖，必资于关东，三棱而黄。滇所产色黑，面圆而底平，其松身似青桐，叶五鬣七鬣而深浓，高不过一二丈，此结松子之松也，毬长一尺，火煨而剥之，儿童争啖如包谷，至成熟，价不甚高，市升仅数十钱。(道光《云南通志稿》卷 67《通省》第 19 页)

松子，章潢《图书编》：生北胜州。(道光《云南通志稿》卷 70《永北直隶厅》第 43 页)

松子，檀萃《滇海虞衡志》：松子为滇果第一，中国所产，细不中噉，必资于关东，三棱而黄。滇所产色黑，面圆而底平，其松身似青铜，叶五鬣、七鬣而深浓，高不过一二丈，此结松子之松也。毬长一尺，火煨而剥之，儿童争啗如包谷，至成熟，价不甚高。(光绪《续修顺宁府志》卷 13 第 8 页)

酸角

酸饺，味甘酸，〖性〗平。治酒化为痰，隔于胃中。同白糖煎膏，早晚服一钱。象最喜食。(《滇南本草》第 129 页务本)

酸角形如小皂角，其味酸，出号容甸。（景泰《云南图经志书》卷3《临安府》第 157 页）

酸角，李时珍《本草纲目》：云南、临安诸处有之，状如猪牙、皂笑，浸水和羹，酸味如酢。（道光《云南通志稿》卷 69《临安府》第 21 页）

酸角，旧《云南通志》：形似牙皂，味甘酸。（道光《云南通志稿》卷 70《武定直隶州》第 51 页）

酸角，旧《云南通志》：元江府出。（道光《云南通志稿》卷 70《元江直隶州》第 55 页）

酸角，旧《通志》：形似牙皂，稍肥，味甘酸。采访：出云州。（光绪《续修顺宁府志》卷 13 第 7 页）

锁梅

覆盆子，俗呼〔琐〕梅，又名钻地风，又名疏风草。味甘、酸。分黄黑二种。能〔锁〕玉关，故呼琐梅。得水气而生。入肾经，益肾补肝，明目兴阳，妇人多食能生子，其功不可尽述，根洗疥癞疮。（《滇南本草》第 123 页务本）

钻地风，即黄〔琐〕梅根。味酸，性温，走〔经络，治〕筋骨疼痛、痿〔软〕麻木，止日久赤白痢。（《滇南本草》第 125 页丛本）

琐梅，草实也，似桑椹而短，味亦似之，其采以三月。（《滇略》卷3 第 230 页）

己卯五月二十四日……至芭蕉洞，乃候火于洞门。担夫摘洞口黑果来啖，此真覆盆子也。其色红，熟则黑而可食，比前去时街子所鬻黄果，形同而色异，其熟亦异，其功用当亦不同也黄者非覆盆。覆盆补肾，变白为黑，则为此果无疑。（《徐霞客游记·滇游日记十》第 1111 页）

锁梅，《蒙化府志》：黄黑二种，黑者即覆盆子。（道光

《云南通志稿》卷70《蒙化直隶厅》第41页）

锁梅，檀萃《农部琐录》：蔓生，如何首乌，叶如钱大，有刺。实如黄豆大，味酸甜。（道光《云南通志稿》卷70《武定直隶州》第51页）

桃

桃，各处俱有，独滇中生大黄桃，乃西竺种也。食之轻身。又有小金利核桃，尖嘴桃，〖活〗血。金弹子，〖主〗治血痢。毛桃，敷汤火伤。实，味辛酸。治蛊积，通月经，润大肠，消心下积。仁，治血痰。皮，烧灰为末，搽黄水疮。叶，洗疮〖除〗风。大黄桃，形似香〖橼〗，食之神清气爽，延年乌须。（《滇南本草》第111页务本）

桃子，味甘酸，性温，微毒。能解邪气、美颜色。多食动脾助热，令人膨胀，发疮疖。服术不可食之。又不可与鳖同食，能发丹石毒。食桃浴水令人泻。此物有损无益，故五果列桃为下品。桃仁，味苦、甘、平，无毒。主治风痹骨蒸，肝疟寒热，破血杀虫、通润大肠。一治卒然心痛，桃仁七枚去皮尖研烂和滚水服之即止。桃叶熬水洗眼，可除尸气冲着。（《滇南本草》第111页范本）

桃，桃之为言，木之兆也。时珍谓早花易植，尽桃之性矣。然亦有霜桃、冬桃晚花者。月令桃，始华天植地生，产于山中，非人力所栽接，肉酸苦，薄涩不堪啗，然其仁充满多脂，入药甚良，大凡外不足者即内有余，君子之衣尚絅耳。节候桃，生之深山邃谷中，应候始华。所谓外不足内有余，为君子桃，堪入药者也。鸡足之后山尤多，农而樵者觑花用占雨水。黄金桃，肉厚实，色胜黄金，味香甜，啗之芬液迸流腮颊，有黏核、脱核二种。银桃，树多冲霄，肉色白如银，花淡水红色。羊桃，最小，其上有毛，食之酸苦，惟晒作干，炎敲时渍水饮之，解暑气。圖桃，以桃之形得名，其核皆圖，磨之可以作念佛珠，极古雅。波斯桃，树仅尺许，其桃如碗，食亦香美，栽之盆中作玩好，花则苏木红者为多。梅桃，酸脆，可醒脾，醉后一枚入口，五斗醒解焉，惜僧持五戒，即远于酒矣，其桃觑知己，奈若之何。杏桃，小如弹许，色黄似杏，稍稍香郁，入口亦不甚佳。牛心桃，形长顶尖，一味酸苦，不堪饫口。碧桃，花千叶，色白如粉团。绛桃，红盈满树，堆若砌锦。绯桃，与绛桃之瓣差少，色小深红。霜桃，霜下始华，隆暑方熟。缃桃，红花千叶，中间有白瓣。（《鸡足山志》卷9第322页）

清陈金珏《蒙署花卉杂咏二十一首·桃有人面、绛衣、凝雪、赛梅数种》（七绝）：琼肤粉甲绽层层，临水夭斜态不胜。应念刘郎飘泊远，紫烟红雨付昔腾。（康熙《蒙化府志》卷6第53页）

藏桃，奔子栏有五株，叶如杨柳，花绛色，瓣似桃，而长大过之，十二月放花，三月始尽，六月实熟，红如桃，味涩而不可食，如食胡桃法，食其核肉，味香而甘。相传康熙间地属青海，时头人至其地，怀核归而种之者，取其核再种之，皆不生。（《维西见闻纪》第14页）

桃，《唐书·南蛮传》：自夜郎、滇池以西有桃、李。（道光《云南通志稿》卷67《通省》第19页）

桃，旧《云南通志》：旧志以富民为最，今滇池海口者甚佳。《云南府志》：昆明海口者佳，富民较他属大而甘。（道光《云南通志稿》卷69《云南府》第4页）

藏桃，余庆远《维西闻见录》：奔子阑有五株，叶如杨柳，花绛色，瓣似桃，而长大过之，十二月放花，三月始尽，六月实熟，红如桃，味涩而不可食，如食胡桃法，食其核肉，味香而甘。相传康熙间地属青海，时头人至其地，怀核归而种之者，取其核再种之，皆不生。（道光《云南通志稿》卷69《丽江府》第46页）

桃，采访：有金桃、碧桃、红桃。（光绪《续修顺宁府志》卷13第6页）

藤果

藤果^{形如山荔枝，}_{其味酸。}（景泰《云南图经志书》卷4《者乐甸长官司》第258页）

藤果^{状如荔枝，}_{味酸。}（正德《云南志》卷12《者乐甸长官司》第518页）

藤果，章潢《图书编》：状如荔枝，出者乐甸长官司。（道光《云南通志稿》卷70《镇沅直隶州》第56页）

无花果

无花果，味甘，〔性〕平。无毒。主治开胃健脾，止泄痢疾，亦治喉痛。熬水洗疮，最良。采叶，敷疮神效。（《滇南本草》第451页范本）

无花果，味甘，有小毒。此果处处皆有，铁梗、绿子、无花，一名天生子。敷一切无名肿毒，痈疽，疥癞，癣疮，黄水疮，鱼口便毒，乳结，痘疮破烂。调芝麻油搽之，神效。切不可食，此外科之圣药也。（《滇南本草》第453页务本）

无花果^{产于三耳山，树不甚大，不开花而果}_{生枝叶间，状如青李，可蜜煎食之。}（景泰《云南图经志书》卷5《赵州》第274页）

无花果^{赵州出，不花而实，}_{生枝叶间如李。}（正德《云南志》卷3《大理府》第168页）

古度，临安、宾川山中俱有之。《记》云：不花而实，实从皮中出，大如安石榴，色赤可食。实中有如蒲梨者，取之为粽，数日不煮，皆化成虫，如蚁有翼，穿皮飞出，俗谓之无花果。然闽亦有无花果，与《记》所载殊异。杨慎《古度赋》曰："有木诡容，在句之东。修梯盘壤，巨干撑空。阘华青帝，垂实玄工。蕣收传绀，屏翳矞红。子穿皮出，房殊卉丛。肤无纤蠹，腹育飞虫。"又曰："烜比景，灌茵露，果星烛，叶云布，楠榴相思为党邻，平仲君迁为朋故。君子识之，是曰古度。"（《滇略》卷3第229页）

优昙钵，一名无花果。李时珍曰：出扬州及云南。折枝插成，树如枇杷。实出枝间如木馒头，其内虚软，盐渍压扁充果实。又文光果、天仙果、古度子之属，皆不花而实者也。（《滇海虞衡志》第247页）

古度木，不华而实，子穿皮出如石榴，正赤，可煮食。升庵赋之曰："有木诡容，在勾之东。"云云，则滇亦有古度耶？（《滇海虞衡志》第276页）

优昙钵，檀萃《滇海虞衡志》：优昙钵，一名无花果，李时珍曰：出扬州及云南，折枝插成，树如枇杷，实出枝间，如木馒头，其内虚软，盐渍压扁充果食。（又）文光果、天仙果、古度子之属，皆不花而实者也。《古今图书集成》：无花果，赵州出，不花而实，生枝叶间如李，蒙化亦有之，干者可治喉痹，《滇略》名曰古度。《滇南本草》：无花果，硬枝铁干，处处皆有，子绿无花，治一切无名肿毒、癫疽、发背、便毒、鱼口、乳结、痘毒，遇各种破烂者，麻油调擦，神效无比，外科之神药也。（道光《云南通志稿》卷67《通省》第23页）

无花果，《蒙化府志》：不花而实，结于枝叶之交，干者可治喉痹，《滇略》名曰古度。（道光《云南通志稿》卷70《蒙化直隶厅》第41页）

无花果，采访：不花而实，干者可治喉痹。（光绪《续修顺宁府志》卷13第7页）

第二十三课《无花果》：无花果形如囊，内生多数单性花，各有花被一层，花皆隐而不见。昔人因以无花果名之，然取其果实对破之，则雌蕊雄蕊显而易见。故与桑属显花植物之裸子类。（楚雄旧志全书"元谋卷"光绪《元谋县乡土志》修订本卷下第399页）

梧实

梧实，大如豆，壳脆易剥，不与他处类，俗谓之山松子，亦曰飞松。（《滇略》卷3第231页）

己卯四月二十三日……北一里，过旧街。买飞松一梆于刘姓者家。"飞松"者，一名狐实，亦作梧实，正如梧桐子而大倍之，色味亦如梧桐，而壳薄易剥，生密树中，一见辄伐树乃可得，迟则树即存而子俱飞去成空株矣，故曰"飞松"，惟巅塘关外野人境有之。野人时以茶、蜡、黑鱼、飞松四种入关易盐、布。（《徐霞客游记·滇游日记九》第1074页）

梧实，鸡山东麓颇有之。实大味甘，生食清香扑鼻，炒食芳腻，愈为可口。（《鸡足山志》卷9第322页）

飞松，产于腾越州，壳薄而嫩，微有绉纹，仁亦大，味逊于寻常松子。（《滇南闻见录》卷下第35页）

梧实，王象晋《群芳谱》：梧桐四月开花，嫩黄，小如枣花，坠下如醭，五六月结子，荚长三寸许，五片合成，老则开裂如箕，名曰囊鄂，子缀其上，多者五六，少者二三，大如黄豆，云南者更大，皮绉淡黄色，仁肥嫩，可生啖，亦可炒食。（道光《云南通志稿》卷67《通省》第21页）

香乐

香乐，产礼社江边，色黄，形如方瓜，味甘，二百余担，食品。（楚雄旧志全书"双柏卷"民国《摩刍县地志》第296页）

香橼、佛手柑

香橼，气味辛，性温，无毒。主治下气，除心头痰水，痰气咳嗽。煎汤，治下气痛。按：香橼，河南、湖、广、浙、闽咸有之。其实如橘柚而大。至滇中则形锐益大，有尺许长者。主治较佛手柑稍逊了。本草但有佛手柑名，香橼本名枸橼，无此香橼也。岂此与佛手柑气味相类而置此不论耶？（《滇南本草》第166页范本）

佛手柑，气味辛、甘，平，无毒。治一切年久老痰结于胸中不散，煎此久服，可化痰、清火、延年。（《滇南本草》第168页范本）

香圆 即橙之类，其味香甜而脆。（景泰《云南图经志书》卷4《楚雄府·南安州》第218页）

所产有香橼，比之南安州者为尤大。（景泰《云南图经志书》卷6《老挝军民宣慰使司》第346页）

所产有香橼，比之南安州者为尤大。（景泰《云南图经志书》卷6《孟定府》第347页）

香橼 比之南安州者为尤大。（正德《云南志》卷14《孟定府》第584页）

香橼 比之南安州者为尤大。（万历《云南通志》卷4《孟定府》第41页）

香橼尤大如瓜，味胜闽中甚远。（《滇略》卷3第229页）

香橼，其大如盆，肉厚白细，食之甜美。皮黄，亦芳香清越。山产甚少，惟宾川州者极佳。（《鸡足山志》卷9第327页）

香橼 比之他府者尤大。（康熙《云南通志》卷12《孟定府》第228页）

督学吴应枚 鸟程《滇南杂咏三十首·佛手柑》：硕果何曾堕雪霜，树头数载历青黄。饷君佛手柑如斗，漉取珠槽半瓮香。佛手柑有历四五年

者，取以酿酒味香辣。（雍正《云南通志》卷29）

清^{教授}曾绾^{邑人}《佛手柑》（七律）：祇园绮树燦朝晖，看到霜柑妙入微。西证佛因成胜果，南邀橘伴试金衣。携来满袖香初泛，擎出一天露正肥。若使听莺陪斗酒，清芬绕座应忘归。（雍正《建水州志》卷14 第11 页）

佛柑，四五年者，取以酿酒，味香辣。（《滇南杂记》第51 页》

佛手柑极大而不腐败，久则干枯。（《云南风土记》第50 页）

香橼之产于顺宁、云州者，多奇形，大者长五六寸，四面宽各四五寸，高低斜整不一，巉岩如怪石，间有光面者，亦不能如他处之圆净。色有浅黄、深黄、红黄及黄中带青、带黑点者，香颇浓，至将朽腐时，则香更浓矣。云州所产，多而佳，至岁底新正，署内庭斋，处处可供清玩也。（《顺宁杂著》第55 页）

香橼、佛手柑之大者，直如斗，重三四斤，皆可生片以摆盘。二物经霜不落，在枝头历四五年，秋冬色黄，开春回青。吴学使应枚诗："硕果何曾怕雪霜，树头数载历青黄"是也。（《滇海虞衡志》第235 页）

香橼、佛手柑，檀萃《滇海虞衡志》：香橼、佛手柑之大者，直如斗，重三四斤，皆可生片以摆盘。二物经霜不落，在枝头历四五年，秋冬色黄，开春回青，吴学使应枚诗："硕果何曾怕雪霜，树头几载历青黄"是也。（道光《云南通志稿》卷67《通省》第19 页）

香橼，《顺宁府志》：多奇形，大者长五六寸，宽四五寸，香颇浓，可供清玩。（道光《云南通志稿》卷69《顺宁府》第32 页）

佛手柑，《思茅厅采访》：他处佛手柑，多拳曲而小，惟出思茅者最大，扁阔如人手掌，指皆岐出，长数寸，有掌内复生一掌者，有叠出至三四层者。（道光《云南通志稿》卷70

《普洱府》第 4 页）

香橼，章潢《图书编》：孟定御夷府出，比之南安府者尤大。（道光《云南通志稿》卷70《永昌府》第22页）

香橼、佛手柑，檀萃《农部琐录》：普渡河边产者胜。（道光《云南通志稿》卷70《武定直隶州》第51页）

香橼，《府志》：多奇形，大者径五六寸、七八寸不等，其香颇浓，可供清玩。（光绪《续修顺宁府志》卷13第6页）

佛手柑，产妥上，形如手拳，色黄绿，味甘辛，一百担，食品。（楚雄旧志全书"双柏卷"民国《摩刍县地志》第296页）

猩猩果

猩猩果 出邓川州，高数丈，春花秋实，果如弹丸，色如血，故名，味酸可食。（正德《云南志》卷3《大理府》第169页）

猩猩果，曲靖、大理俱有之。高数丈，春花秋实，状如弹丸，色如血，故名。味酸可食。（《滇略》卷3第229页）

猩猩果，《一统志》：色红味酸，子即酸枣仁。（道光《云南通志稿》卷69《顺宁府》第32页）

猩猩果，《一统志》：色红味酸，子即酸枣仁。（光绪《续修顺宁府志》卷13第6页）

櫨

櫨，似柚皮黄而香，其肉酢不可食。（雍正《师宗州志》卷上第38页）

櫨，《师宗州志》：似柚皮黄而香，其肉酢不可食。（道光《云南通志稿》卷70《广西直隶州》第46页）

杏

杏，味酸，〖性〗热。治心中冷热，止渴定喘，解瘟疫。但人多食损目劳筋。仁，治痔虫。叶，能敷大恶疮。（《滇南本草》第107页务本）

杏仁，味甘苦，性温，有小毒，得火良。解锡毒，杀虫，消犬肉、索面粉积，解肌散风邪，消痰定喘，利膈，润燥，能散能降，润喉发音。治〖癫〗犬咬伤，敷之即愈。百虫入耳，滴杏仁水即出。有双仁者忌食。（《滇南本草》第107页范本）

杏，孔子居为杏坛，西京上林有文杏，其遗种也。而鸡山之杏，赤腮金质，味香以发甜，大率似汉武帝玉苑名种，即所谓肉胜梨，黄胜橘者也。昔人榨其肉汁涂盘中，晒之听干，刮收之，和水调饮，甚美。馈人则称鸡山清饷，今并杏酪、杏干亦无有为之者。花远望红紫，靡靡盈枝，插瓶耐久，芬满一室。杏仁，好事者煮以蜜，去其苦臭，再煮又去其蜜，可点作茶鍉也，但堪者乃巴旦杏仁，名忽鹿麻，惟秦、卫、鲁、赵产之，此非其种，不宜强食也。（《鸡足山志》卷9第324页）

清陈金珏《蒙署花卉杂咏二十一首·杏》（七绝）：明霞十里逐香尘，烂熳天真孰与亲。九十韶华祇自惜，负他锦绣曲江春。（康熙《蒙化府志》卷6第53页）

杏，采访：产沧江外者为佳。（光绪《续修顺宁府志》卷13第7页）

绣球果

绣球果，《思茅厅采访》：籘长数十丈，蟠于大树，实离离下垂圆若球，大如五斗，益分十余格，格皆六方，红紫白绿相间，格内有汁合许，甜如蜜。谨案：此果与椰实大同小异，特椰实不分格耳。（道光《云南通

志稿》卷70《普洱府》第4页）

延寿果

延寿果，亦产于藏中，与葡萄干相似而更细，亦可和腥物煮食。绎其名，当亦温补之物也。（《滇南闻见录》卷下第37页）

杨梅

杨梅山，在废越州卫东十五里，山产杨梅。（咸丰《南宁县志》卷1第10页）

椰子

南诏遣使致南国诸果，有椰子，状如大牛心。破一重粗皮，刮尽，又有一重硬壳。有小孔，以箸穿之，内有浆二合余，味甘，色白。《太平御览》卷九百七十二《果》九引。（《云南古佚书钞·云南行记》第25页）

云南多椰子，亦以蜜渍之为糁。同上引。（《云南古佚书钞·云南行记》第25页）

又有树，其形亦类棕，结实名椰子，其汁如酒，甚甘，而壳可为瓢。（景泰《云南图经志书》卷6《缅甸军民宣慰使司》第345页）

银杏

白果，味甘平，性寒。乃阴气而生，故夜间开花。不可多食，若食千枚，其人必死。采叶阴干，治小儿生火，以菜油调搽皮面上，风血或大疮不出头者。白果肉同糯米蒸，〖和〗蜜丸，与核桃捣烂为膏服之。治噎食反胃，又治白浊冷淋。又白果肉捣烂敷太阳穴，止头风，眼疼。用汁点喉内，治咽喉十八症。采果捣烂，敷无名肿毒〖不能出头者〗。(《滇南本草》第11页务本)

白果，味甘苦，性温，有小毒。生食引疳，热食温肺、定咳嗽、缩小便。多食壅气发胀而动风。小儿多食，昏迷发惊，引疳〖积〗虫出。同鱼腥食发软。《延寿经》云："白果食满一千则死。昔有凶年，饥者以白果同饭食饱，次日则死。采叶捣烂，搽雀斑甚妙。采树皮烧灰，调油搽牛皮、铜钱癣，最效。(《滇南本草》第11页范本)

经略傅恒《大树园记》：岁己丑，余奉命经略征缅军事，驻节腾冲。会盛夏旸雨间作，师期需次。偶简阅士马经城之西偏，林木蓊然，殊异常观，土人言此中废圃一区，芜秽不可治。余往视之，则银杏十数本，同跗异柯，围径一二十尺，环带修篁，以亿万计。清阴迥互，稀见圭景，延贮移时，叹世所艳者，连榭累阁，而人境自然之胜，固莫之省也。顾旁无一椽，无以谋憩止而舍，参佐有司进而以鸠工请。余谓刍輓挽方亟，讵可以此役氓旅？乃令傔仆除薙道茀，披露幽爽，于树身离立间，编茅缚屋，翼以小亭。未洽旬，而告葳。时偕补斋、云岩两将军晤言于此，咸以为此尧竖村姁之所处，一旦有城有庐，旷如奥如。创见者宜为誉嘉树焉。余谓凡事之见为难而置之者多矣，苟审其时地而致吾力，则狉榛可以荒薹，理固然也。余之辟此地也，径可沿者治之，基可籍者固之，篱樊可卫者补之，雕饰弗尚，董视弗烦，故灌莽去而吾庐以成。用使宾

415

从咸得所托，相与咨论朝夕，毋惰毋旷，并藉以卜师贞焉。而吾又以知物尽乐于自见，第不拂其性，不违其材而已，各适所用也，乃颜所居曰"大树园"。志地之产，而偶合于公孙故事，非欲以自况云。（光绪《永昌府志》卷65第21页）

樱桃

樱桃，味甘美，性热，无毒。采叶敷疮最效。主治和脾胃，美颜色，止泄泻水谷痢疾。多食令人作呕，发暗风，动湿热，伤筋骨。有寒火郁热及喘咳热病者勿食，食之必剧。凡小儿勿多食，多食生热发痔〖积〗，以小儿乃纯阳之体，服之热症即生。惟豆症色白，陷顶不升浆者，以核为末，敷之可以升浆起长。若阳症忌服。又云：核利于〖痘〗，以根能升阳散火也。（《滇南本草》第113页范本）

樱桃，《礼经》：天子仲春，以含桃荐宗庙。故王维诗："才是寝园春荐后，非关御苑鸟衔残。"孟诜言此朱樱非桃，而形似之，是以得名。春初即蘩，花开似雪，然后渐渐吐叶成阴，先百果而熟。其子莺能含之，故谓含桃，则樱字当从鸟，今以木得称耳。甜者古人名之为崖蜜。樱珠，鸡山野产，味甜酸，中薄薄具苦涩，子甚细，缀错似珠，食之，亦颇清越。含桃，插之即活，喜水，果结时，须人以吸筒以水激之，兼勤逐雀，否则啄剥无余矣。（《鸡足山志》卷9第326页）

洱海，……樱桃树极多，大数围，高数十丈，白多于红，味酸涩。（《滇游记》第7页）

清陈金珏《蒙署花卉杂咏二十一首·樱桃》（七绝）：柳烟冥冥燕劳劳，漏泄春归属尔曹。万里愁怀消未得，夜深一曲郑樱桃。（康熙《蒙化府志》卷6第53页）

阚祯兆《见海潮寺旁樱桃》：野寺樱桃一树红，遥看花色岂朦胧。临风何必惊霜醉，倚竹依然带雪工。驻马相怜宫翠外，安禅独照佛灯中。征尘老大谁休歇，甘苦春光结实同。

（乾隆《黎县旧志》第32页）

樱桃，陈鼎《滇黔纪游》：洱海樱桃树极多，大数围，高数十丈，白多于红，味酸涩。（道光《云南通志稿》卷69《大理府》第13页）

桂馥《黑头公》：嘉名最羡黑头公，惯饱樱桃不待红。寄语东吴张子布，可知原有白头翁。_{云南有樱桃，冬日开花，其实不中啖，惟供此鸟食耳。}（《永昌府文征·诗录》卷25《清十五》第872页）

柚子

柚子大七八斤，甘香如佛手，而皮不苦辣。（《云南风土记》第50页）

郁李仁

郁李仁，〖一名样藜、又名唐藜〗、棣梨、〖俗名唐梨〗。味酸甜，〖性平〗。润大肠。治四肢浮肿，开通关格，破血，利水道。皮治齿痛。（《滇南本草》第119页丛本）

枣

黑食子，味甘酸。滇南甚多，秋季风吹子落，呼为嘘嘘果。食之，元气不散，多睡，能调心肾交接，久服令人目清延年，其功不可详述。（《滇南本草》第156页务本）

赤小枣，味甘，〖性〗平，小而赤色，有刺。四月生叶，五月开小白花，七、八〖月〗摘取。肥大甘美。治心肠邪气，安中养脾，平胃通窍，生津液。久服轻身延年，解一切百毒。枝叶敷打伤，神效。（《滇南本草》第158页务本）

417

康枣，气味甘酸，〖性〗平。主治补五脏，清六腑，解四时温疟暑症。久服令人开胃健脾，轻身延年。（《滇南本草》第158页范本）

羊枣俗呼为丁香柿，又名软枣，少核。（景泰《云南图经志书》卷3《武定府》第144页）

酸枣仁其树似棘，结枣味酸，其仁入药品。（景泰《云南图经志书》卷3《武定府·禄劝州》第150页）

南枣俗呼羊奶果，色红味酸。（景泰《云南图经志书》卷4《景东府》第236页）

南枣俗呼羊奶果，色红味酸。（正德《云南志》卷7《景东府》第314页）

羊枣，郭璞《尔雅注》：羊枣，实小而圆，紫黑色，俗呼为羊矢枣。旧《云南通志》：云南产。（道光《云南通志稿》卷67《通省》第22页）

南枣，《一统志》：镇沅府出。（道光《云南通志稿》卷70《镇沅直隶州》第56页）

枳椇子

拐枣，一名天藤、一名还阳藤。味甘，微温，无毒。治一切左〖瘫〗右痪、风湿麻木。能解酒毒，或泡酒服之，亦能舒〖经〗络。久服轻身延年。小儿服之，化虫养脾，其效如神。俗人不以此枣为然，而又不知用处。（《滇南本草》第154页务本）

拐枣，味甘平，无毒。主治补中益气，痰火闭结于胸中，或酒毒结痛，用此可解。治远年、近日痰火，湿气流痰，泡酒常服，自可痊愈。小儿有疳〖积〗者，可常常食之。（《滇南本草》第154页范本）

交加枝，……珍谓枳椇，及俗称鸡矩，蜀人之称桔枸、棘枸，滇人之称鸡橘子，巴人之称金钩，广人之称结留子，散见

书记者皆枳椇。(《本草纲目》卷31)

枳椇子,滇人呼为拐枣。此皆山果之琐碎,杂橡、栗而罗生者,亦附著之,以见山氓之所资为利养,不可略也。(《滇海虞衡志》第251页)

拐枣,旧《云南通志》:形曲如拐。《滇南本草》:拐枣,又名天藤,味甘微寒,无毒。治左瘫右痪,风湿麻木,舒筋骨,解酒毒,泡酒多效,化小儿疳虫,健脾养胃,物易得而效檀萃《滇海虞衡志》:枳椇了,滇人呼为拐枣。李时珍《本草纲目》:枏梸,俗称鸡距,蜀人之称桔枸、棘枸,滇人之称鸡橘子,巴人之称金钩,广人之称结留子,散见书记者皆枳椇。(道光《云南通志稿》卷69《云南府》第4页)

拐枣,《寻甸州志》:结实如青珊瑚,可啖。(道光《云南通志稿》卷69《曲靖府》第39页)

拐枣,檀萃《农部琐录》:形曲如拐,味甘能补。(道光《云南通志稿》卷70《武定直隶州》第51页)

枳椇,《唐本草》始著录,即枸也,详《诗疏》。能败酒。俗呼鸡距,亦名拐枣,山中皆有之。《本草拾遗》木蜜,即此。(《植物名实图考》果类卷32第758页)

拐枣,产乌上、下、妥上,色红黄,形如细杠,五十担,食料。(楚雄旧志全书"双柏卷"民国《摩刍县地志》第296页)

锥栗

锥栗,檀萃《农部琐录》:树不高,叶如栗而小,实如豆大,味甘。(道光《云南通志稿》卷70《武定直隶州》第51页)

锥栗,檀萃《农部琐录》:树不高,叶如栗而小,实如豆大,味甘。(光绪《续修顺宁府志》卷13第7页)

十二、蓏之属

综述

蓏之属七：菱、藕、荸荠、茨菰、甘蔗、草果、芭蕉。（嘉靖《大理府志》第 73 页）

蓏之属七：菱、藕、荸荠、茨菰、甘蔗、草果、芭蕉。（万历《云南通志》卷 2《云南府》第 13 页）

蓏之属六：菱、藕、荸荠、茨菰、甘蔗、茅芭蕉。（万历《云南通志》卷 2《大理府》第 33 页）

蓏之属三：菱、藕、茨菰。（万历《云南通志》卷 2《临安府》第 54 页）

蓏之属五：菱、藕、荸荠、茨菰、柑蔗。（万历《云南通志》卷 2《永昌府》第 67 页）

蓏之属五：莲实、藕、菱、茨菰、荸荠。（万历《云南通志》卷 3《楚雄府》第 8 页）

蓏之属三：菱、藕、茨菰。（万历《云南通志》卷 3《曲靖府》第 15 页）

蓏之属四：藕、菱角、茨菰、甘露。（万历《云南通志》卷 3《澄江府》第 23 页）

蓏之属八：藕、莲、芳菱、菱白、菰、芭蕉、土瓜、葛。（万历《云南通志》卷 3《蒙化府》第 28 页）

蓏之属二：菱角、甘露。（万历《云南通志》卷 3《鹤庆

府》第 37 页）

蓏之属二：菱角、荸荠。（万历《云南通志》卷 3《姚安府》第 46 页）

蓏之属六：菱、藕、芭蕉、茨菰、甘蔗、荸荠果。（万历《云南通志》卷 4《顺宁州》第 24 页）

蓏有菱、藕、茭白、荸荠、茨菰、甘蔗、土瓜、葛根。（天启《滇志》卷 3《云南府》第 113 页）

蓏曰菱、藕、茨、荠。（天启《滇志》卷 3《大理府》第 114 页）

蓏属之芭蕉。（天启《滇志》卷 3《蒙化府》第 117 页）

莲实、藕^{临安、澄江者佳}、菱、荸荠、茨菰。（康熙《云南通志》卷 12《通省》第 225 页）

蓏：茨菰^{二种}、葛根^{二种}、土瓜、菱角、荸荠。（康熙《蒙化府志》卷 1 第 39 页）

蓏之属：菱、藕、茭白、荸荠、茨菰、甘蔗。（康熙《新兴州志》卷 5 第 32 页）

莲属：藕、菱、荸荠、茨菇。（康熙《元江府志》卷 1 第 664 页）

蓏：茨菰、葛根、菱角、土瓜。（康熙《顺宁府志》卷 1 第 29 页）

藕、菱、荸荠、茨菇、茭瓜。（雍正《建水州志》卷 2 第 7 页）

瓟之属：圆瓟、条瓟、苦瓟、甜瓟。蓏之属：菱、藕、荸荠、茨菰、葛根、甘蔗。（乾隆《弥勒州志》卷 23 第 115 页）

蓏：菱、藕、荸荠、茨菰。（乾隆《陆凉州志》卷 2 第 27 页）

蓏：菱角、藕、茭瓜、荸荠、茨菰、甘蔗。（乾隆《开化府志》卷 4 第 30 页）

蔬属：……壶卢、瓟子。^{以上食实}（光绪《永昌府志》卷 22 第 2 页）

蓏之属：莲实、甘露、芋、阳芋、白合、藕、菱、山药、荸荠、藷^{白藷}、茨菰、土瓜、甘蔗、落花生、磨芋。（楚雄旧志全书"大姚卷上"道光《大姚县志》卷6第172页）

蓏之属：有丝瓜，一名天罗，形细而长。冬瓜，有绒毛，形圆长。苦瓜，形长如参，有刺钉。黄瓜，即王瓜也，皮有疙瘩。老生瓜，开黄花，形长而圆。老麦瓜，大约三四十斤。小麦瓜，绿色。金瓜，色鲜红，有圆、长二种。西瓜，形圆，皮绿，味甜若蜜，有黄瓤、胭脂瓤二种。洗子瓜，产陆地内，形圆而小。地瓜，蔓生山原，色赤，除毒最良。小金瓜，形圆，色黄而有钉，如黄果。瓠，即湖匏之甘者。匏，一名葫芦，细腰者尤为美观。野黄瓜，即瓜蒌，子可入药。宣木瓜，树上生者，即酸木瓜，可入药用。（昭通旧志汇编本民国《昭通志稿》卷9第261页）

蓏属六类：菱角、藕、茭瓜、荸荠、茨菰、甘蔗。（民国《马关县志》卷10第5页）

荸荠

荸荠，味甘。治腹中热痰，大肠下血。又能化铜。（《滇南本草》第595页务本）

乌芋、凫茈，俗呼葧荠。滇产有大如杯者，比栗为大。盖滇无巨栗，故地栗为洪耳。（《滇海虞衡志》第257页）

荸荠，檀萃《滇海虞衡志》：乌芋、凫茈，俗呼葧荠。滇产有大如盉者，比栗为大。盖滇无巨栗，故地栗为洪耳。（道光《云南通志稿》卷67《通省》第24页）

荸荠，檀萃《滇海虞衡志》：乌芋、凫茈，俗呼葧荠。滇产有大如盉者，比栗为大。盖滇无巨栗，故地栗为洪耳。采访：顺宁所产者，虽大而味不佳。（光绪《续修顺宁府志》卷13第8页）

十六课《荸荠》：亦种芽土中，叶类蓬草，无花，根结荸荠，色红，去毛有皮，味甜，浆能克铜。又有一种乌荸荠，与红色同味。（楚雄旧志全书"楚雄卷下"民国《楚雄县乡土志》卷下第1355页）

慈姑

慈〖姑〗，味甘微苦，性温。主治厚肠胃，止咳嗽，痰中带血，或咳血，〖呕血〗。（《滇南本草》第555页务本）

慈姑、乌芋，滇皆有之，同江乡。《纲目》以入果部，慈姑一根，岁生十二子，如慈母之乳诸子，故以名之。一名白地栗，谓地栗之白者，别于凫茈之黑也。霜后叶枯，根乃练结，旋掘为果，煮以灰汤。他处慈姑麻涩，而省上不然，则治之有法也。（《滇海虞衡志》第256页）

慈姑，檀萃《滇海虞衡志》：慈姑、乌芋，滇皆有之。慈姑一根，岁生十二子，如慈母之乳诸子，故以名之。一名白地栗，谓地栗之白者，别于凫茈之黑也。霜后叶枯，根乃练结，旋掘为果，煮以灰汤。他处慈姑麻涩，而省上不然，则治之有法也。（道光《云南通志稿》卷67《通省》第24页）

十六课《慈菇》：慈菇种芽土中，叶类蓬草，有花，绿白色。根结慈菇，色白，去毛无皮，味微苦。（楚雄旧志全书"楚雄卷下"民国《楚雄县乡土志》卷下第1355页）

甘蔗

交趾有甘蔗，围数寸，长丈余，颇似竹。断而食之，甚甘。笮取汁，曝数时成饴，入口消释，彼人谓之石蜜。《艺文类聚》卷八十七《果部》下引。《容斋五笔》卷六《糖霜谱》条、《全芳备祖》后集卷四《果部·甘蔗》条并引作"笮甘蔗汁，曝成饴，谓之石蜜。"盖节文。（《云南古佚书钞·南中八郡志》第12页）

唐韦齐休聘云南，会川都督刘宽使使致甘蔗。蔗节希，似竹许。削去后，亦有甜味。《太平御览》卷九百七十四《果》十一、《天中记·甘蔗类》引。（《云南古佚书钞·云南行记》第24页）

甘蔗，气味甘，性微寒，无毒。主治下气，和中，助脾气，利大肠、小肠，止渴，解酒。治呕吐反胃。同姜汁服之，可解河豚毒。同酒食之生痰。不可多食，多食发虚热之症。（《滇南本草》第308页范本）

产甘蔗极大。（景泰《云南图经志书》卷6《芒市长官司》第349页）

甘蔗，《顺宁府志》：出云州。《云州志》：旧原无此，有宾川人游州境，携种数本植之，乡人因学，以蔗水熬糖易米。（道光《云南通志稿》卷69《顺宁府》第32页）

第五课《甘蔗》：甘蔗有数种。白者汁多皮软，红者汁少皮坚，罗汉甘蔗汁多节大，班毛蔗汁少皮厚，均产水田中。叶附节生，形如芦荻，其汁可造糖，渣可造纸。（楚雄旧志全书"元谋卷"光绪《元谋县乡土志》修订本卷下第396页）

第三十七课《甘蔗制糖法》：甘蔗之主成份，为水分四分之三，糖质四分之一。制糖之法：先将甘蔗置于榨内，令榨石旋转，甘蔗为二榨石所逼，汁流于下，渣从侧面吐出。次取汁，置锅内，以大火热之，令其沸腾，点之以石灰、灶灰，待其浓如饴，然后将浓汁置于范内冷之，而成半球形之糖矣。（楚雄旧志全书"元谋卷"光绪《元谋县乡土志》修订本卷下第403页）

甘蔗，**产地**：巧属出口货首推蔗糖，其出产地在附城之内外、八村、蒙姑区之普咩、三区之牛厂坪居多。树节、九区之棉纱湾、六城坝、十区之攀枝花、拖姑、大寨、四区之荒田等地，均为产量丰富区域。**产量**：全县每年产量约计三百余十万至四百万斤，（百斤）值银十三元上下，共值银四五十万元。**销售地**：曲靖八属及东、昭各属与四川之筇连、贵州之毕节一带。**种类**：有红甘蔗、白甘蔗、罗汉甘蔗、建南甘蔗等类。红甘蔗皮色微红，罗汉甘蔗皮色青黄，皆节短茎粗，糖质重，糖色黄，组织松脆。白甘蔗皮色白黄，皮硬茎细，味微含酸性，制出之糖略呈黑色。建南甘蔗皮带青灰色，质、茎、味俱与白甘蔗相似。**种法**：打厢，在旧历腊月，将已犁之地面相距尺余远近等分提沟成 m 形，沟心须相连成弓形，以便水由入口顺沟而及于地之全面积，此种工作谓之打厢。栽种子在旧历正月间。将种子（即上下之老蔗尖）挨次平埋于厢子中，是为栽种子。亦有护老兜者，即上年甘蔗之根兜留不挖去，由宿根再发新芽，遂为二季之种子。新种下地后十余日，即怒发出土矣。上厢，待至伏天即实行施肥，施肥后将沟旁之土提而拥之，是为上厢。放水，种子下地后，每相间约十日必放水一次，在伏天每星期必放水一次，至秋后则十余日或二十日放水一次。然无论何时，须斟酌土宜及雨量行之，燥、湿皆不可太过也。成熟期，甘蔗自上厢后日渐兹长，至冬季即汁甜可食，其成熟时期为次年一、二月间，故自种蔗至成熟时间约需一年。**制造情形**：甘蔗既熟，即可制糖。兹将制糖情形分述如下：糖榨及榨时情状。榨以木滚或石滚二个，约直径一尺七八寸，上安齿轮，彼此相扣如钟表轮然。上置牛抬杆二架，架二牛其端，牛周围行走，滚子以齿轮相扣关系，亦依牛行之方向转动无已，喂榨之人将甘蔗置于两滚之间，其渣自对面排出，糖质随滚子流下，注于下设缸中。糖灶及煎熬情状。煎糖之灶一连五锅自外而内，燃柴薪于外锅下，烟焰经过五锅直达烟囱，将榨出蔗汁先注入外锅而煎熬之，逐锅递转移注，由外达内，渐进渐浓，煎至水分将干，加入清油渣子及适量之石灰，由锅内挖出，倾于模型中而凝结之，遂成砂糖。制糖时所需工人数目：榨匠一人、渣渣匠二人、大火头一人、糖匠一人、叶子客一人、包包匠六人、小火头一人、牛毛尖一人、草格嗒一人、刀刀匠八人，以上共需二十三人。出糖数。以上二十三人工作于一糖房内，各司其事，以一对时为一班，一班可出大糖五千合，约五百斤。**甘蔗病害**：蔗在种下二月内，若遇多旱或多雨，则苗心生虫，不能抽条生长，必须根旁另发新芽方得好蔗。若另生之新苗又遇旱或雨，则农人必大折其本，俗称此种病态为瘟兜。（昭通旧志

汇编本民国《巧家县志稿》卷6第674页)

甘蔗，于津属滨江各地，气候炎热，无不生植。在昔清道、咸年间，庙口以上村市所建糖房滚石遗迹，至今犹存，可见当时糖业之兴。嗣后，想系壤接四川盛产糖蔗之区，因之销路疲滞，无形中辍，驯至一蹶不振。民初，文星之石堰溪清平站已有新种甘蔗，利用木滚榨汁熬糖，规模虽小，却有糖业复兴之象。迄民五六年，护国军与盗匪蜂起，稻黍犹难保守，况蔗为生食之品，最易遭惹骚扰，谁敢种此以生祸害，是以又复歇种也。近年沿河有种者，不过供人嚼食，无复多种制糖者。倘能提倡，亦大生产也。（昭通旧志汇编本民国《盐津县志》卷4第1696页)

花生

落花生，味甘寒，无毒，主治补中益气，多则滞气。盐水煮食养肺，炒食动火。小儿多食则生疳〖积〗。采叶治毒疮，其效如神。（《滇南本草》第131页范本)

落花生，为南果中第一，以其资于民用者最广。宋元间，与棉花、蕃瓜、红薯之类，粤估从海上诸国得其种归种之，呼棉花曰吉贝，呼红薯曰地瓜，落花生曰地豆，滇曰落地松。高、雷、廉、琼多种之。大牛车运之以上船，而货于中国。以充苞苴，则纸裹而加红签。以陪燕席，则豆堆而砌白贝。寻常杯杓，必资花生。故自朝市至夜市，烂然星陈。若乃海滨滋生，以榨油为上，故自闽及粤，无不食落花生油，且膏之为灯，供夜作。今已遍于海滨诸省，利至大。性宜沙地，且耐水淹，数日不死。长江、黄河沙地甚多，若遍种之，其生必大旺。今棉花种于南北，几压桑麻，若南北遍种落花生，其利益中原尤厚，故因此志而推言之。（《滇海虞衡志》第253页)

粤海之滨，以种落花生为生涯，彼名地豆，榨油皆供给于数省。其生最易，其利甚大，江西颇种之，而吾乡从来未有种

426

者，由于不知其利也。滇、粤相连，滇竟遗之，近来颇有。……弥勒大种落地松与蓖麻，以榨油，故其民俗渐丰裕。将来广行于全滇，亦大利益也。（《滇海虞衡志》第289页）

落花生，檀萃《滇海虞衡志》：落花生，为南果中第一，以其资于民用者最广。宋元间，与棉花、番瓜、红薯之类，粤估从海上诸国得其种归种之，呼棉花曰吉贝，红薯曰地瓜，落花生曰地豆，滇曰落地松。旧《云南通志》：临安者佳。（道光《云南通志稿》卷67《通省》第21页）

落花生，檀萃《滇海虞衡志》：落花生，为南果中第一，以其资于民用者最广。宋元间，与棉花、番瓜、红薯之类，粤估从海上之国得其种归种之，呼棉花曰吉贝，红薯曰地瓜，落花生曰地豆，滇曰落地松。采访：出云州。（光绪《续修顺宁府志》卷13第8页）

第十九课《落花生》：落花生，豆科植物也。花如蝶形，复叶，伸藤地间，上开花下结荚，每荚三四房，每房生一子，子可榨油。渣可作肥料，可饲豕。枝叶可畜牛马。第三十九课《落花生榨油法》：取落花生置辇槽内，令牛旋转，则落花生为辇锤所压，如碎米。然次将此碎花生纳入甑内蒸之，约一时许，待锅内之水气上升，潮泾均匀，取出做成圆形之饼，安置榨内，加之以椿杆，则饼四周受压，油即从孔流出矣。（楚雄旧志全书"元谋卷"光绪《元谋县乡土志》修订本卷下第399、403页）

十四《农业》：江边一带，农民多种西瓜、花生等物，……花生系四五月播种，九十月收成，可作食料及榨油之用。（楚雄旧志全书"武定卷"民国《武定县地志》第450页）

茭瓜

茭瓜，味甘平。治腹内冷痛，小便出血〖效〗。（《滇南本

草》第 620 页务本）

荚瓜，滇城九龙池有之。（《滇海虞衡志》第 292 页）

荚筍，檀萃《滇海虞衡志》：荚瓜，滇城九龙池有之。《滇南本草》：荚瓜味甘，治腹内冷疼，小便出血效苑 江少虞《事实汇苑》：蒋又名荚白，叶如蒲苇，中心生白台如小儿臂为菰米。台中有黑者为乌郁，秋实即雕，胡米也。（道光《云南通志稿》卷 67 《通省》第 13 页）

十七课《荚瓜》：亦生水中，叶如蓬草，根结荚瓜，味亦甜嫩。种时以芽置水中，与种芋、薯、慈姑、荸荠芽于土中同。（楚雄旧志全书"楚雄卷下"民国《楚雄县乡土志》卷下第 1356 页）

蕉

芭蕉花，味酸咸，性温。主治寒痰停胃，呕吐恶心，吞酸吐酸，反胃吐呃，饮食饱胀，呕吐酸痰，胸膈胀满饱闷，胃口肚腹疼痛，暖胃散痰，咸能软坚。（《滇南本草》第 800 页务本）

芭蕉实绿 其壮如藕，其色黄，而味甘无核。（景泰《云南图经志书》卷 3 《建水州》第 164 页）

芭蕉味甘可食 开花结实。（正德《云南志》卷 14 《湾甸州》第 595 页）

芭蕉味甘可食 开花结实。（万历《云南通志》卷 4 《湾甸州》第 46 页）

己卯三月二十六日……又二里，上愈峻，见路有挑大根如三斗盎者，以杖贯其中，执而问之，曰："芭蕉根也。以饷猪。"峻上二里，果见芭蕉蔽崖，有掘而偃者，即挖根处也。（《徐霞客游记·滇游日记八》第 1036 页）

芭蕉附，鸡山阴有芭蕉箐，多产之。今滇处处有之。《广志》曰出交趾、建安者，少所见之说耳。南州《异物志》谓甘蕉，望之如树，其大一围。今滇之接缅、挞诸边地有蕉，高数丈，大三四围者，不以为异也。宋延熙间，有献蕉布者，则碾其丝，自可以作布。而鸡山蕉大者不过逾丈，未必能丝矣。凤尾蕉，即福州之铁蕉，鸡山惟间有一二本，乃檀那远移供佛者，本高不逾三尺，转若老楼，其颠抽劲，茎上披细□……□。（《鸡足山志》卷9第340页）

清陈金珏《蒙署花卉杂咏二十一首·芭蕉》（七绝）：黛绿参天倦眼降，芳心异曲羡无双。何当摊饭初抛枕，勾引清风入小窗。又，《美人蕉》：蕙质兰芬态绝尘，喜同蕉影伴嘉宾。月明风静珊珊处，碧绶黄衫号美人。（康熙《蒙化府志》卷6第50、51页）

蕉子，佳果也，叶可书，皮可绩，根即蘘荷，可蔬。一蕉而千实，可卖千钱。曾于农部种蕉，冀与吾民开其利，至侨滇院亦然，四可无一可，仅与诸生常得绿阴映窗之趣焉。特著四可，以见蕉之有资于民生固甚大，地气旺时，制而用之，岂招蕉萃之弃哉？（《滇海虞衡志》第252页）

古于园蔬，辄举蘘荷依阴，时藿向阳，绿葵含露，白薤负霜，今竟不知蘘荷、绿葵为何物。考《本草纲目》，蘘荷即芭蕉也，根似姜芽而肥，堪为菹，性好阴，木下生尤美，仲冬以盐藏之，用备冬储，又以防蛊。有赤、白二种，白入药，赤堪啖，及作梅果多用之。李时珍言，初按苏颂《图经》，谓荆、襄江湖移种，今访之无或识者。后读《丹铅录》，始知蘘荷即今甘露，甘露即芭蕉也。家乡寺院多种甘露，其高大年久，亦抽茎作花，每瓣有露，甚甘，不结蕉子。红、白于根辨之。白治白带，红治血崩，乡人总呼甘露，不叫芭蕉。其叫芭蕉叶者，蒲葵扇也。一物也，北方谓之甘露，南人谓之芭蕉。根盘巨魁，魁旁出细者，有如姜芽，则是茎叶为芭蕉，根魁为蘘荷，一物而上下异名也。滇南深箐，芭蕉之多，至于不可纪极，若使得菹之之法而蔬之，而货之，亦利源所自出。今菹法无闻，弃掷于空虚无用，甚可惜也。凤尾蕉一名美人蕉，灵异甚，嘉草防虫，此其验也。故常用之品蔬，失其法而弃之且三四百年，故特表而著之。绿葵殆水葵、凫葵之类，非向阳之葵

也。藿即豆藿，今讹豆角。（《滇海虞衡志》第292页）

清李含章《闺中四詠·芭蕉》（五律）：十丈红蕉好，清阴袅绿萝。满庭凉意早，一夜雨声多。山馆秋如许，晴窗梦若何。雪中曾见汝，书意问维摩。（道光《晋宁州志》卷12第30页）

甘露子，嵇含《南方草木状》：甘蕉，望之如树林，大者一围余，叶长一丈，或七八尺，广二尺许，花大如酒杯，色如芙蓉，茎末百余子，各为房相连，甜美，亦可蜜藏，实随花长，每一花各有六子，先后相次，子不俱生，花不俱落，一名芭蕉，或曰芭苴，此有三种：子大如拇指长而锐，类羊角者味最甘好；一种子大如鸡卵，类牛乳者味次之；一种大如藕子，长六七寸，形正方，味最下也。檀萃《滇海虞衡志》：古于园蔬，辄举襄荷依阴，不知为何物。考《本草纲目》，襄荷即芭蕉也，根似姜牙而肥，堪为菹。性好阴，木下生尤美。仲冬以盐藏之，用备冬储，又以防蛊。有赤、白二种，白入药，赤堪啖，及作梅果多用之。李时珍言，初按苏颂《图经》，谓荆、襄江湖移种，今访之无或识者。后读《丹铅录》，始知襄荷即今甘露，甘露即芭蕉也。家乡寺院多种甘露，其高大年久，亦抽茎作花，每瓣有露，甚甘，不结蕉子。红、白于根辨之，白治白带，红治红崩，乡人总呼甘露，不叫芭蕉。其叫芭蕉叶者，蒲葵扇也。北方谓之甘露，南人谓之芭蕉。根盘巨魁，旁出细者，有如姜芽，则是茎叶为芭蕉，根魁为襄荷。滇南深箐，芭蕉至多，亦可以菹之之法而蔬之。（道光《云南通志稿》卷67《通省》第21页）

芭蕉，旧《云南通志》：有凤尾、象牙、美人数种。元江又产缅芭蕉、公芭蕉二种 段成式《酉阳杂俎》：南中红芭蕉，花时有红蝙蝠集花中。（道光《云南通志稿》卷68《通省》第1页）

香芭蕉，《思茅厅采访》：芭蕉，一株结实百余粒，故屋边多种之。有香芭蕉者，实微小而多至数百，味甘如饴。（道光《云南通志稿》卷70《普洱府》第5页）

芭蕉，《一统志》：出湾甸州，可食。顾炎武《天下郡国

利病书》：湾甸有芭蕉，实以当果。（道光《云南通志稿》卷70《永昌府》第22页）

净瓶蕉，旧《云南通志》：布子而生，本大末锐，形如净瓶。（道光《云南通志稿》卷70《景东直隶厅》第40页）

明兰茂《蕉》（五律）：未展同诗卷，开来比翠牋。影分窗上绿，清助笔头妍。雨振三秋响，凉招六月眠。云苗虚体性，果是出天然。（光绪《续修嵩明州志》卷8第75页）

香芭蕉，采访：芭蕉，一株结实百馀粒，故屋边多种之。有香芭蕉者，实微小而多至数百，味甘如饴。（光绪《续修顺宁府志》卷13第7页）

芭蕉，旧《通志》：有凤尾、象牙、美人数种。（光绪《续修顺宁府志》卷13第13页）

芭蕉胆，出滇越边界三猛。其地多蕉林，动逾百数十里，中无杂植，茎叶四时不凋，虫蛇毒物，窟穴其中，春夏雨水暴涨，发生烟瘴，触之辄死。胆生蕉中，大抵即芭蕉精气所凝结，不知经几千年而成，自能飞行于蕉林中，夜有声光。相传能避刀兵水火，惟土人有秘传，能闻声步影，然得之不易，往往多死于是，或历数代，偶一得之，故相宝贵。猛喇土司刀佩仁，弟佩瑜，祖传此物，兄弟争之，互相仇杀，数十年未息。佩仁故，子良臣袭职，佩瑜瞀子多犷悍，胆为所夺，时被诱入点匪会，及蛮河肃清，准其投诚，所属七十余寨，应缴投诚费七千余元。犒吾土司龙裕光在事，言："刀氏兄弟，因芭蕉胆仇争不息，应勒令佩瑜之子刀治国呈献，准作降款，俾断后祸。"照准。治国遵缴二颗，形似宝石，一蓝色而有光，内含蕉叶影，大如蚕豆；一绿色无光。良臣亦献一颗，色清红，真赝莫辨。绿色者，旋在陕西赠曲石李氏。余初旋蒙自，滇越铁路公司德富，托通司，愿出万元向购，未允。岂知寒不可衣，饥不可食，荫柏不云乎："椒山自有胆，何用蕉胆为？"达哉斯言！（《幻影谈》卷下第134页）

莲藕

藕，气味甘寒，无毒。开胃健脾。生食令人冷中，熟食补五脏。产妇忌生冷，惟藕不忌。藕节，止咳血、唾血、血淋。莲叶，治产后衣不下，一切心慌头晕。莲须，涩精，固肾气。莲子，开胃健脾，养心安神。（《滇南本草》第30页范本）

藕粉^{出建}水。（康熙《云南通志》卷12《临安府》第226页）

莲子，出于澄江，比湖莲为巨，然莲肉不能白脆如建莲。今馈送以桶盛，题面辄曰建莲。藕，各处出，惟澄江洗之为藕粉，以充苞苴。干之为藕片，以充斋供。片甚干而巨，予靡而瀹食之，即成藕粉，亦郡产之佳，而可志者也。（《滇海虞衡志》第255页）

藕粉，旧《云南通志》：出建水。（道光《云南通志稿》卷69《临安府》第18页）

莲子，檀萃《滇海虞衡志》：出澄江，比湖莲为巨，然莲肉不能白脆如建莲。今馈送以桶盛，题面辄曰建莲。藕，檀萃《滇海虞衡志》：各处出，惟澄江洗之为藕粉，以充苞苴，干之为藕片，以充斋供，片甚干而巨。予靡（古同糜）而瀹食之，即成藕粉，亦郡产之佳，而可志者也。（道光《云南通志稿》卷69《澄江府》第27页）

^{腾越厅}^{同知}黄炳堃《益节藕》：藕生十二节，节节无所差。闰乃添一节，按节以为推。似得虚灵气，自符阳数奇。应天俪蓂荚，象扐配灵蓍。何患淤泥染，不慊支节岐。金刀断玉臂，的的增银丝。好并朱草擷，如兼桐叶披。握手殷勤数，造化因以知。最喜花并蒂，花花两相宜。岂羡莲结实，十三子离离。心虚谦定益，水濯干重滋。理合通弦望，气自备盈亏。尽以筝弦拟，勿用琴徽疑。寄语采莲者，此物试珍之。（《永昌府文征·诗录》卷40《清三十》第1502页）

432

第十七课《藕》：藕，荷莲之根^{藕为莲之根茎}，生水中，有节，遇闰益，一节中多孔有丝，味甜嫩。（楚雄旧志全书"楚雄卷下"民国《楚雄县乡土志》卷下第 1356 页）

菱角

菱角，气味甘淡，微苦涩，性平。主治醒脾、解酒、缓中。（《滇南本草》第 82 页范本）

己卯三月初十日……湖中菱蒲泛泛，多有连芜为畦，植柳为岸，而结庐于中者。（《徐霞客游记·滇游日记八》第 1003 页）

菱颇有，然无巨者。以滇云绝远，而鳞被水萩，几同江乡，亦极乐国也哉！（《滇海虞衡志》第 256 页）

菱，檀萃《滇海虞衡志》：菱，颇有，然无巨者。（道光《云南通志稿》卷 67《通省》第 24 页）

十七课《菱角》：亦生水中，发藤，开小紫花，叶底结实，去粗皮而食嫩心，味甜。又有角生刺，谓之刺菱角。（楚雄旧志全书"楚雄卷下"民国《楚雄县乡土志》卷下第 1356 页）

十三、菌之属

综述

　　七星菌（附篦菌等十六种）。七星菌，生山中阴湿处，形似牛肝〖菌〗，背后有七点黄〖斑〗。味甘美、〖辛、性平〗，无毒。主治五劳七伤，诸虚百损，妇人尸劳、瘵症，能杀痨虫。人多忽其功效。以上五色诸菌，人多不识，往往不细为分别，误将毒菌视为无伤，致令毒杀，深不可悯。今特一一分别详明，使人知所采择。凡有未识者，宜加姜米或金银器同煮，倘有黑色，断不可食。外有一种番肠菌，其形与见手青无异，采来撅开，亦系见手即为青黑，但其味苦麻，若误食之，肚腹定为疼痛，解亦当以姜米及金银器预为辨之，方无舛错。盖菌之种类甚多，不能尽述。五色诸菌外，复有反黄、反青、反白、反黑、反赤诸菌，不可食。又云：所谓反者，若青面白背者是也，余可类推及二十三种，性各不同，亦并分别言之，以便临时有所考察者也。篦菌，形矮，有毒。困木菌，微甘，性恶。荫栗菌，苦寒，人食多生瘿滞气。桑花菌，味甘美，人难得食，食者强壮延年。柏木菌，苦寒，有小毒。苦竹菌，有大毒。枫菌，寒涩，有毒。蕨菌，苦寒，人食发疮。柳菌，散血。人面菌，似鸡𡊄，有大毒，食之即死。番肠菌，有大毒。腐草菌，有毒。马蹄菌，形似马蹄，味苦涩。胭脂菌，可为外科药。癞头菌，味辛，食之令发苍。番花菌，背黑而赤，误食

434

损齿落发。总之,青、黄、赤、白、黑五色菌可食。五菌之外,其色必杂色,必须种种审明,方可采用,倘毫厘有差,误伤性命,切宜慎之!(《滇南本草》第899页范本)

菌子 土人呼为鸡宗,每夏秋间,雷雨之后,生于原野。其色黄白,其味甘美,虽中土所产,不过是也。(景泰《云南图经志书》卷1《云南府·安宁州》第53页)

菌子 各州县俱出,其味与中州出者无异。(正德《云南志》卷2《云南府》第122页)

菌 姚安山谷中,每夏秋雷雨后则生,夷人采之鬻于市,其味与汴菌不殊,云南各州县俱产。(正德《云南志》卷9《姚安府》第407页)

菌之属八:鸡㙡、松菌、臙脂菌、牛乳菌、柳菌、香簟、木耳、白生。(嘉靖《大理府志》第71页)

菌之属九:松菌、柳菌、牛乳菌、木耳、白生、胭脂菌、芝麻菌、刷帚菌、香簟。(万历《赵州志》卷1第25页)

菌之属五:木耳、松菌、柳菌、鸡㙡、白生。(万历《云南通志》卷2《云南府》第14页)

菌之属九:鸡㙡、香簟、木耳、白生、黄菌、柳菌、松菌、胭脂菌、牛乳菌。(万历《云南通志》卷2《大理府》第33页)

菌之属四:鸡㙡、香簟、木耳、八担柴。(万历《云南通志》卷2《临安府》第54页)

菌之属七:鸡㙡、树莪、香簟、白簟、松菌、柳菌。(万历《云南通志》卷2《永昌府》第67页)

菌之属五:鸡㙡、松菌、香簟、滑菌、木耳。(万历《云南通志》卷3《楚雄府》第8页)

菌之属四:鸡㙡、松菌、木耳、香菌。(万历《云南通志》卷3《曲靖府》第15页)

菌之属六:鸡㙡、松菌、香簟、木耳、白生、竹器。(万历《云南通志》卷3《澄江府》第22页)

菌之属五:鸡㙡、香簟、茅草菌、木耳、白生。(万历《云南通志》卷3《蒙化府》第28页)

菌之属七：鸡堫、白生、香蕈、木耳、天花菌、竹菌、鸡脚菌。（万历《云南通志》卷3《鹤庆府》第37页）

菌之属五：香蕈、鸡㙡、柳菌、白生、木耳、树菌。（万历《云南通志》卷3《姚安府》第46页）

菌之属四：鸡㙡、香蕈、木耳、白生。（万历《云南通志》卷4《武定府》第9页）

菌之属六：鸡㙡、香蕈、树菌、木耳、白生、柳菌。（万历《云南通志》卷4《景东府》第12页）

菌之属五：鸡㙡、菌、香蕈、白蕈、木耳。（万历《云南通志》卷4《顺宁州》第24页）

菌之属十：鸡㙡、香蕈、木耳、发烂紫、牛乳菌、胭脂菌、松菌、柳菌、白菌、刷箒菌。（万历《云南通志》卷4《北胜州》第33页）

菌有木耳、香蕈、青头、牛肝、松菌、白森、鸡葼^{一曰鸡菌。《庄子》曰"蒸成菌"，焦弱侯著《庄子翼》抹焉。《腾越志》：} "鸡葼，菌类。鸡以其形言，葼飞而敛足貌。"（天启《滇志》卷3《云南府》第112页）

菌曰鸡葼、柳、松、黄菌。（天启《滇志》卷3《大理府》第114页）

菌有树莪^{生深山古木之上，秋雨盛而生}，曰鸡葼^{甲于全滇，取精为膏，曰葼油，一杂以酱油，其味变，如苗之有莠}。（天启《滇志》卷3《永昌府》第115页）

菌属，鸡葼为佳，亦有滑菌。（天启《滇志》卷3《楚雄府》第116页）

菌曰天花，曰竹。（天启《滇志》卷3《鹤庆府》第117页）

菌有树菌。（天启《滇志》卷3《姚安府》第118页）

菌六。（天启《滇志》卷3《广西府》第118页）

菌之属，更盛，而鸡菌美且多。（天启《滇志》卷3《武定府》第118页）

己卯正月十一日……菌之类，鸡葼之外，有白生香蕈。白生生于木，如半蕈形，不圆而薄，脆而不坚^{黔中谓之八担柴，味不及此。}（《徐

436

霞客游记·滇游日记六》第 934 页）

胭脂菌、黄罗伞、谷熟菌、牛屎菌、松皮菌、草皮菌、奶脂菌、竹篱菌、香蕈、木耳、白森，以上味特寻常，毋事品题，致烦游目。然而谷熟、松皮驾香蕈上，奶脂、竹篱、草皮与白森等。（《鸡足山志》卷 9 第 361 页）

香蕈广西府者佳、木耳、白森、鸡㙡旧《志》谓：鸡以形言，㙡者飞而敛足之貌说本。杨慎或作蚁㙡，以其产处下皆蚁穴。《通雅》又作鸡㙡，出临安、蒙自者佳、菌有青头、牛肝、胭脂、羊奶数种。（康熙《云南通志》卷 12《通省》第 224 页）

菌：木耳各山皆有、香蕈、白森、鸡㙡又名蚁㙡、柳菌、栗窝、青头菌。（康熙《蒙化府志》卷 1 第 39 页）

菌之属：鸡㙡、青头菌、黄罗伞、羊肝菌、胭脂菌、冬菌、松毛菌按诸菌因雨后山气湿热而生，间有毒。（康熙《新兴州志》卷 5 第 32 页）

菌属：香蕈、木耳、白森、鸡宗菌。（康熙《元江府志》卷 1 第 664 页）

菌之属五种。（康熙《平彝县志》卷 3 第 96 页）

鸡㙡、白菌、一窝鸡。（康熙《鹤庆府志》卷 12 第 24 页）

菌属：鸡㙡、香蕈、木耳、白森、树莪生山谷中古木上，秋雨久则生、松菌、柳菌、芝麻菌、茅草菌、胭脂菌、青头菌、羊奶菌。（康熙《永昌府志》卷 10 第 2 页）

菌：鸡㙡、栗茵、青头菌、木耳、香蕈、白森、柳菌、胭脂菌、牛肚菌、红菌、芝麻菌。（康熙《顺宁府志》卷 1 第 29 页）

菌：香蕈、木耳、白森、黄冻菌、青头菌、鸡㙡出蒙自者佳、鸡冠菌、雷打菌。（雍正《建水州志》卷 2 第 7 页）

菌之属：鸡㙡、香蕈、白森、木耳、青头菌、胭脂、松毛菌、黄罗伞。（乾隆《弥勒州志》卷 23 第 115 页）

菌：香蕈、木耳、鸡㙡、松菌、胭脂菌、芝麻菌。（乾隆《陆凉州志》卷 2 第 26 页）

菌属：鸡葼、香蕈、木耳、白森、青头菌、黄罗伞、羊肝菌、胭脂蕈、松毛菌、冻菌^{有黄白黑三种}、鸡葼花、茅草菌、米汤菌、牛肚菌、鸡油菌、扫帚菌。（乾隆《开化府志》卷4第29页）

滇南多菌，今据俗名记之：青者曰青头。黄者曰蜡栗，又曰荞面，又曰鸡油。大径尺者曰老虎。赤者曰胭脂。白者曰白参，又曰茅草。黑者曰牛肝。大而香者曰鸡葼。小而丛生者曰一窝鸡。生于冬者曰冬菌。生于松根者曰松菌。生于柳根者曰柳菌。生于木上者曰树窝。丛生无盖者曰扫帚，绉盖者曰羊肚。生于粪者曰猪矢。有毒者曰撑脚伞。《庄子》朝菌："不知晦朔"。蔡氏《毛诗名物解》引作鸡菌。北方谓之鸡腿磨菇，即鸡葼也。（《滇游续笔》第468页）

桂馥《札樸》：滇南多菌，今据俗名记之：青者曰青头。黄者蜡栗，又曰荞麦，又曰鸡油。大径尺者曰老虎。赤者曰燕支。白者曰白参，又曰茆草。黑者曰牛肝。大而香者曰鸡葼，小而藂生者曰一窝鸡。生于冬者曰冬菌。生于松根者曰松菌。生于柳根者曰柳菌。生于木上者曰树窝。丛生无盖者曰埽帚，缬盖者曰羊肚。生于粪者曰猪矢。有毒者曰撑脚伞。案：旧《志》尚有羊肝、羊妳、鸡冠、松毛、一窠蜂、黄罗伞、红罗伞、木莪等诸名。师范《滇系》：鸡㙡菌属，以六七月大雷雨后，生沙土中，或在松下林间，鲜者多虫，间有毒。出土一日即宜采，过五日即腐矣，采后过一日，即香味俱尽，所以为珍。土人盐而脯之，熬液为油，以代酱豉。亦作堫，土菌也。又作葼，葼者，鸟飞而敛其足之象，鸡取其形。或作蚁，误也。余案：古人谓蕈为树鸡，唐肃宗取作博子，与张良娣戏者，名或取此。又有白森、牛乳、柳菌，皆其属也，而味不逮，桂馥《札樸》曰："朝菌不知晦朔。"蔡氏《毛诗名物解》引作鸡菌。北方谓之鸡腿蘑菰，即鸡㙡也。^{考湘潭张九钺《鸡㙡诗注》明熹宗嗜}此菜，滇中岁驰驿以献，惟客魏得分赐，而张后不与焉。（道光《昆明县志》卷2第11页）

菌，旧《云南通志》：有青头、羊肝、胭脂、羊妳、鸡冠、松毛、一窝蜂、黄罗伞、红罗伞、术（木）莪等十数种。

（又）香蕈出广西者佳。桂馥《札樸》：滇南多菌，今据俗名记之：青者曰青头。黄者蜡栗，又曰荞面，又曰鸡油。大径尺者曰老虎。赤者曰胭脂。白者曰白参，又曰茅草。黑者曰牛肝。大而香者曰鸡葼。小而丛生者曰一窝鸡。生于冬者曰冬菌。生于松根者曰松菌。生于柳根者曰柳菌。生于木上者曰树窝。丛生无盖者曰扫帚，绉盖者曰羊肚。生于粪者曰猪矢。有毒者曰撑脚伞。（道光《云南通志稿》卷67《通省》第15页）

黄罗伞菌，《顺宁府志》：色黄，此种多有毒，不可食，有绝大如雨伞者。

树窝菌，《顺宁府志》：山间古木，雨久则生。（道光《云南通志稿》卷69《顺宁府》第31页）

香蕈，檀萃《农部琐录》：禄劝马地极多，蛮人资以为生，上味者圆而小，其肉厚似口外蘑菇，惟大而薄者下，以曝干为上，炕干为下。（道光《云南通志稿》卷70《武定直隶州》第50页）

香蕈，《新平县志》：出哀牢山。（道光《云南通志稿》卷70《元江直隶州》第55页）

蔬属，……鸡葼、木耳、香蕈、白森、树莪、松菌、柳菌、芝麻菌、茅草菌、胭脂菌、青头菌、羊奶菌、核桃菌。^{以上菌属}（光绪《永昌府志》卷22第2页）

黄罗伞菌，旧《志》：色黄，此种多有毒，不可食，有绝大者。菌，旧《志》缺。采访：顺宁多菌。青者曰青头。黄者曰鸡油。赤者曰胭脂。白者曰白参，又茅草。黑者曰牛肝。大而香者曰鸡葼^{注后}。小而丛生曰一窝鸡。生于松根者曰松菌。生于柳根者曰柳菌。生于木上者曰树窝。丛生无盖者曰埽帚。又有香蕈、木耳、羊肝菌、老虎菌。缅宁有九月菰，冬菌中菰菌、栗窝菌等类。（光绪《续修顺宁府志》卷13第2页）

菌属，鸡葼^{各处皆有，生温湿之地下，有窝虫数百千皆为蚁。夏秋间，气蒸初出伏土中如尖锥，即出如张盖，顶尖而边裂，表面有黄白二种，顶际皆}略带黑色，里面有扁摺无数，柄纹如網形。间日或每日一出，每窝由一二本至四五本止，香味甚佳，鲜食醃食均可口。肥者如盎如盤，若大至如盆如笠。其下必有毒蛇，日必一出，或再出食之伤生，不可不慎。师范《滇系》：菌属，以形似名，六七月间大雷雨后，生沙土中，或在松下林间，鲜者多虫，间有毒。出土一日即宜采，过五日即腐，采后过一日，即香味俱尽，所以为珍。土人盐而脯之，熬液为油，以代酱豉。亦作堥，《集韵》：堥，土菌也。蔱者，鸟飞而缩其足之象，鸡取其形，或作蚁，误也。余按：古人谓蕈为树鸡。唐肃宗取作博子，与张良娣戏者，名或取此。又有白生、牛乳菌、柳菌、松菌，皆其属出，而味不逮。潘之恒《广菌谱》：鸡㙡蕈出云南，产沙地间下。蕈也，高脚伞头，土人采烘寄远，以充方物，气味似香蕈而不及其风韵。陈仁锡《潜确类书》：庄子"鸡菌不知晦朔"，今本作朝菌。《杨升庵外集》：鸡㙡，菌如鸡冠也，故云南名佳菌曰鸡蔱，鸟飞而敛足，菌形似之，故以鸡名有以也。郎瑛《七修类稿》：云南土产也。蕈，诗书本菌字也，而方言谓之鸡宗，以其同鸡烹食至美。故予问之土人，云：生处蚁聚丛盖，盖以味香甜也。桂馥《札樸》：庄子"朝菌不知晦朔"，蔡氏《毛诗名物解》引为鸡菌。北方鸡腿蘑菇，即鸡蔱也_{小而藂生者，状类
鸡蔱，味逊之}、一窝鸡_{鸡蔱}、摆衣菌_{状类鸡蔱，然色多白而较小，质带硬
而味略逊，每出窝由十数本至百余本}、麻母鸡菌_{状似鸡蔱，
味较淡}、鹅蛋菌、鸡冠菌、松毛菌、香蕈、木耳、白森_{亦曰茅
草菌}、牛乳菌、羊奶菌_{分红黄黑
白数种}、一窝蜂、黄罗伞、红罗伞、术（木）戢、青头菌、蜡栗菌_{色
黄}、臙脂菌_{色赤
忌食}、荞䴸菌、鸡油菌、老虎菌_{大径
尺者}、冬菌_{生于
冬者}、松菌_{生于松
根者}、柳菌_{生于柳
根者}、树窝_{丛生于
木上者}、扫帚菌_{无盖
者}、猪矢菌_{粪者}、撑脚菌_{生于
有毒
者}、北风菌、穀熟菌_{穀熟时
始生}、牛肝菌_{分黄白黑
酸数种}、雷打菌_{忌
食}、木楂菌_{俗名乾𤏝菌，
味清香}、米汤菌、铜绿菌、皮条菌、滑肚菌、石灰菌_{色白
忌食}、沈香菌、水冬瓜菌。（民国《宜良县志》卷4第24页）

菌属十九[1]类：鸡蔱、香菌、木耳、白森、青头菌、黄罗伞、羊肝菌、胭脂菌、松毛菌、冻菌_{有黄白
黑三种}、麻栗菌、米汤菌、茅草菌、鸡蔱花、牛肚菌、石灰菌、鸡油菌、扫帚菌、莐巴菌。（民国《马关县志》卷10第4页）

《昆明的菌》：蕈在生物的科目上，属于芝楠。"芝楠"两字，见《礼·内则》，庾蔚云："无华叶而生曰芝楠。"今不曰芝楠而曰蕈者，以此一名较通俗也。昆明境内之山间，蕈子极多，然亦有不生于山间，而产生于大树下、田塍畔者，其种类实多也。蕈属中以鸡㙡（㙡）蕈为最有名，可是鸡㙡（㙡）远不如富民者，故昆明鸡㙡（㙡）不足数也。昆明所产之蕈，应以柳树菌居第一，清、甜、脆、嫩四者俱全，但出数微耳。次为北风菌、冻菌、青头菌、黄牛肝菌，此俱质美而无毒。若

---

① 十九　按文意为二十。

黑牛肝、白牛肝、胭脂菌、麻母鸡等，人多疑其有毒，不敢轻食。有谷熟菌、鸡油菌、刷把菌等，虽无毒，却味不见佳。又有干巴菌一种，形则粗劣，味殊清甜，且有香气，有与迤西之虎掌菌同一味道。（《云南掌故》卷16 第529页）

菌良有毒（不一种，有）：青头菌、木碗菌、柳树菌、栗窝菌（味如蘑菇，香脆鲜美，他邑所无）、鸡葼（杨升庵云：鸡以形言，葼者飞而敛足之貌。《通雅》：又作鸡㙡，或作蚁㙡，以其产处下皆蚁穴，故名。）（楚雄旧志全书"南华卷"咸丰《镇南州志》第130页）

菌品：香菌、柳菌（色白黄，似香菌，味较香美）、虎掌菌（出州西北山中，形如虎掌，伞里有须，面皱，有黄黑二种，黑者味芳烈，置箧中，香气不散；黄者似紫芝，气香而味苦，不食。同治初年始出）、栗窝菌（丛生栗树下，伞小脚矮，味香脆，胜蘑菇，所产最夥。产于北界山中者，伞黑味佳；产于西界山中者，伞白味淡）、鸡葼、谷熟菌（谷熟时生，一名大黄菌，一名九月菇，色黄味香脆）、青头菌（伞微皱，面青里白，味稍胜谷熟菌）、木碗菌（形如碗）、过手青（着手即青）、石灰菌（色白味辛，不中食）、松毛菌（生松树下，味淡，不中食）、木耳、白生、臙脂菌（色红味辛，不中食）。谨案：菌品甚多，有毒有良，不能尽载，今第载其有名者数种而已。（楚雄旧志全书"南华卷"光绪《镇南州志略》卷4 第356页）

香菌、柳菌（色白黄，似香菌，味甘美）、鸡葼、栗窝菌（多生栗树下，伞小脚矮，味香脆，胜蘑菇，产于北界山中者，伞黑味佳；产于西界山中者，伞白味淡）、青头菌（伞微皱，面青里白味美）、过手青（着手即青）、木碗菌（形如碗）、云彩菌（最近始出，味亦佳）、谷熟菌（谷熟时生，一名大黄菌，味香脆）、刷帚菌（形如刷帚）、木耳、白生、虎掌菌（出县西北山中，形如虎掌，伞里有须，面皱中空，有黑黄二种，黑者味芳烈，黄者似紫芝，不可食，同治初年始出）。（楚雄旧志全书"南华卷"民国《镇南县志》卷7 第633、634页）

菌类：虎掌菌、香蕈、栗窝、冻菌、鸡葼、羊肚菌、木耳、香喷头、白生、柳树菌、青头菌、谷熟菌、木碗菌、刷把菌。（楚雄旧志全书"楚雄卷下"宣统《楚雄县志述辑》卷4 第1049页）

第十二课《菌类》：虎掌菌有黑黄二色，黑味香，黄味苦，产紫溪山一带。羊肚菌产水边。鸡㙡、栗窝、青头等菌，产深山中，其味滋嫩鲜甜，然皆无花无叶，无子无根。第十三课《香蕈、木耳、白森》：香蕈、木耳、白森，亦菌类，种朽栗木上。香蕈绛色，肉厚味香。木耳黑色，肉薄朵大。白森小

如半珥，皆无根，土人採取晒干卖，供肴馔，味佳。（楚雄旧志全书"楚雄卷下"民国《楚雄县乡土志》卷下第1354页）

虎掌菌，产地在紫溪山，状态为色黑而有刺，产量百余斤。用途多为菜品^{除此山外，其}他山产量少许。（楚雄旧志全书"楚雄卷下"民国《楚雄县地志》第12目第1374页）

菌之属：香蕈、鸡𢿘、柳菌、白参、木耳、树菌。（楚雄旧志全书"姚安卷上"康熙《姚州志》卷2第37页）

菌之属：香蕈、鸡𢿘、柳菌、白参、木耳、树菌。（楚雄旧志全书"姚安卷上"道光《姚州志》卷1第242页）

菌之属：故实一种，鸡葼，《升庵集》：鸡以形言，葼者飞而敛足之貌。以六七月大雨后，生沙土中，或松间林下，鲜者香味最美。土人咸而脯之。檀萃《滇海虞衡志》：滇南山高水密，臭腐所蒸，菌蕈之类，无所不有，而鸡葼之名独闻于天下。旧《志》四种：香蕈、柳菌、白参、木耳。增补十二种：栗窝，香美异常，菌品之上者。九月菰，九月始生。青头菌、香喷菌、老红菌，俱味甘而脆。羊腮菌，理有芒如羊腮。过手青，著手即青。奶汁菌，折之有汁似乳。刷帚菌，形如帚。松毛菌、草皮菌，味俱淡而不中食。又有一种似菌非菌，雨后突出地上，或大如馒首，或小如鸡卵，无干秆无伞，质柔而体轻，或炙或烹，香美似鸡葼，土人谓之马皮包。无名毒菌，如鬼盖、地芩之类甚夥，皆不可食。（楚雄旧志全书"姚安卷上"光绪《姚州志》卷3第562页）

菌品：栗窝、香菌、鸡𢿘，县境皆产，有收蓄成囷贩运他境者。栗窝乃天然生物，香菌则伐山栗铺地上，用药浆点种二三年，滋生不绝，有买山点种者。近来产一种虎掌菌，味最美，然产额不多，故价少贵。（楚雄旧志全书"姚安卷上"民国《姚安县地志》第903页）

菌类，《李通志》五：香蕈、鸡棕（葼）、柳菌、白生、木耳、树菌。《管志》五，同上。《王志》五，同上。注：香蕈，檀萃《农部琐录》：香蕈上味者圆而小，其肉厚，似口外蘑菇，惟大而薄者，下以暴干为上，炕干为下。土人种蕈，秋分前后伐栗木去枝叶，横卧山中名曰厂。来春将木面遍砍成缺，煮粥和香蕈水浇之。两年后香蕈稍生，三年大出，五六年后生木耳；若出白参则木朽坏，得不偿失矣。外东乡生产较多，且为大宗出品。鸡葼，《升庵集》：鸡以形言，葼者飞而敛足之貌。以六七月大雨后，生沙土中，或松间林下，鲜者香味最美。土人醎而脯之。《南园漫录》：作鸡葼，谓鸡，取其形似葼，则飞而敛之之义，不加草头，葼字或作㙡^{见《全唐诗》及《南园漫录》}。《滇海虞衡志》：滇南山高水密，臭腐所蒸，菌蕈之类，无所不有，而鸡葼之名独闻于天下。旧时邑中多产细柄一种，近细柄之外尚有粗柄、大把、小把三种，尤以粗柄为佳，几比蒙棕，均可醎脯作油，贮以佐食。近年因交通之便，往往以飞机送出外省，尚未腐败，故销路骤增，宜讲究改良培养之法，亦增进物产之一道也。柳菌，柳树产，肥嫩甘芬^{谨按：邑中鸡葼，近年产量渐增，产地土质较松，且系胞子繁殖，上年产处，次年亦多生产。如择粗柄、大柄者将洗涤后含有胞子之水，浇于预置松土园林，以资试验，是亦培养之一法也。}《甘志》十二：栗窝，香美异常，菌品之上者。九月菰，九月始生。青头菌、香喷菌、老红菌，俱味甘而脆。羊腮菌，理有芒，如羊腮。过手青，著手即青。奶汁（浆）菌，折之有汁似乳。刷帚菌，形如帚。松毛菌、草皮菌，味俱淡而不中食。又有一种似菌非菌，雨后突出地上，或大如馒首，或小如鸡卵，无稈无伞，质柔而体轻，或炙或烹，香美似鸡葼，土人谓之马皮包。无名毒菌，如鬼盖、地苳之类甚夥，皆不可食。增补十六：虎掌菌，干后烹食，味香美，产量微。北风菌，冷雨后始生。竹菌，生竹林内，色黄味美。其余黑木碗、黄木碗、白木碗、裂头菌、铜绿菌、揩土菌、羊肝菌、胭脂菌、羊奶菌、松毛菌、黄罗伞、红罗伞、一窝蜂等，亦可为蔬^{谨按：菌类可食者甚多，但常有毒，所宜慎重，不然如东坡之}言："以一口腹之微，而害及性命，大不值矣。"植物学家考查菌类，大抵淡白色、土黄褐色者少毒，若色为红、黄、黑、白而浓艳者，多有毒也。且化分其原质，养料甚少，土著者宜知之。(楚雄旧志全书"姚安卷下"民国《姚安县志》卷44第1660页)

菌之属：香覃、木耳、白森、冻菌、柳菌、梨窝、鹅掌、树花、虾蟆皮。^{以上树生}鸡㙡、羊肚菌、稻黄菌、刷帚菌、青头菌、胭脂菌、羊腮菌。^{以上土生}按：蘑菰即香蕈，土生曰菌，木生曰蕈。李时珍曰："蕈，延也。蕈从覃，以蕈味隽永，有蕈延之意。"陈仁玉《菌谱》云："台菌，生台之韦羌山，其质外褐色，肌理玉洁，芳香韵味。一发釜鬲，闻于百步。此香蕈也。"陈藏器曰："地生者为菌，木生者为檽。江东人呼为蕈。"《尔雅》中"馗菌"也。孙炎注云"地菌"也。是菌必生于土，蕈乃生于木。然《玉篇》谓蕈即"地菌"，是菌蕈通名也。大姚向产香蕈，皆深林密箐中，枯椿朽干，雨后薰蒸而出，所谓"蒸成菌"也。其质脆，其气香，其味鲜。山居者于夏秋采之，晒晾使干，入市售卖，不过数觔而已。近年有吴越客民典买树林，将轮囷合抱大树斫伐卧地，削去枝梢，于树身斧数十孔，用细灰土置孔内，将旧香蕈脚春为末，和冷粥搅匀，每孔置少许，覆以树叶，令不见日。越一二年后，春雨既降，微生数十朵。四五年而大出，密铺满树，数千株一律，谓之"红山"。十余年后，树朽而山亦童矣。居民贪目前之利，致连冈叠岭、干霄蔽日之材，不转瞬而化为朽腐。甚至樵苏无所从出。合境皆然。种出之蕈，味淡香薄，远逊于自出者，尚美其名曰"蘑菰"。商人运至吴越，亦获重利，惟堪贮年余，过一梅天，即蛀矣。（楚雄旧志全书"大姚卷上"道光《大姚县志》卷6第170页）

菌之属，新增十三种：鸡㙡^{有二种}、香蕈、柳菌、白参、木耳、栗窝、青头菌、羊肚菌、谷熟菌、胭脂菌、刷帚菌、松毛菌、草皮菌、马皮包，杂菌甚多，及无名毒菌，兹不备载。（楚雄旧志全书"大姚卷上"光绪《续修白盐井志》卷3第660页）

香菌，产妥表营，雨龙营，状似洋伞，面黄里白，味香，一千余觔，食料。（楚雄旧志全书"双柏卷"民国《摩刍县地志》第296页）

菌类：无毒菌类有鸡㙡^{有反毛鸡㙡、牛皮鸡㙡、黄草鸡㙡、小白鸡㙡等分}、香菌、栎窝、木耳、糖菌^{有铜绿菌、谷}、虎掌菌^{有黄白黑三种。内}、云彩菌^{俗名牛齿团，有}

木耳、糖菌（有铜绿菌、谷熟菌二种）、虎掌菌（有黄白黑三种。内以黑者为最佳）、云彩菌（俗名牛齿团，有黄黑二种，以黑者为佳）、黄裂头、青头菌、羊肝菌，牛腮菌、鸡油菌、母猪青、麻栎香、黄、黑木碗、白木碗、红毡帽、大脚菇、刷把菌、马屁泡、杉老包、叭喇菌、草栎窝、乳汁菌（俗名如浆菌、兔香）无毒树之白森、葱菌、柳菌等皆可食。其中尤以虎掌菌、鸡㙻、香菌，栎窝为珍品；有毒菌内有胭脂菌、石灰菌、措土菌。易捏青、麻雀菌，十八转、有毒树之白森、菝巴菌、火熘菌、鬼盖青、火炭菌等俱有毒，不可食。（楚雄旧志全书"禄丰卷下"民国《广通县地志》第1420页）

蕈之属：木生者为蕈，土生者为菌，总称曰蕈。香蕈，生青杠树朽木上。前产西三区花椒沟，近东方尤多。松菰，松下生者。柳菌，生柳上者。青头菌，色青而圆。梨窝菌，生于梨树。茅草菌，生茅草丛中。鸡油菌，又名黄丝菌，苞黄如鸡油。胭脂菌，色如胭脂。鸡棕菌，气香味美。谷熟菌，谷熟之时而生者。奶浆菌，性脆，破之有汁。大橛菌，黑褐色，又称大脚菌。老鹰菌，略似鸡棕。刷把菌，形如刷把。石灰菌，色白，有毒。菝粑菌，色黄，有毒。马皮泡，即肉苁蓉，入药用。白木耳，树上生者。黑木耳，亦生腐树之上。地木耳，略似木耳，久雨之后地气蒸发而生者。土灵芝，菌类，朽木所生，有赤白黄等，柄硬。等皆系天然生成，其有人种而生者，统谓之香蕈。（昭通旧志汇编本民国《昭通志稿》卷9第261页）

大毒菌

大毒菌，其形似柳菌，亦生柳树下。然柳菌其边不朝上仰，此菌边向上〖翻〗，食之即亡。解此菌毒，宜用苦茗、白矾为末，水调服可解。采此毒菌，煮铜器变色。（《滇南本草》第649页范本）

佛头菌

佛头菌附，白肉。其缬面深浅微生靛色，若佛顶螺璇者，俗曰青头菌，有似之者一，名鬼打青，有毒，则不可食。其别在青蓝之间，而佛头菌明洁而青色鲜爽，鬼打青则黑黯青紫矣。（《鸡足山志》卷9第360页）

黄菌

黄菌，味甘，性温平。得天地土湿之气而生。虽能温中健胃，但湿气居多，食之往往令人气胀。欲食者，须以姜同炙之，方能解其湿气。世人多以大蒜同煮，以为有毒蒜黑，不知蒜见毒未必即黑，姜见毒则必黑，何若以姜验之为愈也。（《滇南本草》第647页范本）

鸡油菌

鸡油菌附，状如木耳，浑似鸡油肥美，爽人唇舌。（《鸡足山志》卷9第360页）

鸡葼

鸡㙡，《集解》时珍曰：鸡㙡出云南，生沙地间，丁蕈也。高脚伞头，土人采烘寄远，以充方物。点茶烹肉皆宜，气味皆似香蕈而不及其风韵也。（《本草纲目》卷28）

鸡㙡各州县俱出。（正德《云南志》卷2《云南府》第122页）

鸡㙡出本府，六七月遇雷雨则生，色青白，煮食味如鸡肉，视汴菌尤佳。（正德《云南志》卷10《武定府》第445页）

鸡葼：孝宗时，光禄寺以鸡葼进御，上食而美，将复取，辄止。近臣请故，上曰："朕索后，必预储以待，为费多矣。"（天启《滇志》卷32第1039页）

《酉阳杂俎》：蒳酱，鸡葼酱也。取葼之鲜者蒸其汁，味如酱。梁武帝日惟一食，食止菜蔬。蜀献蒳蒻，啖觉美，曰："与肉何异！"敕复禁之。今鸡葼味与肉同。蒳蒻，当亦葼类。（天启《滇志》卷32第1045页）

杨庄介公升庵《滇南月节词》：六月滇南波浪渚，水云乡里无烦暑，东寺云生西寺雨，奇峰吐，水椿断处余霞补滇人谓虹为水椿。松炬荧荧宵作午，星回令节传今古，玉伞鸡㙡初荐祖，荷芰浦，兰舟桂楫喧箫鼓。（《增订南诏野史》卷下第72页）

《沐五华送鸡㙡》（七绝）：海上天风吹玉芝，樵童睡熟不曾知。仙翁住近华阳洞，分得琼英一两枝。（《升庵集》卷36）

鸡葼，菌属，以形似名，永平产者最佳。以六七月大雷雨后，生沙土中，或在松下林间，鲜者多虫，间有毒。出土一日即宜采，过五日即腐，采后过一日，即香味俱尽，所以为珍。土人盐而脯之，熬液为油，以代酱豉。亦作㙡，《集韵》：㙡，土菌也。葼者，鸟飞而缩其足之象，鸡取其形。或作蚁，误也。余按：古人谓蕈为树鸡，唐肃宗取作博子，与张良娣戏者，名或取此。闽村谷中亦有之，俗不知珍，谓之鸡内菰。又有白生、牛乳菌、柳菌、松菌，皆其属也，而味不逮。蒙榆山中亦产天花，而土人不识，谓之八担柴。（《滇略》卷3第229页）

戊寅八月十八日……入罗平南门。半里，转东，一里，出东门，停憩于杨店。是日为东门之市，既至而日影中露，市犹未散。因饭于肆，观于市。市新榛子、薰鸡葼还杨店。（《徐霞客游记·滇游日记二》第758页）

己卯七月二十七日，余再还刘馆，移所未尽移者。并以银五钱畀禹锡，买鸡葼六觔。湿甚，禹锡为再蒸之，缝袋以贮焉。（《徐霞客游记·滇游日记十一》第 1155 页）

己卯八月二十日……先是余从途中，见牧童手持一鸡葼，甚巨而鲜洁，时鸡葼已过时，盖最后者独出而大也。余市之，至是瀹汤为饭，甚适。（《徐霞客游记·滇游日记十二》第 1199 页）

蔓胡桃，……或曰蒟酱，鸡葼酱也，取葼之鲜者蒸其汁，味如酱。梁武帝日惟一食，食止菜蔬，蜀献蒟蒻，啖觉美，曰与肉何异？敕复禁之。今鸡葼味与肉同，蒟蒻当亦葼类。（康熙《云南通志》卷 30 第 873 页）

鸡㙡，蚁长腰俊细，其须颠有目，其身金黄色，俗呼为地鸡。能于土中穿穴作窝房，有君臣位次，开四门，曲折上升为出入之户穴。又从石隙中能作天窗，多就沙地为之。偶为牛马践，乃见其房。细觇之，有纹理，甚为工巧。凡一窝房上，年年必生鸡㙡，盖此蚁之气蒸而为菌也。《正字通》谓㙡为土菌，高脚繖头，出滇南。实泥《本草》之说。今考《通彙》及《唐音义》，㙡者，蚁穴中气道也。道犹道路之道，由田之有阡陌。礼之设，绵蕞尔。盖蚁行道中，而气相贯注，斯气之所上蒸而为菌，即以蚁㙡得名。而蚁俗谓为地鸡，菌之味又大胜鸡肉之味，是以即地鸡之蒸菌，仍以鸡㙡得名。此为征本探源之说。伪作鸡㙎，㙎乃蛙蛤之属。又作鸡蟓，无此蟓字。又以虫在從下，名鸡䖪。今地鸡即蚁也，而䖪则螭螽之属，非蚁矣。胡乃刺谬如是哉！特为正出，今后当以鸡㙡，用土傍加從为是。（《鸡足山志》卷 9 第 358 页）

鸡㙡菌，香蕈味浊，此味甚清。蘑菇味虽清而香短，此味清而香厚。天花香清矣，却带寒瘦之气味，而此清香醇爽，又饶一种大家风度。《本草》曰：宜点茶，宜烹肉，烹鸡肉则妙甚矣。点百沸水则可，若点茶，以有盐，未免坏茶味。但唐宋人茶中多人薑盐。苏东坡《养生集》已陋之矣。方苗土时，于土中采之，则其本肥大胜天花矣。其头上繖，仅如指顶，渐出渐开，则其缬如伞之盖，而本若伞之柄，香气顿去，便成瘦枯，食之则有渣，不堪烘以供远寄。滇称蒙自县者为第一，盖其沙土肥泽，故鸡㙡亦极肥泽。但作伪者多以好酱拌烘，则鸡㙡之味大失。鸡足山均之沙地，然寒瘦，产鸡㙡甚少。间有之，则胜蒙自者不啻霄壤，余尝谓人知尝蒙自鸡㙡味，不能知鸡足之鸡㙡味。以地鸡性耐寒，多游衍于冰雪中，一切富贵之态，非此蚁所习，一种清标雅韵，均如置身冰玉壶中，其气蒸而为菌，香冽达于神明，非俗舌之所能尝者。譬如洞片、芥片，老庙后色如白水，此中胜品，亦须得胜人，而后方不负天地钟灵，高人指点。至若健脾益味，清神除痔，均非所论。（《鸡足山志》卷9第359页）

蒙化府产鸡㙡菜，赤白二种，赤色味绝佳，其油甘香，可调五味。椒油色碧如泉，其香如兰，入蔬中食，则沁肺腑，溲溺皆馥。（《滇游记》第11页）

鸡㙡，产蒙自少佳，味极鲜美。（《滇南杂记》第52页）

鸡㙎，即木菌也。各郡俱有，而蒙自独佳，大如饭碗，色黄白，煮汤食之，其味颇鲜洁。取其卤作酱油，极甘美。向疑为鸡蒏，及阅杨升庵先生文集，乃作鸡㙎。释云：㙎者，取其形似鸡所栖之处，先生当必有所据而云。又《说铃》作㙎。木菌间有有毒者，掘地成穴，注以冷水，搅之令浊，少停取饮，谓之地浆，可疗一切菌毒。（《滇南闻见录》卷下第31页）

鸡蒏 出蒙自者佳，石屏亦有，不及蒙产。明孝宗时，光禄寺以鸡蒏进御，上食而美，将复取，辄旋止，曰：朕索后，必预储以待，为费多矣。（乾隆《石屏州志》卷8第13页）

清罗仰錡《鸡㙎》：夏月闻雷后，鸡㙎入市多。珍羞推第一，不数五台蘑。（楚雄旧志全书"双柏卷"乾隆《碍嘉志书草本》第135页）

滇南山高水密，臭朽所蒸，菌蕈之类无不有，而鸡㙡之名独闻于天下，即鸡㙡亦无郡邑无之，而蒙自鸡㙡之名，独冠于全滇，且以鸡㙡为油。诸生珍重而馈之，然咸而不可入口，则名实之难也。（《滇海虞衡志》第294页）

鸡葼,菌属,以形似名,永平产者最佳。以六七月大雷雨后,生沙土中,或在松下林间,鲜者多虫,间有毒。出土一日即宜采,过五日即腐,采后过一日,即香味俱尽,所以为珍。土人盐而脯之,熬液为油,以代酱豉。亦作㙇,《集韵》:㙇,土菌也。葼者,鸟飞而缩其足之象,鸡取其形。或作蚁,误也。余按:古人谓蕈为树鸡,唐肃宗取作博子,与张良娣戏者,名或取此。又有白生、牛乳菌、柳菌、松菌,皆其属也,而味不逮。蒙榆山中亦产天花,而土人不识,谓之八担柴。昆明杨永芳《鸡葼赋》云:"维滇南之异产兮,别其品曰蒙蒑。禀山川之和气兮,擢孤秀于庞茸。常居幽以善晦兮,入尘市而不逢。大烹庶几适用兮,小畜可以御冬。《尔雅》以南荒见略兮,食经欲搜录而无从。世或虞其瘴疠兮,胡为遍列于鼎钟。闻诸刘静修先生,凡物必胜其气兮,乃能迈种而独穧。尔其植不待扶兮,表亭亭之修幹。寔不尚华兮,似膠膠之羽翰。虽齿齿以成文兮,混棕笋而不乱。类田田之为盖兮,比鸡头而尤粲。脯脆于蒸梨兮,纵无鱼而奚叹?脂浓于烧芋兮,即有鹅而不换。《通雅》之载鸡葼兮,固易名而轻窜。《玉篇》以为土菌兮,亦无知而妄断。尝考食有四品兮,馔交错夫八珍。蓼同濡于四物兮,味必和夫五辛。笋掘杨妃之指兮,瓠启齐姜之唇。蕨开拳于钩弋兮,菰见咏于唐人。子瞻惟嗜巢菜兮,张翰驰想于丝蓴。十八品哂高阳之贵兮,廿七种嗟庚子之贫。戏器之参玉版兮,嘲与可饱渭滨。泣豆萁于子建兮,咬菜根于信民某也。木恒病于多瘿兮,柳漫生于其肘。耻越俎而代疱兮,惟茹草而饭糗。储新菊以为粮兮,削松舫而求寿。惊半梦之踏园兮,讶蛇纹之入口。学蒙诮于蹲鸱兮,才莫预于薪槱。将大嚼于屠门兮,宁染指于虀臼。独此物之逸群兮,恣老饕之濡首。则将指蓬蒿之胜处兮,辟草莱而幽居。采云峰之驼白兮,拾雨岫之肉芝。袭清飚以作扇兮,取阳燧以为炊。配坎离之二气兮,辨旨否于五窝。添骨中之绿髓兮,换颔上之白髭。招麴生而拥篲兮,佐雕胡而抄匙。薄姜芽之盗母兮,愿芦菔之生儿。彼绿葵与紫苋兮,徒取媚于容姿。即春韭与秋菘兮,讵足方其

旨饴。斯真可小越人之四海兮，而擅食品之一奇。"(《滇系·赋产四》第61页)

鸡㙡，潘之恒《广菌谱》：鸡㙡蕈出云南，生沙地间下。蕈也，高脚繖头，土人采烘寄远，以充方物，气味似香蕈而不及其风韵。陈仁锡《潜确类书》：《庄子》"鸡菌不知晦朔"，今本作朝菌。云南名菌曰鸡㙡。杨慎《升庵外集》：鸡菌，菌如鸡冠也。故云南名佳菌曰鸡葼，鸟飞而敛足，菌形似之，故以鸡名，有以也。郎瑛《七修类稿》：云南土产地蕈，诗书本菌子也，而方言谓之鸡㙡，以其同鸡烹食至美之故。予问之土人，云：生处蚁聚丛，盖以味香甜也。桂馥《札朴》：《庄子》"朝菌不知晦朔"，蔡氏《毛诗名物解》引作鸡菌，北方谓之鸡腿蘑菰，即鸡葼也。明杨慎《沐五华送鸡㙡》："海上天风吹玉芝，樵童睡熟不曾知。仙人住近华阳洞，分得琼英一两枝。"湘潭张九钺《鸡㙡菜》二首："绀袖霓裳白羽衣，炎洲仙子戏空飞。天风吹下珍珠伞，鸡足山头带雨归。""翠笼飞擎驿骑遥，中貂分赐笑前朝。金盘玉筯成何事，只与山厨伴寂寥。"(自注)：明熹宗嗜此菜，滇中岁驰驿以献，惟客魏得分赐，张后不与焉。赵州师范《野鸡菜》："十洲产琼芝，五台生天花。滇南山水深，土物亦堪夸。秋夏雷雨霁，厚地呈英华。或讶鹤遗卵，或疑云吐芽。相遭承以巾，葳蕤恣挐爬。拾归投翠釜，饥肠如鸣蛙。辨味极柔美，到口消滓渣。持较鹅掌蕈，真可称大家。几年客边塞，白蘑名遮奢。新脆苦难致，负腹空咨嗟。转思在乡乐，何必餐青霞。"(道光《云南通志稿》卷67《通省》第15页)

鸡葼，《临安府志》：杨慎说云鸡以形言，葼者飞而敛足之貌。以六七月大雨后，生沙土中，或松间林下，鲜者香味甚美，土人咸而脯之，经年可食，或蒸汁为油，以代酱豉，味尤美，出蒙自者佳。檀萃《滇海虞衡志》：滇南山高水密，臭朽所蒸，菌蕈之类无不有，而鸡葼之名独闻于天下，即鸡葼亦无郡邑无之，而蒙自鸡葼之名，独冠于全滇，且以鸡葼为油。诸生珍重而馈之，然咸而不可入口，则名实之难也。(道光《云南通志稿》卷69《临安府》第19页)

鸡㙡，陈鼎《滇黔纪游》：蒙化府产鸡㙡菜，赤白二种。赤色味绝佳，其油甘香，可调五味。(道光《云南通志稿》卷70《蒙化直隶厅》第41页)

鸡㙡，檀萃《农部琐录》：禄劝鸡㙡大者高尺余，盖径五六寸，甲于他产，鲜香甚美。(道光《云南通志稿》卷70《武定直隶州》第50页)

鸡葼，菌属。滇省在在有之，永郡惟永平尤多。以六七月大雷雨后，生沙土中，或松下，或林中，鲜者多虫，间有毒，或云其下有蚁穴。出土一日即宜采，过五日即腐，采后过一日，则香味俱减。土人盐而脯之，经年可食。若熬液为油，以代酱豉，其味尤佳。浓鲜美艳，侵溢喉舌，洵为滇中佳品。汉使所求蒟酱，当是此物，从来解者皆以为扶留藤，即今蒌子也，其味辛辣，以和槟榔之外，即不堪食，此有何美而求之？盖虽泥于蒟之义，实于酱字之义何取？必非扶留可知。然古今相沿已久，卒莫有识其误者，特为表而志之，格物之士，或有采焉。（光绪《永昌府志》卷62 第10页）

鸡葼：旧《志》缺。采访：顺宁多鸡葼，以形似名。六七月大雷雨后，生沙土中，或在松间林下。新鲜者多蚁虫，间有毒，出土一日即宜采，过二三日即腐败，香味俱减矣。盐而脯之，晒干寄远，以充方物，或熬液为油，味尤香美，亦作塅。《集韵》：塅，土菌也。葼者，鸟飞而缩足之象，取其形。生处蚁聚丛根，盖以其味香甜也。桂馥《札樸》：庄子"菌不知晦朔"。蔡氏《毛诗名物解》引作鸡菌。北方谓之鸡腿蘑菰，即鸡葼也。（光绪《续修顺宁府志》卷13 第3页）

昆明杨永芳《鸡葼赋》旧《志》云：鸡以形，葼飞而敛足，以貌说本。杨慎或作蚁樅，以其产处下皆蚁穴。《通雅》又作鸡□，以其六月大雨后，生沙土中，或松润，过五日即腐，香味即尽。滇中各县俱产，祗够盘餐，惟邱邑佴革龙大百户一带，每遇街期，肩挑鱼负，不止数十担，土人盐而脯之，以代酱豉，经年味美，饶送者即为厚仪。《汉书》所谓蒟酱，或即指此，不然，南奥何必以此款天子使耶？维滇南之异产兮，别其品曰蒙嵷。禀山川之和气兮，擢孤秀于庞茸。常居幽以善晦兮，入尘市而不逢。大烹庶几适用兮，小蓄可以御冬。《尔雅》以南荒见略兮，食径欲搜录而无从。世或虞其瘴疠兮，胡为遍列于鼎钟。闻诸刘静修先生，凡物必胜其气兮，乃能迈种而独穆。尔其植不待扶兮，表亭亭之修干。实不尚华兮，似膠膠之羽翰。虽齿齿以成文兮，混棕笋而不乱。类田田之为盖兮，比鸡头而尤餐。脯胞于蒸梨兮，纵无鱼其奚叹？脂浓于烧于，即有鹅而不换。《通雅》之载鸡葼兮，固易名而轻窜。《玉篇》以为土菌兮，亦无而妄断。尝考食有四品兮，馔交错夫八珍。

蓼同濡于四物兮，味必和夫五辛。笋掘杨妃之指兮，瓠启齐姜之唇。蕨开拳于钩弋兮，菰见咏于唐人。子瞻惟嗜巢菜兮，张翰驰思于线蓴。十八品晒高阳之贵兮，二十七种嗟庾子山之贫。戏器之参玉版兮，嘲与可饱渭滨。泣豆萁于子建兮，咬菜根信于民。某也木恒病于多瘿兮，柳漫生于其讨。耻越俎而代疱兮，惟茹草而饭糗。储新菊以为粮兮，削松肪而求寿。惊半梦之踏园兮，讶蛇纹之人口。学蒙诮于蹲鸱兮，才莫预于薪樗。将大爵于屠门兮，宁染指于齑臼。独此物之逸群兮，恣老饕之濡首。则将指蓬蒿之胜处兮，辟草莱而幽居。采云峰之驼白兮，拾雨岫之肉芝。袭清飚以作扇兮，取阳燧以为炊。配坎离之二气兮，辨旨否于五窍。添骨中之缘髓兮，换颔上之白髭。招面生而拥篲兮，佐调胡而抄匙。薄姜芽之盗母兮，愿芦菔之生孙。彼绿葵与紫苋兮，徒取媚于容姿。即春韭与秋菘兮，讵足方其旨饴。斯真可小越人之四海兮，而擅食品之一奇。（民国《邱北县志》册9第15页）

《富民之鸡㙡（堫）菌》：鸡㙡，或写作鸡葼，俱从俗写也。鸡㙡为中国西南方面芝栭类珍品，尤盛产于滇，而黔中亦有所产焉。滇省鸡㙡，以近省之富民、迤西顺宁、迤南蒙自为最有名。其美好处是肥而且嫩，味特清甜也。至云其他地处固有所产，究不若此三处之所产者能使人朵颐。此三处之鸡㙡，在比较上，昆明人则曰，当以富民所产者居第一。果然，富民赤鹫乡之鸡㙡实别有一种鲜甜味也。兹则就富民之所产者而谈。鸡㙡以产于赤土平原上者为最佳，产于山岭上者，不特味失鲜美，而质亦瘦弱也。富民年产鸡㙡至夥，数可至万斤以上，其出产最盛之地为赤鹫乡。余友高君蕴崧宰是邑时，尝派绅就是乡在一切货卖之鸡㙡上，略抽捐款，年中竟得富滇新币三四千元，乃创办一两等小学于赤鹫乡，是则可知其产量之巨矣。鸡㙡固产于山原旷野间，其产生处，却有个定而不移之地处，尤有个一定之时间。如今年六月六日在此一地处采得鸡㙡一朵，明年六月六日仍能在此一地处求得，其间情事颇奇，高君任富民县事，计四十有余月，于鸡㙡之产生上，曾深查而细究，地方人士亦尽情而白于高君，高君复详述于我，我方悉其梗概。鸡㙡产生时间是在夏至后秋分前，不在此时日内，即无所出。本来一切芝栭都是凭藉暑湿气而毓成，鸡㙡当不异于群类。论到鸡㙡产生，固有定处，固有定时，可不是尽人都能采得。采鸡㙡者，是诚个里专家，既识其生发地处，复知其成长时日，则就其将近冒土之前数日内，即走往是处查勘。若土已松动，是菌欲冒土而出也，则拨开其土，菌即见焉。此而用指拨取而出，则为戴帽而不张盖者，必肥美异常。若面上不松动，是菌未成熟，纵依据时日而强取出，得来亦不甚可口，以其过嫩也。假据此而耽延时日，不往刨取，菌即出土而张盖，质即不嫩，味即不清甜。此故非采取鸡㙡之专家，不能轻云洽适其当。在市上售卖之张盖鸡㙡，不是专家之所得，是一般常人就山野间寻取而得者。据一般专家云：鸡㙡生处，其下必有一窝小动物，形似蚁而又不是蚁，数必逾千，且有一极大者统之，亦若蜂窝中之有一王，此一王子，在其形色上多不一致，有形近于蜣螂者，有形类于蝼蛄者，然都不甚巨大，其至大者，要不过及于吾人一指颠耳。此等小动物之窝巢，是就地下泥土内营成，形则似一罂，中空而边实。此一指大之虫，则在中间另营一巢而栖息，无其数之幺麽小虫，则各营一巢于周围壁上，望去亦如蜂房，而且层次分明，丝毫不乱。此足见一切生物都各有奇能也。顾此中空处虽不十分阔大，然亦足以容吾人之一拳；虽不甚高深，亦差可至七八寸；此又不能不认是此辈小动物之一种巨大工程。有时人掘地觇此，绝不可动之，动则必迁往他处，此处便无鸡㙡出。鸡㙡出土，生气犹存，能延长一二日，尚有发展力，惟一见冷水，生气立绝，此不惟不能拓展张大，味亦失去鲜甜。高君之语我也如是，我觉其具有科学意味，特泚从笔记之。（《云南掌故》卷 10 第 303 页）

栗窝

栗窝_附，茎仅寸许，缴作紫色。其肉厚嫩，数十百朵作一丛，其细而未开者类蝌蚪状，清香胜于鸡㙡，味少薄而肉嫩又胜之。（《鸡足山志》卷9第359页）

木耳

木耳、白森，檀萃《农部琐录》：皆树鸡也，其色黑，木耳如耳，其质柔。白森如雌鸡冠，其质坚，味带海腥，而美于木耳，亦马分所出也。（道光《云南通志稿》卷70《武定直隶州》第50页）

木耳，产乌上、妥上，状类人耳而色黑，二千余觔，食料。（楚雄旧志全书"双柏卷"民国《摩刍县地志》第296页）

木上森

木上森，形似白森，贴于木上。采取，主治外科一切疮毒，已出头、未出头，围搽敷之，能消散；熬水洗癞疮，其效如神。一治杨梅结毒，年久不愈，用火煅为末，加冰片共研，调油搽立愈；并贴无名肿毒。（《滇南本草》第659页范本）

牛肝菌

牛肝菌，气味微酸辛，〖性〗平。主治清热解烦，养血和中。凡菌，冬春生者无毒，夏秋生者有毒；或带赤色，自下卷上者，有大毒；或上无毛，下无纹者均勿食，恐有蛇过其下，食之令人毒杀，不可不慎也。未食，须以姜米验之于先，若姜米色黑，必有大毒。既中其毒，须掘地浆水、或苦茶同明矾调水解之。（《滇南本草》第653页范本）

青头菌

青头菌，气味甘淡，微酸。无毒。主治眼目不明，能泻肝经之火，散热舒气。妇人气郁服之最良；〖但〗不可多食，食之宜以姜为使。（《滇南本草》第657页范本）

扫把菌

帚菌，俗名笤帚菌。味甘，性平，无毒。主治和胃气。祛风、破血、缓中。多食令人气凝，少者舒气。（《滇南本草》第645页范本）

杉菌

杉菌，气味辛平，性温。无毒。主治心脾暴痛。先辈云：菌感天地阴阳湿之气而生，多发人之冷气，宜用生姜以解之。（《滇南本草》第661页范本）

树蛾、木蛾

己卯七月初六日……元康命凿崖工人停捶，向垂箐觅树蛾一筐乃菌之生于木上者，其色黄白，较木耳则有茎有枝，较鸡㙡则非土而木，以是为异物而已。（《徐霞客游记·滇游日记十一》第1136页）

木蛾附，生㮰木树端，形类粉蛾停飞时状。其味香冽清美，颇胜鸡㙡，但嚼之微带脆骨意。俗呼㮰木菌。余尝侍制军范苏公先生座次，先生曰：云南此物甚美，宜名之为木蛾耳。今遵先生之命名以传之。（《鸡足山志》卷9第360页）

树蛾，《徐霞客游记》：生保山玛瑙山。乃菌之生于木上者，其色黄白，较木耳则有茎有枝，较鸡㙡则非土非木，以是为异物而已。（道光《云南通志稿》卷70《永昌府》第22页）

树花

树花，全邑俱有，形如败絮，色黑褐，五百担，食料。（楚雄旧志全书"双柏卷"民国《摩刍县地志》第296页）

松橄榄（树疙瘩）

松橄榄，味苦甘，性微寒。【治】大肠【下血】、积热之毒。疗【内外】九种痔疮。（《滇南本草》第651页务本）

松毛菌

松菌，气味苦，涩而淡，【性】平。专治小便不通或不禁，可以分利水道，亦治五淋白浊，食之最良。往往谓是菌为有毒者，非菌之有毒耳，以菌下多有蛇卧，故用姜以验之，使人预知有毒无毒也。（《滇南本草》第663页范本）

松芝

松芝，大本隆起，上杂遝。其芝蕊若珊瑚者，若凤尾帚者，若竹锅刷者，其本白，皆嫩肉。其枝自白，渐上带桃红色。其味清香幽长，当烧笋晚食之际，烹此佐之，真幽人上味也。不足为烟火中人道破。惟黄色者味带苦，多食寒胃，宜掷之。（《鸡足山志》卷9第360页）

天花菌

天花菌，气味甘，性平，无毒。色白味佳。主治补中益气，健脾宽中，亦治小儿五疳虫疾，食之可化。凡煮菌者，入金银器同煮，不黑可食，黑者勿用。此菌晒干研末，敷恶疮可消，溃烂出头者，敷其疮边，自可痊愈。（《滇南本草》第902页范本）

万年松

万年松〖俗呼笤帚菌、一名千年菌〗，〖生于青草丛中〗，似松青草，又似瓦松、佛指甲。味苦，〖性〗微寒。无毒。采之，治一切疔疮、〖大毒痈疽〗发背，无名肿毒，敷之神效。（《滇南本草》第911页务本）

万年松，《滇南本草》：生于青草丛中，形似松，又似佛指甲，又似瓦松，又名千里菌。治一切疔疮大毒，痈疽发背，服之即愈。（道光《云南通志稿》卷68《通省》第18页）

羊脂菌

羊脂菌，色白，味甘，性寒。无毒。主治清肺胃，去内热。惟患冷疾腹痛泄泻者忌食。(《滇南本草》第655页范本)

银星堆

银星堆附，昂宿，俗呼为一窝鸡。今菌似之，故滇文之曰银星堆，俗呼之曰一窝鸡。细白嫩朵，丛根于一，其缴尚无鹅眼钱大，其茎如线，仅长一寸。(《鸡足山志》卷9第360页)

皂荚菌

皂荚菌，有大毒。不宜食之。治有积垢作痛，泡汤饮之，令微泻；若犹未已，再饮。多食此菌，令人恍惚。(《滇南本草》第665页范本)

竹菌

竹菌，家园生者。气味咸，性寒，无毒。和姜、醋食最良。主治能解五〔脏〕六腑热结。亦治赤、白痢疾。同猪肉食，益脾补中。外有一种苦竹菌，有大毒，不可用，味苦、麻。(《滇南本草》第903页范本)

紫马勃

紫马勃附，长松苍石之下，当入夏时，蒸而为团菌，即俗所谓马屁泡。《本经》所谓马疕、马窟也。往者游秦，忽见窟字，不知其音，渭南南君廷铉曰：音庀。以言马勃中灰，盖气之所积也。往岁登鸡山，见勃以触思，不免兴停云之感。爰以思蜀人呼为牛屎菇，则蜀人之声如在耳。楚之荆南呼灰菇，又如闻楚人之声触之聆矣。韩昌黎《进学解》：牛溲马勃，败鼓之皮；兼收并畜，医师之良也。勃圆若弹若球，蜀中有大如斗者。今鸡山大至茶瓯，止取其灰，疗恶疮并傅刀疮，甚良。生时嫩若腐，炒而脍以酱，食之亦美。（《鸡足山志》卷9第360页）

十四、香之属

综述

香之属七：降真、香芸（芸香）、乾打香、紫榆香、桂皮香、交阯沉、檀香。（嘉靖《大理府志》第73页）

香之属三：降真香、乾打香、柏枝香。（万历《云南通志》卷2《云南府》第13页）

香之属七：芸香、降真香、乾打香、紫榆香、桂皮香、冬青香、柏枝香。（万历《云南通志》卷2《大理府》第33页）

香之属二：胜沉香、降真香。（万历《云南通志》卷2《临安府》第54页）

香之属一：降香。（万历《云南通志》卷2《永昌府》第68页）

香之属三：降真香、地盘香、甘檀香。（万历《云南通志》卷3《鹤庆府》第37页）

香之属二：降香、土檀。（万历《云南通志》卷4《武定府》第9页）

香之属二：降真、紫檀。（万历《云南通志》卷4《元江府》第15页）

香之属三：降真、乾打、桂皮。（万历《云南通志》卷4《顺宁州》第24页）

香，又有白檀、甘檀、紫榆、青木、降真诸种，而麝为之

最。然土人不知制香，售之估客而已。焚、供皆劈檀、榆之属爇之。(《滇略》卷3第233页)

香有降真、甘檀、土檀、冬青、柏油、化香。(天启《滇志》卷3《云南府》第113页)

香有降真、紫榆、桂皮、芸香。(天启《滇志》卷3《大理府》第114页)

香曰降真，曰地盘，曰甘檀。(天启《滇志》卷3《鹤庆府》第117页)

香首降真，以供百神，以佐清士之几案。(天启《滇志》卷3《武定府》第118页)

有降真、紫檀二香。(天启《滇志》卷3《元江府》第119页)

缘江而上，多降真，曰上江香，视他郡为最。(天启《滇志》卷3《北胜州》第120页)

紫榆、降香。(康熙《鹤庆府志》卷12第24页)

香：胜沉香、降真香、青皮香、清净香、青香、红香。(雍正《建水州志》卷2第8页)

香：麝香、降香、青皮香。(乾隆《陆凉州志》卷2第28页)

香类：降真香、龙头香、桦香、鸡骨香、青皮香、麝香。(乾隆《东川府志》卷18第4页)

香类：檀香、茄兰香、麝香、柏枝香、画香、楠木香、黄花香、青皮香、马蹄香。(昭通旧志汇编本乾隆《恩安县志稿》卷3第37页)

(藏香、白檀香、安息香、木香、沉香、胜沉香、乳香、西木香、水乳香、老柏香、末香、降香、郁金香)以上诸香，皆出自滇产，志其实也。《范志》诸香，曰沉水香，曰蓬莱香，曰鹧鸪斑，曰笺香，曰光香，曰沉香，曰香珠，曰思劳香，曰排草，曰槟榔苔，曰橄榄香，曰零陵香，凡香之品十有二，其间多一物数名。下至于香珠、排草与零陵香，皆妇女之所亵用者，取之以与沉水并列，何轻重、贵贱、大小之不伦也？按：沉水香一名

462

沉香，一名蜜香。蜜香者，则香所出之本树也。树如榉柳，皮青，叶似橘，隆冬不凋。花白而圆，实似槟榔，大如桑椹，出六种香：曰沉香，曰鸡骨香，曰桂香，曰㮇香，曰黄熟香，曰马蹄香。六种香同出一树，有精粗之异。第此树岭表俱有，傍海尤多，接干交柯，千里不绝。土人恣用，盖舍、架桥、饭甑、狗槽，皆用是物。木多如此，有香者百无一二。盖木得水方结，多在折枝枯干中。或为沉，或为煎，或为青皮。故香之等凡三：一曰沉，入水即沉，谓之沉香；二曰煎，一作㮇，《范志》作笺。半浮半沉曰煎香，又曰甲煎；三曰黄熟，香之轻虚，俗名速香。入水则沉，其品凡四：一曰熟结，青脉凝结，自朽出者；二曰生结，伐木仆地，膏脉流结，香成，削去白木，结成斑点，名鹧鸪斑；三曰脱落，木析而结；四曰蠹漏，蠹蚀而结。故生结为上，熟结次之。坚黑为上，黄色次之。角沉黑润，黄沉黄润，蚁沉柔利，革沉纹横，皆上品也。其他因形命名，为类至多，皆附沉香之上品者也。（《滇海虞衡志》第76页）

降香、赶檀香、青皮香^{以上}。（光绪《永昌府志》卷22第3页）

香之属：有麝香，生于麕脐，俗呼臭子。楠木香，常绿乔木，高者十余丈，其木坚密，芳香异常。柏枝香，圆柏老根，磨屑制香。黄花香，花黄色四瓣，叶形长圆，其香若蜜。杉木，材木，用外磨屑制香。香樟木，色赤有纹，可入药用。松香，即松油经日光蒸晒而成，用以治药。马蹄香，一名蜘蛛香，根有节有须甚多，小儿用于帽上避疫。大茴香，即八角也，用以制酱。小茴香，入药用，并以制酱。阴陈木，燕山（今炎山）之芦茅沟多产之，木倒埋土中，不知其数百年物，每遇山水暴发，土去木露，见者聚众掘之。长三十余丈，径有五六尺不等，其花纹以虹板、钉板、胶板最美，以金黄色为主，俗谓偷油婆色也；红次之，牛肉色又次之，乌者为下。虹板剖开，五色相间，有如虹然；钉板上螺纹一一布满，远望之钉如鼓出者，谓之鼓眼钉，凹下者谓之闭眼钉，实则鼓者凹

者，摩之皆平也，制成材木，价值颇重，今则少见矣。（昭通旧志汇编本民国《昭通志稿》卷9第265页）

安息香

安息香，亦出八百大甸土司，古八百媳妇地。（《滇海虞衡志》第73页）

安息香，檀萃《滇海虞衡志》：亦出八百大甸土司，古八百媳妇地。（道光《云南通志稿》卷70《永昌府》第27页）

唵叭香

唵叭香，不知何物所制，以其国名。气味稍似阿魏，可和诸香爇之。昔人有赁凶宅者，既知其凶，不得便徙，橐中有唵叭香，取焚之，数夕，中夜闻鬼物语曰："彼焚何物？令我头痛不堪，亟避之。"翌日，宅遂清吉无患。（《滇略》卷3第233页）

《古今图书集成》：唵叭香，出吐蕃外境。（道光《云南通志稿》卷69《丽江府》第42页）

柏香

老柏香，取老柏肤内绛色者，已成香矣，锯而饼之，厚寸余，再析而焚之，颇似檀香。省城多老柏，以其叶末之为条香、盘香。（《滇海虞衡志》第75页）

槟榔香

槟榔香，出西南海岛，生槟榔木上，如松身之艾纳。初爇极臭，以合泥，香成温麝，用如甲煎。《范志》所谓西南海岛，即云南诸土司地也。（《滇海虞衡志》第 80 页）

沉香

真檀，时珍曰：……云南人呼紫檀为胜沉香，即赤檀也。（《本草纲目》卷 34）

胜沉香^{即紫檀香，河西县出}。（正德《云南志》卷 4《临安府》第 208 页）

胜沉香^{出河西}。（康熙《云南通志》卷 12 第 226 页）

沉香，亦出车里土司。（《滇海虞衡志》第 74 页）

胜沉香，出河西县，即紫檀香，谓比沉香为胜，故名之。（《滇海虞衡志》第 74 页）

沉水香，如上所说出于密香树，而李石云："太学同官有曾宦广中者，谓沉香杂木也，朽蠹浸沙水，岁久得之。如儋、崖海道居民，桥梁皆香材。如海桂、橘、柚之木沉于水多年，得之即为沉水香。"《本草》谓为似橘是矣。然生采之即不香也。以予客岭表数年，闻其人所说，亦如是语，恐此说为然也。（《滇海虞衡志》第 84 页）

胜沉香，旧《云南通志》：出河西。檀萃《滇海虞衡志》：胜沉香，出河西县，即紫檀香，谓比沉香为胜，故名之^{李时珍《本草纲目》：云南人呼紫檀香为胜沉香，即赤檀也。}（道光《云南通志稿》卷 69《临安府》第 22 页）

沈香，檀萃《滇海虞衡志》：亦出车里土司。（道光《云

南通志稿》卷70《普洱府》第6页）

橄榄香

橄榄香，其树脂也。脂如黑饴，合黄连、枫脂为榄香，有清烈出尘意，《范志》以桂江之人能之，宁云南而有不能？著之以俟其能。（《滇海虞衡志》第81页）

煎香

煎香，分五类，《范志》作笺香：一曰猬刺香，如猬皮栗蓬及蓑状，去木留香，香钟于刺；二曰鸡骨香，细瘦如鸡骨；三曰叶子香，状如叶子；四曰蓬莱香，成片如小盆及大菌状，有径二尺者，极坚实；五曰光香，如山石，枯槎。黄熟香为三类，俗讹为"速香"：一曰生速香，二曰熟速香，三曰木盘，大而可雕刻。是则蓬莱香、鹧鸪斑香、笺香、光香，总统于沉水香。《范志》混而载之，略无所分别。又于沉水香之外，添出沉香，得非枝骈？未可以其书之名重，不为考实，概附诸窈冥莫原也。至所志之槟榔香、橄榄香，滇南土司多此二物，香应相同，故推松香、柏香例而附著之。（《滇海虞衡志》第79页）

降真香

降真香，时珍曰：今广东、广西、云南、安南、汉中、施州、永顺、保靖及占城、暹罗、渤泥、琉球诸番皆有之。（《本草纲目》卷34）

降真香^{比他处所产者，}香气尤异。（景泰《云南图经志书》卷3《武定府·

和曲州》第 147 页)

降香 ^{阿迷州}（正德《云南志》卷 4《临安府》第 208 页）

降香 ^{产于州治山后，锯之或}^{有人物、蝴蝶之文。}（正德《云南志》卷 12《北胜州》第 499 页）

降香，一名绛真香。详下。……滇人祀神用降香，故降香充市，即降真香也。一名紫藤香、鸡骨香。焚之，其烟直上，感引鹤降。醮星辰，烧此香为第一度篆。李时珍谓云南及两广、安南峒溪诸处有此香，则降真香固滇产也。（《滇海虞衡志》第 76、82 页）

降真香，李时珍《本草纲目》：降真香，今广东、广西、云南、安南、汉中、施州、永顺、保靖及占城、暹罗、渤泥、琉球诸番皆有之。朱辅山《溪蛮丛话》云：鸡骨香，即降香，本出海南，今溪峒僻处所出者似是而非，劲瘦不甚香。周达观《真腊记》云：降香出丛林中，番人颇费坎斫之功，乃树心也，其外白，皮厚八九寸，或五六寸，焚之气劲而远。檀萃《滇海虞衡志》：滇人祀神用降香，故降香充市。一名紫藤香、鸡骨香。焚之，其烟直上，感引鹤降。醮星辰，烧此香为第一度籙。李时珍谓云南及两广、安南峒谿诸处有此香，则降真香固滇产也。（道光《云南通志稿》卷 68《通省》第 6 页）

《中甸厅采访》：中甸土产鸡骨香。（道光《云南通志稿》卷 69《丽江府》第 42 页）

降真香，旧《云南通志》：元江府出。（道光《云南通志稿》卷 70《元江直隶州》第 55 页）

龙脑香

龙脑香，乃深山穷谷千年老杉，土人解作板，板缝有脑，乃劈取之。大者成片如花瓣，即今冰片也，曰梅花冰片。清者名脑油。今金沙江板充路而来，杉板也，纹作野鸡斑矣，岂无

藏缝之龙脑乎？记之以待劈之者。（《滇海虞衡志》第85页）

末香

末香，即锯柏香之末也。以煨炉，亦氤氲耐焚。（《滇海虞衡志》第76页）

木香

木香，出车里土司，古产里也。名早见《周书·王会》，今属普洱。《别录》云：木香生永昌山谷。（《滇海虞衡志》第74页）

西木香，亦出老挝。交趾在东，故以此为西也。（《滇海虞衡志》第75页）

木香，檀萃《滇海虞衡志》：出车里土司，古产里也。名早见《周书·王会》，今属普洱。（道光《云南通志稿》卷70《普洱府》第6页）

乾达香

乾达香。（楚雄旧志全书"禄丰卷下"康熙《琅盐井志》卷1第1047页）

青木香

青木香，永昌所出。其山名青木香山，在永昌南三月日达案：《御览》引日上有月字，今据补。程。（《云南志补注》卷7第

468

105 页）

青木，……《南夷志》曰：南诏青木香，永昌所出，其山名青木山，在永昌南三月日程。（《太平御览》卷 892）

木香，陶宏景《名医别录》：生永昌山谷。樊绰《蛮书》：永昌出，其山多青木香，山在永昌南三日程。（道光《云南通志稿》卷 70《永昌府》第 27 页）

青皮香

青皮香^{出河}阳。（康熙《云南通志》卷 12《澄江府》第 227 页）

《青皮香与木浆子》：昆明境内及附近于昆明一些地处，产一种青皮香，烧燃有烟，烟气颇香，蝇触其香气，立即呛死。且燃烧一二小时，即能使镇日无一蝇飞来，真一杀蝇之妙选也。青皮香，略似赤松树皮，亦不甚厚，乡人挑入城来卖，俱卷成筒，展开约及五六寸，或系一种较为粗大之灌木皮也。又有一种木浆子，大处尤弱于一粒胡椒，子结枝上甚密，色白而微黄，形则圆而扁，且有香味，可以食。若舂细而拌凉菜，菜味尤美。其特有之功力，是能杀蟹蚤，蟹蚤闻着其气立死，其效力犹强于近日药房中所售最出名之一些杀蟹剂也。惜此二物，近俱绝迹于市。（《云南掌故》卷 16 第 529 页）

雀头香

雀头香，香附之子。香附生水泽中，猪喜食之，俗呼为猪莗荂，滇池多有之。记之以待他日之为香者。（《滇海虞衡志》第 83 页）

乳香

镇康州，土产水乳香。(《明一统志》卷87)

乳香，出老挝土司地，老挝今名南掌，在九龙江外。(《滇海虞衡志》第75页)

水乳香，出镇康州。(《滇海虞衡志》第75页)

乳香，檀萃《滇海虞衡志》：出老挝土司，老挝今名南掌，在九龙江外。(道光《云南通志稿》卷70《普洱府》第6页)

水乳香，檀萃《滇海虞衡志》：出镇康州。(道光《云南通志稿》卷70《永昌府》第27页)

檀香

有白檀、安息二香。(景泰《云南图经志书》卷6《八百大甸军民宣慰使司》第346页)

白檀香，出八百大甸土司，即旃檀。(《滇海虞衡志》第73页)

檀香，李时珍《本草纲目》：按《大明一统志》云，檀香出广东、云南及占城、真腊、爪哇、渤泥、暹罗、三佛齐、回回等国，今岭南诸地亦皆有之，树叶皆似荔枝，皮青色而滑泽。(道光《云南通志稿》卷68《通省》第7页)

白檀香，檀萃《滇海虞衡志》：出八百大甸土司，即旃檀。(道光《云南通志稿》卷70《永昌府》第27页)

西木香

西木香，檀萃《滇海虞衡志》：亦出老挝，交趾在东，故以此为西也。（道光《云南通志稿》卷70《普洱府》第7页）

绣球香

绣球香，《他郎厅志》：出治后山，焚之馨香，能辟除烟瘴之气。（道光《云南通志稿》卷70《普洱府》第6页）

郁金香

郁金香，一名草麝香，根即姜黄，入酒为黄流。（《滇海虞衡志》第76页）

藏香

藏香，红而细者最佳，黄色而粗者次之。香味氤氲，灰有金星。生产时点之则易产，出痘者点之则起发，颇有明效。以上四者①非滇土物，而滇俱有，又有益于人，因附志于此。（《滇南闻见录》卷下第38页）

藏香出中甸，中甸多喇嘛，黄教、红教，尽居于此，成村落，且出活佛，少长，藏僧来访，以厚币迎归，主其藏。甸人

①　"以上四者"，指《滇南闻见录》所记冬虫夏草、延寿果、藏葡萄、藏香四物，已辑录在各条目下，可互参。

能作此香，如线香，甚纤细，长二尺，百茎为束。滇中贵之，以为通神明。凡房帏产厄、天花危笃，焚此香即平安。（《滇海虞衡志》第 72 页）

　　藏香，檀萃《滇海虞衡志》：藏香出中甸，如线香，甚纤细，长二尺，百茎为束，滇中贵之，以为通神明，凡房帏产厄、天花危笃，焚此香即平安。（道光《云南通志稿》卷69《丽江府》第 42 页）